八旗狂飙

——明清百年战争史(1583-1683)

顾晓绿 郭强 | 著

团结出版社
UNITY PRESS

图书在版编目（ＣＩＰ）数据

八旗狂飙：明清百年战争史：1583-1683 / 顾晓绿，
郭强著 . -- 北京：团结出版社，2016.9（2023.11 重印）
ISBN 978-7-5126-4425-0

Ⅰ . ①八… Ⅱ . ①顾… ②郭… Ⅲ . ①战争史 – 中国
– 1583-1683 Ⅳ . ① E294.8

中国版本图书馆 CIP 数据核字 (2016) 第 204245 号

出　　版：团结出版社
　　　　　（北京市东城区东皇城根南街 84 号　邮编：100006）
电　　话：（010）65228880　65244790（出版社）
　　　　　（010）65238766　85113874　65133603（发行部）
　　　　　（010）65133603（邮购）
网　　址：http://www.tjpress.com
E-mail：zb65244790@vip.163.com
　　　　　tjcbsfxb@163.com（发行部邮购）
经　　销：全国新华书店
印　　装：三河腾飞印务有限公司

开　　本：170mm×240mm　　16 开
印　　张：19.5
字　　数：304 千字
版　　次：2016 年 10 月　第 1 版
印　　次：2023 年 11 月　第 6 次印刷

书　　号：978-7-5126-4425-0
定　　价：36.00 元

目 录

第一章　统一女真

女真，又作女贞。史载，其族源自距今三千多年前的肃慎，他们发源于今长白山以北、东临大海的黑龙江流域，以精于弓箭制造而闻名。据传，早在舜的时代，就曾向中原王朝进献"楛矢石砮"，至周武王、成王、康王时期，肃慎也曾派使者朝贺。因而，由于同中原王朝联系频繁，所以当时的人认为肃慎与燕、亳同为周王朝的北方领土。

到了汉代，肃慎在史书中多作挹娄，但有时仍作肃慎，当时挹娄诸部均各自为政，没有统一的首领，一度受到扶余的支配。三国时期，挹娄摆脱了扶余的控制和阻隔，重新同中原王朝取得了联系。他们所贡献的除"楛矢石砮"外，又以"挹娄貂"而闻名。在晋朝之后，北朝史书又改称其为勿吉。在这一时期，扶余因常年遭受鲜卑攻击，国力渐至衰败，最终被靺鞨所灭。此后，靺鞨又先后臣服于高句丽和唐朝。

又因为靺鞨最初位于中国东北部最北的"黑水"（今黑龙江）沿岸，而得名"黑水靺鞨"。史载：黑水靺鞨，位于靺鞨诸部的最北，"尤称劲健，每恃其勇，恒为邻境之患"。而《金史》中则记载唐时"黑水靺鞨居古肃慎地，有山曰白山，盖长白山，金国之所起焉"。由此可见，女真人的族源为肃慎、勿吉等部族，而基本形成民族形态的时期大约是在唐时。从《金史·世纪》记载中可以看出这一点："金之先，出靺鞨氏。靺鞨本号勿吉。勿吉古肃慎地也。元魏时，勿吉有七部：曰粟末部，曰伯咄部，曰安车骨部，曰拂涅部，曰号室部，曰黑水部，曰白山部。隋称靺鞨，而七部并同。唐初，有黑水靺鞨，粟末靺鞨，其五部无闻。"

唐高宗天皇大圣大弘孝皇帝总章元年（668），唐和新罗的联军灭亡高句丽后，在征服高句丽，安抚册封渤海、契丹、奚、靺鞨、室韦等民族的基础上，大唐在辽东先后设置了安东都护府、营州上都督府、饶乐都督府、松漠都督府、渤海都督府、黑水都督府、室韦都督府等，以都护府、督都府、州、道等行政体制对辽东进行行政管理，开发建设辽东。

也就在这个时候，黑水靺鞨开始沿松花江、牡丹江南下、西进，并于则天顺圣皇后天授二年（691）末与大唐发生军事冲突，但被武周靺鞨籍将领李多祚击败。

武后万岁通天元年（696），辽西契丹族突然叛唐，使其腹背受敌，处于唐和突厥的夹击之中，扭转了唐对契丹作战最初的被动局面。史载："夏，五月，壬子，营州契丹松漠都督李尽忠、归诚州刺史孙万荣举兵反，攻陷营州，杀都督赵文翙。"契丹在初胜唐军后即向辽东大举进攻，据《新唐书·许绍传》载："方围安东，胁令（许钦寂）说属城未下者。钦寂呼安东都护裴玄曰：'贼朝夕当灭，幸谨守！'贼怒，害之。"辽东形势危在旦夕，时任辽东都督的高德武挺身而出，"以数百之兵当两万之寇"，"破逆贼孙万荣斩十有余阵，并生获夷贼一千人"，高德武挫败了契丹进据辽东的企图，此后唐朝联合突厥，最终平定了契丹叛乱，"契丹余众不能立，遂附突厥"。

而契丹叛乱所带来的深远影响便是渤海国的建立。史载："渤海靺鞨大祚荣者，本高丽别种也。高丽既灭，祚荣率家属徙居营州。万岁通天元年（696），契丹李尽忠反叛，祚荣与靺鞨乞四比羽各领亡命东奔，保阻以自固。尽忠既死，则天命右玉钤卫大将军李楷固率兵讨其余党，先破斩乞四比羽，又度天门岭以迫祚荣。祚荣合高丽、靺鞨之众以拒楷固，王师大败，楷固脱身而还。属契丹及奚尽降突厥，道路阻绝，则天不能讨，祚荣遂率其众东保桂娄之故地，据东牟山，筑城以居之。"又有"圣历中，自立为振国王，遣使通于突厥"。从这段记载中，可以看出，大祚荣并不愿意卷入唐与契丹之间的战争，而是选择了东奔远迁、远离战祸之路。武后在击败契丹后，曾派军对靺鞨进行征剿，但却被大祚荣战败。由此，大祚荣得以在东北立足。这是高句丽灭亡后唐东北边疆的最大变局。

唐玄宗开元二年（714），安东都护府迁治平州。以前安东府治所虽数次迁移，但都未离开辽东，这一次迁移到内地，很显然是因为辽东渤海国的崛起。渤海国建立后，唐朝在辽东仍有相当力量，而之所以没有再次征剿，主要由于大唐将主要兵力用于对突厥、契丹作战。而大祚荣虽然迫于形势通使突厥，但仍然倾向归顺唐朝，如大祚荣就以武后所赐封号"振国公"为号，并且仅满足于"保阻以自固"，对唐辽东地区并无野心，因此中宗即位后，唐与渤海的关系很快有了改观。《旧唐书》载："中宗即位，遣侍御史张行岌往招慰之。祚荣遣子入侍，将加册立，会契丹与突厥连岁寇边，使命不达。"

唐玄宗先天二年（713），唐朝遣郎将崔訢从海路前往辽东册封大祚荣为"左骁卫员外大将军、渤海郡王，仍以其所统为忽汗州，加授忽汗州都督，自是每岁遣使朝贡"，正式册封大祚荣为渤海郡王。

不过虽然如此，大祚荣对大唐在辽东的驻军还是心存忌惮，因为对渤海国而言，唐在辽东驻军是渤海的直接威胁，与唐境接壤，随时可能遭到唐军的打击。安史之乱后，渤海国所面临的威胁消失了，唐肃宗上元二年（761），安东都护府废止。此举使得渤海国再无威胁，大批高句丽遗民转而投附新兴的渤海地方政权。"自是高丽旧户在安东者渐寡少，分投突厥及靺鞨等，高氏君长遂绝矣"。而渤海国也得到了充分的发展，成为"地方二千里，编户十余万，胜兵数万人"的"海东盛国"。

不过，黑水靺鞨虽与建立渤海国的粟末靺鞨同属于靺鞨，但时有冲突。黑水靺鞨部，由于居靺鞨的最北面，在松花江流域和黑龙江下游两岸一带，故而发展较慢，分16部。唐玄宗时，在此大部落置黑水都督府，以其首领为都督。其余各部隶属于都督府，称为州，任命各部落首领为州刺史。

唐朝末年，契丹兴起于辽，渤海与之作战常常不利。此时，附属于渤海国的黑水靺鞨趁机向南扩张，并归服契丹。因契丹人称其为女真，故而逐渐弃用黑水靺鞨之称。《辽史》记载："又有北女真、南女真、长白山女真、鸭绿江女真、濒海女真、黄龙府女真、曷苏馆女真、顺化国女真、回跋女真，盖各就其地名之。"辽天显元年（926），太祖耶律阿保机灭渤海。从此之后，部分女真人随渤海人南迁，编入辽籍，称为"熟女真"；而留居故地的女真人，未入辽籍，称为"生女真"。关于"熟女真"和"生女真"的区别，有记载为"渤海盛强，黑水役属之。渤海灭，复役属契丹。在南者系籍，号熟女真；在北者不籍，号生女真。生女真地有混同江、长白山。混同江亦号黑龙江，所谓白山、黑水也"。还有观点认为生女真和熟女真的方位不是一北一南，而是一东一西。按照《大金国志》的说法是"世居混同江之东长白山下；南邻高丽，北接室韦，西界渤海，东濒海"。此外，根据记载，完颜阿骨打所在的生女真的方位与朝鲜史所载的东女真（又称为东北女真）大致相同。

但不管怎么说，熟女真数千户居住于辽阳，主要以耕种为生，受辽国直接管辖，而主要以渔猎为生的生女真各部仍然采取首领册封的方式接受辽国的统治。而生女真则分为几十个部落，其中完颜部较大，此后完颜部逐渐强大，他们营建庐室，定居在按出虎水（今阿什河）一带。其子石鲁做酋长后征服了附近部落，成立了部落联盟。石鲁之子乌古乃

4

又合并了许多部落。辽天庆三年（北宋政和三年，1113），乌古乃之孙完颜阿骨打继位为酋长。次年，阿骨打统一女真各部，并以"反抗辽国的压迫"为口号而起兵，从而开始了为期十年的伐辽战争。自阿骨打率女真各部人马誓师来流水（今拉林河）以来，他先后率军在宁江大捷和出河店之战中击败辽军。次年一月，又在"皇帝寨"（即后来的上京会宁府）称帝，国号为"大金"，史称前金，建元"收国"，是为金太祖。关于这个国号来源有人说是来自发源地金水（也有说是为取金不腐不坏之意）。直到这个时候，辽国天祚帝才重视此事，并且下令亲征，但是辽军被女真军击败，同时辽朝国内发生耶律章奴与高永昌的叛乱，眼看着辽国大乱，金太祖当即以辽五京为目标，兵分两路展开金灭辽之战。

辽天庆六年（北宋政和六年，1116）五月，金军占领东京辽阳府，数年之后，又攻陷上京临潢府，从而辽朝失去一半的土地。此后，金国又与北宋使者赵良嗣等人定下"海上之盟"，联合攻打辽朝。

金天辅六年（辽保大二年，北宋宣和四年，1122），金军攻下中京大定府，天祚帝逃亡沙漠。同时金军还攻下西京大同府、耶律大石等，拥立耶律淳于南京析津府，即北辽。而就在金国攻城略地的同时，北宋也派太师楚国公童贯等人多次率军20万北伐燕京，试图夺回燕云十六州之地，结果大败而回，童贯乞

完颜阿骨打

金兵代取燕京，以百万贯赎燕京等空城而回，侈言恢复之功。当宋徽宗因童贯收复燕山有功，下诏解除他的兵权而为真三公，加封他为徐、豫两国公的同时，金军已经攻下辽南京，北辽亡。至此，辽五京均被金军攻下。

金太祖死后，其弟完颜吴乞买继位，即金太宗。金太宗继续讨伐大同一带的辽军。此后，金太宗为了联合西夏灭辽，把下寨以北、阴山以南的辽地割给西夏。西夏则改对金朝称藩。北宋宣和七年（辽保大五年，金天会二年，1125）辽天祚帝被俘，辽国亡。同年，金人以燕云十六州的张觉事件为借口，令谙班勃极烈完颜斜也为都元帅，统领金军攻打北宋京师汴京。由于李纲的顽强抵抗，金兵无法攻入，双方签订《宣和和议》。次年，金太宗以宋人毁约为由，再派完颜宗望、完颜宗翰兵分两路攻破开封，于翌年虏宋徽宗、宋钦宗北归，史称靖康之祸，北宋灭亡。

北宋靖康二年（1127），金灭北宋，靖康之变时宋徽宗、宋钦宗被金国所俘，宋徽宗第九子康王赵构在南京应天府继承大宋皇位，史称南宋，后迁都临安。绍兴和议后，南宋向金国称臣纳贡，后来金国几度南征都未能消灭南宋，而南宋也有过数次北伐皆无功而返，南宋和金国形成对峙局面，双方以秦岭淮河为界。此时金国强大，其国以燕京为中都，北至外兴安岭，南临淮河，东到日本海，西临大漠。此外，金人参考汉字和契丹文字而创制了女真文。随着金朝的势力逐渐延伸，大部分女真人也进入中原，尽管金人尽力提倡使用女真语言文字、维持猛安谋克军事制度。然而，终因与汉人杂处，到了金朝后期，中原女真人的民族特点已基本消失。

数十年之后，如同当年阿骨打起于白山黑水之间那样，蒙古成吉思汗崛起于大漠，在统一蒙古之后，开始向政局逐渐衰败的金国宣战。金国屡战屡败，尽失其北方领土，而南宋也趁机北伐，处于两面夹击中的金国不得不从金中都（今日的北京）迁都南下到汴京。虽然末代君主金哀宗完颜守绪曾励精图治，但积重难返，始终无法扭转败局。金天兴三年（南宋端平元年，1234），成吉思汗之子，也是其汗位的继任者窝阔台率领大军围蔡州。在此前一年，蒙古军就已经攻下汴京，迫使金哀宗逃到蔡州。在南宋派兵协同蒙古合攻蔡州之后，困守孤城的金哀宗已经彻底绝望了，城中绝粮已经三个月，这年正月初十，蒙古兵凿开西城攻入，金军奋战到天黑，蒙古兵退却。当夜金哀宗召集百官，将帝位传于完颜承麟，是为金末帝。

次日，宋将孟珙率军向南门进攻，至金字楼，用云梯登楼，部将马义架云梯率先登城，万军争相涌入，在城上大战，登城的宋军杀到西门，招江海、塔察尔军入城，三方厮杀于蔡州城内。完颜承麟被乱军所杀，金哀宗自缢而死，大将完颜仲德率领众军投河自尽。此后，金国的降臣带着孟珙找到了金哀宗的尸体，尸体已经焦黑无法辨认。孟珙把尸体一分为二，一半归宋，一半归蒙古，并分了金国皇帝的仪仗器械和玉玺等宝物，金国彻底灭亡。

金国灭亡后，蒙军北撤，河南空虚，宋理宗意图据关（潼关）、守河（黄河），收复东京开封、西京洛阳、南京归德三京，光复中原。端平元年（1234）五月，理宗任命赵葵为主帅，全子才为先锋，下诏出兵河南。六月十二日，全子才收复南京。七月五日，宋军进驻开封。但由于粮草不济，贻误战机，宋军进攻洛阳时被蒙军伏击，损失惨重。于是各路宋军全线败退。"端平入洛"宣告失败，南宋在此役中损失惨重，大量精兵与物资付诸流水。

次年，蒙古在南宋的川蜀、荆襄发动了全面入侵，双方的战事十分激烈。这一年，蒙古军在荆襄战场上连破襄阳、随州、郢州及荆门军、枣阳军、德安府，使得南宋的整条京湖防线千疮百孔。端平三年（1236）十月，蒙古军在主将塔察儿的率领下又猛攻南宋的蕲州。从此之后，宋蒙之间的战事接连不断……

金朝灭亡后，一些女真人仍是散居于关东，分为建州、海西、野人等部，但蒙古人却在图们江北一带设开元、南京两万户府，并在女真人居住区设立许多路、府、所，管理诸支女真人。此后，蒙古大汗忽必烈建国，是为大元，在完成了对南宋的征服之后，元朝将其所属臣民依次划分为蒙古、色目、汉人、南人四等。当时，留居中原的女真人因民族特点的消失而被统治者归入汉人行列；而生长于东北、不通汉语的女真人则被视同蒙古人。他们被编为诸多女真万户，由朝廷设置的辽阳行省管辖，并开始广泛接受蒙古语言文化影响。

至元二十三年（1286），元改辽东路总管府为开元路，女真人皆被纳入开元路。在辽阳、沈阳等路相继成立后，开元路只管辖沈阳路以北

（今辽宁省铁岭市北）的女真人，南部的女真人由沈阳、辽阳等路分别统领。对分散的、处于后进阶段的水达达等"随俗而治"。

皇庆元年（1312）将开元路东北部地区划设水达达路，与开元路同属辽阳行省管辖。水达达路是元朝女真的主要分布地区，元王朝在其境内先后设立了许多府所。见于史籍的，除了有设立在松花江下游和黑龙江流域，用来管辖当地女真人和水达达的斡朵里、火儿阿（胡里改）、桃温、脱斡怜、孛苦江五万户府和水达达、肇州两个屯田万户府外，还在黑龙江口奴儿干地方设有征东元帅府，府治在阿姆贡河对岸的特林地方；在黑龙江下游设立吾者野人乞列迷等处诸军万户府，治所在阿纽依河与黑龙江汇合处的哈儿分地方；在今乌苏里江流域设阿速古儿千户所。此外，还置有鲸海、木答哈、牙兰千户所。

元朝通过上述机构和职官，在女真地区征收赋税、签军应役、发布禁令等，实施全面政治统治，并向女真征收实物赋税，有粮食、布匹、各种野兽皮张和海东青等。不过由于诸支女真人所从事的主要生产不一，故缴纳的实物也各有侧重。此外，元朝还在女真地区发布诸如屠杀之禁、酒禁、弓矢（捕猎）之禁、出产金银禁等等一系列的禁令。这些禁令绝大多数是为防止女真反抗而发布的。后来，元朝政府为了筹粮，强迫他们改渔为农，在当地实行屯田，甚至征调一部分女真人和水达达到浦岭路和肇州屯田。

由于元朝时期，蒙古统治者变本加厉地向汉人收取各种名目繁杂的赋税，民族压迫十分严重，汉人被掠夺更为常见。将各民族分为不同等级，残酷剥削汉族群众，人民揭竿而起。在泰定二年（1325），就发生了河南赵丑厮、郭菩萨领导的起义，蒙古贵族之间为争权夺利而互相征战，更是加速了元朝的衰落。至元惠宗时，这个庞大的帝国依然不堪官员贪污，贵族糜烂，朝政腐败。为消除赤字，元廷加重了赋税，下令变更钞法铸造"至正通宝"钱，并大量滥发新"中统元宝交钞"，此举所产生的通货膨胀再加上荒灾、黄河泛滥等天灾，顿时使得帝国上下民不聊生。

至正十一年（1351），元惠宗派贾鲁治黄河，欲归故道，动用民夫15万，军兵2万，而官吏却是趁机敲诈勒索，使得众人顿时不满。同年五月，白莲教韩山童与刘福通煽动饱受天灾与督工苛待的百姓叛元起事，但事泄，韩山童被捕杀，于是刘福通带韩山童之子韩林儿杀出重围，指韩山童为宋徽宗八世孙，打出"复宋"旗号，以红巾为标志，其后郭子兴等人也纷纷加入。彭和尚亦在湖北扶助徐寿辉起义。至此，揭开了大元灭亡的序幕。

虽然帝国频频派兵镇压各地红巾军，但已然无济于事，譬如由丞相脱脱亲自督战攻徐州起义军芝麻李部，一度取得了很大的胜利，可此起彼伏的叛乱却是层出不穷，至正十四年（1354），脱脱率军围攻高邮起义军张士诚部时，因为被朝中弹劾，功亏一篑，局面更是不可收拾了。时有安徽凤阳人朱元璋投奔郭子兴，屡立战功，得到郭子兴的器重和信任，并娶郭子兴养女为妻。之后，朱元璋离开濠州，发展自己的势力，很快便强大起来。从至正十六年（1356）到至正十九年（1359），朱元璋继承了病逝的郭子兴的地位，并不断扩充自己的势力，他先是率兵占领集庆（南京），改名为应天府，并采纳谋士朱升"高筑墙，广积粮，缓称王"的建议，经过几年努力，迅速成为了江南一强。与此同时，在北方，察罕帖木儿统帅的元军开始对红巾军展开反攻。至正二十三年（1363），红巾军在安丰之役中败给新兴并降蒙的张士诚。此战中，刘福通战死，韩林儿南下投奔朱元璋，随后被杀，也就在这一年，通过鄱阳湖水战，朱元璋还消灭了陈友谅的势力。此后，他又自称吴王，率军攻下平江（苏州），灭张士诚，同年又消灭割据浙江沿海的方国珍。

至正二十八年（1368）正月，朱元璋于南京称帝，即明太祖，建元洪武，大明王朝建立。之后，太祖皇帝趁尚占据半壁江山的元朝内讧之际，展开了北伐和西征。同年，明军迅速攻占元大都（今北京），元顺帝北逃，蒙古人在中原的统治彻底终结。之后，明军又消灭了位于四川的明玉珍势力、据守云南的元之梁王，天下至此初定。

洪武二十年（1387），明太祖以冯胜为大将军出征海西。作为故元在非蒙古地区最后的抵抗势力，元辽阳行省左丞相、太尉纳哈出，此人乃扎剌儿氏，成吉思汗四杰之一木华黎的裔孙，元太平路万户。至正十五年（1355），朱元璋克太平时，曾将其俘获，以其为名臣后人，待之甚厚，劝其归顺，但其坚决不肯。后朱元璋好言相抚，厚赠银两，准其北归元朝。

元亡后，元顺帝北逃，史称北元。以纳哈出手握重兵，封其为丞相，继封太尉。不久，元辽阳行省平章刘益降明，辽东大部为明所有，纳哈出领兵踞开元路，屯兵20万于金山，恃畜牧丰盛，与明军对峙。当时元顺帝早已于明洪武三年殁，不久太子又死，由顺帝孙脱古思帖木儿继位，纳哈出成为元末主要势力。有史料言，曾封其为开元王。明取得辽东后，明太祖数遣使招抚，其置而不答。洪武八年（1375），入犯辽东，兵锋直达金州，为辽东都卫马云、叶旺等击败。其后屡入塞犯，皆为明军所败。洪武二十年，冯胜率大军20万直逼金山，史称金山之役。再遣故元将乃刺吾至纳哈出处招抚。纳哈出见大势已再难更变，遂降于明。

纳哈出降明，等于帮大明打开了通往辽东之路，于是明军进据松花江南北两岸，处于原元统治下的女真等各部，相继"悉境归附"。明太祖时，明为包抄和压抑北元残余势力，于是在辽东一带设立远东指挥使司，开始着手控制女真部的各个部落。

洪武二十一年（1388），明朝收回高丽所据之辽东领土，并与其划界于鸭绿江，还阻止高丽对女真进行管制。高丽禑王上表抗辩，遭明太祖驳回。永乐初年，胡里改万户阿哈出、斡朵里万户猛哥帖木儿相继入明朝见。此时，已经取代高丽的朝鲜王朝上表明廷，希望能够召回猛哥帖木儿，但成祖皇帝没有同意。后成祖设置建州卫和建州左卫军民指挥使司，分别以二人为指挥使。后来，猛哥帖木儿等还随明成祖亲征阿鲁台。

朝鲜王朝之所以希望能够召回猛哥帖木儿，是因为此人与李氏朝鲜的关系不同寻常。建州女真猛哥帖木儿为斡朵里万户府的万户，兼管鹰事，参与镇压"吾者野人"发动的叛乱。正因如此，他与"吾者野人"结下深仇大恨，在"吾者野人"强大的攻势下，其子率部迁至图们江外居住。洪武五年（1372），宿敌兀狄哈达乙麻赤再次进袭，迫使猛哥帖木儿率部众逃到图们江南岸的阿木河地区。元末，天下糜烂，各地农民起义不断之时，辽东地区自然也陷入了一个不稳定的局面，由于元朝同高丽的特殊关系，故而有相当多的高丽人定居辽东，随着大元衰落，高丽甚至还曾一度控制辽东。在这种情况下，许多女真万户选择内附高丽，斡朵里万户猛哥帖木儿自然也是其一，其曾追随时为高丽大将、后来的朝鲜太祖李成桂。李成桂在立国之后，曾授猛哥帖木儿为"上万户"，朝鲜太宗李芳远还授其上将军之职。

随着阿哈出、猛哥帖木儿等人的入明朝见，女真诸首领归附之人也越来越多。明朝遂以"众建之而分其力"的办法，陆续设置三百八十四卫、二十四所、七地面、七站、一寨。此外，大明帝国还先后将原居于牡丹江与松花江汇流处的汤女真人（元代称为胡里改、斡朵里万户部）依据原渤海国建州的地名，设置了三个地方军事行政机构，即建州卫、建州左卫和建州右卫，总称"建州三卫"，并委任各部首领，依照旧俗，各统其属。

按照史料中的记载是，建州卫建于明成祖永乐元年（1403），以胡里改部属地设置，以胡里改部首领火儿阿万户阿哈出（赐名李承善）为指挥使。建州卫设立后，李氏朝鲜认为这是明朝扼制其向北发展，为了抵制女真人归明，关闭庆源集市贸易，引起女真人愤怨。永乐四年，女真人甚至"入庆源界抄掠"，结果被击退。数月后，阿哈出率部众向西南徙至回波江流域的凤州。同时迁来的，还有部分毛怜卫的居民。猛哥帖木儿所统的斡朵里部与胡里改部通婚，两部关系密切。所以猛哥帖木儿因在"庚寅事变"中参与"寇庆源府"，畏朝鲜卷土来攻，亦于永乐九年率部众迁到凤州地面，住在从凤州通往开原的地方。

此后，成祖皇帝授猛哥帖木儿为建州卫都指挥使，同时以依附于胡里改的斡朵里部建立建州左卫。永乐十四年，大明帝国正式设建州左卫于凤州，委任猛哥帖木儿专管建州左卫事宜。永乐二十二年，与建州卫迁往婆猪江的同时，猛哥帖木儿率部众迁回朝鲜境内阿木河旧居地。

永乐二十一年，时建州卫首领为阿哈出之孙李满住，其率"一千余户到婆猪江居住"。宣德七年，猛哥帖木儿向明钦差谈及，他的"族亲在婆猪江等处"。次年，宣德八年（1433），猛哥帖木儿和其长子阿古率部配合明辽东都指挥裴俊前往斡木河，去接回被忽刺温女真杨木答兀从开原掳掠的人口。冲突中，杀死"野人"头目阿答兀。同年闰八月，原为安乐州千户的杨木答兀，"纠合各处野人八百余名人马"，袭击建州左卫，猛哥帖木儿及长子阿古等人均被害，次子董山被俘，房屋被烧毁，弟凡察等"俱各失所"。此外，阿古的妻子和弟弟充善也被杨木答兀掠去，后经毛怜卫指挥哈儿秃赎回。阿古之妻后生一遗腹子，改嫁建州卫的李满住。

此事发生后，朝鲜借机派兵进驻阿木河地区。凡察向大明求救，结

建州女真的发型

果大明只下诏令"野人"放还董山，却不发兵问罪。凡察在归途中往会李满住，满住力劝凡察迁来同住。

董山被放回后，与叔凡察讨论今后大计，都有南迁之意，遂于正统五年，不顾朝鲜兵的阻截，率百余户迁到婆猪江流域，与建州卫都指挥使李满住会合，住在三土河、婆猪江以西至冬古河（即董鄂河，今大雅儿浒河）地区。同时迁来的，还有部分东毛怜的部民。

凡察、董山迁到婆猪江流域后，明英宗正统七年，因为发生建州左卫"卫印之争"，明帝国为了平息纷争，析建州左卫为左、右二卫，以董山为猛哥帖木儿正嫡，掌左卫，凡察掌右卫。自此，便有了历史上著名的"建州三卫"。

三卫的首领多由世袭产生，但须经大明帝国认可后方生效，并且须按规定前往京师北京朝贡。建州三卫的统治范围大致上由东北至图们江流域、东南至鸭绿江、西至开原及辽东边墙一带，朝廷还在此之上设立奴儿干都司管辖诸卫所，前期由海西女真人、内官亦失哈担任镇守太监经略该地区，后因长期弃置，而于宣德九年（1434）正式裁撤。辽东的女真人改属辽东都司的统辖。关于建州三卫，据朝鲜史籍在明景泰二年的记载，时建州卫有1700余户，左、右二卫合计600余户，共计2300余户，显然以建州卫人户数最多。

不过由于大明帝国"未几徇董山之请，特开抚顺关，为建州专设马市"，董山的左卫很快呈现出繁荣发展的态势，开始发展起来的建州女真也不再安分，他们与李氏朝鲜的矛盾日益突显出来，双方摩擦不断。《明史·朝鲜传》就有记载："景泰二年冬，以建州头目潜与朝鲜通，戒珦绝其使……天顺三年，边将奏有建州三卫都督，私与朝鲜结，恐为中国患。"

正统十四年（1449），蒙古瓦剌部太师也先对明朝进攻，在土木堡击败明军，俘获亲征的明英宗，一时间举国大震。一些建州和海西的卫所趁机向辽东进攻以配合也先进犯大明帝国，当然了，也有为数不少的女真卫所遭到了也先的攻击，许多女真世袭首领因遭到也先所部劫掠而失去了世袭的凭证，他们后来只能以中书舍人的名义进行朝贡，可获得的赏赐比之前少了很多。

"土木堡之变"带来的最大影响是使大明对女真的威信开始衰落，女真诸部逐渐失去控制。一些首领甚至敢于公然向明朝挑战，劫掠辽东地区。所谓"正统时，建州卫指挥董山，煽惑北房入寇，杀掠不绝。景泰中，巡抚王，遣使诏谕。稍归所掠。复款关"，又有"董山纠毛怜、海西诸夷，盗边无虚月"的记载。

而建州左卫在董山的统领下，更是屡次犯边抢掠，以至于渐渐成为明廷辽东的最大边患。成化三年（1467），明廷对建州三卫女真各部下谕招抚，命三卫部众各守地方，不许越边。董山等人在接受明廷招抚后，于同年八月，进京朝贡。史载董山等人此次入京朝贡，在朝廷赐宴时口出不敬，指桑骂槐，抢厨人铜牌，并索要蟒衣、玉带、金帽之类，朝廷逐一答应。明廷以为羁縻此僚，建州必可弭平。然而，当辽东传来边报"女真侵寇，依然不止"时，宪宗皇帝大怒，下令将之押解出边，并遣返建州。董山历来桀骜不驯，他觉得这是对自己的羞辱，于是当被押解到广宁时，董山意欲逃跑，结果被明军所杀。

很显然，董山虽然被诛，但他的这一行为惹怒了大明帝国。九月，朝廷下令，派大将赵辅率军五万，兵分三路进剿建州女真。同时，命令李氏朝鲜派军，全力配合明军进剿。在这场史称"成化之役"中，建州女真人蒙受了灭顶之灾，左卫的建州老营被付之一炬，庐舍无存，部众尸横遍野。右卫也遭受重大损失。

史载，在这次征讨中，受明廷调遣的朝鲜大军由主帅弼商指挥，以精兵万余人越过鸭绿江，分道扑向建州卫所在地婆猪江两岸与吾尔府等处。朝鲜大军所过之处，焚烧村寨，捣荡屯落，遇青壮而杀，逢老幼而俘。朝鲜军大将鱼有诏率军攻破李满住父子据守的山寨后，大肆斩杀，李满住中箭后被鱼有诏所杀，其子李古纳哈也死于乱军之中。攻克李满住父子所居山寨后，鱼有诏令军士于寨中大树上，刮皮刻写了"朝鲜主将康纯、大将鱼有诏等灭建州卫兀弥府诸寨，捣荡屯落而还"的字迹，随后押解俘获的建州卫人畜而返。朝鲜军马撤退后，明军才赶到建州卫属地，见到了鱼有诏命人刻写在树干上的字迹，将此报告于明廷。而鱼有诏因为剿杀李满住父子及部众的功绩，受到了宪宗皇帝的嘉奖，"赐银五十两，缎绢各四疋"。

"成化之役"后，建州女真尽管元气大伤，但依然继续发展，至正德年间，女真人已大致形成建州、海西和野人三大部分。其中建州同海西从牡丹江流域逐渐南迁至辽东一带，并定居于此。

正德十六年（1521），明武宗驾崩，因武宗无子嗣，所以由内阁首辅杨廷和根据"皇明祖训"寻找皇位继承人，而武宗唯一的弟弟朱厚炜幼年夭折，于是上推至武宗父明孝宗一辈，孝宗两名兄长皆早逝无子嗣，四弟兴王朱祐杬虽已死，但有二子，兴王长子（朱厚熙）已死，遂以"兄终弟及"的原则立次子朱厚熜为嗣，即明世宗。

史载，在武宗逝世前五天，杨廷和就以皇帝的名义颁布敕令，令朱厚熜缩短为其父服丧时间，并承袭兴王爵位。而武宗驾崩后的当天，杨廷和又让司礼监请太后懿旨，正式宣布朱厚熜为皇帝继承人。此后，朱厚熜以兴王的身份接受了太后的诏书，在王府接受诸臣行礼，随后前往北京。

在朱厚熜到达北京城外的良乡时，双方发生了第一轮冲突。根据杨廷和的安排，要礼部用太子的礼仪迎接朱厚熜，即由东华门入，居文华殿。但朱厚熜并不接受这种方案，他对其右长史袁宗皋说："遗诏以我嗣皇帝位，非皇子也。"双方互不妥协，最后由皇太后令群臣上笺劝进，朱厚熜在郊外受笺，从大明门入，随即在奉天殿即位，改元嘉靖。

即位不久后，嘉靖帝与杨廷和、毛澄为首的武宗旧臣之间关于以谁为嘉靖帝皇考（即宗法意义上的父亲），以及嘉靖帝生父尊号的皇统问题发生了长达三年半的大礼议之争。嘉靖帝不顾朝臣反对，追尊生父为兴献帝后又加封为献皇帝、生母为兴国皇太后，改称孝宗敬皇帝曰"皇伯考"。嘉靖十七年（1538）九月，兴献帝被追尊为"睿宗知天守道洪德渊仁宽穆纯圣恭简敬文献皇帝"，并将兴献帝的牌位升祔太庙，排序在武宗之上，改兴献王墓为显陵，大礼议事件至此以嘉靖帝的胜利而告结束。令人寻味的是，"大礼议之争"，最终是皇帝迫使拥立自己登基的内阁首辅杨廷和致仕，而自己大权独揽。

其实，嘉靖帝通过"大礼仪之争"为其父母争名，主要还是为了加强皇权，打击文官势力。当时大明帝国自从宣德时期，最高的权力就形成了三角体制，皇权之下还有文官集团和宦官集团。特别是文官集团，随着内阁制度的成熟，不但话语权越来越大而且对皇权形成制约，而宦官的势力也是水涨船高。打击了以杨廷和为首的文官势力，使得皇帝能够迅速掌握权力，从而树立自己的权威。虽然嘉靖帝让内阁有了密奏专权，看似是使内阁权力提升，但纵观嘉靖一朝，几任内阁首辅都被皇帝牢牢地捏在手里。此外，这位天子还善于调解朝廷中的各方势力，并根据自身的利益平衡朝内党争。

继而，皇帝又整顿翰林院各项积弊，为了提高内阁大学士的行政能力，正如河南道御史刘安所说的那样："今明天子综核于上，百执事振于下，丛蠹之弊，十去其九，所少者元气耳。"而张居正更是说："臣等幼时，犹及见提学官多海内名流，类能以道自重，不苟徇人，人亦无敢干以私者。士习儒风，尤为近古。"

此外，嘉靖还打压宦官集团，严禁宦官干政，削弱司礼监实权，使其成为摆设，各地镇守太监也被召回裁撤。隆庆二年（1568），进士李乐对嘉靖前期革除担任"镇守中官"的太监给予了这样的评价，言道："世宗皇帝继统，年龄虽小，英断夙成，待此辈不少假借。又得张公孚敬以正佐之，尽革各省镇守内臣，司礼监不得干预章奏。往瑾时，公卿大臣相见，无敢抗礼，甚有拜伏者。自张公当国，司礼以下各监局巨珰，见公竦息敬畏，不敢并行并坐，至以'张爷'呼之，不动声色，而潜消其骄悍之心。盖自汉唐宋元以来，宦官敛戢，士气得伸，国体尊严，未有如今日者，诚千载一时哉！"

此外，嘉靖帝还下诏永远废除外戚世封制，《明通鉴》编纂者说："安昌伯钱维圻卒，其庶兄维垣请嗣爵，下吏部议。尚书方献夫等言：'外戚之封，不当世及。'历引汉、唐、宋事以证。熜以为然，力主之。上善其言，诏：'自今外戚封爵者，但终其身，毋得请袭。'自是，外戚遂永绝世封。"

可以说，在嘉靖帝执政的前半段，是明朝极其繁荣的时代之一，国家财政稳定，储备充足，商品经济发达，每年富余白银就达500多万两，粮草够支用十余年，民间经济也富庶起来，东南商品经济更是蓬勃发展。

不过在嘉靖后期，正如海瑞于嘉靖四十五年上奏所说的那样，"二十余年不视朝，法纪弛矣"。如当年的唐玄宗"开元之治"后一样，嘉靖帝也日渐腐化，滥用民力大肆兴建，而且迷信方士、尊崇道教，好长生不老之术，每年不断修设斋醮，造成巨大的靡费。史载世宗好房中术秘方，多采处女之经血炼丹，方士陶仲文与佞臣顾可学、盛端明等进献媚药得以幸进。因为苛虐宫女，嘉靖二十一年（1542）十月，发生了震惊朝野的"壬寅宫变"，皇帝几死于宫女之手。

此外，首辅严嵩专国二十年，残害忠良，杨继盛、沈炼等朝臣惨遭杀害。吏治败坏，爆发多起农民起义，如山东矿工起义、陈卿起义、蔡伯贯起义、浙赣矿工起义、李亚元起义、赖清规起义，边事废弛，大同兵变、辽东兵变、振武营兵变等接连不断。加之北方的鞑靼俺答汗寇边、倭寇骚扰东南沿海，"南倭北虏"之患让大明朝几乎不得安宁。

嘉靖三十八年（1559）正月初一，查理边储户科右给事中魏元吉等，劾奏诸边臣侵冒不职。皇帝降旨：近年边粮给发数多，管粮官任意侵费，以致钱粮亏折。原任管粮郎中高光、主事刘崇文俱革职，逮京问罪；原任蓟州巡抚佥都御史马九德，保定巡抚副都御史艾希淳革职闲住；密云原任管粮主事马灢降一级调外；原任管粮郎中等官董策、曹麟、王守志、王汇征、王霁、李侨、张邦彦、丘纬、继璿、冀练、李郁、张峰、胡志和、刘鲁生等各降二级；蓟州兵备副使伊介夫、张子顺、杨胤贤等各夺俸三月。

同年，巡抚辽东都御史侯汝谅因辽东大饥，议开山东登莱及天津二海道，运粮入辽东。并进呈所勘天津入辽路线：自海口发舟，至右屯河、通堡，不及200里。其中曹泊店、月沱、桑沱、姜女坟、桃花岛均可停泊，相距不过四五十里，可免风波、盗贼之虑。请动支辽东本镇赈济银5000两，造船200艘，每艘可装运150石，委官督发至天津通河等处，招商贩运，并令彼此监督，不许夹带私货。经户部复议，除开登莱海道一事容后另议外，其余皆予以同意。同年十二月二十八日，诏行海运，转粮入辽东。

也就在嘉靖三十八年（1559），努尔哈赤生于建州左卫苏克素护部的赫图阿拉城。虽然努尔哈赤祖上为元朝时期的斡朵里万户、永乐年间明成祖朱棣封为建州左卫都指挥的猛哥帖木儿，但那只是祖上的荣光。努尔哈赤出生之时，建州左卫已四分五裂，互不统属。努尔哈赤的祖父觉昌安被明朝授予都指挥使，他与兄德世库、刘阐、索长阿，弟包朗阿、宝实以及长子礼敦等凭借宗族之力，一度占据了五岭以东、苏克苏浒河以西200余里之地。觉昌安与兄弟合称"六贝勒"，一时称雄。不过由于临近地区适逢董鄂部强盛，与"六贝勒"发生摩擦不断，而"六贝勒"不敌之下，不得不遂向海西女真哈达万汗王台借兵，当时的海西女真诸部实力最强盛，而觉昌安等也与哈达万汗王台是有联姻关系的。最终，"六贝勒"与海西女真联兵重创董鄂部，但"六贝勒"亦实力大损，以至于一度不振。

努尔哈赤的父亲是觉昌安的第四子塔克世，其母为喜塔腊氏，还育有同母弟舒尔哈齐、雅尔哈齐和一个妹妹。喜塔腊氏在努尔哈赤十岁时去世，继母那拉氏为王台族女，对其很刻薄。努尔哈赤19岁时不得不分家生活，仅获得少量家产。努尔哈赤与舒尔哈齐等人以挖人参、采松子、摘榛子、拾蘑菇、捡木耳等为生。他常至抚顺关马市与汉人、蒙古人进行贸易活动。在此期间，努尔哈赤习得蒙古语，对汉语也有了基本的认知。努尔哈赤喜欢读《三国演义》和《水浒传》，自谓有谋略。据一些史集记载，努尔哈赤在抚顺期间，曾被辽东总兵李成梁收养，成为其麾下侍从。

在当时的建州诸部中，当属王杲实力最强，此人自嘉靖年间起任建州右卫都指挥使，算起来是努尔哈赤的外曾祖父。史载王杲生来聪黠，通晓多种语言文字，尤其精于占卜之术。嘉靖三十六年（1557）十月，王杲偷袭抚顺，杀死守备彭文洙，并进行劫掠。嘉靖四十一年（1562）五月，副总兵黑春统军清剿王杲，结果却被王杲设伏生擒后磔死。随后，王杲攻略辽阳、孤山、抚顺、汤站等地，先后杀死指挥王国柱、陈其孚、戴冕、王重爵、杨五美，把总温栾、于栾、王守廉、田耕、刘一鸣等十数员边将。同期，哈达贝勒王台逐渐势大，与王杲亦多有摩擦，后来二者盟于抚顺关下，才使得彼此的冲突告一段落。

由于王杲屡杀大明官员，于是明廷方面断绝了与其的贡市。万历二年（1574），王杲以明廷绝贡赋导致部属坐困为由纠集土默特、泰宁诸部，大举进兵辽阳、沈阳，被辽东总兵李成梁击败，被斩首一千余级。王杲不敢北逃，只得借道哈达，结果却被王台所缚，献予明廷。明神宗亲至午门城楼接受献俘。次年（1575），王杲被磔于北京。其妻子儿女27人被王台所得。

史载，也就是万历二年（1574）王杲大举犯扰辽阳、沈阳，并导致李成梁督兵进剿王杲所在的古勒城时，努尔哈赤与其弟舒尔哈齐被俘，并为李成梁收留，继而充当仆役的。也许跟着李成梁时，努尔哈赤的确学到了不少东西。史载李成梁颇有将才，其镇守辽东30年，虽然因位望益隆，贵极而骄，奢侈无度，最终导致万历三十六年（1608）被劾罢，但从此人前后两次任辽东总兵来看，的确是有一定水平的。《明史》说李成梁"英毅骁健，有大将才……"，还有"帝辄祭告郊庙，受廷臣贺，蟒衣、金缯，岁赐稠叠。边帅武功之盛，两百年来所未有"这样的记载。

王杲虽然被杀，但其子阿台却逃脱，他回到古勒城，以求东山再起，伺机复仇。万历十年（1582）九月，为彻底断绝后患，辽东总兵李成梁以"阿台未擒，终为祸本"为由督兵攻打阿台之古勒城，建州女真苏克苏浒河部的图伦城主尼堪外兰，为讨好李成梁并借机壮大本部势力，便跟随其出征古勒城。古勒城地势险要，易守难攻，加之阿台力战，李成梁久攻难下。于是尼堪外兰设计，出面诱骗古勒城守军投降。他谎称只要阿台肯投降就可以免死。在阿台放松警惕之时，李成梁趁机攻克古勒城。明军进城后对古勒城进行了屠城。由于阿台之妻为努尔哈赤大伯礼敦之女，为使其免受兵灾，当时努尔哈赤的祖父建州左卫指挥使觉昌安、父亲塔克世在城中对阿台进行劝降，却一同被明兵杀死于乱军之中。

据传努尔哈赤和舒尔哈齐两兄弟在败兵之中，李成梁之妻偷偷将二人放走，此后努尔哈赤等投奔叶赫部，贝勒清佳砮礼遇之，将自己的女儿许配给努尔哈赤，并派兵护送其回赫图阿拉。

在归途中，努尔哈赤遇额亦都等九人，将其收入帐下。回到自己的部落后，努尔哈赤上书质询大明为何杀其父祖，对此，明廷遣使表示这是误杀，为了弥补这个错误，大明帝国还同时授予努尔哈赤敕书30道、马30匹和都督敕书。于是努尔哈赤得以重新收整旧部。这期间，叶赫部

18

给予了努尔哈赤很大的帮助。

史载，叶赫部当时属于海西四部之一，由先祖为蒙古土默特氏的叶赫那拉家族所掌控。传至贝勒杨吉砮和清佳砮这代，叶赫部吞并、安抚邻近诸部，逐渐发展壮大起来，并一度称雄于女真各部。此外他们还凭借险要的地势修筑了两座城池，二城相距数里。清佳砮居西城，杨吉砮居东城，二者同为叶赫贝勒。

当初清佳砮兄弟初露锋芒之时，正逢哈达万汗王台势力强盛。王台因受宠于明，而得以称霸女真诸部。清佳砮兄弟事奉王台至诚，还将其妹温姐嫁给王台以取悦之。在得到王台这个靠山之后，清佳砮兄弟才得以借势称雄，甚至几次联合建州王杲劫掠明边，而后来大明讨伐王杲时，之所以清佳砮、杨吉砮能够逃脱制裁，只因有王台的包庇。

不过对于清佳砮兄弟来说，哈达部却是与他们有杀祖之仇的，他们的祖父、曾经的叶赫部首领褚孔格多次反叛明朝，正是哈达部的首领旺济外兰帮助大明征讨并杀了褚孔格，并夺了原先明廷赐给褚孔格的敕书700道和所属山寨。嘉靖三十一年（1552），旺济外兰又被叛乱的部人所杀，其子博尔坤舍为报杀父之仇，迎堂兄王台于绥哈城回来管理哈达部。王台善于用兵，采取远交近攻的策略，征服邻部女真人，哈达部势力强盛，于是以哈达为国（"国"是女真各族内部称呼，对明朝不称国，其实一国就是一部落），称汗。

清佳砮兄弟始终铭记祖父褚孔格之仇，故而内心仍然怨恨王台。王台晚年时期，哈达国势渐衰，叶赫联合哈屯首领恍惚太，趁机收复故地季勒诸寨。王台长子扈尔干部下白虎赤等先后叛变哈达，归附叶赫。叶赫势力逐渐强盛，王台因此忧愤而死。王台死后，诸子内争，庶子康古鲁争位失败，投靠清佳砮，清佳砮将女儿嫁给他，以离间王台子孙，使其自相残杀。

万历十一年（1583），清佳砮兄弟率领哈达叛将白虎赤，再加上暖兔、恍惚太所部万余骑，袭击孟格布禄，斩首300级、掠甲胄150件；又借得猛骨太、那木塞所部兵马，焚毁孟格布禄所属室庐，蹂毁田地庄稼。明廷一方面犒劳叶赫，另一方面诏谕罢兵，希望以此为止。清佳砮兄弟不同意，并坚持要吞并哈达才罢。于是，再度焚毁孟格布禄及其兄长所分庄园各十座、岱善所属庄园一座。随后，又以恍惚太二千铁骑开赴广顺关，攻下沙大高寨，俘虏300人，用兵要挟以获得贡敕。

万历十二年（1584），鉴于这种形势，加上哈达之要求，巡抚李松与总兵李成梁谋划诛杀清佳砮兄弟。李成梁将清佳砮兄弟召至"市圈"，假意"赐敕赏赍"，实则设有伏兵。清佳砮兄弟不知是计，只带300余骑入圈。李成梁一声令下，圈门关闭、信炮轰鸣、伏兵四起，一片厮杀，清佳砮、杨吉砮、白虎赤、清佳砮之子兀孙孛罗、杨吉砮之子哈儿哈麻及所从部下311人全部被杀。清佳砮兄弟死后，清佳砮子布寨、杨吉砮子纳林布禄共继贝勒位。

就在同一年五月，努尔哈赤借报祖、父之仇为名，以塔克世"遗甲十三副"，率兵百余人，向尼堪外兰所在图伦城发动进攻。长期以来，努尔哈赤都想要报祖、父之仇，他曾要求大明交出尼堪外兰，但有意扶植尼堪外兰为建州之主的大明却予以拒绝。当时努尔哈赤的实力远远不足以与明朝抗衡，于是他只得试图将对尼堪外兰不满之人拉拢到自己一边，他与苏克素浒河部萨尔浒城主卦喇之弟诺米纳、努尔哈赤的妹夫嘉木瑚城主噶哈善哈思瑚、沾河寨城主常书、扬书兄弟会盟，共同对抗尼堪外兰。

"兵不满百，甲仅十三"，这就是当时努尔哈赤的情况，也正是如此，自然没有什么人拥护他了。当他对图伦城发起进攻的时候，居然仅常书、扬书兄弟依约前来。然而当努尔哈赤带人攻至图伦城时，发现尼堪外兰早已携家属逃至甲板，努尔哈赤得胜而归。史载，此役为努尔哈赤人生中之首战。当年八月，努尔哈赤攻打甲板城。然而，先前背盟的萨尔浒城主诺米纳见尼堪外兰有大明做靠山，势力较强，便偷偷地给尼堪外兰泄露了消息，尼堪外兰闻风辗转逃往抚顺附近的鹅尔浑城。史载"阴助尼堪外兰，漏师期，尼堪外兰得遁去"。努尔哈赤再度扑空，遂收尼堪外兰部众后而还。

诺米纳的背盟和背叛，使努尔哈赤怀恨在心。因为实力不足，努尔哈赤没有发难，而是暗自定下破诺米纳、取萨尔浒之计。

时值诺米纳、萧喀达派人来约，会攻浑河部巴尔达城。努尔哈赤佯同诺米纳等约盟，合兵攻巴尔达城。临战时，他要诺米纳先攻，诺米纳不从。这时，努尔哈赤便使用预定之计，轻而易举地除掉了诺米纳。据记载，努尔哈赤说："尔既不攻，可将盔甲、器械与我兵攻之。"诺米纳不识其计，将器械尽付之。兵器既得，于是执诺米纳、鼐喀达杀之，遂取萨尔浒城而回。

努尔哈赤虽杀了诺米纳，但对他的部民不加伤害，让他们照旧住在萨尔浒城，并修整城栅。此后努尔哈赤势力渐强，威信日增。

次年（1585），由于担心努尔哈赤的起兵会招惹来大明朝的讨伐，对其宗族不利，努尔哈赤的大祖德世库、二祖刘阐、三祖索长阿、六祖宝实的子孙同誓于庙，预谋杀害努尔哈赤。据记载，该年正月，宝实之子康嘉、绰奇塔、觉善等共同谋划，以族人兆佳城主理岱为首，继而联合哈达，一举劫掠努尔哈赤属下的瑚齐寨。努尔哈赤得知族叔引兵来犯后，并没有直接去救援瑚齐寨，而是采取"围魏救赵"之策，直取理岱的兆佳城，从而迫使理岱不得不回救。攻城之际，大雪纷飞，有部属以天气不佳加之理岱已入城回防为由劝努尔哈赤回兵，但努尔哈赤志在必得，率军继续猛攻，额亦都作战勇猛，率先登城，理岱等城陷被俘。

此外，努尔哈赤的三祖索长阿之子龙敦，也试图谋害努尔哈赤。当初正是他挑拨诺米纳背盟，而后又唆使努尔哈赤继母之弟萨木占将努尔哈赤部属噶哈善哈思瑚计杀，甚至就连努尔哈赤本人也遭到他的多次暗杀，只是未遂。考虑到自身的实力有限，努尔哈赤不愿过多树敌，故而数次隐忍。

这一年六月，努尔哈赤借口为噶哈善哈思瑚报仇，亲自统兵400，攻打萨木占、纳木占、讷申、完济汉等把守的玛尔墩城。由于玛尔墩城是一座山城，三面为峭壁，故而难以攻克。双方战至第四天，努尔哈赤趁城中缺水，而城中守军因为干渴而疲惫不堪之际，令手下大将安费扬古从峭壁攀岩而上，一举攻克玛尔墩城。此战，除讷申逃脱外，萨木占等均为努尔哈赤所杀。

同年九月，当董鄂部内乱之时，努尔哈赤又统兵500，攻其部长阿海所驻的齐吉答城，阿海闻讯后，聚兵400死守。面对坚城，努尔哈赤没有盲目进攻，而是采用火攻之策，焚烧城楼以及城外庐舍。眼看着城池将陷，忽然天降大雪，努尔哈赤不得不班师回城。还师途中，努尔哈赤心有不甘，又向翁科洛城发起了进攻，仍采用火攻之策。激战之中，努尔哈赤还一度亲自登上房舍向城内射箭，结果却被对方的神箭手鄂尔果尼、洛科接连射中，尤其洛科之箭正中其颈部。努尔哈赤血流不止，几度昏厥。眼看主将受伤，努尔哈赤所部只能撤退。努尔哈赤伤愈后，再攻翁科洛城，城陷后俘获鄂尔果尼、洛科，众将建议将二人杀之以报一箭之仇，但努尔哈赤有感于二人之勇敢，不仅没杀，还将之纳入麾下，授以牛录额真之职。

万历十三年（1585）二月，努尔哈赤在对苏克苏浒部、董鄂部取得决定性的胜利之后，又剑指苏克苏浒部左邻之哲陈部。此战，努尔哈赤以披甲兵25、士卒50攻打哲陈部界凡城，但因对手准备充分，努尔哈赤无所斩获。当回师至界凡南部太兰冈之时，界凡、萨尔浒、东佳、巴尔达四城之主率400之众，追赶而来。玛尔墩城之战的败军之将、界凡城主讷申、巴穆尼等率先而来，结果讷申被努尔哈赤斩杀，巴穆尼则被箭矢射杀。同年四月，努尔哈赤再率众征哲陈部，途中遇界凡等五城联军800。此战，努尔哈赤与其弟穆尔哈齐及近侍颜布禄、兀凌噶四人率众冲突，五城之众畏于努尔哈赤一方之勇猛，竟纷纷溃逃。努尔哈赤追至吉林崖，大获全胜。

万历十四年（1586）七月，努尔哈赤获悉仇人尼堪外兰居住在浑河部的鹅尔浑城后，率兵星夜兼程赶往该地，攻克该城后并未发现尼堪外兰。努尔哈赤登城瞭望，发现向城外逃窜之四十人中有一人疑似为尼堪外兰。遂领兵去追，射杀溃卒8名，尼堪外兰趁乱逃往抚顺。在回到鹅尔浑城后，努尔哈赤得知尼堪外兰已经被抚顺的明军保护起来，大怒，竟将城内19名汉人斩杀，其余被俘虏的6名受箭伤之汉人则被重新将箭插入伤口，并令他们去向明朝边官报信，以索要尼堪外兰。

明将见努尔哈赤逐渐势大，而尼堪外兰已毫无利用价值，于是不再对其进行庇护。此后，努尔哈赤命斋萨等40人前去取尼堪外兰，尼堪外兰见之欲躲，却已无退路，被斋萨等人当场斩杀。

万历十五年（1587），努尔哈赤再攻哲陈部山寨，杀寨主阿尔，又派额亦都攻打巴尔达城。至浑河，河水因涨潮无法蹚过，额亦都以绳将士兵相互连接，鱼贯而渡。渡河后，额亦都夜袭巴尔达城，守军没有防备仓促应战，额亦都则率领兵士奋勇登城。此战额亦都身中创伤50多处，依然不退，最后一鼓作气攻克巴尔达城。因此战之功，额亦都获赐"巴图鲁"称号。随后努尔哈赤领兵攻打洞城，城主扎海投降。至此，哲陈部完全被努尔哈赤吞并。

万历十六年（1588）九月，苏完部长索尔果、董鄂部长何和礼、雅尔古部长扈尔汉率三部军民归附努尔哈赤，使其声势大震。努尔哈赤厚待来投之诸部首领，以索尔果之子费英东为一等大臣，将长女许配给何和礼，并收扈尔汉为养子，赐姓觉罗。后来，费英东、何和礼、扈尔汉与努尔哈赤刚刚起兵之时的麾下猛将额亦都、安费扬古并称"五大臣"，成为努尔哈赤的左膀右臂。其后，努尔哈赤再战兆佳城，斩城主宁古亲章京。同年，努尔哈赤攻克王甲城，消灭了建州女真的最后一个对手完颜部。前后共历时五年，努尔哈赤完成了对建州女真的统一。

　　万历十五年（1587）九月，在统一建州女真的过程中，努尔哈赤在呼兰哈达与嘉哈河、硕里加河之间的天然地势之处建造了费阿拉山城，此城有栅城、外城、内城三重。其后，努尔哈赤宣布制定国政、法令，自称"女真国聪睿贝勒"。此时，努尔哈赤已由起兵时微不足道的"十三副遗甲"、数十人，发展为1.5万余部属的强大势力。

　　应该说，虽然努尔哈赤崛起的最直接原因来自其自身，但李成梁的纵容也是成就努尔哈赤统一建州的重要原因。当初努尔哈赤以报父祖被杀之仇起兵，但对大明却表现出一副十分恭顺的样子，使得李成梁误以为努尔哈赤可为大明所用，而且终究成不了气候，甚至只要努尔哈赤对明廷表忠，李成梁即"保奏给官"，甚至"弃地以饵之"，也因此被宋一韩、熊廷弼等廷臣所参劾。对此朝鲜兵曹判书李德馨曾说过"其（努尔哈赤）志不在小，助成声势者李成梁也。渠多送还人口于抚顺所，故成亮奏闻奖许。驯至桀骜云耳"。当然，在努尔哈赤统一建州的这几年内，李成梁把辽东重兵集中用于对付海西女真和北元势力，大败二者，使得海西女真叶赫、哈达等部连遭三次重创，叶赫贝勒杨吉砮、清佳砮均被杀，也使得努尔哈赤在统一建州的时候，没有什么外部干扰，最重要的是，李成梁攻打辽东蒙古诸部，连获大捷十次，斩首五六千级，但辽东明军亦损失严重，这些都为努尔哈赤统一建州减少了麻烦。

　　还有就是万历二十年（1592），日本太政大臣丰臣秀吉统领其属下大名入侵李氏朝鲜，数月内席卷朝鲜全境。朝鲜向宗主国大明求援，大明遂派援兵入朝。在当时，努尔哈赤认为日本占领朝鲜半岛，必犯建州，于是上书明兵部尚书石星，请求出兵入朝援助，朝鲜宰臣柳成龙等认为此举会引狼入室，故而努尔哈赤的入朝请求未获允许，在万历援朝之战的这六年间，辽东兵力空虚，客观上给努尔哈赤吞并女真诸部提供了机会。

当初，努尔哈赤以微弱之力起家，故素来被自认为"世积威名"的海西众贝勒所轻视。但随着努尔哈赤一统建州、逐渐势大，终于引起了海西女真的不安。哈达贝勒扈尔干、叶赫贝勒纳林布禄等试图以联姻结亲的方式对努尔哈赤进行拉拢。随后，以纳林布禄为首的海西诸部数次对努尔哈赤进行勒索，企图胁迫其割地以限制建州之扩张，于是海西女真和建州女真由此交恶。

万历二十一年（1593）六月，叶赫纠结哈达、乌拉、辉发四部之兵去劫建州户布察寨。努尔哈赤闻讯率兵前来，追至哈达领地富尔佳齐寨时与哈达贝勒孟格布禄统领的哈达兵相遇。双方爆发冲突，面对努尔哈赤的弱小兵马，叶赫、哈达、乌拉、辉发四部之兵竟不能取胜。于是，海西贝勒贵族们自然不能容忍了。当年九月，以叶赫贝勒布寨、纳林布禄为盟主，联合哈达贝勒孟格布禄、乌拉贝勒满泰以及其弟布占泰、辉发贝勒拜音达里、蒙古科尔沁部贝勒明安以及锡伯、卦尔察、长白山女真朱舍里、讷殷等共九部联军三万人向建州进发。

史载，努尔哈赤获悉后，根据地形布置滚木礌石等防御工事后就寝入睡。其妻富察氏以为其恐惧乱了方寸，将其推醒。努尔哈赤表示，"人有所惧，虽寝，不成寐；我果惧，安能酣寝？前闻叶赫兵三路来侵，因无期，时以为念。既至，吾安心矣……"之后，努尔哈赤安寝如故。

次日，努尔哈赤派出武理堪前去侦查，擒获叶赫一卒。经讯问得知来犯之敌有3万之众。三倍于己的兵力使建州上下闻之色变。但努尔哈赤认为，对方人马虽众，但是首领甚多，调度杂乱不一，只要伤其头目一二人，便可将其击溃。此后，果然如此，九部联军先后围攻扎喀城、黑济格城，均不克。此后努尔哈赤派大将额亦都率领精骑数百人引诱叶赫军至古勒山以解城之围，又令建州军在古勒山做好伏击准备。布寨和纳林布禄不知是计，追击佯装败逃的额亦都来到古勒山后中伏。布寨被滚木绊倒于马下，建州士兵吴谈趁机将其杀死。纳林布禄见其兄战死，竟昏倒于地，叶赫兵因此陷入混乱之中，众人收起布寨的尸体，救起纳林布禄，夺路而逃。其他贝勒、台吉见布寨、纳林布禄一死一逃，士气涣散，也纷纷溃退。科尔沁贝勒明安的马失陷于阵，慌乱之中竟然改骑

八旗狂飙

一匹无鞍裸马狼狈狂奔。随后，建州军从山上一拥而下，趁势掩杀，一举击溃九部联军，就连乌拉贝勒满泰之弟布占泰也被生擒。建州军一路追击至百余里之外的辉发部境内。至天黑，努尔哈赤方收兵回城。

九部联军的惨败彻底改变了建州和海西之间的力量对比，此战努尔哈赤一战成名。史载"军威大震，远迩慑服"，大明也发来诏书，封其为左都督、龙虎将军，而努尔哈赤则自称"女真国建州卫管束夷人之主"。同年，努尔哈赤以古勒山大胜之余威消灭了参与九部联军的讷殷部。他命额亦都、噶盖等三将率兵攻打讷殷驻地佛多和山城，斩部长搜稳塞克什，又顺势征服了珠舍里部，再加上早前已经征服的鸭绿江部，努尔哈赤完全将长白山女真纳入了自己的统治范围之内。至此，努尔哈赤起兵十年，"各部环满洲而居者，皆为削平"。

此后，努尔哈赤开始征讨最为强大的哈达部。所谓哈达部，因居所在哈达河流域而得名，其地东临辉发、西抵开原、南靠建州、北接叶赫，在海西女真诸部中方位偏南，因从广顺关入明朝进贡而被称作"南关"。哈达在万汗王台为国主时期曾一度为女真各部之霸主。而王台也曾被明朝册封为右柱国、龙虎将军，封其二子为都督佥事，又赐大红狮子红衣一袭，深获倚重。其实长期以来，王台有意一统女真诸部，均因为明朝既定的"分而治之"之策而不受支持。史载，王台晚年昏庸，追求享乐、偏信谗言，导致部属叛离，最终他病死于努尔哈赤起兵前十个月。而王台之死，对于女真各部的影响是巨大的。

王台死后，二子争位，哈达陷入混乱，至其幼子孟格布禄即位时，哈达接连遭到明朝、叶赫的打击而走向衰落。努尔哈赤也想谋求哈达部，但他并没有出兵，而是采取分化瓦解之策，并优待哈达来投之众。古勒山之战后，叶赫希望一统海西，遂出兵哈达，由于抵挡不住，孟格布禄便以自己的三个儿子为人质，向努尔哈赤求援，于是努尔哈赤派费英东和噶盖率兵两千进驻哈达。叶赫见此，又不愿哈达投向建州，便设计挑唆孟格布禄擒建州来援的费英东和噶盖二将为人质，尽诛其人马，再赎回在建州做人质的三个儿子，并许以孟格布禄所求之女，以便于两家结盟。对于这个建议，孟格布禄应允了，然而，没等行事，便机密泄露，努尔哈赤获悉这个消息之后，决定出征哈达。

万历二十七年（1599）九月，努尔哈赤统兵攻打哈达，其弟舒尔哈齐自请为先锋，率一千兵为前部，直抵城下。然而，舒尔哈齐见哈达部的城池坚固，人马众多，按兵不战。努尔哈赤来到之后，怒道："此来岂为城中无备耶？"话毕，亲自率兵攻城。据史料记载，城中射矢投石，建州兵死伤甚多，经过六昼夜围攻，才将哈达城攻陷，孟格布禄也被生擒。

此后，努尔哈赤将哈达所属城寨全部招服，秋毫无犯，尽徙其部众返回建州。而孟格布禄则被带回建州，起初，努尔哈赤对其礼遇，不久即以谋逆为借口将其诛杀。

万历二十九年（1601），明神宗遣使责问努尔哈赤，为何出兵哈达部，努尔哈赤迫于情势，将女儿嫁给孟格布禄之子吴尔古代，但仍将其软禁于建州。此后，在大明要求送吴尔古代回哈达时，他又不敢不从，只得护送吴尔古代返回哈达为贝勒。但也就在这一年，哈达爆发大饥荒，吴尔古代不支，又向明朝求粮未果，只得求援于努尔哈赤。结果粮食没有求来，反而被努尔哈赤趁机彻底吞并。至此，哈达正式灭亡。哈达的灭亡导致明朝失去其南关，此外，海西女真之地也由此打开一个缺口。《明实录》对此评价道："（努尔哈赤）自此益强，遂不可制。"

按照记载，努尔哈赤收哈达人马编入建州户口，创建四旗，于两年后迁至赫图阿拉并修扩城池，自称"建州等处地方国王"。此后，努尔哈赤开始攻打辉发部。辉发东南两面与建州相邻、西接哈达、北与乌拉接壤。哈达灭亡后，辉发遂处于被建州三面包围之中。

史载，辉发部原居于黑龙江流域，属尼玛察部，后迁徙至松花江支流辉发河，因地得名，其统治家族本姓益克得里，后改那拉。传至王机褚时，招抚邻近诸部逐渐强大，始称国主。王机褚在辉发河畔扈尔奇山上筑城。该城有三重，凭险要地势而造，以坚固异常闻名。蒙古察哈尔部扎萨克图汗土蛮曾经亲自率军攻打扈尔奇山城，但面对坚城，却是无功而返。王机褚死后，由于其长子先死，长子之子拜音达里杀其叔七人自立，导致众叛亲离，其堂兄弟和部属纷纷逃至叶赫贝勒纳林布禄处避难。拜音达里遂将自己属下七员大将之子送至建州做人质，请求努尔哈赤助其稳定局势。于是努尔哈赤派兵千人镇压叛乱者，并安抚企图叛乱的部众。不过，拜音达里害怕与建州来往过于密切而得罪叶赫，并非真心想同建州结盟。于是不久，叶赫以送还其部属为条件，要求拜音达里

　　　　　　　　　　　　　　　　　　　八旗狂飙

取回人质，与建州解除同盟关系。拜音达里从之，但叶赫却没有如约归还其部众。拜音达里又转而向努尔哈赤赔罪，并求与建州结亲。亲事定下后，拜音达里又害怕叶赫怪罪，背约悔婚。拜音达里这种摇摆于建州和叶赫之间的两面之策，终于给自己带来难以解决的麻烦。

万历三十五年（1607）九月，努尔哈赤以拜音达里两次"兵助叶赫"和"背约不娶"为由发兵攻打辉发。扈尔奇山城虽然坚固异常，但建州兵昼夜围攻，最后以惨重的损失，得以攻入城中，拜音达里父子兵败被杀。其后建州屠其兵、迁其民而还，辉发灭亡。

就在努尔哈赤尽皆平灭各部的时候，建州却与乌拉部之间发生矛盾，以至于两者的同盟最终破裂。乌拉部首领为那拉氏，与哈达同祖，因定居于乌拉河（今松花江上游）而得名。从始祖纳齐布禄起，九传至贝勒满泰。而满泰曾参与古勒山之战，但大败而归，其弟布占泰被俘，被留居建州三年。后来，满泰被部民所杀，努尔哈赤扶植布占泰回乌拉继位。其间，布占泰之叔兴尼牙欲杀布占泰而夺位，布占泰依靠努尔哈赤的支持，方才将兴尼牙击败。长期以来，努尔哈赤为笼络布占泰，是做了不少工作的，五度与其联姻，七次结盟。然而，布占泰素有"悍勇无双"之名，并不服输，总希望东山再起，与建州、叶赫鼎足而立，于是他西联蒙古、南结叶赫，对建州形成夹击之势。按照《满文老档》记载的布占泰称汗一事，足以显示出他的野心，而他的这种野心，使得乌拉部与建州产生矛盾在所难免。于是，在双方同盟6年后，冲突发生了。

万历三十五年（1607）正月，东海女真瓦尔喀部蜚悠城主策穆特黑前来拜见努尔哈赤，述说其部在投奔乌拉后，屡次遭到布占泰的羞辱，希望可以归附建州。于是，努尔哈赤命令舒尔哈齐、长子褚英、次子代善以及费英东、扈尔汉、扬古利三员大将率3000兵马即刻赶至蜚悠城收服部众。布占泰闻讯后，派其叔博克多率军万余前往阻挠。舒尔哈齐因与布占泰有姻亲关系，同部将常书、纳齐布止步于山上，按兵观望。时大雪纷飞，扈尔汉、扬古利分兵保护投奔之部民后，率200兵与乌拉军先锋在乌碣岩展开激战。随后褚英、代善各率兵500从两翼夹击，乌拉军大败，代善阵斩乌拉主博克多父子，副将常柱父子和胡里布兵败被俘。此役，建州军斩杀乌拉军3000余众，得马匹5000余、甲3000余，获得大胜。乌碣岩之战极大程度地削弱了乌拉的实力，而且也打通了建州通往乌苏里江流域以及黑龙江中下游之路，但此战舒尔哈齐的按兵不动，却成为日后努尔哈赤与之决裂的导火索。

努尔哈赤曾将讨伐乌拉比喻成砍大树，不可能一刀而断。因此对付乌拉的策略是尽取其所属城郭，而孤立其都城。不久，褚英、代善等率5000兵再克乌拉之宜罕山城。万历四十年（1612）九月，布占泰联合蒙古科尔沁部率兵攻打建州所属的虎尔哈路。同年十二月，努尔哈赤率五子莽古尔泰、八子皇太极亲征乌拉，建州兵沿乌拉河南下，连克河西六城后，兵临乌拉城下。努尔哈赤命令建州军攻乌拉城北门，焚其粮，毁其城门。布占泰见势不妙，再度乞和。他乘独木舟至乌拉河中游向努尔哈赤叩首请罪、请求宽恕。努尔哈赤在痛斥布占泰的种种罪状后撤军返回建州。

努尔哈赤返回建州后，布占泰将怒火转移到了其两位妻子，即努尔哈赤之女穆库什和努尔哈赤侄女额实泰身上，并将她们囚禁。万历四十一年（1613）正月，努尔哈赤以背盟、囚妻、送人质于叶赫等理由，率代善、侄阿敏及大将费英东、额亦都、安费扬古、何和礼、扈尔汉等三万大军再征乌拉。此战，建州军势如破竹，连下三城。对布占泰不满的贵族、乌拉孤立无援之部民均望风而降。最后仅剩布占泰率军三万驻守伏尔哈城，意图与努尔哈赤决战。双方在伏尔哈城下展开厮杀，乌拉大败，兵马十损六七，此后建州军一鼓作气直奔乌拉城，布占泰令次子达拉穆率兵驻防此处。安费扬古一面用云梯攻城，一面命士兵拿出准备好的土包抛向乌拉城下，所谓积土与墙平齐，随后建州军登城而入。布占泰见大势已去，麾下之兵已不满百，于是夺路而逃，但途中又被代善截击，于是布占泰仅以身免，单骑投叶赫而去。布占泰既走，建州兵迅速攻占乌拉城，乌拉灭亡。努尔哈赤在平定乌拉之后，仅仅在乌拉城停留十天，将包括布占泰诸子在内的众乌拉降民编成万户一同带回建州，随后，他开始全面对叶赫部展开攻势。

叶赫部以叶赫河（今通河）而得名，因从镇北关入明朝贡，所以又称"北关"。叶赫东临辉发，西连蒙古，南靠哈达及明之开原，北则与乌拉相接，统治家族本姓蒙古土默特氏，灭扈伦那拉氏后改那拉氏，定居海西。叶赫属下有15部人马，以"勇猛、善骑射"著称。传至四世

　　　　　　　　　　　　　　　　　　　　　　　　八旗狂飙

褚孔格为贝勒的时候，叶赫逐渐强大，因敕书数量分配之事常与哈达相互攻伐。在一次战斗中，褚孔格被哈达贝勒王忠所杀，叶赫遂与哈达结仇。到了褚孔格之孙杨吉砮、清佳砮为贝勒时，趁哈达内部混乱，对其发动袭击，报了杀祖之仇。但由于明朝支持哈达，杨吉砮、清佳砮不久即被李成梁计杀。清佳砮子布寨、杨吉砮子纳林布禄共继贝勒位。然而布寨、纳林布禄即位后继续对哈达发动进攻，又被李成梁使用炮兵攻至叶赫城中，布寨、纳林布禄乞和后作罢。此时正逢努尔哈赤刚刚崛起于建州，连遭重创的叶赫部希望在建州身上弥补损失，纠结九部联军发动古勒山之战，结果惨败，布寨被杀，纳林布禄不久亦忧愤而死。布寨之子布扬古、纳林布禄之弟金台石继位后，一方面联合明朝、蒙古、乌拉共同对抗建州，另一方面与建州结亲修好以拖延时间恢复力量。

万历四十一年（1613），努尔哈赤在吞并哈达、辉发的基础上再灭乌拉，乌拉贝勒布占泰单骑脱逃至叶赫。努尔哈赤三次向叶赫索要布占泰，均遭到拒绝，于是当年九月，努尔哈赤率领四万大军攻打叶赫。建州军连克吉当阿、兀苏、呀哈、黑儿苏等大小城寨19座，直逼叶赫东西二城。叶赫遂向明朝求援，明朝派游击马时楠、周大歧领兵千人带火器进驻叶赫。努尔哈赤见叶赫有备，于是焚其庐舍，携带降民返回建州。当时，努尔哈赤尚不愿与明朝决裂，征讨叶赫前甚至曾试图寻求明朝支持，他提议将自己的儿子阿巴泰及其部属30余人送至明朝做人质，但遭到拒绝。于是，努尔哈赤暂时转向野人女真和蒙古草原方向。

当时在建州和海西女真之北的黑龙江、乌苏里江流域还居住着东海女真、黑龙江女真诸部。由于在崛起初期，因建州东西南北分别被李氏朝鲜、叶赫、大明、乌拉四面包围，故而努尔哈赤不便也不能轻易发动大规模长途奔袭战。此时的他仅在图们江流域对东海女真进行征讨，在迫使瓦尔喀、窝集等部臣服之后，努尔哈赤开始着重经营此处，一时间许多女真部落首领纷纷率部投靠建州。"乌碣岩之战"后，乌拉大败于努尔哈赤，等于使建州女真打开了一条从北方进入乌苏里江流域滨海地区的道路，努尔哈赤进而开始对黑龙江女真虎尔哈、萨哈连、萨尔哈察、使犬、使鹿、索伦等部进行多次征讨。据史料记载，努尔哈赤在对这些部落的征讨中，颇有斩获，而且他还对身为建州同族的野人女真十分重视，以抚为主。由于女真人生活的环境恶劣，故而部民多悍勇、健壮、耐饥寒、弓马娴熟，将招抚来的部民全部编入户口可以增强自身实力。对女真来投诸首领，努尔哈赤尽可能优待，譬如库尔喀部长郎柱率先归附努尔哈赤，其子扬古利被招为额驸，后为大臣，以至于到后来，地位仅次于旗主贝勒和五大臣。此外，努尔哈赤对刚刚徙来的女真部民在生活上给以帮助，不愿留在建州者，也发给财产令其返回，故而女真诸部仰慕而来者甚众。而对于反抗者，努尔哈赤则毫不留情地予以诛杀。于是在这种恩威并施之下，努尔哈赤渐渐控制了女真诸部。

在控制女真各部之后，努尔哈赤开始了一系列的改革，譬如他决定创造女真人自己的文字，其实女真人在金朝时期曾依照契丹字创制女真文字，但因金国亡于元朝之后中原女真人高度汉化，而东北女真又受蒙古影响，导致女真文在明朝中后期彻底失传，以至于明末女真人"凡属书翰，用蒙古字以代言者十之六七，用汉字以代言者十之三四"。崛起之后的努尔哈赤深感与明朝、朝鲜往来文书需要反复译写多有不便，于是指示其部下噶盖和学者额尔德尼二人创制文字来解决这一问题。起初二人以女真人早已习惯书写蒙古文为由表示不便制造新文字，努尔哈赤则以"如何以我国之语制字为难，反以习他国之语为易耶"给予反驳，并提出借用蒙古字母拼写女真语。后来，二人根据努尔哈赤之意创制而成并颁行，被后世称为"无圈点满文"（老满文），此后再经达海于天聪年间彻底完善，为"有圈点满文"（新满文）。应该说，努尔哈赤主持创制和颁行满文使其治下部民相互交流、书写公文、记载政事、翻译汉籍等方面更为便利，也为努尔哈赤开创自己的帝国奠定了基础。

其实，自从万历十七年（1589），努尔哈赤统一建州女真后在自己新筑费阿拉称贝勒，对部民颁行政令以来，他便一直谋求能够建立属于自己的王国，但他深知实力尚不足以同大明对抗，于是接连表示"忠于大明，心若金石"。而当时的大明朝已是糜烂不堪，神宗皇帝在位之初尚年幼，由李太后听政。李太后将一切军政大事交由首辅张居正主持裁决，实行了一条鞭法等一系列改革措施。此外，还整饬吏治，任用贤臣，神宗皇帝在位头15年，国家收入大增，并能解决国防边患的问题。史载，万历五年（1577），岁入435.94万余两，岁出349.42万余两。而皇帝亲政后，最初也是励精图治，每天治理朝政十余个小时。此外，神宗还废黜考成法等。张居正则改革弊政，安抚流民，减少徭税，大大减缓社会

30

矛盾。万历十三年（1585）时，北京干旱，神宗更是亲自步行至天坛祈雨。其生活节俭，有勤勉明君之风范。

然而"万历中兴"只是帝国的回光返照，张居正死后，自万历十四年（1586）十一月起，神宗开始沉湎于酒色之中，后因立太子之事与内阁争执长达10余年，最后索性30年不出宫门、不郊、不庙、不朝。万历十七年（1589）起，神宗不再接见朝臣。

万历二十五年（1597），右副都御史谢杰上疏，称神宗荒于政事，亲政后政不如初，并说"陛下孝亲、尊祖、好学、勤政、敬天、爱民、节用、听言、亲亲、贤贤，皆不克如初矣"。然而皇帝并不以为然，神宗在位中期以后方入内阁的廷臣不知皇帝长相如何，内阁于慎行、赵志皋、张位和沈一贯等，虽对政事忧心如焚，却无计可施。万历四十年（1612），南京各道御史上疏："台省空虚，诸务废堕，上深居二十余年，未尝一接见大臣，天下将有陆沉之忧。"皇帝依然不理，首辅李廷机有病，连续上了120次辞呈都得不到消息，最后不辞而去。万历四十年，又有吏部尚书孙丕扬"拜疏自去"。万历四十一年（1613），吏部尚书赵焕也"拜疏自去"。万历四十五年（1617）十一月时，更是"部、寺大僚十缺六七，风宪重地空署数年，六科只存四人，十三道只存五人"。

皇帝是"每晚必饮，每饮必醉，每醉必怒。酒醉之后，左右近侍一言稍违，即毙杖下"，而内阁则是"人滞于官"和"曹署多空"，在这种情况下，自然是朝政腐败，官将于边事多怀有息事宁人之心，行事敷衍欺骗，甚至有时杀良冒功，这显然也给了努尔哈赤机会。

努尔哈赤将自己表现得极为恭顺，而大明也乐意倚为所用。譬如辽东总兵李成梁就十分重视努尔哈赤，当努尔哈赤以退地、镌盟、减夷、修贡等让步获得了李成梁的信任之后，李成梁居然认为此人可为我所用。譬如有木札河部首领克五十劫掠明朝城堡、杀其边将，明廷当即宣谕建州进剿，而努尔哈赤也即刻发兵杀之以献明廷。在获得了胜利之后，努尔哈赤常以战功求官，而得李成梁等朝臣保奏后，他也的确是官运亨通，先后被封为升大都督、龙虎将军。而明廷居然认为努尔哈赤急切求官是慕化之心，譬如辽总督张国彦、顾养谦更对此乐观地表示努尔哈赤的强大对明朝有益，可以"因其势，用其强，加以赏赉，假以名号，以夷制夷，则我不劳而封疆可无虞也"。虽然有人认为纵容努尔哈赤是养虎贻患，并因此数度弹劾李成梁，但显然并未获得明廷的足够重视。

努尔哈赤对明朝的成功蒙蔽，使得大明30年来未对努尔哈赤的建州发动过一次进攻，而努尔哈赤也正是利用这一时期对女真诸部进行了蚕食。随着势力的逐渐扩大，努尔哈赤的不臣之心也渐渐膨胀起来，当他的名号逐步从"聪睿贝勒"发展至"女真国建州卫管束夷人之主"，再称"建州等处地方国王"，再到喀尔喀蒙古上尊号"昆都伦汗"时，大明朝对努尔哈赤的勃勃野心依然浑然不察，甚至在万历四十三年（1615），努尔哈赤建立后金国的前一年，蓟辽总督还向朝廷奏称努尔哈赤"唯命是从"。

在建国之前，努尔哈赤做完了他人生中最为重要的一件事，那就是诛杀其子。其实长期以来，努尔哈赤与其弟舒尔哈齐、长子褚英之间都有争斗。而对于努尔哈赤来说，他需要强化内部和扩大自己的统治权力，就必须搬开一切挡路石。

舒尔哈齐是努尔哈赤的同母弟，根据在万历二十三年（1595）出使建州的朝鲜使臣申忠一记载，舒尔哈齐"体胖壮大、面白而方、耳穿银环、肤色与其兄一样"。自起兵之初，舒尔哈齐便一直是努尔哈赤的左膀右臂，甚至在大明官员的眼里，舒尔哈齐更是与努尔哈赤并列为建州酋首，舒尔哈齐还曾数次以建州卫都督、都指挥使的身份入京师朝贡。

按照朝鲜使臣申忠一的记载，自万历二十三年以来，舒尔哈齐的权力欲望就开始有所显露，当时努尔哈赤杀猪款待使者，舒尔哈齐则屠牛进行招待，而努尔哈赤对使者进行赏赐时，舒尔哈齐居然也要馈赠来使。此后，舒尔哈齐还对朝鲜使者力言，下次来使若赠其礼品，当与为其兄努尔哈赤所备之礼品相同。

万历二十七年（1599）九月，努尔哈赤发兵攻打哈达，舒尔哈齐为先锋，但在攻城时有退却之意，遭到努尔哈赤当众怒斥，二人由此裂痕加深。万历三十五年（1607），因舒尔哈齐在乌碣岩之战中作战不力，同部将常书、纳齐布止步于山上观望，按兵不动，努尔哈赤命将常书、纳齐布处死。舒尔哈齐因此与努尔哈赤发生了激烈的争论，最后努尔哈赤做出让步，免去二将死罪，罚常书银百两，夺纳齐布属下牛录，且从此不再派遣舒尔哈齐领兵作战，实际上将其兵权削夺，舒尔哈齐因而常有怨言，认为生不如死。万历三十七年（1609），舒尔哈齐率部出走黑

八旗狂飙

扯木，计划自立门户，努尔哈赤发觉，即刻派兵抓捕了舒尔哈齐及其三个儿子阿尔通阿、阿敏和札萨克图。此后，阿尔通阿、札萨克图、舒尔哈齐的部将武尔坤均被处死，而舒尔哈齐则被圈禁。两年后（1611），舒尔哈齐幽死于禁所，时年48岁。

而努尔哈赤长子褚英，在不久之后也倒了霉，褚英为努尔哈赤与元妃佟佳氏之子。万历二十九年（1598），年仅18岁的褚英首次出战，随军征安楚拉库路，此战有功，赐号洪巴图鲁。万历三十五年（1607），褚英在对乌拉部的乌碣岩之战、宜罕山城之战中接连立下大功，赐号广略贝勒，授命执掌国政。然而，由于褚英行事专断、操切，与决策层中的四大贝勒、五大臣产生了矛盾。为巩固自身权力，褚英计划削夺四大贝勒、五大臣的权力，甚至还曾经扬言，他即位后会将这些家伙逐一诛杀。结果诸贝勒、大臣联合起来反对褚英，并向努尔哈赤告发褚英有异心，于是努尔哈赤遂开始冷落褚英。愤恨不已的褚英居然在家焚香诅咒，结果此举使得他自己在万历四十一年（1613）三月二十六日被努尔哈赤囚禁。万历四十三年（1615）八月二十二日，努尔哈赤在建国称汗的前一年，将褚英处死，时年36岁。

通过囚弟杀子，努尔哈赤成功地巩固了自己的权力，从而能够顺利完成此后的建国之事。万历四十四年（1616），努尔哈赤在赫图阿拉正式建国，国号金（史称"后金"），建元天命，群臣尊努尔哈赤为"覆育列国英明汗"，从此称明朝为"南朝"，正式与之分庭抗礼，但仍未大肆声张。因此，明朝、朝鲜等国确切知晓努尔哈赤黄衣称朕并记入史册，还要在三年后（1619）"萨尔浒之战"明军大败之后。

很显然，努尔哈赤的建国称汗、与明朝公开对立是其实力日益强大的体现，而这也标志着努尔哈赤与明朝相互利用至此结束，预示着三十余年来，新生的后金和大明帝国这两者若隐若现的矛盾会激化为一场激烈的正面冲突。

第二章 萨尔浒

明神宗万历四十四年（1616），努尔哈赤在赫图阿拉称"覆育列国英明汗"，定国号为"后金"，建元"天命"。

在建国称汗之后，努尔哈赤并没有立即展开对大明的攻势，而大明显然也并不太将其放于心上，这个时期，努尔哈赤一直忙于继续积蓄自己的实力，并征讨黑龙江、东海女真诸部。然而，万历四十五年（后金天命二年，1617），一场史无前例的灾荒却席卷了整个大明帝国。史载万历四十五年（1617），全国各地水、旱、蝗灾频繁，饥荒瘟疫严重。先是，去冬无雪，入春以后久旱不雨。至三月，江西发生大水。六月，北直隶南部各府饥荒，湖广承天府大水成灾，河南开封等处蝗灾。七月，江西大旱，江北、山东蝗灾，福建泉州洪水过后饥疫并生。广西柳州大旱，融县尤甚，人民死者相继，鬻卖男女不下数千人。是年，除江西、北直隶、湖广、河南、山东、福建之外，陕西、山东、广东等省亦先后向朝廷报告灾情，而辽东自然也难幸免。这一年，李氏朝鲜和辽东，以及努尔哈赤的后金境内，都爆发了非常严重的饥荒，尤其以后金地区更甚，一时间，饿殍遍野，民怨沸腾。这个时候，努尔哈赤终于开始将目光转移到南方了。

万历四十六年（后金天命三年，1618），在建立后金国称汗，并经过多年的经营之后，努尔哈赤开始正式与大明帝国分庭抗礼，他以所谓"七大恨"誓师告天，公开向大明帝国问罪。名为"七大恨"的讨明檄文，不过是努尔哈赤起兵反明的借口，其实早在这一年正月，努尔哈赤就对诸贝勒宣布："吾意已决，今岁必征大明国！"故而才有了四月十三日以"七大恨"告天，起兵反明。

关于"七大恨"的内容，明清史料有诸多不同版本，而且各书所记出入颇大，但大体内容主要是对于大明帝国杀其父祖的仇恨和对大明帝国插手女真事务、偏袒海西女真的不满。《清太祖高皇帝实录》记"七大恨"分别是：

第一，大明帝国杀害了努尔哈赤的祖父觉昌安、父塔克世；

第二，大明帝国欺压建州女真，偏袒叶赫、哈达女真；

第三，大明帝国强令努尔哈赤抵偿其所杀的越界人命，从而违反了双方划定的范围；

第四，大明帝国出兵保护叶赫，抵抗建州女真；

第五，叶赫在大明帝国支持下，背信弃义，把其部落与努尔哈赤有婚约的"老女"东哥转嫁给了蒙古喀尔喀部；

第六，大明帝国出兵逼迫努尔哈赤退出已开垦的柴河、三岔、抚安三地；

第七，大明帝国辽东政府派萧伯芝赴建州，作威作福。

而金梁辑《满洲秘档》一书中收录的《太宗与袁崇焕书》所记则为："甲寅年，你国听信叶赫之逸言，遣使以书来，种种恶言，肆行侮慢，七也。"

不过很显然，所谓"七大恨"，实质上是努尔哈赤用以发动脱离大明帝国、公开进攻的一种借口。万历末年，辽东遭遇凶年，"流离道路，饿殍相望"，这才是努尔哈赤起兵的重点之一。但不管怎么样，"七大恨"誓师将女真人的不满情绪成功地引向了大明帝国，努尔哈赤希望通过对辽东掠夺转移后金内部由饥荒而加剧的部落矛盾。誓师后次日，努尔哈赤即率大军向明之抚顺发起了进攻。

而努尔哈赤在此时起兵反明，所能够依靠的，显然是他所建立的军民合一的政治制度，也就是所谓的八旗制度。八旗制度的直接来源是"牛录额真"，本为女真人出猎开围之际临时设立的"十人之总领"。

所谓"牛录"在女真语中为"大箭"，原为女真族人兵农合一的临时性组织形式，女真民俗壮者皆兵，素无其他徭役，平时多以渔猎为生。每次作战或行猎，女真人依家族城寨出师，以十人中的一人为牛录额真，总领其余九人负责各方动向，也就是史载的"遇行师出猎，不论人之多寡，照依族、寨而行。满洲人出猎开围之际，各出箭一支，十人中立一总领，属九人而行"。

从万历十一年（1583）起，努尔哈赤为适应统一女真各部的军事需要，利用女真人这种传统的狩猎组织形式，把"十人组牛录"改造为大型、固定、有严格纪律的统属关系，其实从出身建州左卫的努尔哈赤兴起建立黑旗军起，"牛录额真"就开始成为建州治下的正式官名。此后，努尔哈赤又将邻近女真部落，有挟丁口来归者，编为牛录。这种牛录的不断编设，用以容纳编制同血缘和同地缘而居的人。后来规定300人编为一牛录，作为基本的户口和兵籍单位。起初，建州兵总分为环刀、铁锤、串赤（铁弗皮牌）、能射四军，后来随着建州三卫的统一，牛录的数目也不断增多，努尔哈赤另编红旗军亲领，将黑旗军交由胞弟舒尔哈齐指挥。

随着努尔哈赤兵马越来越多，万历二十九年（1601），努尔哈赤在吞并乌拉以后对属下人马进行了一次整编，以300人为一牛录，设置一牛录额真管理，同时又分设白旗军，由长子褚英指挥。这个时候，努尔哈赤已以黄、白、红、蓝四色为四旗。

万历四十三年（1615）十一月，努尔哈赤吞并乌拉后，规模更为扩大。此时，他已经统领了除叶赫之外的所有女真部落，而且蒙古、汉人也多有归附。麾下牛录已有百倍于起兵之初的规模，于是又做出了调整，以五牛录为一甲喇，设一甲喇额真（后称参领）；以五甲喇为一固山（旗），设一固山额真（后称都统），以梅勒额真（后称副都统）二人副之；固山额真之上则由努尔哈赤之子侄分别担任旗主贝勒，共议国政。旗的数目又在原有四旗基础上再增镶黄、镶白、镶红、镶蓝四旗为八旗，也就是将红白黑三旗及所领牛录析设为八个旗：原红旗分为正黄、镶黄二旗；原白旗分为正白、镶白、正蓝三旗；原黑旗分为镶蓝、正红、镶红三旗。正四旗旗帜为纯色四边形，龙首朝后；镶四旗旗帜为五边形，黄、白、蓝三旗镶红边，红旗镶白边，龙首朝前。同时分长甲、短甲、巴雅喇三兵种。这就是所谓的"八旗制度"。

努尔哈赤创立了八旗制度，其根本还是为了能够控制女真各部，因为除了军事外，八旗制度还兼有行政、生产、司法、宗族诸职能，故而努尔哈赤可以通过八旗及分封子侄为旗主贝勒，辖治旗下人员的方法，使来自不同地区、凝聚力涣散的女真部民整合为一组织纪律性很强的社会整体，而此举除了便于旗主来管辖所有部民外，还极大地增强了建州兵的战斗力。

按照史料记载，努尔哈赤创建八旗之时的各旗旗主是：正黄旗旗主多铎、镶黄旗旗主阿济格、正白旗旗主皇太极、镶白旗旗主杜度、正蓝旗旗主莽古尔泰、镶蓝旗旗主阿敏、正红旗旗主代善、镶红旗旗主岳托。此外，努尔哈赤的其他子侄、孙阿巴泰等贝勒，也各自拥有皇帝赐予的若干牛录。

在创建八旗制度的同时，努尔哈赤又置议政大臣五人，理事大臣十人，与诸贝勒每五日朝集一次，协议国政。这就是所谓的"议政王大臣会议"。

与后金的磨刀霍霍不同，此时的大明帝国是一片糜烂，而且帝国还刚刚经历了所谓的"万历三大征"。

所谓"万历三大征"，其实就是神宗万历二十年至二十八年间，先后在帝国西北、东北、西南边疆展开的三次大规模战争，此三役分别为平定蒙古人哮拜叛变的"宁夏之役"、抗击丰臣秀吉掌权的日本入侵朝鲜的"朝鲜之役"，以及平定苗疆土司杨应龙叛变的"播州之役"。虽然大明三战皆胜，但国力亦蒙受重大耗损。因为这三场战争耗时、耗银实在太多了。

宁夏之役自万历二十年（1592）二月十八日延至九月十八日。朝鲜之役更是自万历二十年至二十六年。至于播州之役则是自万历二十七年至二十八年。根据《明史》记载："宁夏用兵，费帑金二百余万。其冬，朝鲜用兵，首尾八年，费帑金七百余万。播州用兵，二十七年，又费帑金二三百万。三大征踵接，国用大匮。"而《明史·王德完传》更是记载："近岁宁夏用兵，费一百八十余万；朝鲜之役，七百八十余万；播州之役，二百余万。"据此可以粗略统计出这八年间，大明帝国的军费开支高达1160余万两白银。

而除了这三次大规模的战争之外，明军还在万历十一年（1583）至三十四年（1606）进行了明缅战争。自太祖洪武十四年（1381），以大将沐英出击云南击败蒙古残余势力后，沐英被封作黔国公世

万历朝鲜战争

镇云南，同时明廷在云南外围以西南设有六个宣慰司，即孟养宣慰司、木邦宣慰司、缅甸宣慰司、八百宣慰司、车里宣慰司、老挝宣慰司，以统辖之。

万历年时，缅甸的东吁王朝强盛起来，四处征战扩张，兼并了缅甸大部。万历九年（1581），缅王莽应龙死去，其子莽应里继承王位，继续使用武力向北扩张。万历十一年（1583）正月，缅军攻陷施甸，进攻顺宁、盏达，所到之处烧杀抢掠。于是，朝廷迅速派刘绖和邓子龙率领明军进行抵抗，明军在当地土司武装的配合下，在姚关以南的攀枝花大破缅军，取得攀枝花大捷。此后明军乘胜追击，邓子龙率领军队收复了湾甸、耿马。而刘绖率领军队长驱直入，占领了陇川，俘虏缅甸丞相岳凤。岳凤投降后，缅甸军队一触即溃，明军一路收复了蛮莫、孟养和孟琏，孟密土司也宣布内附，阿瓦缅甸守将莽灼也前来投降。万历十二年（1584）五月，缅军再次入侵，攻占孟密，包围五章。明军把总高国春又率军击败了缅甸的入侵。自此缅甸东吁王朝的势力被赶出木邦、孟养、蛮莫等地，一时间，众多土司纷纷重新归顺大明。此后，在万历十二年九月，又升孟密安抚司为宣抚司，添设了蛮莫、耿马两安抚司，孟琏、孟养两长官司，姚关、孟淋寨两千户数，并在蛮莫设立了大将行署，任命刘绖以副总兵署临元参将，移镇蛮莫。为了对付缅军的象阵，刘绖还买了大象，"冲演兵马"。

此后，自万历十三年（1585）开始，双方就在边境频频冲突不断。

其实，当时的大明正因"国本之争"而动荡不已。所谓国本之争，又称争国本，其实就是明神宗册立太子的问题，由于自古以来便有"太子者，国之根本"之说，所以被称为国本之争。当时的朝内众臣旗帜鲜明地分为两派，分别拥护皇长子朱常洛与福王朱常洵（郑贵妃所生）争夺太子之位。

神宗皇帝的长子朱常洛，原为神宗与宫女王氏在偶然之下所生的，神宗因为朱常洛为宫女所生，所以不喜欢他。史载，王氏原为慈宁宫宫女，万历九年（1581）的某日，神宗皇帝往慈宁宫向慈圣皇太后李氏请安。当时太后不在，王氏端水让他洗手，他一时兴起，就"宠幸"了王氏，王氏受孕后，太后询问皇帝。皇帝起先不承认是他的作为，太后命人取《内起居注》查看，至此皇帝方勉强承认，后封王氏为恭妃。当时宫中称宫女为"都人"，从称朱常洛为"都人子"来看，皇帝很不喜欢这个儿子。

史载，神宗嫔妃众多，但唯宠郑氏。万历十年（1582）郑氏被封为淑妃，次年进为德妃。到万历十四年（1586），郑氏生子，即朱常洵。神宗大喜，有意晋封为皇贵妃，这与对恭妃冷落的态度形成鲜明对比。很快，有流言说明神宗与郑贵妃曾到大高玄殿祷神盟誓，相约立朱常洵为太子，并且将密誓御书封缄在玉匣内，由郑贵妃保管。

此等流言一出，大臣们纷纷建议尽早册立皇长子朱常洛为太子，以破除流言。很显然，因为帝国册立长子为太子的原则，朝中大臣们大多拥戴皇长子朱常洛，就在万历十四年（1586）郑氏生子同年，首辅申时行上疏，列举明英宗两岁、明孝宗六岁被立皇太子为例，要求册立皇长子朱常洛为太子，但神宗以长子幼弱为由，等两三年后再举行。此举更是加深了群臣的不安，户科给事中姜应麟、吏部员外郎沈璟等人纷纷上疏请册立东宫。其中姜应麟措辞激烈，让明神宗恼怒，将奏折扔在地上，对身边宦官说："册封贵妃，初非为东宫起见，科臣奈何讪朕！"遂降旨："贵妃敬奉勤劳，特加殊封。立储自有长幼，姜应麟疑君卖直，可降极

明神宗万历皇帝

边杂职。"于是，贬姜应麟为大同广昌典史。吏部员外郎沈璟、刑部主事孙如法相继上言，都被处罚。明神宗在处罚姜应麟的谕旨中也指出立太子一定会依长幼顺序册立，这样就带来了一个麻烦，那就是使皇帝和群臣发生了对峙。

大臣们根据册立长子为太子的原则，要求立长子为太子，然而神宗却不喜欢宫女所生的朱常洛，有意立郑贵妃的儿子朱常洵为太子，而他的这个意图却受到大臣与慈圣皇太后的极力反对。双方僵持之下，皇帝迟迟不立太子，又令群臣忧心如焚，于是谏言纷纷。万历十八年（1590），众多大臣集体要求册立，并且杜门请辞，向神宗皇帝施加压力。明神宗只好推至明年或皇子15岁时，之后又推延至万历二十年春举行。到次年八月，工部张有德提议需要动工准备，然而被皇帝以不准奏扰为由罚禄三月。首辅申时行与大臣等人上疏反对，神宗大怒，申时行不得不上疏暗中为自己辩白。此事被捅出来之后，申时行名誉扫地，被弹劾后只得辞职返家。但此事并没有就此结束，虽然众大臣或被迫辞职，或被廷杖，但要求册立朱常洛为太子的声音却并没有消失过。万历二十一年（1593）正月，神宗皇帝下手诏给大学士王锡爵，要将皇长子朱常洛、皇三子朱常洵和皇五子朱常浩一并封王，以后再择其中善者为太子。王锡爵既怕得罪皇帝，又怕被朝臣攻讦，于是上疏请由长子拜皇后为母，如此长子就是嫡子。然而神宗却只以"三王并封谕"告示朝臣，继续准备行三王并封之礼，顿时朝中大哗。大臣们纷纷指责王锡爵谀帝邀宠，王锡爵无奈，自劾请辞，而神宗也迫于众议，不得不暂时放弃了立朱常洵为太子的念头。

此后，为立储事，前后纷争达15年之久，在慈圣皇太后的干预、首辅沈一贯的劝进下，神宗皇帝终于在万历二十九年（1601）做出让步，立虚龄已20的皇长子朱常洛为太子，朱常洵为福王、朱常浩为瑞王、朱常润为惠王、朱常瀛为桂王。史载，朱常洛出阁读书时，正值寒冬，众太监居然不给太子生火取暖，以至于朱常洛被冻得浑身发抖，如果没有讲官郭正域怒而斥责太监，那些太监们才不会管太子爷是否会冻僵。

史载，神宗被群臣所迫，不能立常洵为储，因而以数十年不上朝的方式向朝臣表达自己的不满，此举也就是在历史上有着浓墨重彩的一笔，并对历史走向产生很大影响的"万历怠政"。

　　　　　　　　　　　　　　　　　　　　　八旗狂飙

金台捧敕中的万历帝形象

　　但事情并没有就此结束，虽然神宗皇帝下旨，册立皇长子朱常洛为太子，朱常洵为福王，但福王却迟迟不赴洛阳，反而长期逗留京师。于是大臣们又纷纷开始上疏要求其按祖制离京赴封地居住，这其中以大学士叶向高、礼部右侍郎孙慎行争执最厉害。就在此时，万历四十二年（1614）三月，发生了震惊朝野的"梃击案"。

　　万历四十三年（1615）五月，有一男子张差，手持木棍，闯进太子朱常洛居住的慈庆宫，击伤守门太监，太子内侍韩本用闻讯赶到，在前殿抓获张差。此后，经过御史刘廷元审讯，张差是蓟州井儿峪人，语言颠三倒四，常提到"吃斋讨封"等语。刑部提牢主事王之寀认为事有蹊跷，觉得张差决不像疯癫之人，用饭菜引诱他："实招予饭，不招当饥死。"张差低头，又说："不敢说。"王之寀命众人回避，亲自审问。

　　原来张差靠砍柴与打猎为生，在一个月前，张差在济州卖完货后，赌钱输了，结果遇上一位太监，太监说可以带他赚钱，张差随这位太监入京，见到另外一位老太监，老太监供与酒肉。几天后，老太监带他进紫禁城。老太监交木棒给张差，又给张差饮酒。带他到慈庆宫，着他进宫后见人即打，尤其见到穿黄袍者（太子朱常洛）。这是奸人，要把他打死。老太监言明，如打死穿黄袍者，重重有赏，如被人捉住，他会救张差。

张差的供言，结果供出是郑贵妃手下太监庞保、刘成指使。于是，举国上下士庶一片哗然，众人都认为郑贵妃要刺杀太子。六月一日，神宗皇帝密令将庞保、刘成处死，全案遂无从查起。不久之后，福王才离京前往洛邑就藩。至此，太子朱常洛的地位才算稳固。

而在这之前，围绕着国本之争，朝内已经掀起了两次大狱，而导致这两次大狱的便是所谓的《妖书》案，史载此案的最初，是刑部侍郎吕坤撰写了一书，名为《闺范图说》，是古今后妃的传记，结果东厂提督太监陈万化将此书献给皇帝，郑贵妃得知之后，竟然补上了自己的传记，再次刊行。吏科给事中戴士衡认为吕坤阿谀奉承，于是上疏弹劾，但神宗没有理会此事。万历二十六年（1598），有人撰《忧危竑议》，说郑贵妃欲以其子福王朱常洵夺储君之位。神宗怀疑此书出自吏科给事中戴士衡、全椒知县樊玉衡之手，士衡、玉衡俱贬，但御史赵之翰认为武英殿大学士张位是主谋，于是神宗又罢免了张位，贬谪亲近张位的礼部侍郎刘楚先、右都御史徐作、国子监祭酒刘应秋、给事中杨廷兰、礼部主事万建昆等，是为"第一次妖书案"。

五年之后，万历三十一年（1603），一本名为《续忧危竑议》的书籍悄然流传，书中依然是老调重弹，说郑贵妃欲以福王夺储位，但此书内容却因为辱及天子、首辅，故而一时间朝内哗然。据载，此书为大学士朱赓所得，于是朱赓面奏神宗皇帝，呈报此事，神宗大怒，命东厂与锦衣卫侦办。此时，浙党沈一贯乘机构陷东林党沈鲤、郭正域等人，事态扩大，株连甚多，甚至就连高僧紫柏真可禅师也因与沈鲤有往来而受波及，在遭锦衣卫殴打以至重伤后，随即涅槃。此后，太子朱常洛向东厂施压，让他们不得牵连大臣，故而最后东厂竟归罪于顺天府诸生皦生光所作，于是皦生光遭到凌迟处死，是为"第二次妖书案"。

除了两次妖书案之外，当时还有"楚太子案"也是闹得沸沸扬扬。

万历三十一年（1603）三月，楚王宗人、辅国中尉朱华越向朝廷告发楚王朱华奎并非楚恭王之子，是楚恭王亲戚王如言的侍妾尤金梅所生。首辅沈一贯因与朱华奎友好，于是授意通政使沈子木暂将奏疏压下不表。朱华越不服，亲自上访燕京，北告御状。礼部右侍郎郭正域主张进行调查。沈一贯反对无效，最后由巡抚和巡按御史会同勘问。但察无实证，只有王如言的女儿一口咬定朱华奎是"伪王"。沈一贯与郭正域自此结下仇恨，给事中钱梦皋劾奏郭氏"陷害宗藩"。郭正域愤而辞官，朱华越则被废为庶人，禁锢于凤阳。

　　然而谁也没有想到，此后居然又引发了"楚宗劫杠案"。万历三十三年（1605），神宗皇帝觊觎楚王家财，楚王朱华奎只好以皇杠搬运白银贰万两贡献朝廷。运送途中，被不满楚太子案的楚国宗室朱蕴钤等人劫走。湖广巡抚赵可怀在讯问案情时，竟然被朱蕴钤和朱蕴訇打死。于是湖广右参政薛三才、按察使李焘、巡按吴楷即向朝廷报告楚国宗室作乱。沈一贯立刻调集郧阳巡抚胡襟寰兵马，准备平定楚国谋逆，一时间楚国宗室自危，幸亏李焘上奏，此为刑案，并非谋叛，朝廷方才止兵。此后，神宗皇帝下令斩杀朱蕴钤与朱蕴訇，赐死朱华堆等4人，幽禁朱华焦、朱蕴钫等45人，搞得楚国宗室人心惶然，方才作罢。

　　其实无论是国本之争，还是"妖书案"，又或者"楚太子案"，其根本都是朝内党争。万历三十二年（1604），吏部郎中顾宪成与高攀龙、钱一本等于无锡东林书院讲课，"讲习之余，往往讽议朝政，裁量人物"，常常和东林书院中人谈论朝政得失，于是也就渐渐形成了一个在野集团，被称为"东林党"。按照史料的记载，东林党的形成并没有这么简单，顾宪成乃无锡人，万历八年中进士后历任京官，授户部主事。万历十五年，因为上疏申辩，词语中有触怒当权者，而被贬谪为桂阳州判官，慢慢提为处州推官。万历二十一年，顾宪成任吏部文选司郎中，掌管官吏班秩迁升、改调等事务。二十二年，朝廷会同推荐选任内阁大学士，顾宪成提名的人，都是明神宗所厌恶的，从而更触怒了神宗，于是顾宪成被削去官籍，革职回家。史载，顾宪成回到家乡以后，同弟弟顾允成倡议维修东林书院，偕高攀龙等讲学其中，同时宣扬他的政治主张。

　　而与此同时，浙江宁波人沈一贯则纠集在京的浙江籍官僚，结成东林党的反对派，被称作"浙党"。此外还有以官应震、吴亮嗣为主的"楚党"，和山东人亓诗教的"齐党"，皆依附于浙党。其他以地缘关系结成的党派还有宣党和崑党，这些合称"齐楚浙党"。齐楚浙党与东林党相互攻击，由此引发了所谓的"东林党争"。

史载，东林党争绵延数十年，朝廷几无宁日。

关于明末党争的危害，《王学质疑》提要曾说道："夫明之亡，亡于门户；门户始于朋党；朋党始于讲学。"而夏允彝《幸存录》"门户大略"则说："自万历以前，未有党名，及四明（沈一贯）为相，以才自许，不为人下，而一时贤者如顾宪成、孙丕扬、邹元标、赵南星之流，謇谔自负，每相持。附四明者，言路亦有人。而宪成讲学于东林，名流咸乐于趋之，此东林、浙党所自始也。"

《弘光朝伪东宫伪后及党祸纪略》则说得更为深刻："党祸始于万历间，浙人沈一贯为相，擅权自恣，多置私人于要路；而一时贤者如顾宪成、高攀龙、孙丕扬、邹元标、赵南星之属，气节自许，每与政府相持。而高、顾讲学于东林，名流咸乐附之，此东林党祸所自始也。"

就在大明帝国陷入内外交困的时候，努尔哈赤起兵也就有机可乘了。天命三年（万历四十六年，1618）四月十四日，努尔哈赤兵分两路入侵大明，以左翼四旗进攻东州、马根单，自己亲率右翼四旗直取抚顺。抚顺城位于浑河畔，是明与女真互市之所，由于努尔哈赤年轻时曾在抚顺从事贸易，因此对抚顺城的情况了如指掌，守将游击李永芳亦与努尔哈赤相识。当日，努尔哈赤派人至抚顺告知次日有一个三千人的女真大商队前来抚顺贸易。十五日，佯装商人的后金先锋部队来到了抚顺城，抚顺军民均至城外交易，这时努尔哈赤大军突至，与抚顺城内的后金军里应外合一举袭取抚顺，中军千总王命印、把总王学道、唐钥顺等战死，李永芳投降。同日，左翼四旗亦攻克东州、马根单。东州守将李弘祖战死，马根单守备李大成被俘。

抚顺失陷的消息传至广宁，辽东巡抚李维翰急檄广宁总兵张承胤前往救援，张承胤急率副将顾廷相、参将蒲世芳、游击梁汝贵等万余大军追击努尔哈赤。双方相遇，努尔哈赤命大贝勒代善、四贝勒皇太极从两翼围攻明军。正在双方激战之时，天空风沙大作，明军迎风而战，陷入不利局面，最后被后金军全歼，总兵张承胤、副将顾廷相、参将蒲世芳、游击梁汝贵等皆阵亡。抚顺之役，大小战斗共历时一周，后金军不仅攻占了抚顺、东州、马根单，还劫掠了大小屯堡五百余座，俘虏人畜30万，编为千户，毁抚顺城后班师。努尔哈赤本对攻打大明帝国并没有绝对信心，在战前甚至还告诉众贝勒大臣要"自居于不可胜，以待敌之可胜"。然而，努尔哈赤首战大明帝国即俘获人畜30万，这刺激了其更大的野心。

抚顺之败，举朝震惊，而就在大明帝国试图采取行动的时候，同年五月，努尔哈赤再度攻取抚顺与铁岭之间的抚安等大小城堡11座。七月，后金军破鸦鹘关而入，进犯清河。

清河城四面环山，地势险峻，战略位置重要，大路可直通重镇辽阳、沈阳，为辽沈之屏障，参将邹储贤、援辽游击张旆领兵一万镇守此地。努尔哈赤令装满貂、参之车在前，军士埋伏在车后突然杀出，此举让清河守军措手不及，顿时大败，援辽游击张旆亦战死。此后努尔哈赤命部下对清河进行围攻，由于清河城上布有火器，后金军攻城死伤千余人。于是努尔哈赤改变了策略，他令军士以木板作为掩护，在城下挖墙，后金军遂从缺口突入城内。虽然努尔哈赤命李永芳前去劝降邹储贤，但邹储贤见之怒骂，并率军于城上抵抗后金军，最终力竭阵亡。清河陷落之后，副将贺世贤率援军赶来，但见城已陷落，遂斩附近女真屯寨妇幼150人而还。

由于连陷抚顺、清河，努尔哈赤的野心越来越大，他将被俘获的一名汉人割去双耳，令其转告明廷，"若以我为非理，可约定战期出边。或十日，或半月，攻战决战；若以我为合理，可纳金帛，以图息事"。此举彻底惹恼了大明，大明帝国自此才终于意识到了辽东事态的严重性，决意征调大军彻底消灭后金。

就在努尔哈赤进攻辽东的同时，这一年，他还对叶赫部实施了又一轮攻势。首先命大贝勒代善统领战将16员、兵五千人驻守扎喀关以防大明的干涉，而自己则率领倾国之师攻打叶赫部。此战，后金军连克叶赫大小城寨20余座，焚其城，俘获了大量降民、牲畜、粮食和财产，在努尔哈赤的攻势面前，叶赫再度向大明帝国求援，开原总兵马林率全城之兵前往救援。努尔哈赤为避免腹背受敌，不得不班师而回。随后，他将目光投向了蒙古部落。

在蒙古方向，自明太祖以徐达为将，率部攻占元大都，迫使顺帝北逃，退居塞北以来，史称北元的蒙古人一直盘踞在大漠草原之间。由于当时北元仍有"不下百万众"之实力，故而蒙古人曾经多次反攻边地，试图重新入主中原，后经成祖多次讨伐，方才衰落。此后，瓦剌也先崛起，此人野心勃勃，颇有计谋，一度统一蒙古，土木堡之役擒明英宗，后又围攻北京、东掠女真诸部，但也先死后，蒙古再度分裂。至万历年间，蒙古已经分为漠西、漠北、漠南三部。

其中漠南蒙古与建州相邻，诸部之一的科尔沁曾于万历二十一年（1593）参与叶赫组织的九部联军，结果在古勒山之战大败后，科尔沁贝勒明安果断遣使与建州通好，自此双方开始互通往来。但万历三十六年（1608），科尔沁再助乌拉讨伐建州，可是见建州兵强马壮，科尔沁自知不是对手，遂撤兵请求与建州联姻。努尔哈赤不计前嫌，答应其请求，于是双方交好如初。而就在科尔沁和建州开始通好之时，漠南蒙古察哈尔部的林丹汗为了防止努尔哈赤在蒙古草原的扩张，居然对科尔沁部发动了袭击，此举反倒使科尔沁部彻底倒向努尔哈赤，甚至有科尔沁贵族奥巴台吉等率部众内附之事。由于科尔沁部为蒙古诸部中归附最早者，与爱新觉罗氏世为懿亲，清朝后妃很多来自科尔沁。

而漠南蒙古喀尔喀部，就没有这么幸运了，当时的喀尔喀部位于辽河流域，内分五部，长年互攻，冲突不断。努尔哈赤充分利用喀尔喀五部的内部矛盾分化瓦解，逐部争取，优待来投贵族、部民以从中取利。五部之一的巴岳特部贝子恩德格尔是第一位内附建州的喀尔喀贵族。万历三十四年（1606）十二月，恩德格尔引领喀尔喀五部使臣给努尔哈赤上尊号"恭敬汗"，从此双方往来不绝。努尔哈赤为进一步笼络恩德格尔，将舒尔哈齐第四女许配给他，使其成为额驸，这对招抚其他喀尔喀来投的贵族和部民起到了很大作用。

然而，喀尔喀部诸贝勒中实力最为强悍的介赛却很不以为然，他依然选择与大明帝国结盟，介赛曾经与大明帝国三次立誓，所以，此时他不会选择与努尔哈赤结盟。此后，在后金攻打铁岭时，介赛率军万人埋伏于铁岭城外配合明军作战，结果大败，后金军追至辽河，介赛与其二子、二弟、三婿、诸贝勒、战将、士兵等百余人被生擒，努尔哈赤与喀尔喀部结盟的最后一个障碍被扫除。随后，努尔哈赤与喀尔喀部27位贝勒、台吉会盟于冈干色得里黑孤树，双方正式确立同盟关系。而对于被

八旗狂飙

俘虏的介赛，努尔哈赤并未处死他，而是将他囚禁在后金，以争取同该部结盟。两年后，喀尔喀以牲畜万头赎回介赛，努尔哈赤与介赛盟誓并互通婚姻。

至于察哈尔部，则以临近蒙古与大明帝国的边境之处而得名，察哈尔为蒙古语"边"的音译，其汗驻帐于广宁以北。其实察哈尔部乃是北元中兴之主达延汗统一漠南蒙古后，分封诸子后所产生的。史载，达延汗建左右两翼六个万户，其中左翼三万户为察哈尔部万户、兀良哈部万户和喀尔喀部万户，而右翼三万户为鄂尔多斯部万户、土默特部万户和永谢布部万户。左翼三万户由达延汗自己直接统辖，大汗驻帐于察哈尔部万户；右翼三万户由济农代表大汗行使管辖权，济农驻帐于鄂尔多斯部万户。之后察哈尔部领主便成为蒙古各部之共主，世袭蒙古大汗之位。随着达延汗的去世，诸部再度陷入纷争，蒙古大汗无法对各部进行实际支配，实权仅限察哈尔部统治范围之内。

在努尔哈赤对漠南蒙古用兵之时，执掌察哈尔部的是达延汗七世孙林丹汗，他有一统蒙古的野心，对辽东也常心怀觊觎，因此与大明、努尔哈赤均有利益冲突。随着后金的崛起，努尔哈赤开始不断将自己的势力伸入到漠南蒙古地区，科尔沁、喀尔喀尽皆臣服于后金，故而林丹汗出于抵御威胁的考虑，毅然选择和大明结盟。

史料记载，林丹汗十分蔑视努尔哈赤，他曾致书努尔哈赤，自称"四十万蒙古国主、巴图鲁成吉思汗"，而称努尔哈赤为"水滨三万满洲国主"。努尔哈赤亦作书回应，书中提及大元朝是被大明击败，方才退出中原的。很显然，努尔哈赤试图激起林丹汗对大明的仇恨，转而倒向自己。然而，在林丹汗看来，自己所面临的后金的威胁相较历史宿怨更为重要，遂囚来使，坚持与努尔哈赤为敌。此后，林丹汗自恃在蒙古诸部中实力占优，常年用兵，破喀喇沁、灭土默特，并为了遏制努尔哈赤，而出兵讨伐后金的盟友科尔沁部。然而，在努尔哈赤的援助下，科尔沁部将林丹汗所部击退，致使林丹汗无功而返。

其实，林丹汗之所以征讨科尔沁无功而返，主要原因还是察哈尔部内部很不稳定，察哈尔的敖汉、奈曼两部就与后金有往来，甚至林丹汗的孙子扎尔布、色楞后来还逃至科尔沁，并到后金去朝拜努尔哈赤。但直至努尔哈赤去世，察哈尔始终是牵制后金的一支力量，直至皇太极继位后才将其征服。

就在努尔哈赤忙着经略漠南蒙古的时候，大明帝国对于后金的征讨也开始了。

万历四十六年（1618）四月十三日，努尔哈赤宣布脱离大明帝国统治，并以"七大恨"誓师，历数大明帝国对建州女真的七大罪状以及向大明帝国宣战。以后便出兵偷袭辽东各堡。四月十五日，连陷抚顺、东州、马根单、抚安堡等地，东州守将李弘祖战死，马根丹守备李大成被俘。抚顺总兵李永芳与中军赵一鹤等及5百守军乞降于后金，范文程兄弟亦投降后金，抚顺守备王命印、把总王学道、唐钥顺等拒降而战死殉国。辽东巡抚李维翰急命广宁总兵张承胤、辽阳副总兵顾廷相、海州参将蒲世芳、游击梁汝贵率军前往救援，于四月二十一日遭后金军反击而大败，明军阵亡3千多人，仅3百余人逃回。战后，帝国迅速派援辽游击将军张旆率领5千兵马支援清河。结果七月二十日，后金军攻入鸦鹘关，七月二十二日，攻占清河堡，清河副总兵邹储贤、游击张旆、守备张云程战死，清河守军达6400余人覆没。而驻扎在瑷阳的参将贺世贤听闻清河有变，疾驰出塞，破后金一栅，击杀百余人。此役，后金掳掠人畜30万，获马9千匹、甲7千副。可谓是全辽震动。

抚顺、清河的失陷，使得大明帝国的中枢不得不对辽东丧师失地做出反应，帝国努力建立两百多年的辽东防御系统此时面临着崩溃危机，在这种情况下，大明帝国决定发动一次大规模进攻，以图彻底消灭后金。

万历四十六年十二月（1618），帝国在广宁设立辽东饷司，任命原辽东巡抚杨镐为辽东经略，以御史陈王庭巡按辽东兼监军事，与蓟辽总督汪可受、巡抚周永春及以名将李成梁的次子李如柏为辽东总兵官，谕令被勒令回乡的旧将杜松及已告老还乡的刘綎等众将官"星驰出关，以备调遣"，共同商议出征之事。由于此时大明帝国驻守辽东全镇兵力仅6万，除去各处城堡驿站布防的守军，能作战的只有2万余人。加上因屡次遭后金打败，以致军心靡溃，几成惊弓之鸟。所以帝国从福建、江西、浙江、四川、山东、山西、陕西、甘肃、南京等地征集兵士星驰援辽，并调集旅顺等地舟师，与镇江（今辽宁丹东）、宽甸兵会合。且咨文朝鲜、叶赫，合力征讨。

　　　　　　　　　　　　　　　　　　　八旗狂飙

由于当时卫所制名存实亡，已经转为募兵制，故而这次出兵，其实是调自全国各地，而兵士主要来自九边重镇、四川和浙江。史载，此战出动兵力为：宣府、大同、山西三镇，各发精骑1万，共约3万人；延绥、宁夏、甘肃、固原四处，各发精骑6千，共约2.5万人；四川、广东、山东、陕西、北直隶、南直隶，各发步骑兵五七千不等，共约2万人；浙江发善战步兵4千；永顺、保靖、石州各处土司兵，河东西士兵，数量各二三千不等，共约7千人。结合起来，明军总数约8.8万人，再加上海西女真叶赫部军1万人，李氏朝鲜所派1.3万兵马，总计11万多人。

天命四年（万历四十七年，1619），经十个月的准备，明廷从全国调来各路兵马齐聚辽阳，以曾经经略朝鲜的兵部侍郎杨镐为辽东经略，总督大军。二月十一日，经略杨镐会同蓟辽总督汪可受、辽东巡抚周永春、辽东巡按王庭在辽阳演武场举行讨伐后金的誓师，并斩抚顺之战中临阵脱逃的指挥白云龙以祭旗。誓师后，杨镐等决议兵分四路，直捣赫图阿拉。四路分别为：

西路军，即抚顺路，以山海关总兵官杜松为主将，率保定总兵王宣、原任总兵赵梦麟、经略标下右翼营管游击事都司刘遇节、原任参将柴国栋、原任游击王浩、原任游击张大纪、原任游击杨钦、原任游击汪海龙、管抚顺游击事备御杨汝达、原任参将龚念遂、原任参将李希泌等以下宣府、大同、山东、陕西官兵等3万余人，以分巡兵备副使张铨为监军，由沈阳出抚顺关，沿浑河右岸（北岸），入苏克素浒河谷，从西面进攻赫图阿拉城，为主力军。

南路军，即清河路，以辽东总兵官李如柏为主将，管辽阳副总兵事参将贺世贤、经略标下左一营管游击事都司张应昌、管义州参将事副总兵李怀忠、总镇坐营游击戴裕光、总镇右翼营管游击事都司冯应魁、武靖营游击尤世功、西平备御徐成名、加衔都司李克泰、原任游击吴贡卿、原任游击于守志、原任游击张昌胤等以下辽东边防和京营官兵二万余人，以守兵备参议阎鸣泰为监军，推官郑之范为赞理，由清河出鸦鹘关，从南面进攻赫图阿拉城，作为支援各路之军。

北路军，即开原路，以原任开原总兵官马林为主将，开原管副总兵事游击麻岩、管海州参将事游击丁碧、游击葛世凤、管新兵右营原任游击赵启祯、管新兵中营原任参将李应选、原任守备江万春、铁岭游击郑国良、庆云管游击事都司窦永澄及马燃、马熠等以下真定、保定、河北、山东等官兵2万余人，暨叶赫部贝勒金台石、布扬古盟军1万余人，以开原兵备道检事潘宗颜为监军，岫岩通判董尔砺为赞理。从靖安堡出发，趋开原、铁岭，从北面进攻赫图阿拉城，为次要主攻方向。

东路军，即宽甸路，以辽阳总兵官刘綎为主将，管宽奠游击事都司祖天定、南京陆营都司姚国辅、山东管都司事周文、原任副总兵江万化、瑷阳守备徐九思、浙兵管备御周翼明、管镇江游击事都司乔一琦、同知黄宗周为赞理，海盖兵备副使康应干为监军，与刘招孙等四川、湖南、湖北、浙江、福建等南方官兵1万余人，会合朝鲜军。朝鲜派出由朝鲜都元帅议政府左参赞姜弘立、中军官原任节度使李继先、总领大将副元帅平安道节度使金景瑞、中军官虞侯安汝讷、分领边裨防御使文希圣、左助防将金应河、右助防将李一元等率领1.3万人。从宽甸堡路由凉马佃出发，东面进攻赫图阿拉城，作为佯攻的疑兵。

又以总兵官官秉忠、辽东部司张承基、柴国柱等部驻守辽阳，作为机动；李光荣率军驻广宁保障后方；副总兵窦承武驻前屯监视蒙古各部；以管屯都司王绍勋总管运输粮草辎重。杨镐本人则坐镇沈阳，居中指挥。时杨镐奏上"擒奴赏格"经兵部尚书黄嘉善复奏，明神宗批准，颁示天下。赏格规定：擒斩努尔哈赤者赏银1万两，升都指挥使；擒斩其八大贝勒者赏银2千两，升指挥使；李永芳、佟养性等叛将，若能俘献努尔哈赤，可以免死。又诏令叶赫贝勒金台石、布扬古若能擒斩努尔哈赤，将给予建州敕书并封龙虎将军、散阶正二品。若擒斩其余努尔哈赤的十二亲属伯叔弟侄，及其中军、前锋、领兵大头目、亲信领兵中外用事小头目等，一律重赏并且封授世职。

应该说，此时大明帝国在经过十个月的准备之后，不仅动员了所能动员的全国人力、物力，而且上自皇帝，下到边官、士卒，无一不想通过此战来对蛮夷展示"天朝大国"的威严。神宗自己也说："朕庶几灭虏安边在此一举！"可实际上呢？万历四十六年（天命三年，1618）九月，为四路出师筹饷，直隶巡按龙遇奇曾经叫苦说：300万军饷，即使拼命搜刮，也难以凑齐。在无饷可征时，内廷府库却颇为充盈，内币积为朽橐，宫廷大礼用费一次多至千万金，皇后生日也用"数万"之钱，而军饷匮乏，便不惜加派民间。在廷臣屡请之下，万历帝不得已只发币金10万。

而当辽东明军以山海关总兵杜松为主将，率保定总兵王宣、总兵赵梦麟等2万余人为西路军；以辽东总兵李如柏为主将，率参将贺世贤等2万余人为南路军；以开原总兵马林为主将，率游击麻岩等2万余人并叶赫贝勒金台石、布扬古率领的两千叶赫兵为北路军；以总兵刘綎为主将，率都司祖天定等1万余人会同朝鲜元帅姜弘立、副元帅金景瑞率领的1.3万余朝鲜兵为东路军。四路大军共十余万，号称47万，于二十五日向后金都城赫图阿拉展开合围的时候，巨大的危机却还是诸将不和。"明军南北众将，猜隙已成"，决定重要的事情，每每意见相反。杨镐才智平庸，又"轻率寡谋"，就如同朝鲜王国官员李恒福所说的那样："臣久留经略门下，熟闻言语，兼察动静，南北诸将猜隙已成，号令每相反。窃闻中朝诸将中，勇敢善用兵推刘綎第一，而兵精不如吴惟忠，……提督依重刘綎。"而祝耀祖《敬陈一得备安攘疏》也记载："自镐用事以来，威令不行，赏罚不信，昵私交而轻南将，则豪杰灰心，怯任，罪而恤典，则英雄短气。"

杨镐此人是万历八年（1580）进士，先后为南昌、蠡县知县，然后进入朝中当御史，因事调为大理评事。后来又升为山东参议，负责防守辽海道。他曾经和大帅董一元合力在雪夜中翻越墨山去袭击蒙古炒花部的营帐，大获全胜，迁任了副使。这期间，他开垦荒田130多顷，每年储藏粮食1.8万多石，又被提拔为参政。

万历二十五年（1597）封贡议败，朝鲜战事再起。大明帝国逮捕主和议的石星、沈惟敬，以兵部尚书邢玠总督蓟辽，以杨镐为右佥都御史，经略朝鲜军务。时日军由南往北进攻，锋势甚锐，汉城告急。六月，杨镐抵达平壤，当即指派诸将。日军小西行长、加藤清正围攻驻守南原的明将杨元，杨元不敢弃守，邻近全州守将陈愚衷亦不战而逃，京畿危在旦夕。此时，杨镐自平壤抵汉城，指挥明军大破日军，从而解王京汉城之危，遏制了日军的北进，取得稷山大捷。此后，杨镐指挥明军乘胜进攻，将日军主力团团包围于蔚山，惜天雨连绵十数日，明军进军不利，反为日军所乘，蔚山失利。所谓"是役也，谋之经年，倾海内全力，合朝鲜通国之众，委弃于一旦"。蔚山战后不久，大明帝国赞画主事丁应泰劾杨镐"贪猾丧师，酿乱欺罔"，于是杨镐被革职撤回。万历三十八年，杨镐复起巡抚辽东。其间，其袭炒花于镇安，破之，因御史田生金劾其开衅，加上时辽左多事，杨镐极力推荐李如梅，请求重新任用他做大将，但为给事中麻僖、御史杨州鹤所劾。于是杨镐上书辩解并请求离职，神宗不加过问，于是"镐竟引去"。

此番，出兵辽东，虽然四路军企图"分进合击"，但骁勇善战的刘綎因与杨镐素不和，被派往东路，孤军深入，从一开始就注定了一场悲剧。最重要的是，杨镐遣后金逃兵带书信给努尔哈赤，声称大明帝国集结天兵47万，并以发兵日期万历四十七年二月二十一日相告，企图威吓努尔哈赤及后金上下。但此举却使明军尚未出动，其部署和师期皆被后金掌握，反使后金军早做准备，努尔哈赤采纳大明帝国叛将李永芳所献"凭尔几路来，我只一路去"的方针，集中兵力，以攻为守、逐个击破，以多战少。

关于李永芳，历史上的记载很详细，此人原为抚顺千户所游击。万历四十一年（1613），努尔哈赤攻克乌喇部，乌喇部贝勒布占泰逃往叶赫。努尔哈赤又征讨叶赫，叶赫部向大明帝国求援。大明遣使告诫努尔哈赤，不许他侵犯叶赫。努尔哈赤修书给大明帝国，表示叶赫背盟悔婚，藏匿布占泰，自己是不得已而用兵，并亲自前往抚顺千户所。李永芳出迎三里，将努尔哈赤引入教场。努尔哈赤将回书交给李永芳，率军返回。这也是两人相熟的开始。天命三年（万历四十六年，1619），努尔哈赤入侵大明，围困抚顺，并致书李永芳道："明发兵疆外卫叶赫，我乃以师至。汝一游击耳，战亦岂能胜？今谕汝降者：汝降，则我即日深入；汝不降，是误我深入期也。汝多才智，识时务，我国方求才，稍足备任使，犹将举而用之，与为婚媾；况如汝者有不加以宠荣与我一等大臣同列者乎？汝若欲战，我矢岂能识汝？既不能胜，死复何益？且汝出城降，我兵不复入，汝士卒皆安堵。若我师入城，男妇老弱必且惊溃，亦大不利于汝民矣。勿谓我恫吓，不可信也。汝思区区一城且不能下，安用兴师？失此弗图，悔无及已。降不降，汝熟计之。毋不忍一时之忿，违我言而偾事也！"李永芳看完书信后，便登上南门请降，但仍命士卒准备防御战具。后金军以云梯攻城，很快就登上城池，斩杀守备王命印。李永芳于

54　　　　　　　　　　　　　　　　　　　　　　　　　　　**八旗狂飙**

是出城投降，并匍匐在地，拜见努尔哈赤。努尔哈赤在马上答礼，命士卒勿杀城中百姓。次日，努尔哈赤毁抚顺城，将城中百姓编为千户，迁到赫图阿拉，并按照大明帝国官制设置大小官属。李永芳被任命为三等副将，并娶贝勒阿巴泰之女为妻。抚顺是努尔哈赤打下的第一座大明帝国边城，李永芳则是第一个投降的大明帝国边将。

其实，杨镐最初本是定于万历四十七年三月二十一日（1619）出师，但是因为此役大明帝国四方调兵，使辽东军饷骤增300万两银钱，然而大明帝国虽有内帑积储数百万两，神宗皇帝与内阁等竟不肯拨发。而内阁大学士方从哲、兵部尚书黄嘉善、兵科给事中赵兴邦等廷臣又唯恐师老饷匮，不断发出兵部红色令旗，督促杨镐尽快出兵。史载："时蚩尤旗长竟天，彗见东方，星陨地震，识者以为败征。"于是就在这样军心不稳之中，杨镐决定提前于二月二十一日出征。

时因天降大雪，行军困难，马林向杨镐劝谏"王师当出万全，宜并兵一路，鼓行而前，执取罪人，倾其巢穴"。而刘綎则以地形未谙、大雪迷路为由，提出应推后进军的日期，并且刘綎还要求调集其手下川军三万，可惜兵部只准许调集五千川军。杜松也认为朝廷兵饷不足，士卒久未训练，各营彼此又不熟悉，将领之间的关系也不协调，根本就不能大规模兴兵。但是杨镐皆置之不理，最后决定于二月二十五日出师，于是斩抚顺逃将白云龙祭旗，四路明军同时由辽阳教场分道出征。

应该说，明军兵分四路，本来的目的是想分进而合击，造成后金顾此失彼，疲于奔命。但是，从一开始，就是杜松孤军冒进，马林畏缩不前，李如栢逗留观望，而刘綎则含怨率领弱卒跋涉。四路军远的相距700里，近的相距二三百里，各自孤军冒进，首尾不相顾及，而这个分而不合的局面正是努尔哈赤所希望看到的，他当即决定集中优势兵力，一路出击，各个击破。

二月二十八日，西路军杜松，从沈阳出发，到抚顺关稍作休息，此后便开始继续进军。杜松于万历年间由舍人从军，累功为宁夏守备。万历二十二年（1594），迁廷绥参将。此人号称"杜黑子"，交锋时撸起两臂，乌黑如漆，持着金刀乱砍。守陕西时，与胡人大小百余战，战无不胜，塞外诸胡畏之，呼其为杜黑子而不名"杜太师"。

万历三十三年（1605），杜松擢为署都督佥事，代替李如樟镇守延绥。次年套寇进犯安边、怀远，杜松大破之，改镇蓟州。万历三十六年（1608）夏，官拜总兵，接替李成梁镇辽东。因为在这期间作战吃亏，一气之下焚烧粮草，被下狱处置。对此杜松感到很是惭愧，数次自毁甲胄，声称欲削发为僧。然而，朝臣虽然都可惜杜松的勇武，但因杜松的为人，却没人替他说话。万历四十三年（1615），河套寇大举进犯，杜松被重新启用，率领轻骑捣火落赤营，斩首200余。万历四十五年（1617），因蓟、辽多事，特设总兵官镇守山海关，令杜松担任总兵。万历四十六年（1618），因张承胤战殁，朝廷方才诏杜松驰援辽阳。此番杜松为抢头功心切，于是星夜列炬，一日内冒雪急行百余里，二月二十九日直抵浑河岸，此时杜松得知后金约1.5万兵马正于铁背山上的界凡城修筑防御工事，企图阻挡明军前进。因界凡城形势险要，是后金都城赫图阿拉的咽喉要塞，战略位置十分重要。界凡城北，便是浑河东岸的吉林崖，为界凡第一险要之处，界凡城南为扎喀关，为界凡另一处险要之地，扎喀关旁苏子河对岸是萨尔浒山，皆距后金都城赫图阿拉只有百余里。过了界凡之后便是一马平川、无险可守。因此，界凡地位极度重要，于是杜松便将大军兵分二处，分2万人于萨尔浒山麓扎营，杜松亲率轻装1万人渡过浑河，进攻界凡城下以北的吉林崖。但是此时杜松只知后金军在界凡城上防御的情况，却未得知后金已经向界凡方向大规模调动军队，注下败亡之祸。

三月初一早上，杜松不听总兵赵梦麟等众将劝谏休整，反而强命渡河。其部参将龚念遂等因辎重营渡河困难，被遗留在大军之后，屯于斡浑鄂谟，结果杜松军只能轻装渡河，留下大量火炮等重型火器。杜松军渡河间，努尔哈赤于浑河上游毁坝放水，时河水陡涨，明军被水淹死者甚多，兵伤马毙，锐气大挫。杜松军渡河后连破两个后金小兵寨，只俘获14名后金兵。

随后杜松以全军攻打吉林崖，但午时后，后金军已经到达界凡城南的扎喀关，二贝勒代善下令进军至毗邻界凡的铁背山。此时攻打吉林崖的明军虽看到大批的后金军队陆续到达，但已无法改变战略。无论是杜松自己率领的1万明军渡河到萨尔浒大营会合，还是令对岸的2万明军渡河到吉林崖山下会合，都必定在渡河时被后金军阻击，于是杜松便令继续强攻吉林崖。后金方面眼看要抵挡不住，代善命1000精兵火速增援吉林崖。明军虽有火器之利，却也一直未能攻下。时努尔哈赤率军亦赶到，并认为申时已到，天色渐晚，于是命左翼四旗兵先击萨尔浒之明军，破萨尔浒后，进攻吉林崖的明军自必动摇。后再加一旗的兵力，合共五旗3.7万骑兵，以绝对优势的兵力攻向萨尔浒明军大营。

萨尔浒大营由总兵王宣、赵梦麟等统率抵挡后金兵的奋力冲击，最后因后金军多，明军不能抵挡，萨尔浒明军大营被攻破，明军争相逃命，结果全部溃灭，王宣、赵梦麟战死。逃走的明军最后到达力阿哈时被后金军追上，亦全部被杀死。时吉林崖杜松军看见萨尔浒大营被攻破后，军心早已动摇。此时，后金军将攻打萨尔浒的兵力与部署在吉林崖的兵力汇聚，吉林崖上的后金军亦蜂拥而下合攻杜松军。面对后金军攻势，杜松亲率官兵奋战，但是后金军已经尽占河畔、莽林、山麓与谷地，以数倍于杜松的兵力将明军包围。战至夜晚，明军点燃火炬，从明击暗，反让后金军能够从暗击明，使明军死伤惨重。杜松被后金贝勒赖幕布射杀，参将柴国栋、游击王浩、张大纪、游击杨钦、汪海龙和管抚顺游击事备御杨汝达也战死。明西路大军全军覆没，经略标下右翼营管游击事都司刘遇节率残兵逃脱。监军张铨被俘，誓死不降，被处死。

而直到此时，屯于斡浑鄂谟的龚念才决定会合北路军马林欲往救杜松。马林乃名将马芳次子，以父荫升总兵。史载，此人"雅好文学，能诗，工书，交游多名士"，他所统帅的北路开原军从二月二十八日经三岔儿堡出发，二月二十九日得知西路杜松军一马当先，马林便急命进军，以免应援不及，被定师出失期之罪。三月初一，北路开原军抵达尚间崖，三月初二得到西路杜松军战败消息后，大惊，不敢前进。于是马林不听潘宗颜等诸将的建议，一意孤行要把大军一分为三，转攻为守。马林主营退守在萨尔浒西北三十余里富勒哈山的尚间崖，挖掘三层堑壕，将火器部队列于壕外，骑兵殿后，又命部将潘宗颜屯大营于数里之外，以战车相围，成掎角之势，相互呼应。同时派参将李希泌率军援助留驻于斡浑鄂谟湖的西路军杜松辎重营的龚念遂部，三军成掎角之势，倚营坚守，期望能抵挡住后金兵的进攻和等待叶赫军到来援助。

这时，努尔哈赤在击破杜松后，正调头过来，以三倍于马林的兵力进攻，见明军亦是分兵立营，于是决定各个击破。三月初三清晨，大贝

西方画家笔下的明军

勒代善率八旗主力转锋北上，直攻尚间崖，努尔哈赤与四贝勒皇太极亲率3000精锐先攻龚营最薄弱的一隅，同时围潘宗颜营，使之不能往救。结果龚念遂营被突破。参将龚念遂、李希泌战死。其余战死者还有千总张天祚、颜天佑、王弘化和把总雷应龙、丘起凤、刘友才、于景柱、杨朝武、代运旺等等，全营5000人败殁。至午，努尔哈赤转往攻打尚间崖马林大营，后金兵直奔尚间崖，命"先据山巅，向下冲击"，马林一时惊恐，立即命令壕内的精锐步兵出壕援助，努尔哈赤见马林营内与壕外兵汇合，又命"停止攻取山上，下马徒步应战"，大贝勒代善、二贝勒阿敏、三贝勒莽古尔泰各率军前后夹击，大败马林军，夺尚间崖，当时明军急发鸟枪、放巨炮，"火未及用，刃已加颈"。

客观上来说，此战明军的火器不少，但是，兵士多不会使用，有的装上药而不敢点放，有的勉强装上药，打靶时，十炮只有一两炮中靶。据史料记载，待战期临近时，经略杨镐发现了这个问题，他甚至向李氏朝鲜都元帅姜弘立求援，调400朝鲜铳手，训练明兵放炮。此战，朝鲜以都元帅姜弘立、副都元帅金景瑞领三营兵马1.3万人，往援辽东。不过由于朝鲜火铳手自身水平也不高，而且训练时间有限，故而战时，在后金兵冲击下，枪炮手惶恐，不待装药点火，便人亡炮失。

不过后金军的进攻并不顺利，位于尚间崖的马林营防守严整。努尔哈赤便命令莽古尔泰与阿敏率军冲向马林营。马林迅速令开原管副总兵事游击麻岩、游击丁碧、葛世凤等为前阵抵挡，以管铁岭游击事都司郑国良及麾下中军赵廷兰、千总麻进忠、魏相、把总姚守冠、曹文烈、赵奎等负责防守，马林在后压阵，命营中明军发鸟枪、放巨炮。后金军蜂拥而上与前部明军接战，两军酣战之际，魏相、姚守冠战死。马林得知龚念遂营已破，犄角之势已失，大惧，加上后金军已杀入后营，管新兵中营原任参将李应选、守备马熬、朱邦孝及千总杨一科、李鹤、把总江应聘、陈国王、齐和等先后战死。马林眼见形势不妙，遂提部下兵，策马先奔，避其锋以去。然而兵士不知，以为其已经战死，于是军心浮乱，开始四面溃散，葛世凤与管新兵右营原任游击赵启祯及麾下中军胡邦奇，千总阎有功、郑国忠、高良玉，把总赵镇、李之中、朱万与、陆进忠等死于阵中。而此时郑国良与曹文烈、麻岩、丁碧等于乱军中汇聚，大杀半日却未能打退后金兵。最终，麻岩与郑国良、曹文烈及麾下中军周大盛、千总程廉、千总王仲贤、千总冷载裳、千总麻实、千总麻进忠、把总打代、把总赵仲举、把总腮介哈监代、李尚仁及督阵应袭曹秉忠、万人英、胡国弼、周大受、李天复、孙冲良、伯言兔，杂流官褚道宗、王溥、梁世勋、李应杰等人和丁碧麾下中军祝世泰，千总盖禄、丁堂，红旗官魏国勋等全营皆殁，唯独丁碧死战得脱，逃回开原。大将管坐营、詹国绎，千总杜福、王国印、李日篁、张桂，把总天台、哑汗兔、猛克虎、魏思贤、库承恩、尚民雄、王应干、单秉德、马灼、杨登科、李毓药、王怀智、刘尚胤、王效忠等尽皆战死。另据马林次子马焰奏报朝廷，战死者还有马林子马燃、马熠，百总祁煌等11人。

后金军便急往被攻打中的潘宗颜营。面对努尔哈赤率兵一面强攻、三面包围飞芬山的部署，潘宗颜与庆云管游击事都司窦永澄等指挥利用火铳、大炮抵挡。史载："潘宗颜，字士瓒，保安卫人。善诗赋，晓天文、兵法。万历四十一年进士，历户部郎中。数上书当路言辽事，当路不能用。"后朝廷以潘宗颜知兵，命其督饷辽东，旋擢开原兵备佥事。此番随同马林出征之前，潘宗颜上书经略杨镐："马林庸懦，不堪当一面，乞易他将，以林为后继，不然必败。"然而镐不从。此时，潘宗颜"奋呼冲击，胆气弥厉"。于是努尔哈赤将攻下尚间崖马林营后的兵马汇聚一起，将潘宗颜营重重包围，接连进攻。自辰至午，后金攻势猛烈，明军寡不敌众，潘宗颜也力不支，最终战死，史书记载潘宗颜死时"骨糜肢烂，惨不忍睹"。而守备江万春、黄瑷及麾下千总陈玉、王学雄，把总常因泰、何印、王瑄、陈一元等也尽皆战死，窦永澄与中军李维桢、千总刁国瑞、把总康世泰等于阵中殉国。赞理为岫岩通判董尔砺与中军董引、答应官熊惟英、应袭李渐茂、王纳荐，经略督阵红旗原任守备郭之翰、监军察院督阵指挥刘兴周、招降官伊汤聘等亦战死沙场。此外，招降官管鸣宫、执旗官康民望、丁继盛等亦战死。

就这样，后金军于伤亡甚多的情况下，终于将飞芬山攻占，北路明军全部被歼，仅有马林以数骑逃回开原。战场之上，死者弥山谷，血流尚间崖下，水为之赤。时叶赫部首领金台吉、布扬古领兵进至中固城，"闻明军败，大惊而遁"。努尔哈赤转而进攻他最为强劲的对手——刘綎。

刘綎，乃大将军都督刘显之子。万历初年，刘綎跟着父亲刘显讨伐九丝蛮，冲锋在前，率先登城抓获蛮人首领阿大。因军功，提升为云南以东守备，改任南京小教场坐营。史载，刘綎所用刀一百二十斤，军中号为"刘大刀"。有姬姿20余人，都是燕、赵一时之选，皆善走马弹械。綎每出巡，诸姬戎装穿小皮靴，跨善马，为前导。四力士共举刀架继之，綎在其后。万历十年（1582）冬，缅甸并犯永昌、腾越，巡抚刘世曾请求朝廷发兵援助。次年春，朝廷以刘綎为游击将军，参与平定云南。时黔国公沐昌祚等令邓子龙、赵睿等督兵云南，刘綎也在此战中成名，其与邓子龙大破缅军于姚关以南，并招抚孟养、木邦、孟密、陇川各土司。

因平定云南之乱有功，刘綎提升为副总兵，允许世袭，但此后不久，便因其为人贪财，驾御部下又不得法，而获罪被革职，以游击候调。

罗雄之乱时，巡抚刘世曾派遣刘綎和裨将刘绍桂、万鏊分路讨伐，刘綎连克三城，最终平定罗雄之乱。但平乱之后，有人说刘綎私藏财宝，故而他被"不记功劳"，幸亏刘世曾为他辩白，才得以被起用担任广西参将，移居四川。万历二十年（1592），刘綎被授职为五军三营参将。同年，大明帝国以大军入朝鲜，八月，以兵部右侍郎宋应昌经略备倭军务，并诏天下督抚举将才；又命李如松总督蓟、辽、保定、山东军务，并充任防海御倭总兵官，其弟李如柏、李如梅为副总兵官，一同开赴朝鲜，抽调了辽东精骑一万，宣府、大同各选精骑八千，蓟镇、保定各选精锐步兵五千及名将沈有容，江浙步兵3000，而刘綖则率川军5000，作为后续。

万历二十一年，日本派使节随同明使沈惟敬由釜山至北京议和。七月，明廷宣诏退兵以进行日本封贡事宜，于是李如松大军撤退，只留刘綖及游击吴惟忠共7600人分别扼守要口。但兵部尚书石星一意主和，再撤吴惟忠部，结果只留刘綖部防守。十二月，明廷命蓟辽总督顾养谦兼责打理朝鲜事宜，并召回宋应昌、李如松、刘綖等。

不久之后，播州杨应龙反叛，杨应龙乃是播州杨氏之后，自唐僖宗乾符三年（876），杨端割据播州以来，形成世袭土司政权。大明立国之后，太祖洪武五年（1372），杨氏降明，此后被视为苗疆土司。至杨应龙时，杨氏占据播州前后历经29代，历时七百余年。

杨应龙是隆庆五年（1571）世袭了父亲杨烈的播州宣慰司一职的。万历十四年（1586），杨应龙升任都指挥使，因从调有功，加封为骠骑将军。万历十四年，因向朝廷进献大木美材70棵，受赐飞鱼服与都指挥使职。其实，在万历十七年（1590），时为四川播州宣慰司使的杨应龙就曾公开叛乱，朝廷诏命黔蜀两省会勘，然而杨应龙赴蜀而不赴黔，后其虽然赴渝受审，依法当斩，但值倭人进犯朝鲜，杨应龙请求献金赎罪并带兵征倭，朝廷允准。万历二十年（1592），四川巡抚王继光续提杨应龙赴渝勘结，但杨应龙抗命不出，于是朝廷下令进剿。

万历二十七年（1599），贵州巡抚江东之

西方画家笔下的明军

等率兵三千进剿。杨应龙令其弟杨兆龙、子杨朝栋至飞练堡迎战，官军无一生还，江东之被革职。于是朝廷以刘綎为都督同知，世世代代荫封千户职，替四川总兵官万鏊。并以李化龙节制川、黔、湖广三省军务，主持平播战事。

万历二十八年（1600）初春，明军各路兵马陆续汇集播州附近。李化龙于重庆主持讨伐全局，贵州巡抚郭子章坐镇贵阳、湖广巡抚支大可移驻沅江。明军分兵八路进剿：总兵刘綎出綦江、总兵马礼英出南川、总兵吴广出合江、副总兵曹希彬出永宁、总兵童无镇出乌江、参将朱鹤龄出沙溪、总兵李应祥出兴隆卫、总兵陈璘出白泥。每路兵马三万，共计20余万。当年正月，各将攻克丁山、铜鼓、严村，于是进军直捣楠木、山羊、简台处，因綦江在播州的北面，故而杨应龙以其子杨朝栋亲领苗兵数万重兵屯守。然而，苗兵畏惧刘綎，一听"刘大刀至矣"，往往不战而溃。罗古池一战，杨朝栋差点被俘。此后，刘綎率军攻下娄山，兵围海龙囤。六月初六，杨应龙见败局已定，与爱妾周氏、何氏关门自缢，儿子杨朝栋、弟杨兆龙被俘。万历二十八年（1600）十二月，大军班师回朝，杨朝栋等69人被押解到京师，磔于闹市。史载"与诸将共平贼，綎功为多"。

此番刘綎率兵4万，由宽佃进击，副使康应乾监之，游击乔一琦别监朝鲜国都元帅姜弘立等统率的一万三千万兵马并进。刘綎因为于万历援朝之役中与杨镐结怨，结果被派往东路，并且器械龃龉，又无大炮火器，兵弱将寡，为四路中最弱的一支，皆为杨镐刻意安排，并安排亲信二人监察刘綎，欲置刘綎于死地。若刘綎短留，即时夺取兵权，由杨镐亲自指挥。并且因为东路刘綎军孤军深入，所以全然不知西路杜松军和北路马林军已经败没的消息。按照计划，东路军是从东面宽甸堡进攻赫图阿拉，不过由于东路军是佯攻，因而要先于西路明军及北路明军出师。东路军是二月二十五日出发的，大军自宽甸出塞后，过凉马佃。时风雪大作、大树塞道，使得道路难通，东路军多数由南方士卒组成，未能适应辽东严寒气候，加上孤军深入，粮草也未能及时供给，以致东路军一直行军缓慢。

据记载："綎镇蜀久，好用蜀兵。久待未至，遂行。"由此可见，其实刘綎此番并不是指挥自己所率的精锐，而是偏师，但刘綎这一路行军路线危险而遥远，重峦叠嶂，以至于骑兵不能布成阵势。二月二十八日，刘𬘫率军攻克牛毛寨、马家寨，深入到榛子头，结果军粮耗尽。直至三月初一军粮运达，再进军四十余里至董鄂路，后金500士兵防守董鄂路。听说刘𬘫部队到来，迎战。刘𬘫派兵重重包围后金军，后金军寡不敌众，两员裨将被阵斩，大败溃逃，明军亦有将领如刘吉龙等战死。此时，刘𬘫军继续深入300多里。终于大雪初停，天气放晴，但仍然十分寒冷，直到三月二日才渡过深河。然而，此时的刘𬘫并不知道杜松所部已经覆灭，他在整顿大军后，依然率军向前进发。过深河不久之后，刘𬘫军便与后金军遭遇，然而东路军作战十分勇猛，迅速击溃了后金军，使之死伤2000余人。三月初三，东路刘𬘫军已经距赫图阿拉约70里，将至阿布达里冈。

努尔哈赤先派降顺汉人装扮成杜松军卒，诱骗刘𬘫孤军深入。刘𬘫唯恐杜松独得头功便急命轻军前进。阿布达里冈一带地形重峦叠嶂、隘路险夷，刘𬘫督令兵马单列急进。三月初四凌晨，努尔哈赤再令大贝勒代善、三贝勒莽古尔泰、四贝勒皇太极率领大军4万余人，迅速前往东路迎敌。努尔哈赤则率领2万大军坐镇赫图阿拉防守，以防南路李如柏军的进攻。三月初五，皇太极占领阿布达里冈山顶，从上而下攻打，代善则攻打明军侧翼，刘𬘫败退往瓦尔喀什山前时遭达尔汉、阿敏假冒西路杜松军的后金军，刘𬘫误以为援军到达，后金兵发动攻击，明军猝不及防，兵马大乱。刘𬘫败走至瓦尔喀什之旷野时，后金军蜂拥四起，将刘𬘫军包围，刘𬘫死战厮杀，最终战死，其义子刘招孙最是骁勇，结果身中数箭而死。管宽奠游击事都司祖天定、南京陆营都司姚国辅、山东管都司事周文、原任副总兵江万化、瑷阳守备徐九思、浙兵管备御周翼明、赞理为同知黄宗周等全部阵亡。

此后，后金军再进击刘𬘫余部与朝鲜军。管镇江游击事都司乔一琦、海盖兵备副使康应干率明军，与朝鲜主帅姜弘立率朝鲜军，到达富察之野，下令军队安营。营刚扎下，后金二贝勒代善统领数万骑兵即至，于富察之野打败管镇江游击事都司乔一琦、海盖兵备副使康应干，康应干仅只身逃脱。乔一琦则率残兵奔向朝鲜营。后金军转攻朝鲜军，左助防将金应河战死，右助防将李一元被击溃。三月初五，朝鲜都元帅议政府左参赞姜弘立、总领大将副元帅平安道节度使金景瑞、中军官虞侯安汝

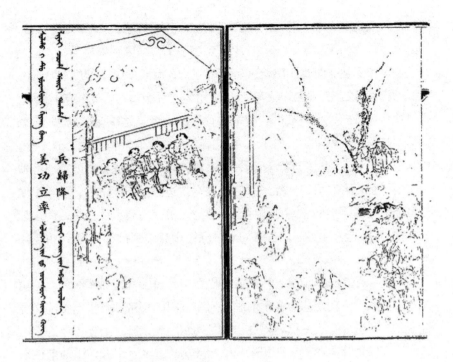

满洲实录中姜弘立率兵归降图

讷、分领边裨防御使文希圣及中军官原任节度使李继先战败投降。而明军将领乔一琦亦走投无路，留下遗书，投崖而死（一说自缢而死）。东路明军全军覆没。

关于朝鲜军的投降，其实很值得一说，当初大明派使臣前往朝鲜要求其出兵，共同征讨。但面对大明派来督促朝鲜出兵支援的使节，朝鲜国王光海君却一再推诿，"不曰建贼见蹙，隳突可虞，则曰我国力分势弱为虑"。光海君在对大明之要求百般推诿的同时，却积极开展与后金的往来，暗中遣使联络。

光海君李珲为宣祖的庶二子，自幼足智多谋，其长兄临海君李珒虽为长子，但是不为宣祖所宠爱。于是，身为庶次子的李珲自幼便被视为王位继承的合理人选。"壬辰倭乱"爆发后，宣祖仓皇出奔平壤，以时年17岁的李珲总摄国事，在这场战争中，李珲也的确表现得很是出色，这为他继承王位攒足了政治资本。于是在万历二十三年，宣祖正式册封光海君为世子，随后依制上表大明，请求批准。然而，大明帝国礼部却以"继统大义，长幼定分，不宜僭差"为由不许。

此后在万历二十四年、三十三年，朝鲜王国又多次上表请求易储，但由于这个时期的大明帝国正因为"国本之争"而闹得不可开交，故而屡屡拒绝册封光海君为世子。而这在朝鲜历史上是史无前例的，令光海君颜面尽失。从此之后，光海君开始对大明帝国暗有怨言。万历三十六年，宣祖薨，光海君继位，并上表大明帝国，自称权署国事，请求册封。然而，万历皇帝恶其专擅，不予理睬，而礼部也拒绝册封光海君为朝鲜国王，幸亏朝鲜使臣李好闵声称临海君患有精神疾病，自愿让位于光海君，并通过大量白银贿赂，才终使大明礼部敕使入汉阳，正式册封光海君为朝鲜王。虽然最终被册封为王，但大明帝国的态度对于光海君来说，无疑是一个奇耻大辱，以至于这位国王从此对大明心存芥蒂。

此后不得已，光海君方令都元帅姜弘立、副都元帅金景瑞领三营兵马1.3万，往援辽东。但是姜弘立秉承光海君旨意，在战场上坐以观变，发现明军失利后，当即与后金兵约和，除金应河等少数朝鲜士卒与后金军开战外，大部分朝鲜军在姜弘立率领下降于后金。其实，他们在未开战前，就已暗通。史载："当初弘立之渡江也，王以重违天朝督发，黾勉出师，而我国初非仇敌，实无战攻之意，密谕弘立遣人潜通于虏穴。故深河之役，虏中先呼通事，弘立应时投附，至是在拘囚中，书状启载作纸绳以送，备及结好缓祸之意。"

姜弘立乃贯彻光海君不开罪后金之策略。获知姜弘立降后金以后，承政院、备边司屡启国王，要求拘捕姜弘立家属。但光海君以"弘立等只陈虏情而已，有何卖国之事乎"为由而不予批准，致使修《光海君日记》的史臣们大发议论："弘立等专军投贼，卖国逃生，则其忘君负国之罪，固所难逃。所当即施邦刑，传首中朝，而备局之系械上送，亦未免饶贷之责，而自上反有何负国为教，惜哉！"此论代表了当时相当一部分人的看法，他们对于光海君处理姜弘立降后金事件十分不满。

客观地说，光海君倒不是无道之君，他自即位起，励精图治，对内实行改革，为稳定民生而努力。但万万不幸的是，此时正值大明帝国灭亡之前与大清帝国崛起之时的历史大环境。萨尔浒之战前，大明帝国令朝鲜出兵助剿，但光海君认为"老酋桀骜，虽以中朝兵力，未必能其一举而剿灭"，但又不敢拒绝大明帝国的要求，于是采取敷衍、拖延之策，并密谕朝鲜军队"观势向背，使虏勿为移兵先击之"。此后，他又致书后金，称自己臣服大明帝国是"大义所在，固不得不然"，而与后金则"邻好之情，亦岂无之？"希望双方"各守封疆，相修旧好"。至后来，但凡大明帝国要求朝鲜王国增兵辽东，光海君都是以各种借口搪塞，拒不出兵。甚而到后来，宣承大明皇帝圣旨的"贺登极使"吴允谦赍敕而回、推官孟良性奉敕而来的时候，他竟托病不出，屡次退日而"终不得迎"，很显然公然拒绝接旨，形同背弃大明。而在当时的李氏朝鲜，儒教思想根深蒂固，士大夫奉五伦为正论，视大明天子为君为父，光海君的此举虽然在本意上是挽救朝鲜王国不被卷入辽东的战争，但却使得自己陷入危机中。

高句丽、百济亡灭的教训，使得此后统一新罗、高丽的王朝一直都持有、奉行着"事大交邻"的外交政策。但有时候这种"以小事大"也会因为统治阶层所产生的误判，给朝鲜半岛带来政权更替的祸事。洪武二十五年，右侍中裴克廉胁迫恭愍王妃废黜"恭让王"后，李成桂在松都寿昌宫即位，取代高丽王国建立了李氏朝鲜。此后，"事大主义"成为了朝鲜王国的基本国策，乃至于朝鲜不仅视大明帝国为君父，甚至国王、王妃、世子必须经大明帝国册封才算合法。这种全身心投入的"以小事大"在朝鲜半岛的历史上留下了浓墨重彩的一笔，光海君李珲对大明的态度自然为自己惹来了灾难。

"壬辰倭乱"朝鲜不敌日本，宣祖奔义州，向"父母之邦"求援，神宗遂派大军援朝，正是因为大明帝国的庇护，朝鲜王国才避免了亡国之运。此后，举国上下都感激于大明帝国的"再造之恩"，故而士大夫们是不能容忍出现对天朝不忠的事情的。也因此，光海君所持有的"不背明，不怒金"的外交政策自然而然地引来了群臣的攻击，以至于群臣不分党派对光海君群起而攻之，甚至表示宁得罪光海君也不愿得罪大明帝国。备边司本是总领中央和地方军务，负责国家的政治、经济和外交等全面事务的机构，然而以备边司为首的群臣却不仅公然反抗光海君，甚至不顾光海君的抗议，强迫光海君上尊号"建义守正彰道崇业"，这其中的"义""正""道"代表了朝鲜对大明帝国应有的道义。很显然，以备边司为首的群臣是想借此警告光海君身为大明之臣的立场。这个时候，对光海君来说，他已经彻底地失去了士大夫的支持，而如果没有了

八旗狂飙

这股支撑王权的力量，他被废黜的命运便也是几成定局了。

大明天启三年，在国王左右任事的绫阳君李倧发动政变，逆反之众从东北入汉阳城，城中的训练都监竟倒戈相向，以至于政变兵不血刃便已达成。次日，叛乱主谋绫阳君即位于庆云宫之别堂，是为仁祖。对于光海君的处置，仁祖是以宣祖的继妃"仁穆大妃"的名义颁布懿旨，从而将自己的叔父冠以"戕兄杀弟""幽废嫡母""忘恩背德""输款奴夷"等罪名废黜，继而用石灰烧瞎双目，贬为庶人，流放于江华岛。此次政变便是在朝鲜历史上有着极为深刻影响的"仁祖反正"。

在刘绖大军覆灭之后，四路大军，也就只剩下南路了，总兵李如柏率领二万余人所组成的南路军，出师最晚，于三月初一由清河堡出鸦鹘关，从南面进攻赫图阿拉。史载，李如柏由父荫为锦衣千户。因饮酒误事，被免职。再以父荫授铁岭卫都指挥佥事，历任密云游击、黄花岭参将、蓟镇副总兵等职。万历十六年（1588）被劾，解职。后充宣府参将，因疾辞官。嗣明征朝鲜，如柏署都督佥事，率师援拔平壤、夺开城有功，晋都督同知，继任贵州总兵；万历二十三年（1595）转守宁夏，晋右都督，再因病辞官。家居20余年，明末辽东危，无将可守，再起用李如柏。击退蒙古炒花部，加封将军、右军都府右都督。

倡议讨倭图

李如柏晚年贪生怕死，亦毫无战意，所以南路军进军援慢。

此时西路杜松军、北路马林军相继战败，李如柏大惊失色。三月四日，副参将贺世贤向李如柏建言火速与刘綎会合，拯救东路刘綎军。李如柏没有采纳，结果东路刘綎军全军覆没。三月初六，经略杨镐急令南路李如柏军回师。李如柏接令后，急命回军，后金军游哨探见之，登山鸣螺，大声呼噪，作大军追击状，李如柏军以为是后金主力发起进攻，惊恐溃逃，自相践踏，死者千余人。

萨尔浒大战，以后金的胜利和明军的失败宣告结束。这一战是后金兴盛与明廷衰亡的重要标志。此战，大明帝国倾全国之力，前后调兵遣将准备一年多的时间，结果从杜松夜渡浑河遇伏开始，到刘綎将军战死在富察之野，仅仅经历四天三夜，十余万大军被努尔哈赤彻底打垮，四路大军三路丧师，伤亡者4.58万余人，阵亡道、镇、参、游、都司、通判共310多人，丢失马、骡、骆驼等兽2.8万余匹，损失火器大小枪炮2万余件。此战本来明军军力上是以多战少，却因兵力分散，各路联系困难，加上将帅不和、用人不当、师期泄露、叛将通敌和欲速战速决，反而让后金军有了各个击破的机会，后金军以攻为守，集中兵力由以少战多变成以多战少，最终取得了胜利。

如果从历史角度来说，可以说此役是大明帝国与后金在辽东地区进行的一场具有决定性意义的会战。此战之后，彻底改变了辽东的战略态势，大明帝国方面自此由进攻转为防御，后金方面由防御转为进攻。

而对于臣属于大明的蒙古、李氏朝鲜、叶赫等部的影响也是很大的。

仁祖反正后，李氏朝鲜仁祖奉行继续亲明的立场，直接导致后来满清两次毁灭性的军事报复，终不免丧权辱国，沦为满清藩属。

而蒙古则分裂成东、中、西三大部分，东部科尔沁部结交后金，中部由林丹汗统治与大明帝国结交共抗满清，直至被满清打败为止，西部准噶尔部等部落则一直抗争至康熙、雍正、乾隆年间才被满清征服。

叶赫，则因作为大明帝国的北路军出兵参与萨尔浒之战，而引来了后金的报复，趁着明军大败，无力再对后金发动攻势之机，努尔哈赤决定趁势发兵再征叶赫，并发誓不灭叶赫绝不还。当年八月，努尔哈赤以代善、阿敏、莽古尔泰、皇太极统率一军，谎称征讨蒙古，实则绕路奔袭布扬古驻守的叶赫西城；另一路由额亦都等假扮"蒙古兵"攻打金台

西方画家笔下的明军

石驻守的叶赫东城。努尔哈赤则亲率大军将叶赫东城团团围住,彻底切断东西二城之间联系。

叶赫东西二城均为山城,十分坚固,尤其叶赫东城有城四层、木栅一层,城内防御工事齐全。禁城中有八角楼,是金台石的家眷、财产之所在,也是攻坚的重点所在。布扬古、金台石见后金兵到,出城迎敌,两军混战,叶赫不敌,布扬古、金台石遂各自退入城中坚守。而后金兵猛攻东城,先后毁其栅城和数重外城,但东城守军仍于内城死战,后金军不断用云梯猛攻内城,伤亡很大。努尔哈赤遂命将士挖其城墙,后金军冒着飞矢巨石,终于攻破内城。金台石见内城被攻陷,带妻和幼子登上八角楼。努尔哈赤让其子,也是金台石外甥的皇太极对其劝降,被金台石拒绝。金台石举火自焚,未果,被后金军缢杀。

布扬古见金台石已死、东城已陷,加之代善许以不死,遂开西城而降，但随后即被努尔哈赤以参拜不恭为由处死。大明帝国派来助战之游击马时楠等1000人也被全歼。后金对包括金台石、布扬古家眷在内的所有叶赫降民"父子兄弟不分、亲戚不离、原封不动"地带回建州。至此，努尔哈赤消灭扈伦四部的最后一个对手叶赫，将海西女真全部吞并。

第三章　决战辽东

萨尔浒大战带来的影响是深远的，大明帝国在辽东的经略，不得不由攻势转为守势，而后金则由守势转为攻势。如此攻守易位，带给努尔哈赤的是更加勃发的野心。其实，在万历四十七年（天命四年，1619）正月时，辽东经略杨镐派遣使臣到后金和谈时，努尔哈赤所提出的谈和条件中，最为过分的只是以求裂土封王而已。从后金建国到萨尔浒战前，虽然时间长达四年之久，但"后金"的国号从来没有对外公开使用过，仍然以建州国或女真国自称。努尔哈赤并没有下定与大明王朝抗衡的决心。而萨尔浒大战以后，努尔哈赤对大明已经是无所畏惧了，除了公开称自己为"后金国"之外，还公然称明廷为"南朝"，以表明自己的政治地位。

　　而大明帝国满朝文武得知的这个消息，还是从李氏朝鲜那边传来的，在这之前，大明帝国上下居然都不知此消息。此后，又得知努尔哈赤正式称大金国皇帝，朝野上下，更是愤怒不已，建州卫变成了后金国，一个建州卫指挥使居然"黄衣称朕"，在满朝大臣的眼里，努尔哈赤已经猖狂至极，虽然甚是气愤，却没有什么办法，因为萨尔浒大战使得大明已经彻底没有力量去打击后金了。

　　其实萨尔浒大战前，明朝已经是国库空虚，朝野上下面对财政危机已是一筹莫展。边事告急，朝臣奏请皇上临朝，决议兵饷问题，奏牍积山，可神宗皇帝早就不是即位初期的那位皇帝了，数十年不以朝政为意，隐居深宫，以至于朝纲逐渐废弛。众臣无奈之下，在抱怨皇帝置天下于不顾之余，甚至只能把如何请神宗出朝视事作为守边议饷的第一策，正如国子监署事司张鼎所说那样，今日廷臣见皇帝一面，"如大旱之求时雨"。好不容易筹措了军费，可一场大战，四路大军败北，文武将吏前后死者310余人，军士4.58万余人，亡失马驼甲仗无算。败书闻，京师大震。于是朝议纷纭，众人皆弹劾杨镐，称竭尽四海脂膏和九边精锐，不到一年，耗费军储300多万，居然丧师失地，是为可恨。

　　然而，就在朝野上下追究杨镐责任的时候，史载，萨尔浒战败消息传来，御史杨鹤疏劾之，不报，此后朝臣奏疏"章满公车"，皇帝依然留中不问。此后，为了重整旗鼓，再伐后金，明廷召开中府公议。可对于出兵问题，谁都知道帝国几乎没有能力再战，又因财源无望，众臣都含糊其辞，苟且支吾，相互推诿，直到日中仍不决，只好日暮罢议。此后，礼科给事中亓诗教提出要发兵10万，每年用饷银300万，显然是不切实际的，因为这个时候的大明帝国压根掏不出这么多钱。不久，朝议又议定募兵18万，但每年兵饷仍然不少于300万两，国库空虚，又哪里掏得出这么多钱。因此，兵部尚书黄嘉善，不得不率领九卿、科、道等官叩头于文华门前，请发内币。同时，山海关总兵柴国柱，又以支应目前辽势危局，请发内币200万，合计500万。其结果是什么？神宗皇帝居然只肯发币金40万，以供募集军士，甚至这位皇帝还在诏书中诉苦说：朕悉览请发内币奏文，朕何时曾经爱过此物？而今内库匮乏，搜刮也凑不足数。现在已经传令各处，如果能够弄到若干，即刻转发下去，朕不会食言。

计算一下，辽东每年饷银就需要八百万，而这样大的数字，国库无银，也就自然只能对贫民展开剥削了，于是中府会议不得不决定开始征派辽饷，所谓辽饷亦称新饷。明初正统时，诸边的年例只有22万两。到万历时，年例便增至380万两。辽东战起，自万历四十六年四月开始，到天启元年，前后不到四年时间，辽饷用银即达1720万两，平均每年支辽饷400多万两。前三次辽饷加派共九厘，也就是全国除贵州等少数地区外，平均每亩土地加征银九厘，合计加征银两480多万两，其中扣除北直隶和地方其他用途，尚余300万两不到，而山海关一地，即年需支银400万两。天启时，又并征及榷关、行盐及其他杂项银两。如此重赋，几乎逼得民穷财尽，无法生活下去。

然而，这么多饷银，却不能足额发放到前线，发放到兵士手中，用到作战的需要上。各级官僚和将领，都在军饷的收支上贪污和克扣。所以，才有了后来户部尚书毕自严所称："即令东师长伏穴中，不向西遗一矢，而我之天下已坐敝矣。"毕自严在萨尔浒之战时，特设户部侍郎一人，兼右佥都御使，出督辽饷。通过从登、莱海运到娘娘宫登陆，然后陆运到广宁、辽阳，每一石军粮费一金，故其对明末军饷的窘迫感触最深，也因此才能够说得出这样的话来。

此外，萨尔浒一战，也震撼了大明帝国200年的统治基础，当初"清兵克旅顺，明人记载谓之东事起"，因为抚顺城失守，使"全辽震动"，北京"举朝震骇"，辽东乃是京师左臂，如有闪失，就直接威胁到北京城的安危。于是，考虑到辽东的驻军战斗力很弱，就如同山海关主事邹之易所说"今之将领，平日不习战，大都以退缩为得计……累年以来，不修兵具，朽戟钝戈，援急不足为用，金鼓几于绝响，偶令之截杀，股栗腕战，面孔殊无生色"，许多兵士"不能开弓，或开弓而不及十步"，大明才决定从全国各地调兵，并且委派了"熟谙辽事"的兵部右侍郎兼佥都御史杨镐经略辽东。之前，鉴于建州的突袭和辽东的军力状况，大明帝国内阁对辽东所达成的意见是一致的，即"辽事议者，以必剿为主"，可结果呢，经过半年多的积极准备，辽东已经有四路大军齐集，号称47万，一战之下，努尔哈赤的建州兵在五天内将四路大军各个击破，取得完胜，明军惨败，所谓"覆军杀将，千古无此败衄"。消息传到开原、铁岭，"人逃之尽矣"。随之沈阳、辽阳也风声鹤唳，"民逃军逃，将哭道哭，大小将吏，无不私蓄马匹为逃走计者"。与此同时，京师上下更是人心动摇、惊恐万状，"人心惴惴，谈虎生变"，"大小臣工，无不骇愕，……官吏、士民以及商贾向寓京师者，卒多携家避难而去"，甚至感到"国家之计岌岌乎殆哉"，"其间惶惶之状，不能以旦夕待"。正如大学士方从哲所说的那样：京城大小臣工，无不惊骇，民间更为严重，流言四起，各思奔窜，官吏、兵民、商贾都携带家口外逃避难。又有四方饥民，逃来京师就食，多至千万。游食僧道，千百成群，白莲教等各立名目，妖言惑众。一时京城混乱不堪，以致人心大变。

民心如此，军心更乱。战后，明廷虽然想募兵18万，再次对建州进行征伐，可是三军丧胆，视敌如虎，诚如熊廷弼所说的，营兵逃的日以百计，五六万军队，人人要逃，营营要逃，甚至全队都要逃。这种"民无仇敌之义，军无求战之心"，无疑是萨尔浒大战在政治和人心方面对明廷致命的一击。此后，军心不固成为明军屡战屡败的不治之症。

一直以来，大明帝国还算是一个有进取心的帝国，先有明太祖、成祖拓展疆土，其次有仁宣之治尚且称职，后来的皇帝则乏善可陈，并不热衷于帝国版图的扩大。太祖时期遂列有15"不征之国"，严禁子孙后代妄动刀兵。成祖之后，连下西洋也被禁止了，甚至几番血战夺来的安南也放弃了。随着国力的衰弱，竟频频遭北元威胁入侵，先有土木堡之败，皇帝被擒，后有瓦剌围北京城之事，而嘉靖年间有倭寇骚扰多年，帝国却无力剿除。对于辽东女真，帝国一直是实行"以夷制夷""犬牙相制""分而治之"的政策，也就是对部落首领封官授爵，同时在经济上进行控制，并对其不同部落或扶植或打击，使其无法统一，继而更加无法进犯帝国，可结果呢？最初的时候"以夷制夷"的政策不能说不够成功，携帝国之威力，威逼利诱之下，倒也能够制衡女真，可努尔哈赤却利用大明帝国朝廷上下的腐败、混乱，而统一女真，趁机坐大。

萨尔浒之战前，后金东有朝鲜，北有叶赫部，西南有开原重镇，四周逼困，仅东北一角可以畅通无阻。而萨尔浒大战也是大明帝国精心组织的第一次反击战，本意是汇集明帝国、朝鲜、叶赫部三方面之优势兵力，围歼建州都城，解除建州之武装，断绝建州之妄想，结果是战后，朝鲜与北关叶赫部虽然内心倾向大明，但慑于努尔哈赤的军事压力，处于自身难保的境地，也就只能保持观望了。这样，再加上努尔哈赤对于大明帝国再也无所畏惧，所以后金开始用兵频繁，出入无常。

应该说萨尔浒之战是后金和大明朝命运的转折点，就如同史料所评论的那样，"萨尔浒一役，翦商业定"，大明帝国的军事部署由攻转守，且再也无力主动对后金发动大规模战争；而后金则从试探性地进攻明朝，发展为更加主动地大举进犯。同年，努尔哈赤在赫图阿拉城西120里的界凡城修筑衙门、行宫，迁居界凡以准备进一步伐明。

在萨尔浒之战后，明廷虽然试图重整旗鼓再战，但却因为筹饷无源，军心不固，而不得不放弃征剿计划。努尔哈赤虽然在明军可能经过的道路上，都设险防守，前后防御40多天，但见明兵不再来，于是撤兵归寨。随后，努尔哈赤率领后金铁骑进兵辽沈地区。

萨尔浒之战大胜两个月后，天命四年（1619年，万历四十七年）六月十日，努尔哈赤率后金军4万攻打开原。大军由靖安堡深入明边内，向开原进发。时值天雨纷纷，道路泥泞，河水暴涨，行进艰难。冒雨前行的努尔哈赤为了不走漏消息，于是佯令军士向沈阳地界进发，派小股兵力掠沈阳以东，以分散明军的注意力，就在这小股人马佯装进攻沈阳，沿途杀30余人、俘20人虚张声势时，他自己则亲率大军至靖安堡，同时，派人测量开原河水深浅，是否可渡。虽然努尔哈赤如此小心，后金想夺取开原的意图，还是被北关叶赫部锦台什、布扬古探知，他们秘密派人到开原报告。开原城守推官郑之范，不但不予重视，还以消息不实为借口，鞭打了叶赫部的使臣，史书上说郑之范"赃私巨万，天日为昏"。在大敌当前的紧要关头，由这样的官员负责城中事务，开原城的命运就可想而知了。

另一方面，在这之前，萨尔浒大战后，待罪开原的总兵官马林也在努力构筑防御工事，他非常清楚，凭自己的力量想与努尔哈赤的八旗兵相抗衡是不可能的。他曾在五月间，多次向辽阳申请增兵，但此时辽东战场刚刚崩溃，哪里还有兵可派。于是，马林为了能守住开原，转而寄希望于蒙古。马林希望依靠西部蒙古宰赛、煖兔侄叔的24营兵力协助，为此明使往返多次进行交涉。

实际上，宰、煖各部不仅无意帮助明军，反而已为努尔哈赤所收买，与马林假意周旋，递送明军的情报，配合努尔哈赤进兵。马林不明真相，又不听众人的劝阻，以与蒙古新盟为持，在一两个月的时间内竟不积极设防。其他的守城官员如副将于化龙、监军道推官郑之范、参将高贞、游击于守志、守备何懋官等，都驻在城中，无人负责城防。显然，守军的大意和守将的昏庸，为努尔哈赤夺取开原提供了机会。在得知开原无雨后，努尔哈赤便急转马头，挥军直逼开原城。六月十五日深夜，后金兵临城下。

马林自恃自己与蒙古喀尔喀部贝勒介赛有盟约，而介赛也答应如后金军至便率兵相助，故而对开原并未设防，努尔哈赤却做了完善而又周密的攻城准备。正如《三朝辽事实录》中说："开原未破而奸细先潜伏于城中，无亡矢遗镞之费，而成摧城陷阵之功。奴盖斗智而非徒斗力也。"努尔哈赤一边外联宰、煖二十四营，一边派人混入开原城内，以为内应。

六月十六日，后金四万大军兵临开原城下。史载，后金军突至时，开原守军毫无准备，当得知后金大兵压境时，他们的战马因无草料，还在城外很远的地方就牧，以至于接到战报后仓促往回返，可见其防御松懈之程度。于是，努尔哈赤亲统大军围攻开原，宰、煖各部也纷纷出兵，先抢占庆云堡，兵围镇西堡，从西部牵制明军，声援后金军。

开原有四个城门：东为阳和门，西为庆云门，南为迎恩门，北为安远门。后金军围城之后，一方面从南、北、西三面攻城，另一面则在东门进行夺门之战。关于此战，《明史·马芳传》有记载："林列众城外，分少兵登陴。大清兵设楯梯进攻，而别以精骑击破林军之营东门外者。军士争门入，遂乘势夺门，攻城兵亦踰城入。"也就是说，面对后金兵的到来，总兵马林等率军在城外列阵，仅用少部分兵士在城上防守，后金兵用楯车云梯向城上发动进攻，同时以精兵冲击列阵于东门外的马林军，明军并没抵抗多久便败下阵来，仓皇逃进城中。同时，混入城内的"奸细"，也从内部响应，趁乱行动，以配合后金兵夺门。在内有奸细，而外有猛攻的情况下，顷刻间城门便被打开，大批八旗兵涌进城中。此外，其他方向的后金军此时也得手了，他们从城墙上进入城内。后金兵入城后，分兵两路，一路对付城内的明军，一路据城而守，击杀城外向城内逃窜的明军。由于开原城周围挖有城壕，本是用来拱卫城池的，现在反倒成了明军进城的障碍，城外明军此时前后受敌，阻于壕外而不得渡，全部被消灭，马林战死城外，副将于化龙、参将高贞、游击于守志、守备何懋官等皆败死，之后推官郑之范受伤，从西门逃走。

城中民众早已料知城必失守，破城之时，一些人怕遭到屠戮和污辱，未待城破，事先上吊而死。据朝鲜史料记载："开原城中多节义之士，兵才及城，人争缢死，屋无虚梁，木无空枝，至有一家全节，五六岁儿亦有缢死者。"全城十多万居民，仅有千人逃出。

开原乃辽东重镇，人口众多，物资雄厚，财产、玉帛多达"数百万"。努尔哈赤为将这些财物运送建州，不得不停留此处数日，而当后金军驻扎三天内，明军竟然无一兵一卒来援，以至于后金军最终从容分财、处理俘虏，最后焚开原城而去。

其实在开原城破以前，在沈阳有总兵官李如桢所部，贺世贤驻扎在虎皮驿。当开原城危急，急需支援的时候，李如桢却胆怯畏战，先是拥兵在团山，又进到十方寺堡，以天雨为借口，不肯增援。这时，努尔哈赤率领兵卒在开原城内搜集钱财，饮酒欢宴，对明军来说是个攻击的良机。参将贺世贤急趋开原，他想率领士卒冲进城去，而部下士卒个个怯战，竟一哄而散，致使开原城被努尔哈赤从容抢掠。

努尔哈赤之所以先攻打开原并不是没有目的的，开原是座古城，在大元帝国时，它是开元路中心所在。《元史·地理志》载："开元路，古肃慎之地，隋唐曰黑水靺鞨。唐初渠长阿固郎始来朝，后乃臣服，以其地为燕州，置黑水府。"开元之名源于东夏，是沿袭东夏国的开元路旧制。元灭东夏后，先后设置万户府、宣抚司，最初的治所在今黑龙江省东部地区依兰县附近或宁安县一带，后移至黄龙府。至元二十三年设置开元路，治于黄龙府，隶属辽阳行省。至正二年，移治于咸平府，也就是如今的开原了。

关于此处的位置重要性，如《元一统志》所称：开元路，"南镇长白之山，北浸鲸川之海，三京故国，五国故城，亦东北一都会也"。所谓"三京故国"是指渤海的上京龙泉府、金代的上京会宁府和东夏的南京，而"五国故城"是指辽代五国部故城，即剖阿里、盆奴里、奥里米、越里笃、越里吉，至于所谓"鲸川之海"，即今俄罗斯鄂霍次克海。

大明建国后，在此地设三万卫、辽海卫、安乐州。明洪武二十一年（1388），宰相刘伯温建议改"开元"为"开原"，既不变原名之音，又不变其开拓元创、宏大伟岸、吉祥安康之意，而这里由于西遏蒙古，北控海西，东逼建州，南屏沈阳和辽阳，故而也是一个军事要地，明时军事城堡分五个类型：镇城、路城、卫城、所城、堡城。开原为路城，在辽东，它是仅次于辽阳和广宁的军事重镇，是明辽东防御体系重要组成部分，战略地位极为重要。由于开原横亘在后金和叶赫之间，成为后金廓清辽北，统一女真道路上的最大障碍。故而努尔哈赤如果要图辽沈，就必须解除来自开原方面的威胁。

开原被攻克以后，辽地一片混乱，沈阳、铁岭等地的军民纷纷逃跑，辽左众城危在旦夕。努尔哈赤自从攻克开原以后，就准备向铁岭进军。此时，自鸭绿江东南到西北一带诸城堡，抚顺、清河、永甸、新甸、长甸、大甸、瑷阳、孤山、碱场、一堵墙、洒马吉、散羊峪、马根丹、东州、会安、白家冲、三岔儿、抚安、柴河、松山、靖安、威远、镇北等数十个城堡都被后金攻占了。而开原是辽河以东的根本重地，开原一破，河东重镇仅仅剩下辽阳、沈阳、铁岭，而铁岭又因为是辽北的一座孤城，故而首当其冲。

隋时，铁岭境域属高句丽辖地。唐时境域南部属安东都护府，西北部属枯漠都督府，昌图曾归渤海鸭绿府、扶余府管辖。唐玄宗开元元年（713），唐渤海大氏取越喜地改富州，即今铁岭城。后辽太祖在此地冶炼银子，故将富州改为银州，辽朝时期境域大部分属东京道辽阳府。金朝时期，境域南部属东京路咸平府，西部属北京路，东北部属上京路会宁府。元朝时期，境域西部属中书省会昌路，其余属开原路咸平府。明时，在银州设铁岭卫，明洪武二十六年（1393）徙铁岭卫于沈阳、开原间古银州之地，境域南部属辽东都指挥使司铁岭卫，西部属辽河套扶余卫，北部属三万卫。由于是一座卫城，故而铁岭也是明在辽北仅次于开原的一座重要城堡，素有沈阳北门钥匙之称。亡羊补牢，尤未为晚。开原失守后，辽东明军应立即调兵遣将固守铁岭，经略杨镐令李如桢驻兵沈阳，南北策应。令贺世贤驻守虎皮驿，往来应援。沈阳距离铁岭120里，虎皮驿距离铁岭180里。明经、抚各官的军事意图十分明显，即准备增援铁岭。

然而，此举虽然明智，但用人方面却欠考虑，如果铁岭再失，则辽北尽失，帝国在辽北的势力便荡然无存了。正是由于这种考虑，一时间，大明帝国上下对于铁岭也非常重视，辽东已危在旦夕，朝廷无镇辽将军可派。有大臣以为，李成梁久镇辽东，在辽人心中威望极高，女真人当年闻其名则胆寒，如今李成梁虽然不在了，但他的后人还在，建议用其后人镇守铁岭，以李氏旧威或许还能够让边人惮服。再者铁岭是李氏宗族坟墓所在，而李成梁的家族也在铁岭，由李氏守铁岭是最佳选择。于是经略杨镐和巡抚周永春上书朝廷，将李成梁第三子李如桢调到了辽东。

关于此事，史书中有所记载："如桢，成梁第三子。由父荫为指挥使。屡加至右都督，并在锦衣。尝掌南、北镇抚司，提督西司房，列环卫者40年。最后，军政拾遗，部议罢职，章久留不下。如桢虽将家子，然未历行阵，不知兵。及兄如柏革任，辽人谓李氏世镇辽东，边人惮服，非再用李氏不可，巡抚周永春以为言。而是时如柏兄弟独如桢在，兵部尚书黄嘉善遂徇其请，以如桢名上，帝即可之。时万历四十七年四月也。"

不过正如书中所记载的那样，"如桢藉父兄势，又自以锦衣近臣，不肯居人下。未出关，即遣使与总督汪可受讲钧礼，朝议哗然，嘉善亦特疏言之。如桢始怏怏去。既抵辽，经略杨镐使守铁岭。铁岭故李氏宗族坟墓所在。当如柏还京，其族党部曲高赀者悉随之而西，城中为空。后镐以孤城难守，令如桢还屯沈阳，仅以参将丁碧等防守"。

也就是说考虑到李如桢不过是以父荫为指挥使，官至右都督，并在锦衣卫，曾掌南、北镇抚司，而且"如桢虽将家子，然未历行阵，不知兵"，故而在李如桢到任不久，杨镐就将其调回沈阳，沈阳离铁岭仅百

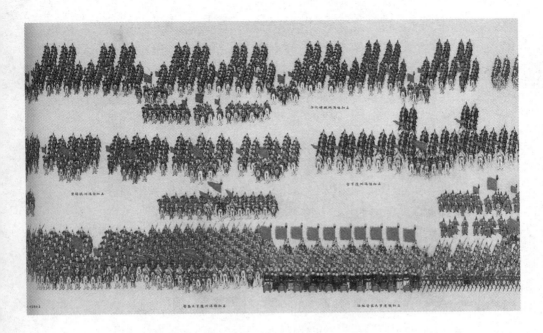

八旗兵

余里，杨镐试图以李如桢镇守沈阳，可随时策应铁岭。

努尔哈赤自从攻克开原以后，就准备向铁岭进军。他从开原得到的数百万财物中，分出十数万，送往蒙古宰、煖和炒花，引诱他们东攻辽沈，西扰广宁，以声援后金军进犯铁岭。七月二十四日，努尔哈赤亲自率领贝勒大臣，统兵数万向铁岭进发，大军出三岔儿堡，入老边十四五里时，明铁岭守将游击李克泰已经得到了消息，他将努尔哈赤兵进逼铁岭的消息飞报给沈阳总兵李如桢，同时把近城各个小堡的军民收入城中。

努尔哈赤兵围铁岭之后，分四面攻城。城上游击喻成名、吴贡卿、史凤鸣、李克泰等率军坚守，放火炮，发矢石，八旗兵死伤很多。铁岭兵民，"一城皆忠义"，拼死守城。天命汗派兵竖起云梯，登城毁陴，虽然城上守兵以火炮、鸟枪还击，矢石齐发，拼死抵抗。然而，努尔哈赤的攻势凌厉，战斗自寅时开始，辰时铁岭北城便被攻克。同时，被收买的丁碧也打开城门，史载"参将丁碧开门迎敌"，于是后金军就蜂拥而入。

八旗兵冲入城中，顿时城内大乱，双方进行了激烈巷战。守城署事游击李克泰、缘事游击喻成名、新兵游击吴贡卿、督防判官涂必达等，先后战死，惟有新任游击王文鼎等逾城逃跑了。城内军丁战死4000多人，居民男女被杀、被俘近万人。

当游击喻成名等因外无援兵，内有叛徒，城陷之后，力战阵亡时，援军在哪里呢？李如桢得报后，缩首不前，根本就没有立即驰援，本来用一昼夜的时间便可到达铁岭，然而，到二十五日，他还徘徊在途中。铁岭辰时陷落，申时他才到达新兴铺，还不肯急速增援，坐待贺世贤从虎皮驿到来。正如山东巡按陈王庭参劾李如桢言："据七月二十四日酉时，署铁岭游击李克泰以虏入三岔儿堡，紧急夷情飞报李如桢矣。闻虏距边只十四五里，设使亲提一旅，衔枚疾趋，一夜可度铁岭。虏闻援至，自不得不解铁岭之围，何乃缩朒观望，延至二十五日申时，方抵新兴铺，俟贺镇守兵至方才合营，而铁岭于是日辰时陷矣。"

铁岭失陷后，城中士卒遭到残酷的屠杀。后金屯兵三日，将所获人畜，论功分赏给三军。据记载：铁岭陷后城内军丁死亡4000余人，城乡男妇被杀掳万余人。

城陷以后，努尔哈赤纵马从容入城，住在城守道的大衙门，同时令八旗兵一部分守城，防止明军增援，一部分清理财物、俘虏。此后在得知李如桢率军来援后，他又命令整队准备迎击，可李如桢却距城15里以外扎营，不肯接近铁岭城。而当贺世贤建议向铁岭城冲击时，李如侦依然不肯。此时，蒙古宰赛贝勒正率领儿子色特希尔、喀什克图和扎鲁特部、科尔沁部贝勒巴克、巴雅尔图、色本等，统兵万余而来。

铁岭陷落后的第二天，即二十六日清晨，蒙古大军赶到铁岭城外，伏兵于高粱地中。后金厮卒出城放马，被杀了十多个人。守城兵报入，努尔哈赤急令整兵出城，遇见大贝勒，怒而问道："为什么不战？"大贝勒代善回答说："这是宰赛、巴克、色本的兵，杀了恐怕后悔。"努尔哈赤愤而列举宰赛等人的罪状："蒙古夺娶已经配给我的锦台什之女，袭击我乌扎鲁村，以铁锁逮系我使者和托，向明廷事乞赏，并发誓与明合兵，杀了他们有什么可悔的。"于是，下令八旗兵急速进战。大贝勒代善率兵向蒙古兵冲去。宰赛等兵丁缺乏严格的训练，稍一接战就纷纷溃退了。八旗兵沿着辽河岸猛追，杀了很多人。宰赛贝勒和两个儿子，扎鲁特的巴克、色本兄弟，科尔沁明安贝勒的儿子桑阿尔塞，宰赛的妹丈岱葛尔塔布囊等共150多人被俘。当宰赛等蒙古兵败后，铁岭城内外伏尸蔽野，李如桢居然率领军卒割取后金死兵首级170多，报功而还。

铁岭陷落之后，朝中言官纷纷交章论劾李如桢，经略熊廷弼疏论其罪。李如桢以拥兵不救、失陷铁岭罪，被罢任。后言官又攻其罪，被下狱论死。崇祯四年（1631），李如桢被免死充军。杨镐先后以宁远伯、辽东总兵李成梁的三个儿子如梅、如柏、如桢为总兵，如梅败于朝鲜岛山之役；如柏贪淫跋扈，放情酒色，羞于萨尔浒之役，后引罪自杀；如桢虽将家子，却不知兵，则辱于铁岭之役，后下狱论死。正如《明史·李成梁传》论道："语曰'将门有将'，诸人得无愧乎？"

很显然李如桢的怯阵无能，带来的影响是巨大的，努尔哈赤攻克铁岭后，明军在关外尽管还有7万多人，但对努尔哈赤的进攻阻挡不力。以至于努尔哈赤统兵一出，沿边各城军民都望风奔溃，辽东一带城堡相继陷落。而这一连串的失败，又导致朝内的言官开始大规模地上疏问罪，鉴于经略杨镐在萨尔浒之战后，非但不能立功自赎，反而使开原、铁岭相继失陷，弄得辽事愈加不可收拾。八月二日，万历皇帝旨令熊廷弼出关代替杨镐经略辽东。八月十三日，押杨镐入京问罪。大明帝国从上到下，认为更换经略就可以扭转辽东局势，其实不然，萨尔浒之战所导致明金关系的转折是历史性的，开原、铁岭的再陷，不过是这种转折的继续和发展罢了。从此之后，大明帝国再无宁日。

而对于努尔哈赤来说，此时他面临着一个选择，那就是向东发展，还是向西攻略的问题。在连下开原、铁岭之后，后金面临着统一辽河以东，与辽东明军进行辽沈决战的局面。不过，努尔哈赤深知明廷要抵抗八旗兵向前推进，恢复开原、铁岭两大重镇，不是短期可以达到目的的，故而为了巩固后方，他决心先统一女真内部。其实一直以来，统一女真与对大明交战是同时进行的，即当统一女真的行动遇到明军干涉，不能继续进行时，就对明开战；只有迫使明军无力干涉，暂时扫除了统一障碍时，在积聚了人力、财力后，再积极推进女真内部的统一。

在后金建国后，努尔哈赤就开始对东海余部和黑龙江中、下游南北地区进行统一工作。万历四十四年（天命元年，1616）七月十九日，努尔哈赤派达尔汉侍卫、硕翁科罗等率兵2000，统一萨哈连部和虎尔哈部。

大军行到乌尔简河时，后金军造船200艘，水陆并进。八月十九日，到达黑龙江地区，袭取萨哈连部江北毛孔大臣所在的16乡、江南九乡和鲍吉里所在的虎尔哈部11乡，共收服36乡。十月，回军时，顺路收服阴达浑塔库喇喇、诺罗、实喇忻三路，共计四十路长归附，至十一月初七日，历时三个月，统一黑龙江至松花江一带1000多里的大片地区。

万历四十五年（天命二年，1617）正月，努尔哈赤派兵400，掠取东海岸边不肯归附的居民。三月，全部收服了东海诸岛，使鹿部全部归附，库页岛从此归入后金的版图。这是努尔哈赤对明用兵前夕，进一步收编松花江、黑龙江、乌苏里江及其以东诸岛的女真各部，目的是通过统一各部，加强经济实力，所以大军归来以后，曾派出或30人或60人的大型商队，到黑龙江地区进行贸易。同时，也为了团结更多的女真人，同时收编所谓"乌龙江达子"，以扩大兵源，加强自身的实力。

努尔哈赤以"七大恨"起兵之后，又开始着手推动对女真各部统一事业的完成。万历四十六年（天命三年，1618）十月，东海虎尔哈部的纳克达，率领100多户前来投靠努尔哈赤。努尔哈赤给予优厚的物质待遇，以示欢迎。他把前来定居和持观望态度的人分作两队，以赐物多寡加以区别。对于来归的八大首领，每人各给阿哈十对，马十匹，耕牛十头。冬衣有豹皮镶边蟒缎皮裘、大褂、貂皮帽、皂靴、彤带。春秋衣有蟒缎无披肩朝衣、蟒袍小褂。四季穿用的衣服、布衫、裤子、被褥等。第二等人，各赐给阿哈五对，马五匹，牛五头，衣服五套。第三等人，各赐给阿哈三对，马三匹，牛三头，衣服三套。最后一等人，各赐给阿哈一对，马一匹，牛一头，衣服一套。此外，还给予居宅、釜、席、缸、瓶、小磁瓶、碗、碟、匙、筷子、水桶、簸箕、槽、盆等家具，应有尽有。

由于努尔哈赤慷慨赐予，虎尔哈部持观望态度的人深受感动，解除了思想顾虑，纷纷表示愿意留下，还托付归去的人带信给其他部落说：原来我等以为英明汗会杀我们，夺我们的财产，没有料到是为了招来安集，以为羽翼。

万历四十七年（天命四年，1619）正月二十六日，萨尔浒之战前，努尔哈赤在积极备战，抗击明四路大军进攻的同时，命令大臣穆哈连统兵1000，招服了虎尔哈的残部。这样，北至黑龙江中、下游南北，西到嫩江，东至东海三部及松花江等广大地区，基本上都划入了后金的版图。

努尔哈赤通过统一战争，不仅加强了后金的经济和军事实力，还去了后顾之忧。

此时，攻占了开原、铁岭之后，努尔哈赤迁都萨尔浒山城，为进兵辽沈做准备，并转而用兵于蒙古、叶赫，而对于大明，则仅以试探为主，没有太大的军事行动。而大明，则以熊廷弼为辽东经略，于是军势有所改观。

熊廷弼，字飞百，湖广承宣布政使司武昌府江夏县人。其少时家境贫寒，放牛读书，却刻苦强记，奋发图强。万历二十五年，熊廷弼举乡试第一，次年中进士，授直隶保定府推官。将被税监王虎冤枉缉拿的人员全部释放，并上撤矿疏，因其才能被擢为监察御史、兵部尚书。《明史·熊廷弼传》记载：熊廷弼有胆略，知兵事，且善射。并称其"有胆知兵，善左右射"，"性刚负气，好谩骂，不为人下，物情以故不甚附"。

万历三十六年（1608），熊廷弼外出巡按辽东，正值巡抚赵楫与总兵官李成梁主张放弃宽甸所地800里，把当地六万众迁移到内地来安家。过后，评定功绩时，赵楫与李成梁居然还受到奖赏，于是引来言官不满，给事中宋一韩上疏论列了二人之罪。此事被下发给熊廷弼重新核查，在全部查清了赵楫与李成梁放弃疆土、驱民迁移之事后，熊廷弼上疏弹劾他二人的罪状，并说到前任巡按大臣何尔健、康丕扬勾结、包庇赵、李二人。但他的奏章竟未被下发给朝臣讨论。此外，熊廷弼还说辽地多有闲地，每年在八万兵额中用三分人力来屯田、耕种，就可以收获粟米一百三十万石，足以解决辽东吃饭问题。对此，神宗大喜，于是命令在边境各处推行。史载，熊廷弼在辽地几年，杜绝送礼，核查军情，审查大将小吏，绝不姑息养奸，辽地的风尚、纲纪为之大振。此外，明史里还有这么一个段子，"是年大旱，廷弼行部金州，祷城隍神，约七日雨，不雨毁其庙。及至广宁，逾三日，大书白牌，封剑，使往斩之。未至，风雷大作，雨如注，于是辽人以为神"。

然而，也就在巡按辽东时，他虽然缮垣建堡，按劾将吏，使得军纪大振，但其针对辽东地广人稀、边防多事之现实，主张实行军屯，并"修边筑堡、以守为战"的存辽大计，却与时任辽东经略的杨镐之议不和，后被排挤，故转而督学南直隶。熊廷弼在南畿为督学时，纪律严明，很有声望。后来，因为棒打生员致死一事，与巡按御史荆养智相互在奏章中攻击。荆养智递上奏章弃职而去，熊廷弼也因听候核查回家乡去了。

明神宗万历四十七年（1619）三月，萨尔浒之战大败，辽东攻守之势从此易位。辽东经略杨镐被熊廷弼逮解进京下狱，辽东总兵李如柏被召回北京后自杀。熊廷弼当时屯兵筑城，将辽东局势扭转，于是经廷议，遂擢升熊廷弼为兵部右侍郎兼右佥都御史，取代杨镐为辽东经略，从而使大明王朝辽东战局大为一振，"由是人心复固"。

熊廷弼出守辽东时，首先便指出李成梁罪可至死，继而提出自己经略辽东的方略，"实内固外"和"以夷攻夷"，修建700余里的边墙以及城池7座、墩台100余座，还建粮仓17所，三年之内囤积粮谷30万石。于是辽东局势有所好转。

不过，熊廷弼还没有离开京城，开原就丢失了，对此熊廷弼上疏说："辽左，是京城的肩背，河东，是辽镇的心腹，开原又是河东的根本。想保住辽东的话，开原一定不能放弃。建奴没有攻下开原的时候，北关叶赫、朝鲜还足以给他们构成腹背之患，现在开原丢失，叶赫不敢不向建奴屈服，至于朝鲜，建奴若是派一个使臣去，朝鲜不敢不附从。建奴没有腹背之忧，一定倾尽全力攻打辽东诸镇，这样一来，辽、沈怎么守得住呢？如果要守住辽沈，朝廷必须抓紧时间，准备粮草，修造器械，并不要节制辽东军费……"

这份奏章递上去以后，居然得到了神宗全部允准。神宗皇帝，虽说长年罢朝，但是对熊廷弼仍相当信任。在神宗去世之前，熊廷弼的方针政策均得到皇帝毫无保留的支持。皇帝特赐熊廷弼尚方宝剑，"重其事权"。此后，熊廷弼出任辽东经略，刚出山海关，铁岭又失。一时间，辽沈一带人心不安。史载，熊廷弼刚到辽地时，命令佥事韩原善前往安抚沈阳，韩原善害怕，不肯去。接着派佥事阎鸣泰去，阎鸣泰走到虎皮驿，大哭而返。于是，熊廷弼亲往巡视，从虎皮驿抵达沈阳，又冒雪夜往抚顺。总兵贺世贤用距离敌人太近来阻挠他，熊廷弼说："冰雪满地，敌人想不到我会来的。"于是，打鼓奏乐进入抚顺城。

此后，熊廷弼将逃将刘遇节、王捷、王文鼎斩首，以祭奠死节的将士，同时逮捕了准备逃跑的知州李尚皓，并上疏弹劾、罢免了总兵官李如桢，用李怀信替换之。此外，他还督促士兵打造战车，置办火器，开挖战壕，修筑城墙，做御敌守城的准备。

明光宗朱常洛

但他的这种消极防守，却也引来了言官谤议攻击，甚至是从未间断，各种弹劾之奏疏，不绝于耳。但是，神宗皇帝从来不听。他对熊廷弼的建议和主张，统统予以支持。根据《明史·熊廷弼传》的记载，凡是熊廷弼向皇帝的上疏，记载皆为"疏入，悉报允""疏入，帝从之"。此外，根据《明神宗实录》记载，万历皇帝曾针对言官的弹劾，对熊廷弼批复过一段相当有意思的话。他说："辽事败坏，皆地方官玩愒所致，熊廷弼一意振刷，恢复封疆，朕深切依赖。今夷情甚急，岂经略释肩之时，自弃前功！着益殚忠任事，与诸臣协心共济，毋为人言所阻。"从这段话可以看出，神宗皇帝对熊廷弼的"深切依赖"，这位皇帝临死之前，依然对熊廷弼于辽东的方略分外关注，别的奏疏可以不看，唯独熊廷弼的奏疏另眼相待，非看不可，且还要逐一批答。

万历四十八年（1620）七月二十一日，明神宗驾崩，遗诏宣布立皇贵妃郑氏为继室皇后，在神宗皇帝刚死之时，皇太子朱常洛立即发内帑百万犒赏边关将士，同时停止所有矿税，召回以言得罪的诸臣。不久，再发内帑百万犒边。八月初一，太子即位，改元泰昌，是为明光宗。然而九月，在位不足30天的明光宗便在"红丸案"之中暴毙。

史载，八月初一，皇太子朱常洛登帝位为明光宗，拟定改元泰昌，并谥先皇为"神宗"，但没有尊封郑贵妃。郑贵妃担心新帝对福王争储与梃击案怀恨，献给新帝八名（一说四名）美女以邀其欢心。光宗大喜，尽情享乐。或许由于纵欲过度，明光宗在八月初十日即开始生病；司礼监秉笔兼掌御药房太监崔文昇进以泻药，服后病益剧，连泻三四十次，乃召阁臣方从哲等入受顾命。

八月二十九日起，皇帝连续服用了鸿胪寺丞李可灼进献的红丸，病情稍缓，精神好转，直赞李为"忠臣"；但旋于九月一日（一说八月三十日）五更时暴毙，在位仅29天。新帝未及改元即于年内崩殂，乃由年幼的皇长子朱由校登基，翌年改元天启，并谥先帝为"光宗"。

光宗猝逝，党争便起，吏部尚书张问达、户部尚书汪应蛟、礼部尚书孙慎行、左都御史邹元标，以及众多言官纷纷弹劾崔、李二人用药、进药错误之罪；其中御史王安舜认为："先帝之脉雄壮浮大，此三焦火动，面唇紫赤，满面升火，食粥烦躁。此满腹火结，宜清不宜助明矣。红铅乃妇人经水，阴中之阳，纯火之精也，而以投于虚火燥热之疹，几何不速亡逝乎！"另，御史郑宗周、南京太常寺少卿曹珍等指此一事件与多年前的"梃击案"出于同一"奸谋"，即有人必置光宗其人于死地；刑部主事王之采更直指光宗之死与郑氏、光宗宠妃李氏等阴谋夺权有关。而主持内阁的大学士方从哲希望借由对李可灼罚银50两、罚俸一年等动作，将光宗死前的一连串事件定调为"进药不效……但亦臣爱君之意"，以闭塞外廷沸腾的"阴谋论"，但他自己也因此成为被弹劾的对象。后来天启帝下旨问崔、李二人罪，于是天启二年，明廷将崔文昇发遣南京，李可灼遣戍边疆。

史载，光宗皇帝有"东李""西李"两位选侍，皇长子朱由校因为母亲生下他之后不久就死了，故而与其同父异母五弟朱由检，一直被托付给西李选侍照管。

明光宗登基后，西李选侍带着朱由校以及亲生女儿乐安公主，一起迁入乾清宫。于是，西李居乾清宫，企图挟皇长子自重。就在光宗驾崩当日，杨涟、刘一燝等朝臣即直奔乾清宫，要求哭临光宗皇帝，请见皇长子朱由校，商谈即位之事，但受到西李选侍的阻拦。此后在大臣们的力争下，李选侍方准朱由校与大臣们见面。

史载，杨涟、刘一燝等见到朱由校即叩首、山呼万岁，并随即保护朱由校离开乾清宫，到文华殿接受群臣的叩拜，杨涟、刘一燝等人在商议之后决定以本月六日（1620）举行登基大典。但为了朱由校的安全，诸大臣暂将他安排在太子寝宫居住，由太监王安负责保护。其实一直以来，李选侍对朱由校一点也不好，后来这位皇帝说"选侍凌殴圣母，因致崩逝"，后"选侍侮慢凌虐，朕昼夜涕泣"并不是没有原因的。根据史料记载，熹宗由于其父光宗皇帝不得神宗皇帝的宠爱，自幼也备受冷落，直到神宗帝临死前才留下遗嘱，册立其为皇太孙。朱由校的生母王才人虽位尊于李选侍之上，但因李选侍受宠，故而备受李选侍凌辱，以至于最终早死，据说王才人临终前遗言："我与西李（即李选侍）有仇，负恨难伸。"而朱由校从小亦受李选侍的"侮慢凌虐"，终日涕泣，从而形成了惧怕李选侍的软弱性格。

当李选侍挟持朱由校的目的落空之后，又提出凡大臣章奏，先交由她过目，然后再交朱由校，朝臣们强烈反对。朝臣们要求李选侍移出乾清宫，迁居哕鸾宫，遭李选侍拒绝。李选侍又要求先封自己为皇太后，

明皇宫

八旗狂飙

然后令朱由校即位，亦遭大臣们的拒绝，矛盾日渐激化。此后，随着登基大典日期迫近，李选侍尚未有移宫之意，并传闻还要继续延期移出乾清宫。于是，都给事中杨涟、御史左光斗等，为防其干预朝事，内阁诸大臣站在乾清宫门外，逼迫李选侍移出。此外，朱由校的东宫伴读太监王安在乾清宫内力驱，在逼迫之下，李选侍万般无奈，怀抱所生乐安公主，仓促离开乾清宫，移到仁寿殿后给无名封宫御养老的哕鸾宫。

九月六日，朱由校御奉天门，即皇帝位，改明年为天启元年，史称熹宗。不过，李选侍虽已"移宫"，但事情并未结束。"移宫"数日，哕鸾宫失火，经奋力抢救，才将李选侍母女救出。于是，御史贾继春上疏指责主张移宫的东林党人，"谓不由于新君御极之初，首劝主上以违忤先帝，逼逐庶母，表里交构，罗织不休，俾先帝龙体未寒，遂不能保其姬女"。甚至反对移宫的官员还散发谣言：选侍投缳，其女投井，并说"皇八妹入井谁怜，未亡人雉经莫诉"，指责熹宗违背孝悌之道。

就这样，党争再起，两派官员争吵不已，直到熹宗朱由校出面干涉，称"朕令停选侍封号，以慰圣母在天之灵。厚养选侍及皇八妹，以遵皇考之意。尔诸臣可以仰体朕心矣"。至此，"移宫"风波才算暂告结束。

移宫案后，东林党人因拥戴有功，势力重新崛起，排除异己，打击宿敌。不久阉党崛起，东林党人又遭到血腥镇压，自此大明帝国再无宁日，从万历三十一年（1603）的妖书案，到后来的移宫案，表面上的问题都是起源于所谓的"国本之争"，但实际上却是激烈的党争，这漫长的党争一直伴随着大明走向没落，直到南明灭亡为止。

客观上说，光宗皇帝在位虽然只有短短的一个月，但他却是做了不少实事，譬如：废矿税、饷边防、补官缺等。史载，光宗登基之后，首先下令罢免全国范围内的矿监、税使，停止任何形式的采榷活动。所谓矿税乃是万历二十四年乙酉，神宗皇帝为了增加宫中的收入以应付日益庞大的内庭开支而派遣太监采矿所设。一开始只是在直隶，很快就遍及河南、山东、山西、浙江、陕西等处。可是，开矿内监们既不懂堪舆，也不可能懂地质学，所谓的开矿很快就演变成了一场遍及全国的敲诈勒索运动。其常用手法是寻找当地富庶人家，随口指称其家地下有矿脉，或是其家祖坟下有矿脉，使用各种招数，总之要敲诈出一笔巨额财富出来方才罢休。于是，罢矿税起废诸事诏书刚刚颁布，朝野上下便是一遍山呼万岁。

其次是饷边防问题，光宗皇帝在登基之初，便下令由大内银库调拨200万两银子，发给辽东经略熊廷弼和九边巡抚按官，让他们犒赏将士；并拨给运费5000两白银，沿途支用。朱常洛还专门强调，银子解到后，立刻派人下发，不得擅自入库挪为他用。

此外就是补充官缺。史载，光宗皇帝以礼部右侍郎、南京吏部侍郎二人为礼部尚书兼内阁大学士，并将何宗彦等四人均升为礼部尚书兼内阁大学士，同时启用卸官归田的旧辅臣叶向高，同意将因为"上疏"立储获罪的33人和为矿税等获罪的11人一概录用。

正如《明史》所赞曰：神宗冲龄践阼，江陵秉政，综核名实，国势几于富强。继乃因循牵制，晏处深宫，纲纪废弛，君臣否隔。于是，小人好权趋利者驰骛追逐，与名节之士为仇雠，门户纷然角立。驯至愬、愍，邪党滋蔓。在廷正类无深识远虑以折其机牙，而不胜忿激，交相攻讦。以致人主蓄疑，贤奸杂用，溃败决裂，不可振救。故论者谓明之亡，实亡于神宗，岂不谅欤。光宗潜德久彰，海内属望，而嗣服一月，天不假年，措施未展，三案构争，党祸益炽，可哀也夫！

天命六年（天启元年，1621）春，努尔哈赤在得知明朝皇位更迭、党争激烈、经略换人，结合辽东大饥、守备松弛等因素，再一次对大明发动了攻势。其实，早在泰昌元年（天命五年，1620）八月，时明神宗方死，明光宗即位时，努尔哈赤就率兵前来攻打过辽东。此战努尔哈赤进攻蒲河，熊廷弼亲自督阵，击退后金。虽然明军散亡700多人，但贺世贤等人也有斩敌俘敌的功劳。

九月，明光宗死，明熹宗即位。此时，杨镐的叔父杨渊认为当初是熊廷弼不肯保奏杨镐，反把他押解进京，所以联手与熊廷弼不睦的御史冯三元、大学士顾慥、给事中姚宗文等上疏弹劾熊廷弼，说熊廷弼在边地假名增税，勒索小民，声言筑城御敌，实是误国欺君。根据《明史》记载："当是时，光宗崩，熹宗初立，朝端方多事，而封疆议起。御史冯三元劾廷弼无谋者八、欺君者三，谓不罢，辽必不保。诏下廷议。"言官文臣立刻磨刀霍霍，群起攻击熊廷弼。泰昌元年，攻击熊廷弼的言论就如雨后春笋，蜂拥而出，"诋廷弼废群策而雄独智"。

姚宗文本任户科给事中，因守丧离职回乡。回朝以后想入补做官，而吏部的几次申请递给明光宗以后都被放置不予批准，姚宗文引以为忧。于是，写信给熊廷弼，让他为自己请求一官。熊廷弼没有随从他，姚宗文因此怨恨廷弼。后来他一路巴结，才复职于吏科，到辽东来检阅兵马，与熊廷弼议事，大多意见不一。此番自然是竭力倾轧熊廷弼了。

熹宗于是派兵科给事中朱童蒙前往调查，朱童蒙的一句"廷弼功在存辽，微劳虽有可纪；罪在负君，大义实无所逃。此则罪浮于功者矣"，便使得熹宗决定诏熊廷弼下于狱，幸亏左辅杨涟上疏挽救，才改为"朝议允廷弼去，以袁应泰代"。

熊廷弼被罢职，辽东经略由袁应泰继任，此人乃万历二十三年（1595）中进士，授临漳知县，因筑长堤40余里，以防漳水泛滥而有功，调任河内（今河南沁阳）后，组织人力穿凿太行山，引入沁水，修筑25条堰，灌溉田亩数万顷，使邻县也受益。政绩为两河（河南、河北）之冠。于是，迁工部主事，兵部武选郎中。不久，又任淮徐兵备参议。时山东遭灾，他组织人力，广设粥厂救济灾民，又动员流民们修城墙，疏浚城河，修葺孔庙，从而使灾民都能饱食。此外，又将额外税收及漕折银数万两全部用来赈济灾民，结果户部弹劾他擅自动用官库银、粮。其时，他已迁为副使，遂借病回乡。后来，袁应泰被起用为河南右参政，以按察使身份到永平治水。当时后金屡次兴兵攻边，袁应泰加紧练兵并修备武器，关外所需粮草、火药之类都能及时供应，深受经略熊廷弼信赖。泰昌元年（1620）九月，袁应泰被提升为右金都御史，代周永泰巡抚辽东。十月，熊廷弼被罢官，袁应泰代理经略。他上疏说："誓与辽东相始终，更愿文武诸臣不怀二心，与臣相始终。"明熹宗对他嘉奖，并赐予尚方剑，袁应泰斩杀贪将何光先，罢免大将李光荣及以下十余人，并做收复抚顺的准备。

然而，袁应泰虽精明能干，但用兵非其所长，规划也不周密，熊廷弼在边防时，执法严格，部队军纪整肃，而袁应泰失之以宽，而且更改了往日的规章制度。譬如，其在辽东扩大边防，收编叛将、叛卒，来投即纳，大将童仲揆、尤世功等以为不可，但袁应泰均为不听。此外时值蒙古各部遭大灾，很多灾民到关内乞讨。袁应泰说："我若不救，他们必将投敌；我招收他们，可增加兵员。"就下令招降，于是前来归顺的很多。袁应泰将这些蒙古灾民安置在辽、沈两城，结果却因那些蒙古人暗中奸淫抢掠，使得百姓深以为苦。于是，众人议论纷纷，认为招降兵

西方画家笔下的明军

过多，可能暗中被建奴利用，也可能间杂着后金奸细，来日必为内应，带来叵测之祸。

天命六年（天启元年，1621）二月，努尔哈赤先后进攻辽东重镇沈阳周边的奉集堡、虎皮驿、王大人屯等地，往来无定，使明军难以猜测其真正意图，为进攻沈阳做准备。三月十日，努尔哈赤突然率倾国之兵出现在沈阳城下。当时沈阳由总兵官贺世贤、尤世功率兵万余把守。

贺世贤，年幼时曾做过仆人，后从军，积累功劳官至沈阳游击，后升义州参将。万历四十六年（1618）七月，清河被后金所围，副将邹储贤固守。清河城破，邹储贤率亲丁鏖战城南，与游击张旗、守备张云程等皆殉国。6400余兵民被杀。贺世贤驻瑷阳，闻清河有变，疾驰出塞，得首功百余级，晋升副总兵。此后，杨镐以十万余人分四路出师击后金。贺世贤辅佐辽东总兵李如柏由清河出兵。刘綎深入中伏，因与杨镐素不和，向李如柏求救而败，刘綎遂全军覆没。贺世贤随即提升都督佥事，充任总兵官，驻守虎皮驿。铁岭被围，贺世贤驰援，城已破，斩首百余级。泰昌元年（1620）九月连战灰山、抚安堡，斩首200多。而当时，各地久经沙

八旗狂飙

场的老将都聚集在辽东地区，畏首畏尾不敢战斗，只有贺世贤多次战斗有功，同僚大多都忌妒他，将其调守沈阳。

此番后金兵大举围沈阳，倾其全国攻城武器而来，十一日夜半渡浑河，十二日便逼近沈阳。贺世贤及总兵尤世功带领士兵挖掘沟堑，建造战壕，将大量的树木砍伐做成栅栏置于城外，壕沟内筑拦马墙，留下炮眼，排列楯车和大小火炮。环城设兵，守城之法十分详细。努尔哈赤未敢轻易攻城，先派数十骑隔着城壕进行试探，贺世贤备火药于堞间，登城望后金兵仍距离城墙约四里，便下令发炮，但未伤一骑。此后总兵尤世功率家丁出战，杀死后金四骑，取得小胜。努尔哈赤大怒，遂命战车攻城，马步兵跟进，将沈阳城围困。此后双方展开攻防之战，后金从东北角以新土填垫，绕城掩击，城上明军连发炮，炮身炽热，以至装药即喷。后金兵乘胜蜂拥过壕，急攻东门。而原投降的蒙古兵乘乱反叛，斩断城外吊桥，后金兵破门入城。

见此情景，有人劝贺世贤撤至辽阳，他说："吾为大将，不能存城，何面目见袁经略乎！"挥铁鞭出城逆战，敌以精骑四合，贺世贤且战且退，至西门时已身中四箭，贺世贤挥舞铁鞭奋力抵御，乃身中数十箭坠马而死。此外，尤世功率领一部退至西门，欲救世贤，因兵皆溃，自己孤身奋战，亦死，城外兵士7万余人皆溃败。贺世贤死后，有人怀疑其叛降，所以没有祭葬礼仪。四川副使车朴为其辩护冤情，但无果而终。

经略袁应泰得知沈阳危急，当即命参将王世科率5000人赴援，却被敌将哈都杀之，余军尽降。此外，就在沈阳激战之时，总兵童仲揆、陈策统领由川浙之兵组成的援军万余人从辽阳北上，行至浑河得知沈阳失陷后，陈策下令班师，而裨将周敦吉等坚决请战，二者遂分兵。周敦吉、秦邦屏等率川兵在浑河桥北扎营，童仲揆、陈策等则带浙兵在桥南扎营。努尔哈赤得报后，趁川兵立足未稳击之。川兵奋力抵抗，杀死后金军两3000人，后金军再发动两拨进攻后，川兵寡不敌众，周敦吉等战死，桥北溃兵逃至桥南浙兵大营。后金军再围攻浙兵，又击败奉集堡来援明军，杀3000余人。浙兵先用火器，再短兵相接，最后力战不敌，全军覆没，童仲揆、陈策阵亡，但后金也付出了数千人伤亡的代价。

在连失沈阳、奉集之后，辽阳顿时失去屏障；加之连战连败，损兵折将，辽阳城守军已不满万，局势更是雪上加霜。因此在攻占沈阳、歼灭两路援军仅五天后。三月十八日，努尔哈赤发兵攻打辽东首府辽阳。然而，辽阳历史悠久，自古便是军事要地。

根据史料记载，燕昭王二十八年至三十三年（约公元前284至前279），燕派大将秦开奔袭东胡，使"东胡却千余里"，又进击箕氏朝鲜，"取地二千里"，然后在辽河流域设置辽东郡，同时置襄平县，郡、县治地均在襄平城（即辽阳）。燕王喜二十九年（前226），秦王政为报燕太子丹派荆轲行刺之仇，举兵攻燕，秦军攻陷燕国都蓟，"太子丹匿于衍水"（今太子河）。燕王喜听从赵国代王嘉之计，杀太子丹，将其头颅献秦王以求罢兵，秦王不予理会，继续进兵辽东。五年后，燕国终于为秦所吞并。秦始皇二十六年，全国分为30郡，辽东郡仍沿袭燕国郡制，郡府设在襄平县。

西汉沿袭秦制，辽东郡郡府仍设在襄平县。西汉末年（公元9年）王莽篡汉，国号称新。仍设辽东郡。

东汉初期，仍置辽东郡，郡治襄平，领十一个县，襄平为首县，而此时的辽阳不仅是边疆重镇，而且还是辽东的中心城市。

东晋末，高句丽兴起，据有辽东之地，改襄平城为辽东城。贞观十九年（645），唐太宗亲率大军征讨高句丽，始克辽东城，以其城为辽州。次年罢，仍称辽东城。同年，唐军攻取白岩城，以其地改为岩州。唐高宗总章元年（668），唐军攻陷平壤，灭高句丽，设安东都护府，后又将安东都护府迁至辽东城。

此后，契丹族兴起，建国称辽。神册三年（918），辽太祖耶律阿保机攻占辽东城，置辽阳府。

元代至元六年（1269），辽阳为东京总管府，至元二十四年（1287），设辽阳等处行中书省。此后，大明立国，开始对辽东用兵，元辽阳行省平章刘益归降，太祖下令设置辽东卫指挥司，任刘益为指挥同知。败走辽阳的元将洪保保不满，密谋刺死刘益，投奔元将纳哈出。同年明廷又建立辽东指挥使司，任马云、叶旺为定辽都卫指挥使，在老鸦山寨（辽阳东）击溃元将高家奴，先后占领辽阳、沈阳等地。洪武十九年（1386）大明在辽东废州县，立军卫制，设立辽东都司，治辽阳，辖有25卫二州。也就从这个时期开始，辽阳成为了大明帝国统治辽东地区的军事重镇，同时这里又是辽东经济最发达的地区。据《辽东志》记载，辽阳城从洪

94

武五年（1372）至十六年，历时十余载，在旧城址的基础上，几经修筑和扩建而成为砖石结构，周长24里多的方城。弘治年间，大明又在北部边境沿长城防线陆续设立九个军事重镇，即所谓的"九边"，分别是蓟州镇、宣府镇、大同镇、太原镇（也称山西镇或三关镇）、延绥镇（也称榆林镇）、宁夏镇、固原镇（也称陕西镇）、甘肃镇，及辽东镇。辽东总兵初驻广宁，隆庆后冬季驻东宁卫（辽阳）。

漫长的历史及其在大明帝国边防中所具有的特殊地理位置，使得辽阳城的城防规模庞大且坚固，外围沿城壕列有火器，环城又设有重炮，袁应泰在督军备战的同时，还引太子河水注入城壕，布置城防，加强守御，并在壕沟的内侧排列火炮，严阵以待。

泰昌二年（1620）三月十九日，后金军包围辽阳，袁应泰率侯世禄、李秉诚、梁仲善、姜弼、钟万良五总兵出城五里结阵，后金兵见辽阳城池坚固，兵将有所准备，多心怀沮丧，有意退兵，努尔哈赤斥责道："一步退时，我已死矣。你等须先杀我，后退去。"遂率左翼四旗之兵发动进攻。明军发炮应战，后金军亦使用从明军处缴获得来的火器还击，配合骑兵冲杀，明军溃败，后金军乘胜追击60里，又击败西关山来援明军，至鞍山而返。二十日，后金兵两面攻城，努尔哈赤亲率一路在东门堵塞辽阳城壕之道，使其干涸后推战车攻城；另一路，由阿敏、皇太极等领兵夺桥登云梯自东门而上，在城垛上与守军厮杀。城外明军的作战亦不利，总兵梁仲善、钟万良战死，经略袁应泰退入城内，与辽东巡按御史张铨固守。

二十一日，努尔哈赤合左右翼兵对辽阳城发起总攻，双方战至傍晚，城内多处起火。这是那些归降的蒙古人在作乱，此外还有辽阳望族数十家通李永芳为内应。于是，后金军里应外合，夺门而入。在辽阳城东北的镇远楼督战的袁应泰见大势已去，举火自焚而死。巡按御史张铨拒绝了后金军高官厚禄的诱惑，被缢杀。

努尔哈赤夺取辽阳之后，数日间又连下金州、复州、海州、盖州等地。至此河东14卫尽为后金所有。当月，努尔哈赤即迁都辽阳。

辽、沈丢失之后，辽河以东、明军重镇锦州以北的全部地区，都被后金所占领，一时间，大明朝举国震动，"天启元年，沈阳破，应泰死，廷臣复思廷弼"。也就是说，袁应泰一死，辽东战局告急，"烟火断绝，京师大震"。满朝上下，这才想起熊廷弼来。甚至有人感叹："使廷弼在辽，当不至此。"于是熹宗再度起用熊廷弼，任命其为辽东经略，同时任命王化贞为辽东巡抚。最初的时候，熊廷弼提出了"三方布置策"以守为主的战略思想，"广宁用马步列垒河上，以形势格之，缀敌全力；天津、登、莱各置舟师，乘虚入南卫，动摇其人心，敌必内顾，而辽阳可复"。然而他的这个建议却与王化贞起了冲突。

王化贞为万历四十一年（1613）进士。由户部主事历右参议，史称"化贞为人骙而愎，素不习兵，轻视大敌，好谩语。文武将吏进谏悉不入，与廷弼尤抵牾"。朝廷重新启用熊廷弼经略辽东时，兵部尚书张鹤鸣与熊廷弼不合，故而举荐王化贞当巡抚。在布兵上面，王、熊二人意见分歧很大。此后，两者关系日益尖锐，乃至朝野皆知经略、巡抚不和。但由于此时后金大军已经逼近西平，故而不得不仍然以两人并行作战。

不和的原因很多，譬如此前，四方援辽的大军，王化贞全改名号为"平辽"，辽人很不愉快。熊廷弼说："辽人又没叛乱，请改为'平东'或'征东'，以快慰辽人的心。"又譬如毛文龙所取得的"镇江大捷"。

毛文龙，乃浙江布政司杭州府钱塘县人，祖籍山西布政司平阳府太平县，其祖父毛玉山，原在山西经营官盐，后因生意需要，举家迁往杭州。父亲毛伟，弃商从儒，纳捐为监生，娶妻沈氏。沈家乃杭州望族，有"杭州甲族，以沈为最"之称。毛伟与沈氏共育四子，第三子夭折，余为长子毛文龙、次子毛仲龙、四子毛云龙。毛文龙九岁时，毛伟病故，其母时年26岁，携子依弟沈光祚居住。沈光祚是杭州名宦，万历乙未科进士，历仕开封府推官、山东布政使、顺天府府尹等职，后毛文龙从军，曾得这位母舅提携、推荐。

史载，毛文龙幼时，受母家之影响，"幼从学，习经生业"，但他却对四书五经始终不感兴趣，而喜读兵法书，"耻学举子业，好孙吴兵法"。万历三十三年（1605）春，毛文龙过继给辽东鞍山的伯父毛得春为嗣子，遂只身北上，先顺道入京拜访了母舅沈光祚，被其荐于宁远伯李成梁帐下，开始了在辽东的军事生涯。当时建州左卫都督努尔哈赤不断兼并女真各部落，辽东形势日渐紧张，毛文龙对山川形势和敌情都加以考察，同年九月，参加了辽东的武举考试，"列名第六"，被任命为安山百户，不久又升千总，万历三十六年（1608）升瑷阳守备。

毛文龙在守备任上待了十几年，因"不肯妄杀一人，妄报一功"，一直没有得到升迁，甚至动了南归养母的念头。直到万历四十七年（1619），熊廷弼经略辽东，派毛文龙于沿边要害地带，逢水草下毒，阻止后金入侵。万历四十八年（1620），毛文龙又擒斩有功，累功升都司。熊廷弼被姚宗文弹劾去职后，袁应泰接任，毛文龙一度被调往山海关，因造办火药有功，加游击衔。

天启元年（1621）春，后金大举入侵，明军虽经浑河血战，终不能抵挡而战败，沈阳、辽阳先后沦陷。史载，毛文龙至30余岁时，始归家完婚，娶一山西籍士族女子张氏为妻。张氏多年不育，40多岁时又在辽阳纳一妾文氏，生子毛承斗。辽阳被后金攻占后，文氏死于战乱，毛承斗被人救出，送往杭州，张氏抚之如己出。

这时，辽东巡抚王化贞招募勇士，前往后金后方活动，毛文龙集国仇家恨于一身，慨然应募，被实授练兵游击。七月初，毛文龙率百余名死士出发，深入敌后，先收复了长山岛、广鹿岛、石城岛、鹿岛等2000余里沿海岛屿，擒绑后金守岛军官胡可宾、任光先、何国用等人。七月十四日，抵镇江（今辽宁省丹东市）城下，探知城中后金军主力已出城抄杀百姓，遂暗通镇江中军陈良策为内应，率百余人夜袭之，擒努尔哈赤正室佟佳氏的堂弟佟养真及其子佟丰年、其侄佟松年等，随派陈忠等袭双山，擒斩后金游击缪一真等，史称"镇江大捷"。此战后，宽奠、汤站、险山、叆阳等城堡相继归降毛文龙，"牛酒迎劳者，不下数十万余"，全辽震动，后金大恐。

客观上说，"镇江大捷"是明与后金战争的首胜，扭转了明军在辽东一溃千里之局面，"自文龙之捷，朝议恢复有机"，消息传到京城，朝野相贺，明廷破格升毛文龙为副总兵。兵部左侍郎王在晋更是评价说："自清、抚失陷以来，费千百万金钱，萃十数万兵力，不能擒其一贼。此一捷也，真为空谷之音，闻之而喜可知也。"

而御史董其昌也上奏说："毛文龙以二百人夺镇江，擒逆贼，献之阙下，不费国家一把铁、一束草、一斗粮。立此奇功，真奇侠绝伦，可以寄边事者！如此胆略，夫岂易得？使今有三文龙，奴可掳，辽可复，永芳、养性可坐缚而衅之鼓下矣。"

不过，关于镇江之战也有争议，一种说法似乎是，到达城外的明军

西方画家笔下的明军

并非毛文龙部一支，还有登莱巡抚陶郎先所遣王绍勋部，从山东半岛渡海至。战后王绍勋争功不得，遂报告说"镇江大捷"是假的，毛文龙只是大言哄骗陈良策为内应，信以为真的陈良策独自绑缚佟养真父子送至毛文龙船上，毛文龙畏敌如虎，坐享冒功。

不管怎么样，当王化贞得知自己所派遣的都司毛文龙已经袭取了镇江，奏上了捷报。满朝为此大喜，立即命令登、莱、天津派出两万水师接应毛文龙，王化贞率四万广宁兵进据河上，和蒙古军一起乘机进取，由熊廷弼在中间调度。然而，虽然朝廷的命令下来了，但辽东明军最终还是没有出兵。原因很简单，毛文龙孤军深入敌后，系辽东巡抚王化贞所遣，而辽东经略熊廷弼与王化贞不和，互相攻击不断。镇江之战后，王化贞绕开经略衙门单独报捷，熊廷弼更加不满，遂上言："文龙发之太早，致使奴恨辽人，焚戮几尽。灰东山之心，厚南卫之毒，寒朝鲜之胆，夺西河之气，乱三方并进之本谋，误专遣联络之成算，目为奇捷，乃奇祸耳。"既然把"镇江大捷"说成是"奇祸"，自然熊廷弼不会对此做出什么反应了。

而之所以熊廷弼会说是"奇祸"，理由很简单，熊廷弼当时琢磨出了个"三方并进之本谋"。所谓三方并进，即广宁、登莱、山海关三路同时进兵。后来事实证明：广宁很快就沦陷，登莱一路则问题更大，作为熊廷弼门生的登莱巡抚陶郎先不仅贪污军饷，而且还收留后金奸细佟卜年，于是登莱一路终属虚着，甚至就连熊廷弼自己也意识到："此二方（广宁、登莱）已属画饼。"不过在当时，熊廷弼却认为毛文龙"发之太早"，误了他的"三方并进之本谋"，不过他的这份上言，却惹来了内阁首辅叶向高的驳斥。叶首辅认为："臣窃谓国家费数千万金钱，招十余万士卒，未尝损奴酋之分毫，而文龙以二百人，擒斩数十，功虽难言，罪于何有？以为乱三方布置之局，则此局何时而定？以为贻辽人杀戮之祸，则前此辽人杀戮已不胜其惨，岂尽由文龙故。"而兵部左侍郎王在晋对于叶向高的观点也是支持的，他说："镇江之捷，巡抚径自报闻，不与经略衙门知会，遂生异议。党熊者必欲诎其功，文龙几逮矣。叶公出山，在途有疏，喜文龙之报捷，异论稍息。"并对熊廷弼、王化贞二人于国难当头之际互相拆台提出批评："熊毕竟以此衔之，王亦不少逊。嗟乎！国家事大，可以一字而生嫌隙哉？"

由于经略、巡抚所辖兵镇相互观望，"镇江大捷"后，毛文龙不仅没有获得支持，位于其后方的登莱巡抚陶郎先对朝命阳奉阴违，不发一兵一饷相援，而此时后金却先后派皇太极、阿敏等率精兵5000兵马攻打镇江。毛文龙麾下只有百多人，孤军难支，不得不携军民退入朝鲜。皇太极等追击过鸭绿江，遣使暗通义州府尹郑遵，郑遵经朝鲜国王李珲的同意，与后金联合。于是，朝鲜、后金大军合围毛文龙部于林畔，毛文龙率部进行了激烈抵抗，"一日七战，杀伤相当"，后金未能逞志而退兵。明将丁文礼、吕世举等尽皆阵亡。

林畔之战后，毛文龙以皮岛、铁山及宽奠山区为据点，招募难民，以老弱者屯种，精壮者为兵，从无到有，逐渐发展成一支海外劲旅。天启二年（1622）六月，明廷正式任命毛文龙为平辽将军总兵官，挂征虏前将军印，开镇东江。天启三年二月，加都督同知衔，赐尚方剑。天启四年（1624），后金首领努尔哈赤遣使东江议和，毛文龙将来人绑送京师，朝廷又升毛文龙为左都督。

东江镇建立后，毛文龙一面招抚因战火而流离失所的辽东百姓，前后接济安置数十万众；一面遣将四出，不断深入后金腹地，骚扰后金，逐渐成为后金大患。对于东江镇的作用，王在晋在辽东经略任上曾奏言："今有毛文龙在焉，所谓置之死地而后生者也。《兵法》：'计险厄远近，上将之道。'凭鸭绿之险，居隔江之近，文龙得其所矣。奴欲长驱而肘腋之间有蛊毒焉，奴一动而毒发，屡攻之而不能去其毒，其天意留之以制奴之死命者乎？……奴之畏文龙甚也！"

然而，努尔哈赤可不管大明内部是否存在有分裂的情况，他正在酝酿新一轮的攻势。天命七年（天启二年，1622）正月十八日，努尔哈赤经过十个月左右的准备，侦知明"经抚不合"等虚实后，率军向广宁进发。二十日，后金军渡辽河，逼近西平堡。副总兵罗一贵率3000守军抵挡努尔哈赤六万大军的围攻。后金军围城，参将黑云鹤出城应战被杀，罗一贵继续固守待援，后金军久攻不下，伤亡达到数千。明朝诸镇起初为自保均不愿救援，熊廷弼以"平日之言安在"激王化贞，王化贞遂命总兵刘渠率镇武之兵、总兵祁秉忠率闾阳之兵、心腹骁将游击孙得功率广宁之兵共数万明军前往救援。然而，孙得功早已暗降后金，援军合兵一处与后金交战，孙得功率先出战，故意与后金兵一触即退，致使明军大乱，刘渠、祁秉忠、副总兵麻承宗等皆阵亡。祖大寿逃往觉华岛，熊廷弼虽然已离开右屯，驻军闾阳，但当参议邢慎言劝他紧急救援广宁时，却被佥事韩初命阻挠，于是熊廷弼撤军而归。

三路援军大败，西平堡彻底孤立无援。最终，罗一贵寡不敌众，在严词拒绝了李永芳的劝降后自刎而死。史载：罗一贵为参将，镇守西平。大清军攻城时，一昼夜都无法攻下，中炮伤者达数千人，尸体几乎堆起来与城墙同高。后夜间架云梯也无法攻下，李永芳知道守将为罗一贵，试图招降。罗一贵在城墙上大骂道："你不知道罗一贵是好汉吗，怎么肯投降于你？"于是，也竖起招降旗帜。李永芳四面攻城，三次进攻都失败。后城中火药用尽，罗一贵拔剑自刎。

后金军攻占西平堡后，又连拔镇武、闾阳，尽断广宁犄角，但未敢轻易进攻广宁。在西平堡之役诈败的孙得功回到广宁后，散布后金军已至的谣言，城中陷入混乱，参政高邦佐阻挡也挡不住。王化贞大惊，委任孙得功镇守广宁城。孙得功控制广宁城后，想擒王化贞以献努尔哈赤。史载，广宁守军哗变时，王化贞还在牙帐中整理文书，参将江朝栋等排闼而入，大喊"事急矣，请公速走"。王化贞不知发生了什么事，朝栋就搀扶他出来骑马逃走，后边两个仆人徒步跟着，仓皇逃命。

正月二十三日，王化贞出逃后，孙得功、守备黄进等献城，跪请努尔哈赤入广宁，后金遂兵不血刃占领广宁。紧接着，后金连陷义州、平阳桥、西兴堡、锦州、铁场、大凌河、锦安、右屯卫、团山、镇宁、镇远、

八旗狂飙

镇安、镇静、镇边、大清堡、大康堡、镇武堡、壮镇堡、闾阳驿、十三山驿、小凌河、松山、杏山、牵马岭、戚家堡、正安、锦昌、中安、镇彝、大静、大宁、大平、大安、大定、大茂、大胜、大镇、大福、大兴、盘山驿、鄂拓堡、白土厂、塔山堡、中安堡、双台堡等辽西40余堡。

弃城而逃的王化贞途在大凌河遇到熊廷弼时，"化贞哭，熊廷弼既笑且愤质问王化贞：'六万众，一举荡平竟何如？'王化贞羞愧难当，建议驻守宁远和前屯。熊廷弼却说：'嘻，已晚，惟护溃民入关可耳。'于是，将自己所领的五千兵马交由王化贞来殿后，并把全部粮草积蓄都放火烧了。沿途饥民哀号，哭声震野"。

正月二十六日，熊廷弼和韩初命一起护送难民入得关来，王化贞、高出、胡嘉栋也先后入关。至此，山海关以外的整个辽东完全被努尔哈赤占领，消息传至北京，上下大震，"京师戒严，士大夫日夜潜发其币南还，首鼠观望"。正如王在晋上疏所说的那样："东事一坏于清（河）、抚（顺），再坏于开（原）、铁（岭），三坏于辽（阳）、沈（阳），四坏于广宁。初坏为危局，再坏为败局，三坏为残局，至于四坏则弃全辽而无局，退缩山海，再无可退。"

其实，广宁之败，首先败于党争，熊廷弼被召出山，重任辽东经略时，因为党争，又以王化贞为巡抚。熊廷弼虽为辽东经略，却无实质的兵权。据说他可以调动的人马，仅有离京时带的京营5000人马。而王化贞则握有实权，其好大喜功，盲目冒进，与熊廷弼的"防守策略"大相径庭。正如《明史》所写的那样："廷弼主守，谓辽人不可用，西部不可恃，永芳不可信，广宁多间谍可虞。化贞一切反之，绝口不言守。"毕竟，今日之辽东，早已不是十年前的辽东了。显然熊廷弼的策略是正确的，然而王化贞不听，直接造成了广宁兵败，致使辽东尽失。

天启二年（1622）二月，王化贞、熊廷弼下狱听候审理，于是党争又起，熊廷弼以前虽为楚党，但与东林党关系密切，且与东林六君子关系匪浅，并传言杨涟弹劾阉党的奏疏就出自熊廷弼之手。然而东林内部为"保熊斥熊"自相内讧的时候，王化贞却已经意识到东林党已经不可信赖，于是果断抛弃了还在为自己"重列朝班"而奔走辩护的"东林君子"们，投奔魏忠贤。魏忠贤趁机利用他揭露东林党"贪污辽东军饷"，以一举击溃东林党。

明代武士

　　很显然，兵败问罪，朝廷震怒，自然要下令处置败军之将。而王化贞的责任是主要的。《明史》记载："二月逮化贞，罢廷弼听勘。"一个是逮，另一个是勘。显然，朝廷对两人的定罪是有差别的。然而，后经刑部和大理寺的审理后，最后的议决却是"廷弼、化贞并论死"。

　　杨涟、左光斗等人上书冤之，反被诬以受赂，东林党人皆入大狱。其实熊廷弼被杀不只是因为他丢掉辽东，也是由于魏忠贤的陷害。因为这个时候，东林党人和魏忠贤党斗争激烈。天启四年（1624）六月，东林党人左副都御史杨涟上疏弹劾魏忠贤24条罪状。魏忠贤大兴党狱，为了迫害东林党人，就乘机诬陷东林党人接受熊廷弼贿赂。他的党徒冯铨又编造伪书《辽东传》陷害熊廷弼，说："此书为熊廷弼所作，流传市上，希图为自己开脱。"其结果是可想而知的"帝怒"。

　　天启五年八月二十八日五更，熊廷弼被以"失陷广宁罪"斩于西市。据说，熊廷弼临刑之际，主事张时雍见熊廷弼胸前挂一执袋，问是何物？熊廷弼答道："此谢恩疏也。"张时雍冷笑道："公不读《李斯传》乎？囚安得上书！"熊廷弼怒道："此赵高语也。"张时雍一时无言。熊廷弼被冤杀，"传首九边，弃尸荒野"，死前奏疏也被毁弃不报。

　　此外，御史梁梦环诬告熊廷弼生前侵盗军资17万，追抄其家产，熊廷弼的长子熊兆珪，不堪受辱而自杀，其女熊瑚愤激过度，吐血身亡，江夏知县王尔玉为讨好阉党，将熊家两名婢女的衣服褪去，笞四十。人们无不为之叹愤，所谓"远近莫不嗟愤"也。天启七年（1627）五月，熹宗又传令都察院严限追解熊廷弼所谓"赃银"17万余两。崇祯元年（1628），魏忠贤伏诛，工部主事徐尔一等上疏为熊廷弼申冤，无果。第二年五月，大学士韩爌再上疏成功，熊廷弼得以归葬故里，谥襄愍。

至于王化贞，虽然得到了魏忠贤的百般祖护，最终还是在崇祯五年（1632）伏诛。

而当熊廷弼、王化贞率明军残部与数十万流民往山海关而去时，在辽东，努尔哈赤在获得大片土地后，开始实行屯田制，也就是通过颁布"计丁授田令"，要求属民平时自耕自产，战时为兵。此外，努尔哈赤还采取了"恩威并行，顺者以德服，逆者以兵临"，即以抚为主、以剿相辅的方针，迅速扩大自己的势力。也就是其一，抗拒者杀，俘获者为奴。譬如因纳殷部七村诸申降后复叛，据城死守，"得后皆杀之"。额赫库伦部女真拒不降服，努尔哈赤遣兵攻克，斩杀守兵，"获俘一万"，灭其国，"地成废墟"。其二，对于降者则统一编户，分别编在各个牛录内，不贬为奴，不夺其财物。原部长、寨主、贝勒、台吉，大多封授官职，编其旧属人员为牛录，归其辖领。其三来归者奖，对于主动远道来归之人，努尔哈赤特别从厚奖赐。当他听说东海虎尔哈部纳喀达部长率领100户女真来投时，专遣200人往迎，到后，"设大宴"，厚赐财物，"为首之八大臣，每人各赐役使阿哈十对、乘马十匹、耕牛十头"，以及大量皮裘、貂帽、衣、布、釜盆等物。对其他随从人员，亦"俱齐备厚赐之"。这样也就争取到许多部长、路长带领属人前来归顺。仅据《八旗满洲氏族通谱》的记载，黑龙江、吉林、辽宁女真酋长统众来归的，就有二三百起之多，因而加速了女真统一的进程，减少了不必要的征战和损失。

而对于汉人的处理，努尔哈赤刚开始占据辽东的时候，对汉人实行"拒敌者杀之，不与敌者勿妄杀"的政策，他优待"尼勘"，给予归降的汉人以民的地位，从他们享有的权利和应尽的义务看，其身份接近于后金国人，亦即牛录属员。考虑到这些汉民与满洲的文化传统迥异，努尔哈赤也没把他们编入八旗。而对据城不降、不服从命令的汉人则实施镇压、屠杀。甚至努尔哈赤曾直言不讳地对俘获的汉人说：即使杀了你们，夺取的财物能有多少呢？那只是暂时的，有限的。如果收养，你们的手可以出任何东西。用出的东西做生意，生产的好果实、好东西，那是永久的利益。

天启元年（1621）十一月二十二日时，他还下谕规定："汉人、诸申每月每口给粮汉斗四升。"为了解决迫在眉睫的粮食问题，努尔哈赤于天启元年（1621）十二月初一，又命令汉人如实报告存储粮食的数量，并且实行按人口定量配给粮食的办法，具体的配给数量为："按诸申的人口计算，一个月每人给四升粮。"四升粮约合16市斤。即使这样压缩消费，仍然解决不了燃眉之急，天启四年（1624）正月初五，努尔哈赤命令大规模清查粮食，清查的范围为"金国辖区的大部分地方"。努尔哈赤命令，清查过后，无粮之人皆收捕之，并将其男丁数、人口数，造册奏皇帝，以听皇帝令。汉人的粮食皆称量之，并将石数造册，由所去之大臣掌之。令诸申（女真）看守粮食。同年三月二十日，关于清查粮食还修改了划分有粮无粮的标准，努尔哈赤下达的皇帝谕规定："一口有五斗粮者，即列有粮人之数内；一口有四斗粮者，若有牛驴，则列入有粮人之数内，若无牛驴，则为无粮之人。"

然而此后，对汉人政策急转直下，后金军进入辽、沈后抢掠财产、多次毁城，辽民被杀者数以万计，被俘的汉人则按照以往，强迫剃发易服，且多被编入女真人家为仆役，或编入农庄为农奴，许多汉人不堪奴役，起而反抗导致了后金的政局不稳。

天命十年（天启五年，1625），努尔哈赤将都城从辽阳迁至沈阳。洪武二十一年（1388）时，辽东都指挥使司指挥闵忠曾督建沈阳城。而后嘉靖二十二年（1543）时，又扩建沈阳城，不过至努尔哈赤迁都时，沈阳已是破败不堪，但在当时，由于人、财、物诸力的限制，努尔哈赤并没有对沈阳城做大规模的修建，只是加固了原有的城垣，并在靠着镇边门内，建设一个简单的"居住之宫"和诸王府。直到皇太极继位后，才大兴土木，于天聪元年（1627）开始在明代砖城基础上重修沈阳城。皇太极时，沈阳的建设主要是在原来城墙的基础上建设新城，而除了将城墙加厚、加高、加固之外，还将沈阳城门由四个增至八个，并将原来的城内十字街改建为"井"字格局，也就是四条道路将皇宫围在中间，从而形成了街道环卫皇宫的布局，而这也是后来入关之前，大清京城的初步建设。

大明帝国在短短的四年间连失抚、清、开、铁、沈、辽、广、义等重镇，辽东驻军20位总兵，阵亡15人，可谓是边事岌岌可危。熊廷弼因广宁之败而被处死，"传首九边"；王化贞则被下狱。其实，客观上来说，并不是努尔哈赤的后金兵锋有多强劲，而是和大明帝国内部的党争及皇帝的怠政昏庸有着很大的关系。

泰昌元年（1620），光宗在位不足30天便在红丸案之中暴毙。九月初六，皇长子朱由校登基，是为明熹宗，熹宗继位之前，抚养皇帝长大的李选侍利用皇帝年少，占据乾清宫，意图把持朝政，结果在东林党人左光斗、杨涟的反对逼迫下，才被迫移居他处，从而使得皇帝摆脱了李选侍的控制，是为移宫案，因东林党人的拥立之功，于是熹宗颇为重用东林党人，以内侍魏忠贤为司礼监秉笔太监。此外，皇帝即位之初，就封乳母客氏为奉圣夫人，颇为优容。东林党人担心客氏干政，建议按例赶客氏出宫。客氏与魏忠贤擅权弄政，联手打击东林党人。一时之间，厂卫横行、党争激烈，由此拉开了大明帝国走向末路的大幕。

第四章　宁远之战

史载，熹宗皇帝自幼便因为其父光宗不为神宗所喜，故而备受冷落，神宗驾崩时，方才有遗嘱："皇长孙宜即时册立、进学。"而光宗即位后原择九月初九册立东宫，可结果是还没有来得及举行册封典礼，光宗便于九月初一驾崩，于是熹宗连一天正式的皇太子都没有当过，便登上了大宝，成为皇帝。此外，熹宗在继位前甚至没有任何的监国辅政经验，而纵观神宗朝之后，党争不断，年轻的熹宗也无法依靠任何一位廷臣。这种情况下，本就生性好玩的熹宗于是也就自然更为信赖内廷之臣了，而这样一来，宦官干政在所难免了。

其实，宦官干政现象在中国历史上层出不穷。例如东汉末年的"党锢之祸""十常侍之乱"，是东汉由盛转衰直至灭亡的重要原因之一；而大唐帝国时期，宦官势力更是达到了可以左右皇帝废立的地步。明代的宦官虽然没有汉末和晚唐时期那些宦官的气焰凶，势力大，也不像汉唐的宦官那样，把皇帝的立、废、生、死都操于自己手中，但是，明代的宦官用事最久，握有的权力也极大。

其实，在太祖皇帝时，鉴于历朝历代宦官专权的严重危害，曾经下诏严禁宦官干政，洪武末年颁布《皇明祖训》时，太祖就称"此曹止可供洒扫，给使令，非别有委任，毋令过多"。还说："此曹善者千百中不一二，恶者常千百。若用耳目，即耳目蔽；用为心腹，即心腹病。驭之之道，在使之畏法，不可使有功。畏法则检束，有功则骄恣。"此外，更是规定宦官不能兼任外廷大臣的文武官衔，也不能穿戴外廷大臣的冠带朝服，所任职品不能超过四品，每月俸禄仅一石大米，衣食都在内庭解决，同时还规定内侍毋许识字。洪武十七年，还铸造铁牌，悬置宫门，明令"内臣不得干预政事，犯者斩"，并规定各衙门不能与宦官有文书方面的交往，所谓敕诸司"毋得与内官监文移往来"。

然而，惠帝建文年间，燕王朱棣发动靖难之变，自行登基为帝，是为成祖，成祖皇帝视宦官为心腹，而且将之当作控制外廷大臣的一股重要力量。而当时，许多朝臣为一己之权益，往往结纳宦官来排除异己。于是明朝宦官的出使、征伐、监军、镇守、刺探臣民隐私等很多大权都是从永乐年间开始的。宣德元年（1426）七月，宣宗于宫内设立内书院，选择小内侍让大学士陈山教其读书识字，并使之研读童蒙书籍和儒家经典。从此之后，宦官们大多粗通文墨，通晓古今，由此埋下明代阉党专权的祸根。不过，自成祖永乐到宣宗宣德年间，虽然宦官备受宠信，而且往往被皇帝委以重任，但若有作奸犯科者，则会被直接处以极刑。譬如宣德年间，宦官袁琦让阮巨队等人出外采购物品，事发之后，袁琦被凌迟处死，阮巨队等人都被斩首。又有裴可烈等宦官，也因犯法而被诛杀。可以说，永乐、宣德年间，宦官们还是不敢过于放肆的。

然而，从英宗开始，禁制废弛，幼年即位的英宗宠信宦官王振，阉党势力开始形成。此后，宪宗时宦官汪直、武宗时宦官刘瑾都曾广树党羽，专擅朝政，这些大太监往往利用庞大的网络朋比为奸，欺压良善，构陷冤狱，阻塞言路，为祸长达百年之久，致使朝政昏暗、民生凋敝，将大明王朝一步步拖向倾灭的悬崖。

而明代宦官之所以能够贻害如此之大，这也和明代的内廷制度有关。明代时，内廷为管理宦官与宫内事务，而设"十二监"，是为司礼监、内官监、御用监、司设监、御马监、神宫监、尚膳监、尚宝监、印绶监、直殿监、尚衣监、都知监，各设掌印太监等主管，其中司礼监，居内务府12监之首。

宣宗年间，为了压制内阁的权势，将朝议决策分为"票拟""批红"两个部分，票拟是内阁阁员拟定对事情的处理意见，以蓝笔书写，呈上后请皇帝审批，由于皇

明熹宗朱由校

帝审批用红笔，所以叫"批红"。然而，明朝中后期的皇帝大多懒于政事，于是"批红"的权力落到了太监手里。凡皇帝口述命令，例由秉笔太监用朱笔记录，再交内阁撰拟诏谕并由六部校对颁发，其实是为了让司礼监的太监牵制内阁的权力。有人往往认为宦官势力由此而攫取了宰相之权，所谓"然内阁之拟票，不得决于内监之批红，而相权转归之寺人"，但其实不然，"批红"就其权力性质而言，属于最高决策权，是实现皇权的一种方式。故而司礼太监代皇帝"批红"，是在代行皇权，而不是攫取了相权。由此可见，明代皇帝授权司礼监代行"批红"，与其说是要太监代为处理国政，还不如说是利用宦官势力牵制内阁，代表皇权监督和控制政府机构的施政活动，以确保皇权的利益不受损害和侵犯，并防止任何违背皇帝意图的行为出现。

除了司礼监权势滔天之外，有明一代，还建立了由宦官掌权的特权监察机构，即东厂、西厂等特务机关。成祖因其"得位不正"，故而于永乐十八年设立东缉事厂，是为东厂，由亲信宦官掌权，从而监视锦衣卫及朝臣。东厂的首领称为东厂掌印太监，也称厂公或督主，是宦官中仅次于司礼监掌印太监的第二号人物。通常以司礼监秉笔太监中位居第二、第三者担任，其官衔全称为"钦差总督东厂官校办事太监"，简称"提督东厂"。最初的时候，东厂的职能是"访谋逆妖言大奸恶等，与锦衣卫均权势"。一人掌理，委以缉访刺探的大权，然而后来，只负责侦缉、抓人，并没有审讯犯人权力的东厂却从锦衣卫北镇抚司手里接管了审讯的权力。此后，锦衣卫与东西厂并列，活动加强，常合称为"厂卫"，又"东厂之设，始于成祖。锦衣卫之狱，太祖尝用之，后已禁止，其复用亦自永乐时。厂与卫相倚，故言者并称厂卫"。但东厂权力在锦衣卫之上，只对皇帝负责，可随意监督缉拿臣民，从而开明朝宦官干政之端。

史载，魏忠贤年少时家境贫穷，混迹于街头，不识字，但精通射箭，懂得骑马，喜欢赌博，迷恋酒色，后为赌债所逼且见赌场上的太监出手阔绰，遂自阉入宫做宦官，改姓名叫李进忠，后其又改回原姓，得皇帝赐名为魏忠贤。因早与宫中太监熟识通融，故而谣传未净全身，仍有一粒睾丸。其入宫之后，先是跟随太监孙暹，后进入了甲字库。不久之后，他又请求做皇长孙朱由校的母亲王才人的典膳，得以巴结上了魏朝。此后在宫中结交大太监王安，得其佑庇。不久之后，又结识皇长孙朱由校奶妈客氏，与之对食。史载，其对皇长孙朱由校，则极尽谄媚事，引诱其宴游，甚得其欢心。泰昌元年（1620），朱由校即位，是为熹宗。魏忠贤也从惜薪司升任司礼监秉笔太监兼提督宝和三店。魏忠贤不识字，按例不能进司礼监，但因客氏的缘故，他得以破例。

应该说，魏忠贤能够出任司礼监秉笔太监，熹宗的乳母客氏是一个很关键的因素。客氏18岁入宫成为熹宗的乳母，熹宗15岁登基之后，未逾月，封客氏奉圣夫人，其子侯国兴、其弟客光先均有封赏。天启元年（1621），熹宗下诏赐客氏香火田，叙魏忠贤治皇祖陵功。御史王心一谏，熹宗不听。天启元年二月，熹宗大婚，娶了张皇后，御史毕佐周、刘兰请遣客氏出外，大学士刘一燝亦言之。熹宗恋恋不忍客氏离去，曰："皇后幼，赖媪保护，俟皇祖大葬议之。"魏忠贤和客氏深受熹宗信任，后宫中无人敢违背他们的意志。不久客氏离开宫廷，复又召入。

客氏本与魏朝是对食，魏忠贤进宫后，客氏又与他勾通。此后魏忠贤独占客氏，逐出魏朝，并借客氏之力谋害司礼监掌印太监王安。王安此人，"刚直而疏"，心思不够缜密，自然为魏忠贤所害。史载，客氏淫毒凶狠，魏忠贤性猜疑残忍而且阴毒，好阿谀奉承。在谋害了王安之后，两人势力更加嚣张，常常勾结一起，擅权弄政，一时之间，厂卫横行。

当初熹宗继位之后，东林党人主掌内阁、都察院及六部，东林党势力较大，众正盈朝。杨涟、左光斗、赵南星、高攀龙、孙承宗、袁可立等许多正直之士在朝中担任重要职务，方从哲等奸臣逐渐被排挤出去，吏制稍显清明。但天启元年（1621），熹宗诏令赐给客氏香火田，给魏忠贤记治理皇祖陵墓的功劳，御史毕佐周、刘兰请将客氏遣出宫外，这两件事惹恼了擅权弄政的客氏和魏忠贤。

史书称魏忠贤"形质丰伟，言辞佞利"，擅长唱歌、奏乐、下棋、蹴球，而熹宗喜欢木工，沉迷于刀锯斧凿，"朝夕营造"，"每营造得意，即膳饮可忘，寒暑罔觉"。他曾亲自在庭院中造了一座小宫殿，形式仿乾清宫，高不过三四尺，却曲折微妙，巧夺天工。魏忠贤总是乘他做木工做得全神贯注之时，拿重要的奏章去请他批阅，熹宗就总是随口说："朕知道了，你好好做去罢。"魏忠贤逐渐专擅朝政。

天启五年（1625），东林党的左光斗、杨涟、周起元、周顺昌、缪昌

西方传教士

期等人因熊廷弼一案遭到弹劾，魏忠贤趁机大肆搜捕东林党人。但也有人认为，这是出于熹宗的授意，而非魏忠贤矫旨。天启六年，魏忠贤又杀了高攀龙、周宗建、黄尊素、李应升等，以至于东林党在朝中势力几乎被一扫而空……虽然东林书院亦被拆毁，而且东林"累累相接，骈首就诛"，但东林党根基深厚，此后的崇祯年间，东林一党再次卷土重来。

在消灭了东林党人之后，魏忠贤权势更盛，于是群凶肆虐，荼毒海内。史载，魏忠贤极受宠信，人称"九千岁"（意谓在号称千岁的亲王之上，近于号称万岁的皇帝），有些人干脆叫他"九千九百岁"，更有"举朝阿谀顺指者但拜为干父，行五拜三叩头礼，口呼九千九百岁爷爷"。魏忠贤60大寿，"天下督抚、总镇竞投密献、异宝、谀词。廷臣自三公、九卿……称觞者，衣紫拖金，填街塞户。金卮玉斝，镌姓雕名，锦屏绣障，称功颂德"。

在客氏与魏忠贤专权，残酷迫害异己，以至于"乙丑诏狱""丙寅诏狱"等冤狱层出不穷的时候，大明帝国彻底走向了末路，如《明史》所说那样，"明自世宗而后，纲纪日以陵夷，神宗末年，废坏极矣。虽

　　　　　　　　　　　　　　　　　　　　　　　　　　　八旗狂飙

有刚明英武之君，已难复振。而重以帝之庸懦，妇寺窃柄，滥赏淫刑，忠良惨祸，亿兆离心，虽欲不亡，何可得哉"。此时的帝国，外有后金之乱，内则民变不断。

天启元年（1621）九月，因与后金战争吃紧，朝廷命令水西、永宁两土司征兵赴辽作战。永宁宣抚司奢崇明调集兵马两万至重庆，但朝廷却拒不发放军饷军粮，并扣除饷银。四川巡抚徐可求又指责奢崇明所调之兵大多老弱病残，毫无战斗力，要求遣回永宁重新征调。奢崇明扯起反旗，率领永宁军攻占重庆，杀徐可求，此后李继周、骆日升及其他官员相继被害，总兵黄守魁、王守忠殉职，此后奢崇明分兵攻占合江、纳溪、遵义等重镇。此时水西安氏首领安尧臣死，其子安位年幼，由安位寡母奢社辉（奢崇明之妹）摄事，大权掌握在奢社辉与安尧臣之弟贵州宣慰司同知安邦彦之手。奢社辉和安邦彦听到奢崇明起事，举起反旗，占领毕节、安顺、沾益等地。一时间西南地区土司纷纷响应。水东土司宋万化亦起事自称"罗甸王"，占据龙里，四川、贵州纷纷大乱。而这起由彝族土司奢崇明、安邦彦在四川永宁及贵州水西一带起事，波及黔川全省的叛乱，便是"奢安之乱"，也称"阿哲起兵"。

天启二年（1622）二月，宋万化、安邦彦纠集10万军围贵阳，围城达一年，城中军民40万，饿死几尽。三月，降将罗乾象收复江安。四月，秦良玉、谭大孝等败敌万余人于牛头镇，遂克新都。此后叛军退重庆，明军进驻遵义。天启三年，贵州巡抚王三善率兵解贵阳之围。安邦彦率部回水西，与奢崇明的永宁军合流，两军借助川黔边界地形，屡屡取胜，王三善与有西南第一武将之称的总兵鲁钦一战死、一自刎。奢安之乱一直持续了数年之久，天启一朝，四川、贵州战火纷飞，直到崇祯元年（1628），才以朱燮元总督贵、湖、云、川、广五省军务，彻底平定叛乱。

"奢安之乱"对于大明帝国来说，影响是巨大的，首先平息"奢安之乱"的军费开支就极为巨大，而这笔巨大的支出对于已疲于应付辽东战事及各地农民起义的大明王朝无疑是雪上加霜。根据史料记载，仅天启六年，帝国就不得不将辽东战事的军费支出由770万两减少到680万两，而平定奢安之乱的军费支出则由400万两增加到500万两。很显然，奢安之乱在很大程度上，对于辽东的战事带来了巨大的影响。此外，由

孙承宗

于滇南阿迷州彝族土司普名声在从征奢安之乱后，得以实力大增，其随即于崇祯四年（1631）起事，是为"沙普之乱"。

不过，天启年间的民乱，并不仅仅只有西南的奢安之乱，还有此起彼伏的白莲教起义。

神宗万历年间，蓟州人王森传播白莲教，自称闻香教主，其教徒遍布北南直隶、山东、山西、河南、陕西、四川等省。万历四十二年（1614），王森在京师传教时被捕，后死于狱中。之后，其弟子巨野人徐鸿儒继续组织白莲教。熹宗天启二年（1622），白莲教徐鸿儒联合景州于弘志、曹州张世佩等，图谋起事，约定中秋起兵。但因计划泄露，遂于五月先期发动，在郓城举旗反明后，徐鸿儒自称"中兴福烈帝"，定年号"大成兴胜"，一时间当地农民"多携持妇子、牵牛架车、裹粮囊饭，争趋赴之，竟以为上西天云"。义军头戴红巾，先得巨野，渡京杭运河，攻占滕县、邹县、峄县，并袭击曲阜，史载"众至数万"，屡败官军。其时，于弘志在河北武邑、枣强、衡水等地起兵响应。又有刘永明聚众2万人，不久与徐鸿儒队伍汇合，叛军声势大振。他们计划"南通徐淮、陈、颍、蕲、黄，中截粮运，北达神京，为帝为王"。十月，朝廷派大军镇压。十一月，徐鸿儒被部下出卖，为官军所俘，后押至京城诛杀。虽然叛乱失败，但此次举事，却是明末民变的先声。

而在此时，大明帝国还开始与正处于大航海时代的欧洲人发生了碰撞，当时为了扩张势力范围，增加贸易金额，荷兰东印度公司一直希望能够在远东地区找寻到一处可供船只补给的长期据点，最初的时候，荷兰人将目光盯在了澳门。世宗嘉靖十四年（1535），帝国允许葡萄牙人在澳门附近进行海上贸易。此后，葡萄牙人通过贿赂收买了中国地方官，以上岸晾晒被海水浸湿的货物为由，开始了在澳门的居留。在当时，葡人被称为"佛郎机"或"藩鬼"，后称"藩人""夷人""西洋人"，经过一百多年的经营，澳门已经成为葡萄牙王国在远东的一个重要商贸中心，荷兰人多次试图侵占这里，神宗万历三十二年、万历三十五年、熹宗天启二年、天启七年曾多次攻打澳门。

就在垂涎澳门的同时，荷兰人还把目光投向了澎湖，在万历三十年时，荷兰人建立东印度公司后，荷兰商人曾抵达澎湖，并且派人至福建请求互市。不过很显然，大明无意与荷兰进行贸易，故而以都司沈有容带领兵船50艘前去，要求荷兰人撤出澎湖。天启二年（1622），荷兰人再次抵达澎湖，这一次，他们直接用武力占领澎湖，并封锁了漳州出海口。于是，帝国以南居益为右副都御史，巡抚福建主持澎湖事务。天启三年（1623）十一月，南居益邀请荷兰人前往厦门谈判，在宴会上囚禁荷兰人，并乘机袭击烧毁了荷兰战船。此后，在次年二月，更是亲自乘船到金门，以战船200艘渡海出击收复澎湖。史载，福建总兵俞咨皋、守备王梦熊，率领兵船至澎湖，登陆白沙岛，与荷军接战。但荷兰军队依仗坚固的工事与战舰顽抗，澎湖久攻不下。正如《澎湖厅志》记载的那样，红木埕城要塞"炮楼坚致如铁，巡抚南居益，遣兵攻之，贼首高文律据守不下，官军以药轰之，楼倾下海"。同年八月，明军兵分三路，直逼"夷城"，荷兰人势穷力孤，不得不撤离占领了两年的澎湖。然而，荷兰人并没有全部撤出。史载，"独渠帅高文律等据高楼自守，诸将破擒之，献俘于朝"。此战，大明历时七个月，军费耗达17.7万余两，终于收复澎湖，夷首高文律（Kobenloet）解京，熹宗皇帝并"祭告郊庙，御门受俘，刑高文律等于西市，传首各边，以昭示天下"。

就在这样的内忧外患之中，大明帝国对于辽东的经略也处于混乱之中，熊廷弼下狱之后，帝国最初是以兵部尚书王在晋继任经略。史载，王在晋，万历二十年（1592）进士，初授中书舍人，后历官江西布政使、山东巡抚，后进督河道，泰昌时（1620）迁兵部左侍郎。熊廷弼、王化贞丢失广宁后，朝廷大震，诛除熊廷弼、王化贞。天启二年（1622）三月十八日，王在晋代廷弼为兵部尚书兼右副都御史，经略辽东、蓟镇、天津、登、莱，帝特赐蟒玉、衣带和尚方宝剑。王在晋乃请于山海关外八里铺筑重关，用4万人守之。

其实他的这个想法来自蓟辽总督王象乾，王象乾认为："得广宁，不能守也，获罪滋大。不如重关设险，卫山海，以卫京师。"于是，才有了王在晋"抚虏、堵隘"守山海关的方略。根据王在晋在《题关门形势疏》中提出的"画地筑墙，建台结寨，造营房，设公馆，分兵列燧，守望相助"策略，大明帝国发帑金20万两，以构筑防御。

应该说，王在晋的这套方法倒也不是全无道理，他认为："高岭有乘墉之势，斗城如锅底之形。昔武侯云地势兵者之助也，不知战地而求胜者，未之有也。奴有战地，而我无守地。山海一关不过通夷贡夷之道，严远戍之防有两河为保障，何夷虏之足忧。而今且以为冲边绝塞，此岂有形之天堑，成不拔之金汤者哉。臣与同事诸臣谋之，有欲筑敌楼，先居高山、高岭者。夫敌楼孤峙，能击远不能击近，倘为贼所乘，则益助其凭高搏击，而我失其所控御矣。有为再筑边城从芝麻湾起，或从八里铺起者，约长三十里，北绕山，南至海，一片石统归总括，角山及欢喜岭悉入包罗。如此关门可恃为悍蔽。"

此外，王在晋还认为："……科臣周希令议费四五百万金以固金汤，而科臣沈应时亦亟议筑起边城为山海屏蔽，臣核道、镇估工计费，谓须银百万，盖并造衙舍、筑铳台、建营房之费尽入估数。"又有"臣尝谓必有复全辽之力量，而后可复广宁，必有灭奴之力量，而后可复全辽。不然启无已之争，遗不了之局，而竭难继之供，不可不虑"之论，故而试图针对山海关关城本身存在重大的隐患，建议修重城，等到重城修好以后，山海关的关城才真正成为雄关天险，以抵御后金入侵。

而兵部尚书张鹤鸣也对王在晋的这套方略推崇备至，他视师辽东复命时说："自辽患以来，经略死难系狱，累累匪一……今日经略，难于前日之经略万倍矣。王在晋铁骨赤心，雄才远略，识见如照烛观火，肩重如迎刃理丝，但秉正不阿，人醉独醒，独臣与在晋两人耳……在晋不足惜，如辽事何，此今日酿辽事大祸根也。此臣不顾嫌疑，不顾仇害，为国家大计而吐肝胆于皇上之前也。"

不过王在晋的主张，却遭到宁前兵备佥事袁崇焕、主事沈棨、赞画孙元化等的反对，袁崇焕要求修筑到200里之外的宁远，但王在晋不听。

于是"力争不能得"，袁崇焕遂"奏记于首辅叶向高"，也就是直接将意见报告提交给了首辅叶向高，但叶向高不知辽东的情况，拿不定主意，只能说"是未可臆度也"。

就在这个时候，内阁大学士管兵部事孙承宗自请行边，亲赴山海关，也就是说孙承宗决定亲自去辽东一趟，以决定辽东防务的重点。史载，"帝大喜，特加孙承宗太子太保，赐蟒玉、银币，以示隆礼"。

史料称孙承宗"此人少时相貌奇伟"，"铁面剑眉，须髯戟张"。神宗万历六年（1578），中秀才，年仅16岁。而后，孙承宗曾先后在大理寺右丞姜璧和兵备道房守士等人家中，教授子弟，并由此逐渐接触官场。万历二十一年（1593），孙承宗入国子监，次年中举人。后来，因房守士升任大同巡抚，孙承宗随行。大同为边城重镇，于是孙承宗利用这个时机，常向将帅士卒究问险要边情，史称其"伏剑游塞下，历亭障，穷厄塞"，因而"晓畅边事"。万历三十二年（1604），其以进士第二名，而授翰林院编修，入翰林十年。后入詹事府，任谕德，辅导当时的皇太子朱常洛学习。光宗继位仅一个月即驾崩，年仅15岁的皇长子即位，是为明熹宗，孙承宗继而为帝师。这样，年近花甲的孙承宗，开始逐渐地进入了政治权力的中心。

天启二年（1622），孙承宗升礼部右侍郎，此番熹宗皇帝以孙承宗为兵部尚书兼东阁大学士，至辽东勘查，也显示了皇帝对于辽东的重视。史载，孙承宗巡视了山海关及王在晋所主张建筑的八里铺新城，又前往考察了中前所、一片石和黄土岭等处的战略地势。最终他接纳了袁崇焕等人的提议，而否决了王在晋的主张。他认为"与其以百万金钱浪掷于无用之版筑，曷若筑宁远要害？以守八里铺之四万人当宁远冲，与觉华相犄角。敌窥城，令岛上卒旁出三岔，断浮桥，绕其后而横击之。即无事，亦且收二百里疆土"，并且说"总之，敌人之帐幕必不可近关门，杏山之难民必不可置膜外。不尽破庸人之论，辽事不可为也"。

此后，孙承宗回京后，面奏王在晋不足任，"笔舌更自迅利，然沉雄博大之未能"，于是皇帝将王在晋改任南京兵部尚书，"在晋既去，承宗自请督师"。于是，熹宗皇帝以帝师、大学士兼兵部尚书孙承宗为辽东经略，所谓"诏给关防敕书，以原官督山海关及蓟、辽、天津、登、莱诸处军务，便宜行事，不从中制"。

史载，孙承宗上疏称"迩年兵多不练，饷多不核。以将用兵，而以文官招练；以将监阵，而以文官拨发；以武略备边，而日增置文官于幕；以边任经、抚，而日问战守于朝。此极弊也。今天下当重将权。择一沉雄有气略者，授之节钺，得自辟置偏裨以下，勿使文吏用小见沾沾陵其上。边疆小胜小败，皆不足问，要使守关无阑入，而徐为恢复计"。之后，又提出了自己的方略，也就是面对后金的攻势，首先要进行防守，"欲保京师，则必先固山海关；而欲保山海关，则必先固辽西"。此后，才能够有进攻，也就是"欲复辽东，则必先复辽西，欲复辽西，则必先固宁远"。因宁远位于辽西走廊中部，"内拱岩关，南临大海，居表里之间，屹为形胜"。退可保二百里外的山海关，进可攻略辽西，故而，"固宁远"是为了将来收复辽东做准备。

在确认了全辽战略后，辽事仍然头绪百般，急待整理。之后，为了能够达到自己所提出的战略目的，孙承宗又采取了一系列的措施，他以修山海关和宁远城为契机，对辽东明军进行兵制改革和纪律整顿。在山海关的防务上，"并夹城之役，修筑关城，南防海口，北防角山。水则从望海台出芝麻湾，三面环海，安大炮为横击。陆则三道关之石城，可顿万人，开突门力夜击。北水关外，有峻岭筑号台十一，置炮以防外瞰"。

而练兵方面也取得了良好的效果，"是时，关上兵名七万，顾无纪律，冒饷多。承宗大阅，汰逃将数百人，遣还河南、真定疲兵万余"，"乃定兵制，立营房，五人一房，三千一营，十五营为三部，而将帅以营部为署。兵不离将，将不离帅，教肄分而稽核便"。经过孙承宗的整顿后，"兵将一清"。宁远城则"定规制：高三丈二尺，雉高六尺，址广三丈，上二丈四尺"，委派良将满桂和袁崇焕负责修筑，并恢复山海关至宁远沿线各城，"由是商旅辐辏，流移骈集，远近望为乐土"。

在修复宁远等大城9座、堡45座、练兵十一万，拓地400里、屯田5000顷的同时，他还大力扩军备战，造办军械、甲仗，并且采纳左通政袁可立所提出的"破格用人，以期实用，图复建骠骑之功"的建议，大胆起用袁崇焕、孙元化、鹿善继、茅元仪等忠直的文武将吏人才。譬如"令总兵江应诏定军制，佥事崇焕建营舍，废将李秉诚练火器，赞画善继、则古治军储，沈棨、杜应芳缮甲仗，司务孙元化筑炮台，中书舍人宋献、羽林经历程仑主市马，广宁道金事万有孚主采木，而令游击祖大寿佐金冠于觉华，副将陈谏助赵率教于前屯，游击鲁之甲拯难民，副将李承先练骑卒，参将杨应乾募辽人为军"。

此外，他还设立六馆，招纳贤才，所谓六馆，其一，占天馆，凡通仰观风角三式者；其二，察地馆，凡通夷虏部落道里、上川扼寨、安营立寨及屯田水利者；其三，译审馆，凡识写夷字、通说夷语及情事者；其四，侦谍馆，凡精敏便利、能入虏穴谱虏来往者；其五，异才馆，凡侠骨殊才，能使外域及有剑术如荆、聂之流者；其六，大力馆，凡力能挽绳携重至千斤，或六七百斤，及能飞檐走壁、日行数百里者。如此等等，筹备良多。可以说孙承宗为长期战略做了很多的准备，于是才有了"自承宗出镇，关门息警，中朝宴然，不复以边事为虑矣"。

其实，可以看得出，孙承宗经略辽东，以练兵、修城为主，然而孙承宗的这一措施却引来了朝内官僚的攻击，他们认为孙承宗志在守卫，无心进攻，那么"平辽"也就变得遥遥无期了。其实孙承宗之战略并不仅仅是防御，而是在实施防御的同时，采用步步为营、渐渐推进的策略，也就是遣将分据锦州、松山、杏山、石屯及大小凌河各城。其实根据《督师记略》记载，"先是奴以数万守广宁，二万守右屯。至是知我军渐张，乃撤广宁，焚其余粮，恐我因也。"也正是因为孙承宗的积极努力，后金于广宁已不战而退。至天启五年，辽东明军自宁远又向前推进200里，从而形成了以宁远为中心的宁锦防线。

正如《督师记略》中所提到的那样，"公意以我欲恢全辽，必先复金、复海、盖南四卫。盖南四卫在三插河东，而实全辽膏腴之地。辽西七百里，北山南海，宽者不过数十里，狭者十余里耳。其旧镇辽阳，在河之东。然开原、铁岭一带，俱切近北鄙，地亦荒瘠。唯四卫膏腴，而又近海，辽之所以富贵以此。奴自破辽阳，四卫即没于虏。及破广宁，全辽尽失。然使河西步步为进，地远难于计日，而于虏无切近之灾。我竭力以徐图，彼猝至而遽败矣。如自四卫入，则置刀于腹。而且迫于辽沈，彼自不能安处"。

由此可见，孙承宗的目的并不是防御，而是志在恢复全辽，其实孙承宗何尝不明白自己所采用的"逐步推进"的战略过于保守，而且效果也不明显，正如他自己所说的那样，"河西步步为进，地远难于计日，而于虏无切近之灾。我竭力以徐图，彼猝至而遽败矣"，可是萨尔浒一战，沈、辽的丢失，使得大明帝国已经无力再承受新一轮的失败了，故而在孙承宗看来，想要恢复全辽，势必十分谨慎，得有充分准备才行。如果贸然行动，则再经历一次类似于萨尔浒似的大溃败，那么山海关防线也许会整个崩溃。所以，他才通过练兵、军屯、引进火器等手段，来加强辽东明军的战斗力，并通过宁锦防线，巩固辽西诸城，从而以辽西诸城来进可攻，退可守。绝不能如同之前那样，一旦战败，则兵溃千里，重镇尽失。

然而，就在孙承宗在辽东与天津巡抚毕自严、登莱巡抚袁可立遥相呼应，积极防御的时候，他的这番"碌碌无为"却给自己引来了麻烦。

史载，当时魏忠贤企图扩张权利，想要攀附孙承宗，但被拒绝，于是魏忠贤记恨孙承宗，其以党羽李蕃、崔呈秀、徐大化上书诋毁孙承宗。于是孙承宗被罢官。

虽然孙承宗接受袁崇焕提议修筑关宁锦防线，以护卫山海关，从而抵御来自后金的压力，使得形势一度好转，但他在经略辽东时，总体环境还是很好的，固然，孙承宗在辽东内外压力极大，其时国内尚未爆发大规模民变，国力还能应付辽事的军费开支。而建州方面，后金当时正忙于与察哈尔部交战，并没有将进攻大明作为主要目标。此外，努尔哈赤还遇上了严重的国内问题，故而面对孙承宗的防线，不敢贸然进攻，所以维持了一段时间的"无事之局"。

努尔哈赤所面临的严重的国内问题也就是汉人问题，建州吞并了辽东，除了获得大片土地外，还多出了上百万的汉人。以女真人所新建立之政权，要良好地消化这么大数量的汉人，并不是一件容易的事情。在建州兵临抚顺的时候，努尔哈赤曾说："若不战而降，必不扰尔所属军民，仍以原礼优之。况尔乃多识见人也，不特汝然，纵至微之人，犹超拔之，结为婚姻，岂有不超升尔职，与吾一等大臣相齐之理乎？"

于是许诺，若举城纳降，努尔哈赤便"禁止部下掳掠城中官员军民及其亲属为奴，也不要求李永芳及其部众改变汉族习俗，甚至可以不行满族剃发之俗"。而在进攻辽西的广宁之前，努尔哈赤甚至宣扬"勿虑尔田宅，将非我有，尽入主人之家。众皆一汗之民，皆得平等居住、耕作"，承认汉人的政治地位和保护汉人的个人财产，甚至利用"贫富差距"这一矛盾来对汉人进行煽动,"昔尔等明国富人,广占田地,雇人耕作,食之不尽,将谷出卖。贫困之人,无田无谷,买而食之,钱财尽后,则行求乞。与其令富人粮谷烂于仓中,财货山积而无用,何若揭竿而起。百姓闻风,必群起响应,后世遂得富足矣"。可事实上呢?自从天启三年开始,努尔哈赤收回了曾经承诺的满汉平等政策,取而代之以镇压,于是满、汉之间发生了一系列冲突。汉人焚烧房舍、出逃建州,甚至还杀死了一些后金的哨卒。天启五年,更是爆发了大规模的汉人叛乱事件,遭到了女真人的残酷镇压。这种局面使得汉人大量归顺女真人的情况再也没有发生,于是孙承宗才得以实施"以辽人守辽土"战略。

此外,驻守皮岛(今朝鲜椵岛)的大将毛文龙所部也频频出击,给努尔哈赤带来了很大的麻烦。

明朝火枪手

天启元年（1621），毛文龙受辽东巡抚王化贞之命，率领毛承禄、尤景和、王辅、陈忠等197名勇士，深入敌后，先收复了猪岛、海洋岛、长山岛、广鹿岛等2000余里沿海岛屿，擒绑后金守岛军官胡可宾、任光先、何国用等人。七月十四日，侦得镇江（今辽宁省丹东市）后金主力去双山抄杀不肯降后金的百姓，城中空虚，遂与生员王一宁商议，以镇江中军陈良策为内应，率100余人夜袭镇江，擒后金游击佟养真及其子佟丰年、其侄佟松年等，随派陈忠等袭双山，擒斩后金游击缪一真等，史称"镇江大捷"。此战后，宽奠、汤站、险山等城堡相继归降毛文龙，一时间"数百里之内，望风归附"，"归顺之民，绳绳而来"，使得全辽震动，王在晋评价此战说："毛文龙收复镇江，擒缚叛贼，四卫震动，人心响应。报闻之日，缙绅庆于朝，庶民庆于野。自清、抚失陷以来，费千百万金钱，萃十数万兵力，不能擒其一贼。此一捷也，真为空谷之音，闻之而喜可知也。"内阁首辅叶向高将毛文龙比作班超、耿恭，他说："毛文龙收复镇江，人情踊跃，而或恐其寡弱难支，轻举取败，此亦老长考虑。但用兵之道，贵在出奇，班超以36人定西域，耿恭以百人守疏勒，皆奇功也……今幸有毛文龙，此举稍得兵家用奇用寡之。"

"镇江大捷"后，毛文龙被破格提拔，升为副总兵，但后金的反扑也很迅速。史载，朝鲜节度使郑遵、朴烨引后金军包围毛文龙于林畔，双方进行了激烈战斗，"一日七战，杀伤相当"，丁文礼、吕世举等殉国。林畔之战后，毛文龙以皮岛、铁山为据点，招募辽东难民，以老弱者屯种，精壮者为兵，从无到有，逐渐发展成一支海外劲旅。天启二年（1622）六月，袁可立接替陶朗先为登莱巡抚，大明帝国正式任命毛文龙为平辽将军总兵官，挂征虏前将军印，开镇东江。熹宗皇帝更曾下诏书给毛文龙，"念尔海外孤军，尤关掎角，数年以来，奴未大创，然亦屡经挫衄，实尔设奇制胜之功，朕甚嘉焉。兹特赐敕谕，尔其益鼓忠义，悉殚方略，广侦精间，先事伐谋，多方牵制，使奴狼顾而不敢西向，惟尔"。

东江镇建立后，毛文龙一面招抚因战火而流离失所的辽东百姓，前后接济安置百万余人。一面遣将四出，不断深入后金腹地，逐渐成为后金心腹大患。后金官员称："毛文龙之患，当速灭耳！文龙一日不灭，则奸叛一日不息，良民一日不宁。"对于东江镇的作用，辽东经略王在

八旗狂飙

晋的点评很到位："今有毛文龙在焉，所谓置之死地而后生者也。《兵法》：'计险厄远近，上将之道。'凭鸭绿之险，居隔江之近，文龙得其所矣。奴欲长驱而肘腋之间有虿毒焉，奴一动而毒发，屡攻之而不能去其毒，其天意留之以制奴之死命者乎？……奴之畏文龙甚也！"东林名臣陈良训则认为："今日所恃海外长城者，非毛文龙者乎？"

　天启三年（1623）夏，努尔哈赤下令屠戮后金境内的辽民，为了解救流散难民，登莱巡抚袁可立试图"联络诸岛，收复旅顺"，故而令毛文龙和沈有容属下的两镇兵马不时出奇兵"塞要害，焚盗粮"。毛文龙遣军四处出击攻打后金：命朱家龙从千家庄进军，王辅从凤凰城进军，易承惠从满浦进军，复遣大将张盘，率部从麻洋岛登岸，相机窥取金州、旅顺一带。自统8000马步精锐，从镇江、汤站一路进击，予以策应。

　张盘上岸后，按照毛文龙所布置的方略，以战船将金州一带幸存的辽东百姓接渡到安全的地方，先后接济"男妇老幼共计四千"，此后又以民心可用，遂将这些壮丁编入队伍，共计有35队。七月初二，张盘率领这支兵民合编的大军，攻打金州，一举而下，并获后金军火器"大小炮铳一千一十四位，硝磺连药五百六十斤，大小铅炮子七千三百零二个"。随后，又在袁可立的策应下乘胜收复了辽东半岛南端的旅顺，以及望海堡和红嘴堡，使得辽南数百里之土地，重归于大明。

　毛文龙遣将收复金州和旅顺等地，使得登莱、旅顺、皮岛、宽奠连为一线，解除了后金自旅顺对山东半岛的威胁，并完成了对后金的海上封锁，加重了后金统治区内粮食紧张的状况。

　但金州孤悬海外，易攻难守，不久张盘为后金所逼又退居麻洋岛，正如登莱巡抚袁可立奏报的那样："刘爱塔事泄而金州空，沈有容以兵寡不可守，而张盘入据。闻金州有人率众逼张盘于麻洋岛，此金州复而不复之实也。"

　天启三年（1623）七月的"亮马佃大捷"，更是后金的一场大败。史料中有关这场大战的记录不是很多，根据《山中闻见录》记载："毛文龙自满浦、昌城袭攻甜水站，以捷闻，又以兵万人攻亮马佃，夺获牛马；复合兵三万，攻牛毛寨，斩首二百三十，生擒四人，获马九十四。时谍敌将集兵渡河，毛文龙因进兵，先后奏捷。"而《明史纪事本末》则记载："天启三年闰十月，毛文龙奏亮马佃之捷，又奏牛马（毛）大捷，斩级二百三十有奇，生擒四人，获马九十四匹。"而《辽事实录》则记为"平辽总兵毛文龙，十月报牛毛大捷，斩级二百三十有奇，生擒四人，获马九十四匹，器械二百三十件"。

当年秋，巡抚袁可立决定使"大兵出关东下，旅顺犄角夹攻"，以图建立"恢复之功"，而此时，努尔哈赤正准备西征，以攻打山海关一线。为了牵制后金的行动，毛文龙亲统3万大军，直捣后金故都赫图阿拉，以攻其必救。当时后金在赫图阿拉以南的崇山峻岭之中，设有董骨寨、牛毛寨、阎王寨三座要塞，深沟高垒，易守难攻。九月十三日，毛文龙率部攻克董骨寨，激战至十六日，占领牛毛寨、阎王寨，将后金守军全部消灭。十七日，后金军反攻，想夺回三寨，毛文龙设伏以待，将后金军斩杀一空，大获全胜。努尔哈赤闻得后方生变，不得不放弃西征打算，率4万大军来救。考虑到孤军深入，师老兵疲，而牵制努尔哈赤的战略目的已经达成，毛文龙遂决定主动撤出。

就在"牛毛寨大捷"之后不久，毛文龙又再次重创后金军，取得了"乌鸡关大捷"。两次大捷，明军"先后共斩首级七百二十六颗，生擒活夷十四名，夷妇五名……据札付验，一并验确"。据载，孙承宗在"牛毛寨大捷"之后，大喜，其在奏书中称："臣接平辽总兵毛文龙呈解屡获首虏，随行关外道袁崇焕逐一查验三次，首级三百七十一颗，俱系真正壮夷，当阵生擒虏贼四名，俱系真正鞑虏。差令中军官集将士于衙门外，三炮三爵。臣时在宁远，适春赏夷人，虎酋等部俱到。特令各官解其首虏，经各赏夷部落，乃抵宁远。不独风示边人，抑亦见天下尚有杀贼之人，贼自有可灭之日！一时人心，殊觉感动。因念文龙以孤剑临豺狼之穴，漂泊于风涛波浪之中，力能结属国，总离人，且屯且战，以屡挫枭贼，且其志欲从臣之请，牵其尾，捣其巢，世人巽懦观望，惴惴于自守不能者，独以为可擒也，真足以激发天下英雄之义胆，顿令缩项敛足者愧死无地矣。"而登莱巡抚袁可立亲自为毛文龙请功道："毛文龙统兵深入阎王寨，与奴贼大战，斩级三百七十一颗，生擒真夷四名，请发赏功银两。"于是熹宗皇帝下诏"毛文龙并各将吏功次，着即行勘叙"。

此后，鉴于后金"常出没于长山、旅顺间，漕艘贾舶多为所梗"，袁可立"于皇城岛请设参将、守备各一员，练兵三千，以为登莱外薮。又设游兵两营，飞樯往来策应于广鹿诸岛。制炮设墩，旌旗相望"。于

　　　　　　　　　　　　　　　　八旗狂飙

是"虏遂远徙，不复逍遥海上矣"。秋收之后，金人又来大肆侵略，袁可立"命将设伏，乘风纵火刍茭，糗粮尽归一炬"。

接连的失败，使得建州十分恼怒，随即展开了一系列的报复行动，而袁可立早有所料，"先期集兵分道以应，并夜酣战，俘斩无数"，遭到伏击的后金军大败而归，朝野以为"设镇以来自未有此捷也"。当年十月初五，总兵毛文龙复命张盘收复复州和永宁。当时，后金复州驻军横行无忌，四处掳掠百姓。张盘利用辽民对后金军的痛恨，乘夜袭城，大破之。后金不甘心失败，调集了大军前来征讨，张盘于城中设伏，再次大败后金军，"斩获无数"，后金军"器械、铳炮俱掷弃而奔"。天启四年（1624）正月初三，后金利用海水结冻，以万余骑兵绕袭旅顺，想报上次失败之仇。张盘死守城池，火药用尽，犹坚守不降。后金军无计可施，遣使议和，张盘立斩于军前，复于旅顺城外设埋伏，大败之，迫使后金军只得撤走。

天启五年（1625）正月间，接替袁可立为登莱巡抚的武之望由于不懂军事，故而上奏要在旅顺和金州之间的南关开凿运河，此奏竟得到兵部批准。于是，张盘和朱国昌因朝命难违，奉命施工，却因消息泄露，而遭到后金军围攻，张盘殉国，后金得以乘机重新占据辽南各城。毛文龙得报后，以后金军后方过长为机，即派游击林茂春、王承鸾等腰截后方，攻其不备，迫使后金军立足不稳而撤军，同时又命都司石城玉往金州、旅顺等城收拢残部，进驻恢复，但登莱巡抚武之望乘后金军与东江军激战之际，竟抢先派部将张攀进驻旅顺，以争恢复之功。自此之后，辽南一直在东江军的控制之下。

就在辽西和辽南纷纷有所进展的时候，孙承宗却被罢官了，不过孙承宗罢官的原因，除了魏忠贤等人的陷害之外，还与一场战斗有关，这场战斗便是柳河之役。山海关总兵马世龙是这次战斗的实际指挥者。史载，马世龙，字苍渊，宁夏卫人，武举人出身，早年为宣府游击，天启二年担任永平（今河北卢龙）副总兵，历官都督佥事、三屯营（今河北迁西西北）总兵官。孙承宗出镇辽东时，马世龙随行，担任山海关总兵，统领关内外军马。

天启五年（1625）八月，马世龙误信生员刘伯镪之言，称后金四贝勒皇太极进驻耀州，手下兵马不满300人。世龙大喜，派兵自娘娘宫渡三岔河，打算袭击耀州，并先遣鲁之甲与李承先二将率军前往。这时，由于驻觉华岛水师游击金冠、姚与贤等迟未前来接应，至二十五日舟仍不至，李、鲁二人率领800人通过七只渔船强渡三岔河，导致形迹外泄，造成柳河之役的溃败，死伤400多人，鲁之甲与李承先均战死，中军钱应科落水死。当初魏忠贤派太监刘应坤到山海关，以帑金十万两犒军，为承宗所鄙，故而柳河之役，马世龙因冒进兵败，"忠贤以承宗不附己"，借口马世龙损失马匹670匹、甲胄等军用物资，参劾承宗。于是，马世龙被弹劾离职，孙承宗谎称李、鲁二人是"巡河哨败"，仍与喻安性同时被罢免。由高第代为经略。

高第乃是万历十七年（1589）进士，曾任临颍县令。临颍县志说他赈灾救荒，"医活数万人"，后"转户曹，榷浒墅关"，此后升大同知府。万历三十八年（1610）二月，高第由大同知府转为山东按察副使。万历四十一年（1613）三月，升为湖广右参政，不久升山东按察使（正三品）。万历四十六年（1618）五月，升陕西右布政使，后升山西左布政使。

天启元年（1621）三月，吏部以高第兼都察院右佥都御史，令其巡抚大同。在任上，据《永平府志》《滦州志》等记载，他又私人出资7000两银子，助给边将的抚赏，于是在军中朝中口碑很好。天启二年十二月召高第入京，为兵部右侍郎。天启四年正月，为兵部左侍郎。天启四年二月，高第致仕。天启五年，起复高第为兵部左侍郎管工部右侍郎事，同年五月，升任兵部尚书。此番孙承宗罢官，皇帝于文华殿，赐其蟒衣玉带，令以兵部尚书经略蓟辽。

然而，高第守辽之策却与孙承宗相左，当初高第曾力扼孙承宗守关外以捍关内、先固守以图恢复的积极防御方略，此番当他到达山海关之后，立即令弃关外城堡，尽撤关外戍兵。而他自己的守关方略是：枢辅抚镇，"各率重兵驻关，共图防守之策"。

当高第尽撤关宁锦防线于山海关之内，放弃关外400里之地，独求保关时，其实他根本就没有想过当时的情势。先是，孙承宗和袁崇焕等督率军民，在关外辛勤经营四年，缮城修堡，造炮制械，设营练兵，拓地开屯，劳绩显著，大见成效。此外，孙承宗在辽东时经过多年的努力，"东下之具已得十九"，"战兵者九万四千，守兵者一万六千有奇，杂兵者二万四千有奇"，同时，他还引入了火器和战车结合的车营，并确定了以车营为核心的战法。史载，孙承宗初到辽东时，"火器手不过数十人"，虽然有熊经略所造之迎锋车600辆，但"敝败不可用"，辽东"向习弓矢，置火器不讲至于车营，则九边英锐，无不以为耻"。此后，他积极造火器、建战车，孙承宗曾著《车营叩答合编》一书，全面介绍车营编制和车营阵法，阐述了车营的攻防战术，也就是"修造新旧战车。合步骑以教车营"，"又立十大车营，以为攻战之具"。后来发展到12车营，马步兵达9万余人，使"战辅不得不亲，马步不得不合，将卒不得不联，炮矢更番分合便捷"。而除了装备火器外，孙承宗还进行了以车营火器为主的协作训练，"其用火（火器）在用叠阵，合水、陆、步、骑、舟、车、众、寡、奇、正之用火，无一非叠阵"。并在车营中，将车兵、骑兵、步兵、弓兵、炮兵、火器兵有规律地编在一起，形成阵法。作战时候，"步队则鸟枪、郎机在前，而三眼、火箭在后，骑兵则弓箭、三眼大炮连环叠用"。

清太祖努尔哈赤

然而，此时高第命尽撤锦州、右屯、大凌河诸城守军，并将器械、枪炮、弹药、粮料移到关内，放弃关外土地400里，等于使孙承宗多年的努力付之东流，当时锦州、右屯、大凌河三城，为辽东明军的前锋要塞，如仓皇撤防，将使已兴工修筑的城堡弃毁，布置戍守的兵卒撤退，安顿垦耕的辽民重迁。

于是，辽东诸将对高第的"关外兵民尽撤"的方略十分不满，纷纷上书抗争。时任宁前道、镇守宁远的袁崇焕就曾经力争：兵不可撤，城不可弃，民不可移，田不可荒。

袁崇焕引据金启倧的《呈照》，向辽东经略高第具揭道："据锦右粮屯通判金启倧呈照，锦、右、大凌河三城皆前锋要冲，倘收兵退守，既安之百姓，复罹播迁，已复之封疆反归夷虏，榆关内外更堪几次退守耶。呈详到道，据此为照。兵法有进无退，锦、右一带，既安设兵将，藏卸粮料，部署厅官，安有不守而撤之，万万无是理。脱一动移，示敌以弱，非但东奴，即西虏亦轻中国。前柳河之失，皆缘若辈贪功，自为送死。乃因此而撤城堡、动居民，锦、右摇动，宁、前震惊，关门失障，非本道之所敢任者矣。必如阁部言之又让，至于无可让而止。今只择能守之人左辅守大凌河，樊应龙等守右屯，更令一将守锦州，此城大于右屯，然稍后缓矣。三城屹立，死守不移，且守且前，恢复必可。若听逃将懦将之做法，以为哨探之地此则柳河之故智，成则曰袭虏，不成则曰巡河。天下人可欺，此心终是不期不得，则听之能者，本道说一声明白便去也。"

然而，高第却凭借"御赐尚方剑、坐蟒、玉带"的势焰，不但执意要撤锦州、右屯、大凌河三城，而且传檄撤宁（远）前（屯）路防备。见此情形，袁崇焕愤而拒绝撤回山海关，并表示与城共存亡，并说"宁前道当与宁、前为存亡！如撤宁、前兵，宁前道必不入，独卧孤城，以当虏耳！"

面对袁崇焕的这一态度，高第很是不以为然，他尽撤锦州、右屯、大凌河及松山、杏山、塔山守具，尽驱屯兵、屯民入关，抛弃粮谷十余万石。这次不战而退，不仅使得军心不振，而且还民怨沸腾，背乡离井之众，哭声震野。而对袁崇焕来说，他的处境也很艰难，豪言壮语说起来容易，做起来却没有那么容易，他既得不到兵部尚书、蓟辽经略高第的支持，又失去其恩师大学士韩爌及大学士孙承宗的援助，在关外城堡撤防、兵民入关的极为不利情势下，他唯有率领万余名之众孤守宁远，以抵御后金军的进犯。

天启五年十月（1625），刚在蒙古取得胜利后的努尔哈赤，得知明朝易帅，遂提前回师，大力筹措攻明。天启六年正月（1626），努尔哈赤亲率大军，直扑山海关而来。

当初在占领广宁后的四年间，努尔哈赤先是迁都沈阳，后又巩固其对辽东的治理，并逐一整顿内部，移民运粮，训练兵士，发展生产，镇压汉人反抗。同时重用范文程。万历二十五年（1597），出生于辽东沈阳卫的范文程，据传乃是北宋名臣范仲淹之后，其先世于明初自江西贬往沈阳，"居抚顺所"。史载，范文程少时喜好读书，聪明沉稳，"年十八补秀才"，19岁为沈阳县学生员。天命三年（1618），后金攻占抚顺，当时范文程年仅21岁，与其兄范文采（生卒年不详）背叛故国，投降努尔哈赤。因其祖上乃范仲淹，而曾祖范鏓为正德十二年（1517）进士，官至兵部尚书，故而努尔哈赤曾对诸贝勒有言："此名臣孙也，其善遇之！"范文程投靠努尔哈赤后，不仅随努尔哈赤征讨大明，攻取辽阳、西平等地，而且后来大清开国时的规制大多出自其手，更被视为文臣之首。

不过努尔哈赤当初之所以没有进攻辽西，除了忙于和蒙古开战，稳定内务之外，更由于孙承宗主持下的辽西防务无懈可击，故而出于没有太大把握的考虑，努尔哈赤才不敢轻举妄动。其实一直以来，努尔哈赤都是善于待机而动，蛰伏不动之时，往往等待时机。熊廷弼与王化贞不和时，他趁机夺占沈、辽，这次又得到孙承宗罢去、高第撤军向关内、宁远孤守的哨报，他当即决定攻打宁远城。

当努尔哈赤所率的后金军大举西进时，军情便被明军探得。天启六年（1626）正月初六，经略高第奏报："奴贼希觊右屯粮食，约于正月十五前后渡河。"果然，后金大军渡辽河，向西扑来。此后，初十，努尔哈赤从十方堡出边，前至广宁附近地方打围。十二日，回到沈阳。此后，努尔哈赤又吩咐各牛录并降将，每官预备牛车30辆、爬犁30张，每人要靰鞡三双，还要各炒米三斗，准备出征。

正月十四日，努尔哈赤率诸王大臣，统领13万大军，号称20万，往攻宁远。十七日，西渡辽河，扑向宁远。

后金兵渡辽河，警报驰传北京，举国汹汹，人心惶惶，兵部尚书王永光"集廷臣议战守，无善策"，而经略高第更是闻警丧胆，计无所出，龟缩于山海关，拥兵不救。所以在宁远紧急关头，"关门援兵，并无一至"。而此时，八旗军连陷右屯、大凌河、锦州、小凌河、松山、杏山、塔山、连山八座城堡，由于原驻守军都早已撤到关内，故而后金兵如入无人之境，竟未遇什么抵抗，便进抵宁远。

得知宁远有人据守后，努尔哈赤遂派遣使者，入宁远往告："吾以二十万兵攻此城，破之必矣！尔众官若降，即封以高爵。"结果袁崇焕答曰："汗何故遽加兵耶？宁、锦二城，乃汗所弃之地，吾恢复之，义当

红夷大炮

死守，岂有降理！乃谓来兵二十万，虚也，吾已知十三万，岂其以尔为寡乎！"

当后金军连下右屯、大凌河、小凌河、松山、杏山、塔山、兴城，直逼宁远时，宁远只有万余守军，形势岌岌可危。然而守将袁崇焕，偕总兵满桂，副将左辅、朱梅，参将祖大寿，守备何可纲等，集将士誓死守御宁远。袁崇焕"刺血为书，激以忠义，为之下拜，将士咸请效死"。又部署官兵，分城防守，划定责任：总兵满桂守东面、副将左辅守西面、参将祖大寿守南面、副总兵朱梅守北面，同时又以满桂提督全城，分将画守，相互援应。而袁崇焕则坐镇于城中鼓楼，统率全局，督军迎敌。

宁远居辽西走廊之中，"内拱岩关，南临大海，居表里之间，屹为形胜"，宣德三年（1428）置宁远卫，嘉靖四十三年（1564），副使陈绛重修。袁崇焕此番守宁远，主要能够依靠的是所谓的"红夷大炮"，其实用如今的概念来说，就是前装滑膛加农炮，这种火炮也称为红衣大炮。所谓"红夷"者，红毛荷兰与葡萄牙也，故而多被认为红夷大炮是进口自荷兰的，但其实红夷大炮只有少量是从荷兰东印度公司进口，而大多数是与澳门的葡萄牙人交易得来的。不过大明帝国也有仿制。

其实一直以来，大明朝对于火器和技术从来都不陌生，也不保守。永乐八年（1410）征交趾（今越南）时，成祖得神机枪炮法，特置神机营肄习。成祖在亲征漠北之战中，提出了"神机铳居前，马队居后"的作战原则，神机营配合步兵、骑兵作战，发挥了重要作用，使火器的应用更趋专业化，神机营也成为明军的一个兵种。

而当时颇具盛名的徐光启更是对火器的运用和研制有着相当高的造诣。徐氏祖居苏州，以务农为业，后迁至上海。徐光启的祖父因经商而致富，及至父亲徐思诚家道中落，乃转务农。嘉靖四十一年（1562），徐光启出生，少年时在龙华寺读书。万历九年（1581），应金山卫试中秀才后，在家乡教书，并娶本县处士吴小溪女儿为妻。万历二十一年（1593），徐光启赴广东韶州任教，并结识了耶稣会士郭居静（Lazzaro Cattaneo）。万历二十四年（1596）转至广西浔州任教。

万历二十五年，徐光启因考官焦竑赏识而以顺天府解元中举。次年会试他未能考中，便回到家乡教书。此后，赴南京拜见恩师焦竑，并首次与利玛窦（Matteo Ricci）晤面。

利玛窦

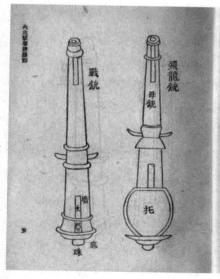
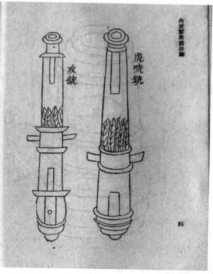

明代火器

万历三十一年（1603），在南京由耶稣会士罗如望（Jean de Rocha）受洗入天主教会，圣名为保禄。万历三十二年（1604），徐光启中进士，考选翰林院庶吉士。三十四年，他开始与利玛窦合作翻译《几何原本》前六卷，次年春翻译完毕并刻印刊行。翻译完毕《几何原本》后，徐光启又根据利玛窦口述翻译了《测量法义》一书。

万历三十五年（1607），翰林馆期满告散，徐光启被授予翰林院检讨。同年，因其父去世，故而回乡丁忧守制。次年，徐光启邀请郭居静至上海传教，这成为天主教传入上海之始。守制期间，徐光启整理定稿了《测量法义》，并将《测量法义》与《周髀算经》《九章算术》相互参照，整理编撰了《测量异同》；作《勾股义》一书，探讨商高定理。同时，他还开辟双园、农庄别墅，进行农作物引种、耕作试验，作《甘薯疏》《芜菁疏》《吉贝疏》《种棉花法》和《代园种竹图说》。

万历三十八年（1610），徐光启回到北京，官复原职。因钦天监推算日食不准，他与传教士合作研究天文仪器，撰写了《简平仪说》《平浑图说》《日晷图说》和《夜晷图说》。万历四十年（1612），他从耶稣会士熊三拔（P. Sabbathino de Ursis）处学习西方水利，合译《泰西水法》六卷。

万历四十一年（1613）初冬，因与朝中同僚意见不合，徐光启告病去职前往天津。先在房山、涞水两县开渠种稻，进行各种农业实验，后撰写了《宜垦令》《农书草稿》（《北耕录》）等书，为《农政全书》的编写打下了基础。万历四十四年，礼部侍郎沈㴶连上三道奏疏，请求查办天主教传教士，史称"南京教案"。徐光启上《辩学章疏》为传教士辩护。同年徐光启回京复职，次年任詹事府左春坊左赞善。不久病归天津，作《粪壅规则》。万历四十六年，努尔哈赤发兵进犯关内，徐光启应召星夜入京。次年萨尔浒之战后，徐光启多次上疏请求练兵，擢升少詹事兼河南道御史，在通州督练新军。但由于军饷、器械供应困难，练兵计划并不顺利。

天启元年（1621）三月，徐光启上疏回天津养病，同年六月辽阳失陷，他又奉召返京，力请使用红夷大炮帮助守城，但因与兵部尚书崔景荣意见不合，于十二月再次辞归。自万历四十八年（1620）二月起，徐光启受命在北直隶通州、昌平等地督练"新军"以来，他先后撰写了

132

《选练百字诀》《选练条格》《练艺条格》《束伍条格》《形名条格》《火攻要略》(《火炮要略》)《制火药法》等。

史载，天启元年（1621）三月，后金攻陷沈阳、辽阳，明廷震惊，熹宗要求徐光启从天津"即令回京"，襄理军务。同年五月，李之藻出任光禄寺少卿，负责研制大炮。四月十五日，"命光禄寺少卿管工部郎中事李之藻调度十六门城楼军器"，四月二十七日又"命铸监督军需关防给光禄寺少卿仍管工部司官事李之藻"。天启二年，孙元化呈《备京》《防边》两策，受到朝廷重视，兵部尚书孙承宗出任蓟辽经略，用孙元化筑台制炮主张，筑宁远城，孙主其事。三月十四日（4月24日），命"光禄寺少卿李之藻为太仆寺少卿"，此外熹宗敕教士罗如望、阳玛诺、龙华民等制造火铳。由此可见，大明帝国对于火器的认识还是很清楚的。

袁崇焕驻守孤城宁远时，虽然城中士卒不满两万人，但却拥有大炮、火铳等火器，此外城中兵民，"死中求生，必生无死"，誓与城共存亡。尽管面临紧急态势，但袁崇焕并不以为然，他除了上疏称"本道身在前冲，奋其智力，自料可以当奴"，还采纳诸将的议请，做了积极的守城准备。

由于彼己态势，强弱悬殊，加之前临强敌，后无援兵，宁远一座孤城，兵士不过万余，故而绝不能实施城外野战，因此他汲取抚（顺）、清（河）、开（原）、铁（岭）、沈（阳）、辽（阳）、西（平）、广（宁）失守的教训，决意凭城坚守，拼死固守。所谓"敌诱不出城，敌激不出战"。同时，由于宁远城设置有11座红夷大炮，故而他积极修台护铳，布设大炮，以实施"以台护铳，以铳护城，以城护民"的方略。

同时尽焚城外房舍、积刍，转移城厢商民入城，转运粮料藏觉华岛，以做到坚壁清野。此外，袁崇焕认为抚顺、清河、开原、铁岭、沈阳、辽阳、广宁，都是由于"内应外合"才失陷的，故而他要做到"宁远独无夺门之叛民，内应之奸细"，于是以同知程维模率员稽查奸细，"纵街民搜奸细，片时而尽"。派诸生巡守街巷路口，并以通判金启倧按城四隅，编派民夫，供给守城将士饮食，又派卫官裴国珍带领城内商民，运矢石，送弹药。再有就是严明军纪，派人巡视全城，命对官兵乱自行动和城上兵下城者即杀。官兵上下，一心守城，所谓"以必一之法，则心无不一，此则崇焕励将士死守之法。其所以完城者，亦在此"。

最后，士气的问题，袁崇焕以重金赏勇，鼓励士气，并宣布"官兵有能中敌与不避艰险者，即时赏银一锭，奖励勇敢退敌者"，同时下令前屯守将赵率教、山海关守将杨麒，凡是宁远有兵将逃向前屯、山海关，抓住斩首，以肃军纪。也就在这种情况下，宁远守军开始了一场为了自己生存而努力的血战……

天启六年（1626）正月十四日，后金军连续攻陷锦州、松山、大小凌河、杏山、连山和塔山七城。正月二十二日，袁崇焕令兵民"偃旗息鼓待之，城中若无人"，静待后金兵近城池，同时偕几个幕僚至鼓楼，同朝鲜使臣翻译韩瑗等谈笑风生。次日，后金军穿过宁远城东五里处的首山与螺峰山之间隘口，抵达宁远城郊。这一天，努尔哈赤命离城五里，横截山海大路，安营布阵，并在城北扎设统帅大营，以被虏汉人前往宁远城，招降袁崇焕。但遭到袁崇焕的严辞拒绝。《清太祖武皇帝实录》记载：……放捉获汉人，入宁远往告："吾以二十万兵攻此城，破之必矣！尔众官若降，即封以高爵。"宁远道袁崇焕答曰："汗何故遽加兵耶？宁、锦二城，乃汗所弃之地，吾恢复之，义当死守，岂有降理！乃谓来兵二十万，虚也，吾已知十三万，岂其以尔为寡乎！"

在断然拒绝努尔哈赤诱降之后，袁崇焕命家人罗立等向城北后金大营，以大炮轰击，"遂一炮歼虏数百"，后金军不敢留此驻营，将大营移到城西。而努尔哈赤见袁崇焕既拒不投降，又发炮轰击大营，遂命准备战具，次日攻城。

二十四日，后金军开始攻打城西南角。史载后金兵推楯车，运钩梯，步骑蜂拥进攻，万矢齐射城上。在城堞上，箭镞如雨注，悬牌似猬皮，而祖大寿、左辅等率明军射矢、投石、发炮、放火烧攻城之兵。矢石、铁铳之下，后金兵死伤累累，虽然后金军用斧凿城，但收效甚微。反倒是守城明军"则门角两台，攒对横击"。明军"以城护炮，以炮卫城"的方略得到了很好的运用。

都司金书彭簪古指挥东、北二面大炮，罗立指挥西、南二面大炮，"从城上击，周而不停，每炮所中，糜烂可数里"，"火星所及，无不糜烂"，"炮过处，打死北骑无算"，"攻具焚弃，丧失殆尽"。史料记载，"贼遂凿城高二丈余者三四处"，危急时刻，袁崇焕身先士卒，不幸负伤，"自裂战袍，裹左伤处，战益力；将卒愧，厉奋争先，相翼蔽城"，于是"火

画家笔下的宁远之战

毯、火把争乱发下，更以铁索垂火烧之，牌始焚，穴城之人始毙，贼稍
却。而金通判手放大炮，竟以此殒。城下贼尸堆积"。

二十五日，后金兵再倾力攻城。城上施放炮火，后金兵惧怕利炮，
畏葸不前，"其酋长持刀驱兵，仅至城下而返"。后一天血战，依然宁远
城攻不能克，乃下令收兵。

两日攻城，共折游击二员、备御二员、兵五百，攻具焚弃，丧失殆
尽。如此损失，使得努尔哈赤被迫停止攻城，退到西南侧离城五里的龙
宫寺扎营。

二十六日，后金兵继续围城，明兵不断发射大炮轰击，努尔哈赤无
计可施，便改变进攻策略，命武讷格率军履冰渡海，转攻觉华岛。觉华
岛乃是辽东士兵储粮之所，粮料可达8万余石。后金军围宁远数日不克，
遂分兵进攻觉华岛。其实在觉华岛，明军是设置有水师的。孙承宗经略
辽东时，即令龙、武两营，分哨觉华岛的防卫。不久以国宁督发水兵，
以卫觉华岛。而觉华岛的水师，则由游击金冠统领。其作用除了守卫岛
上的粮料、器械之外，还有就是配合陆师进图恢复辽东失地，策应宁远
之城守，所谓"以筑八里者筑宁远之要害，更以守八里之四万当宁远之

冲，与觉华岛相犄角。而寇窥城，则岛上之兵，旁出三岔，烧其浮桥，而绕其后，以横击之"。

时值隆冬，海面冰封，无险可守，明将姚抚民等率领官兵为加强防御，沿岛凿开一道长达15里的冰濠，以阻挡后金骑兵的突入，然而，天气严寒，冰濠凿开，穿而复合。姚抚民等率领官兵，"日夜穿冰，兵皆堕指"。

二十六日，后金一面派少部分兵力继续攻打宁远城，一面命大部分骑兵突然进攻觉华岛。由于前夜，后金已经将主力转移到城西南五里龙宫寺一带扎营，故而其目的就是为了从龙宫寺进攻觉华岛。武讷格以铁骑数万进攻觉华岛，虽然明军凿冰15里为濠，列阵以车楯卫之，但由于"凿冰寒苦，既无盔甲、兵械，又系水手，不能耐战，且以寡不敌众"，加上大雪纷飞，冰濠重新冻合，故而后金骑兵，履冰驰进，从鞡鞨口登岸，攻入囤粮城北门，猛烈斯杀，冲进城中。后金骑兵驰突而来时，岛上水兵阵脚遂乱。后金军火焚城中囤积粮料，浓烟蔽岛，火光冲天。旋即转攻东山，万骑驰冲，已时，并攻西山，一路涌杀。守将金冠刚死，其子金士麒与兵丁800人至觉华岛迎榇，亦与后金军作战，全部殉国，金冠既死之榇，被后金兵俱经剖割。岛上囤积粮料尽焚。后金军旋即转攻东山、西山，明将姚与贤等皆力战而死。史载："且岛中诸将，金冠先死，而姚与贤等皆力战而死。视前此奔溃逃窜之夫，尚有生气。金冠之子，会武举金士麒，以迎父丧出关。闻警赴岛，遣其弟奉木主以西，而率义男三百余人力战，三百人无生者。其忠孝全矣！"

觉华岛之战，明军损失惨重。经略高第塘报：觉华岛"四营尽溃，都司王锡斧、季士登、吴国勋、姚与贤，艚总王朝臣、张士奇、吴惟进及前、左、后营艚百总俱已阵亡"。总督王之臣查报："觉华兵将俱死以殉。粮料八万余及营房、民舍俱被焚。"而同知程维模则报："虏骑既至，逢人立碎，可怜七八千之将卒，七八千之商民，无一不颠越糜烂者。王鳌，新到之将，骨碎身分；金冠，既死之榇，俱经剖割。囤积粮料，实已尽焚。"《清太祖高皇帝实录》载："我军夺濠口入，击之，遂败其兵，尽斩之。又有二营兵，立岛中山巅。我军冲入，败其兵，亦尽歼之。焚其船二千余；并所积粮刍，高与屋等者千余所。"也就是说觉华岛上7000明军和商民7000余丁口都被后金军杀戮；粮料8万余石和船2000

余艘都被后金军焚烧。

后金军围宁远数日不克，加之此时摧毁了觉华岛，屠杀岛上民众，焚毁粮食储备，又有毛文龙出兵袭击后金后方永宁，努尔哈赤始引兵归，二月九日返回到沈阳。

后金军既走，袁崇焕派景松和马有功疾驰山海关，向经略高第报告战况。高第急奏朝廷："奴贼攻宁远，炮毙一大头目，用红布包裹，众贼抬去，放声大哭。分兵一支，攻觉华岛，焚掠粮货。"关于这一点，张岱《石匮书后集》中记载："炮过处，打死北骑无算，并及黄龙幕，伤一裨王。北骑谓出兵不利，以皮革裹尸，号哭奔去。"而朝鲜人李星龄所著《春坡堂日月录》则记载宁远之役"自城外遍内外，土石俱扬，火光中见胡人，俱人马腾空，乱坠者无数，贼大挫而退"。

尽管有人认为这个所谓的"大头目"极可能是努尔哈赤，但可能性不是很大。不过有一点是肯定的，宁远之战为后金军的首败，努尔哈赤亦因此耿耿于怀。虽然于觉华岛全歼7000守军，屠戮商民、焚其船只，以泄未克宁远之恨，但二十七日，努尔哈赤带着忿恨和遗憾，尽撤宁远之兵回师沈阳后，他还是很有怨恨。《清太祖武皇帝实录》记载，努尔哈赤宁远之败时说："帝自廿五岁征伐以来，战无不胜，攻无不克，惟宁远一城不下，遂大怀忿恨而回。"不过宁远的确是努尔哈赤征战生涯中唯一未能攻克之城。

宁远之役后，大明从"宁远被围，举国汹汹"，瞬间成了"闻报宁远捷音，京师士庶，空巷相庆"。可以说，宁远大捷是明朝从抚顺失陷以来的第一个大胜仗，是自"辽左发难，各城望风奔溃，八年来贼始一挫"的一个大胜仗，也是"遏十余万之强虏，振八九年之积颓"的一个大胜仗。正如兵部尚书王永光所说的那样，"辽左发难，各城望风奔溃，八年来贼始一挫，乃知中国有人矣！盖缘道臣袁崇焕平日之恩威有以慑之维之也！不然，何宁远独无夺门之叛民、内应之奸细乎？本官智勇兼全，宜优其职级，一切关外事权，悉以委之"。

此后，熹宗皇帝采纳王永光的建议，不追究觉华岛惨败一事，将此一役称为"大捷"，以激励士气。此后，熹宗下诏嘉奖广宁军功劳，袁崇焕随即升任右佥都御史，而高第、杨麒因不援宁远和觉华岛而免职，以王之臣、赵率教取代。

天命十一年（熹宗天启六年，1626）四月初四，心怀宁远败北之忿恨的努尔哈赤试图重振低落的士气，率军征讨喀尔喀巴林部，大获全胜。五月二十一日，努尔哈赤出城迎接前来沈阳的科尔沁部奥巴贝勒。至七月，努尔哈赤疽病突发。当月二十三日，努尔哈赤前往清河汤泉疗伤。八月初，病势转危，遂决定乘船顺太子河返回沈阳。

天命十一年（天启六年，1626）八月十一日，努尔哈赤于途中距离沈阳40里的瑷鸡堡病逝，时年68岁。大妃乌拉那拉氏、庶福晋二人殉死。

对于努尔哈赤一生的评价，《清史稿》说："太祖（努尔哈赤）天锡智勇，神武绝伦。蒙难艰贞，明夷用晦。迨归附日众，阻贰潜消。自摧九部之师，境宇日拓。用兵30余年，建国践祚。萨尔浒一役，翦商业定。迁都沈阳，规模远矣。比于岐、丰，无多让焉。"

明人（兵部尚书李化龙）则说："（建州）列帐如云，积兵如雨，日习征战，高城固垒……中国无事，必不轻动；一旦有事，为祸首者，必此人（努尔哈赤）也。"

而李氏朝鲜人（李民寏）则认为："奴酋（努尔哈赤）为人猜厉威暴，虽其妻子及素亲爱者，少有所忤，即加杀害，是以人莫不畏惧……"

不管怎么样，随着努尔哈赤的去世，一个时代结束了，而由于努尔哈赤生前为避免诸子争储导致权力纷争，创立八旗贝勒共议国政之制，汗位可由八个旗主互议，推选旗主之一担任，因此并没有明确指定继承人，此后经推举，努尔哈赤第八子、四贝勒皇太极继任后金大汗，次年改"元天"。于是，皇太极的时代开始了。

第五章　大清帝国

后金天命十一年（1626）正月，努尔哈赤攻宁远，因袁崇焕率军坚守，而未克。同年（1626）八月二十一日，努尔哈赤病死。关于努尔哈赤的死因，一直以来，史学界众说纷纭，而争论的焦点主要集中在：他是在宁远之战中，为炮火所伤，郁愤而死，还是因为身患毒疽，不治身亡。

病死说出自《清史稿》。据记载，在天命十一年秋七月"上不豫"，至"八月丙午，上大渐，乘舟回。庚戌，至叆鸡堡，上崩"。而重伤致死出自朝鲜人李星龄所著的《春坡堂日月录》，据该书记载，朝鲜译官韩瑷随使团来明，于宁远观战，战后袁崇焕曾经派遣使臣带着礼物前往后金营寨向努尔哈赤"致歉"（实为冷言讥讽），说"老将（努尔哈赤）横行天下久矣，今日见败于小子（袁崇焕），岂其数耶！"努尔哈赤"先已重伤"，这时备好礼物和名马回谢，请求约定再战的日期，最后终于"因懑恚而毙"，也就是说，宁远兵败后，努尔哈赤整日悒悒不自得，最终在肉体和精神遭受双重创伤的情况下，郁郁而终。

但事实上，中炮伤重而死可能性不大，因为从正月至八月二十日死，其间八个多月来，努尔哈赤一直在忙于"整修舟车，试演火器"，并且到"远边射猎，挑选披甲"，以准备再攻宁远。此外四月，亲率大军，征蒙古喀尔喀，"进略西拉木轮，获其牲畜"。五月，因毛文龙进攻鞍山，这才回师沈阳。六月，蒙古科尔沁部的鄂巴洪台吉来朝，他亲自"出郭迎十里"。不过有一点是可以肯定的，那就是宁远兵败对于这位赫赫有名的沙场老将来说，是一个巨大的精神创伤，使得其整日心情郁忿，再加上年迈体衰，长期驰骋疆场，鞍马劳累，最终积劳成疾。于是在同年七月中，努尔哈赤身患毒疽，二十三日往清河汤泉疗养。到了八月七日，他的病情突然加重。于五日之后，八月十一日，乘船顺太子河而下，转入浑河，与前来迎接的大妃乌拉那拉氏相见，后行至离沈阳40里的叆鸡堡时，驾崩。

努尔哈赤死后的第二天，大妃乌拉那拉氏以身殉葬，年三十有七，同时殉葬的还有庶妃阿吉根、代因扎。史载，乌拉那拉氏，名阿巴亥。乌拉贝勒满泰之女，万历十八年生，二十九年十一月，其叔父贝勒布占泰（卜占台）将她嫁给努尔哈赤为侧福晋。前一任大福晋去世后，被立为大福晋。史载，乌拉那拉氏的殉葬"或曰大妃之殉焉，为太祖遗命，诸子执而逼之乃死"，也就是说她很有可能是被逼自杀的。

其实殉葬制度自古以来屡见不鲜，所谓殉葬，也就是用人或器物以葬，如《墨子·节葬下》中所说的那样，"天子杀殉，众者数百，寡者数十；将军大夫杀殉，众者数十，寡者数人。舆马女乐皆具。……此为辍民之事，靡民之财，不可胜计也"。由此可见，殉葬自古以来，屡见不鲜，《礼记·檀弓下》记载"陈子车死于卫，其妻与其家大夫谋以殉葬"。根据《史记·秦本纪》的记载，秦武公死时，"初以人殉死，从者六十六人"；秦穆公死的时候"从死者一百七十人"。

秦汉以后，殉葬在中原已经有所收敛，很少有人殉葬，往往代之以木俑、陶俑。但至辽代，人殉之风死灰复燃，《辽史·第七十一卷列传第一》记载，辽太祖耶律阿保机死时，皇后述律平甚至强迫一百多名大臣为其殉葬，而她自己则是：太祖崩，后称制，摄军国事。及葬，欲以身殉，亲戚百官力谏，因断右腕纳于柩。

至金代，女真人更是颇为推崇殉葬之风，其贵族下葬虽然不用棺椁，但殉葬却是必不可少，所谓"死者埋之而无棺椁，贵者生焚所宠奴婢、所乘鞍马以殉之"。蒙古成吉思汗死去时，其用40名贵族女子殉葬，而蒙兀死时，沿途杀了2万人殉葬。至明代，此习俗也被延续。

太祖死时，共陪葬及殉葬40名嫔妃，除了两个死在太祖之前，最后得以埋在明孝陵的东西两侧外，其余38人都是殉葬而死。而成祖殉葬的嫔妃人数有两种说法，一种是《大明会典》中所记载的16人，而另一种则是朝鲜的《李朝实录》记载的30余人。不过《李朝实录》的数据虽然与《大明会典》有所冲突，但却详细记载了给成祖殉葬的嫔妃集体从殉的过程：永乐二十二年十月戊午，"帝崩，宫人殉葬者三十余人。当死之日，皆饷之于庭，饷辍，俱引升堂，哭声震殿阁。堂上置木小床，使立其上，挂绳围于其上，以头纳其中，遂去其床，皆雉颈而死"。

之后宣宗时，死也有人殉。史载"嫔何氏、赵氏、吴氏、焦氏、曹氏、徐氏、袁氏、诸氏、李氏、何氏皆从死。正统元年，皆追加赠谥。册文曰：兹委身而蹈义，随龙驭以上宾。宜荐徽称，用彰节行。盖宣宗殉葬宫妃也"。至英宗时，大明才断绝了人殉制度，史书中说英宗病重时"口占遗命，定后妃名分，勿以嫔御殉葬，凡四事，付阁巨润色"。从此以后，大明再无人殉。

不过在辽东女真部落中，人殉习俗依然风靡，所谓满人好殉葬，上下皆然，夫死妻殉是定法。由此看来，乌拉那拉氏的殉葬也就不奇怪了。

乌拉那拉氏有三个儿子，分别是皇十二子阿济格、皇十四子多尔衮、皇十五子多铎，而努尔哈赤病逝之时，身后除了这三个儿子之外，还有代善、阿拜、汤古代、莽古尔泰、塔拜、阿巴泰、皇太极、巴布泰、德格类、巴布海、赖慕布、费扬果，总共15个儿子。

努尔哈赤一生有16个儿子，长子乃是褚英，后金建国之前，褚英随同其父南征北战，广有战功，于是努尔哈赤因其英勇，封号曰"阿尔哈图土门"，万历四十一年（1613），褚英以嫡长子身份，又凭借多年战功，被立为早期后金政权的汗位继承人。但由于"五大臣"额亦都、费英东、何和礼、安费扬古和扈尔汉及"四贝勒"皆与褚英不和，于是"五大臣"首告嗣储褚英，似有贰心之嫌。于是努尔哈赤开始疏远褚英，这种情况下"褚英意不自得，焚表告天自诉"，他还扬言："若出征之师被击败，我将不使被击败的父亲及弟弟们入城。"并曾言："我即位后，将诛杀与我为恶的诸弟、诸大臣。"就这样，这位本有希望继承汗位的长子被以"诅咒"之罪，于万历四十三年（1615）八月二十二日处死。次年，努尔哈赤于赫图阿拉称"覆育列国英明汗"，国号"大金"（史称后金）。

褚英被罢政以后，次子代善于天命元年被封为和硕贝勒，参与国政，为四大贝勒之首，称大贝勒。其在诸子中年岁居长，骁勇善战，军功卓著，统领正红旗、镶红旗二旗。史载，努尔哈赤曾令大贝勒代善代政，并说："等我百年之后，我的诸幼子和大福晋交给大阿哥（指代善）收养。"于是代善权势显赫。然而天命五年九月初三日，他却因为家中事务不和，而被废除嗣位。史载"先前袭父之国，故曾立为太子，现废除太子，将其专主之僚友、部众，尽行夺取"。自此之后，努尔哈赤再也没有明确指定汗位的继承人，以至于其死后，汗位的继承也就成了问题。其实，在天命七年（1622）时，努尔哈赤以其子侄代善、阿敏、莽古尔泰、皇太极、济尔哈朗、多尔衮（一说阿济格）、多铎、岳托为八和硕贝勒（旗主贝勒），实行八和硕贝勒共治国政之制，所谓"有人必八家分养之，土地必八家分据之"，并指示在其身后应坚持实行此制。是谓"八王共治"。于是，汗位继承者也就自然应该由八和硕贝勒共同推举产生了，当时四大贝勒代善、阿敏、莽古尔泰和皇太极都手握重兵，怀有夺取汗位的野心。此时，代善与其子岳托及萨哈廉决定拥皇太极嗣汗位。史载，代善等以"皇太极才德冠世，当速继大位"为由，向大贝勒阿敏、莽古尔泰及贝勒阿巴泰、德格类、济尔哈朗、阿济格、多尔衮、多铎、杜度、硕托、豪格提议，以四贝勒皇太极为汗，由于身为长兄的代善的鼎力支持，所以"众贝勒乃合词请上嗣位"，皇太极"辞再三，久之乃许"，被拥举为大汗。九月一日，皇太极在大政殿即汗位，焚香告天，次年为天聪元年。

清太宗皇太极

皇太极是明万历二十年（1592）十月二十五日申时出生的，其母为叶赫那拉氏，名孟古哲哲，是叶赫贝勒纳林布禄的妹妹。天聪元年（1627）正月初一，后金举行新年朝贺仪式，皇太极居中，代善与阿敏、莽古尔泰分坐其左右，四人并肩端坐殿上，接受群臣叩拜。由于努尔哈赤创制八旗的本意是一旗一主、八家旗主共治天下，大汗之位由八家推举旗主之一出任，亦可将其罢免，于是皇太极继承汗位时，事实上是由四大贝勒共同执政、四小贝勒议政，也就是皇太极是与大贝勒礼亲王代善、二贝勒阿敏、三贝勒莽古尔泰一同主持朝政的，而这个时期也被称为"四大贝勒时期"。在这一时期内，身为努尔哈赤第八子、四大贝勒第四的皇太极因其是经过议政会议诸王推举而继承汗位的，虽然当时诸王均享有很大权力，但代善、阿敏、莽古尔泰三和硕贝勒，均年长于皇太极，故而大汗的权力受到很大限制，甚至皇太极临朝时，其他三大贝勒并坐左右同受臣属朝拜。

于是皇太极开始计划结束旗主并立、事权不一的局面，他首先废除了四大贝勒按月分值政事的旧制，改以诸贝勒代之，其后扩大了议政会议人选，在八旗各设总理旗务大臣，与诸王共议国政，以达到分散诸王权力的目的。此后，皇太极又颁行《离主条例》，规定："凡八旗贵族犯有私行采猎、隐匿战利品、擅杀人命、奸污属下妇人等罪愆，准其属人和奴仆告讦。告讦属实，准予离主。"以裁抑八旗旗主的特权。此后，取消"凡国人朝见，上与三大贝勒俱坐受"的仪式，改由皇太极一人"南面独坐"。与此同时，借故囚禁二贝勒阿敏，处罚三贝勒莽古尔泰，三大贝勒中仅剩代善一人，对皇太极唯命是从，在取得了两黄旗和正蓝旗的实际支配权之后，皇太极便已然打破了八旗的权力平衡，也因在出席八旗会议时，皇太极已不再是某一旗旗主之身份，而是作为最终的决策者，这一系列举措使得他得以强化汗权。

后来皇太极为了进一步限制诸贝勒的权力，又对每一旗的护卫数实行严格限制。每一旗只可选用护卫20人，从而使得诸贝勒几无兵权。此外，他仿明制，设内三院（内国史院、内秘书院、内弘文院）、六部（吏、户、礼、兵、刑、工），"停王贝勒领部院事"，独主政务。又设两衙门（都察院和理藩院），建立起一套较为完备的国家机构和政治体制，从而集中了汗权，加强了专制统治。

与此同时，皇太极又对努尔哈赤时期一些对汉人的政策做出了调整。在努尔哈赤统治时期，后金曾经出台过对辖内汉民的诸多苛政，导致汉人的生存空间被缩小，大部分人被编入满洲人庄园成为农奴。许多汉人不堪忍受而出逃，但一旦被抓回去则被处决。即便后金国内的汉人官员也非自由之身，他们从属于女真人，家产不能受自己支配，身故之后甚至妻子还要归入贝勒家为奴。而这些因素都导致天命后期女真人和汉人之间矛盾激化，常有汉人用投毒、暗杀等方式进行反抗，并与辽东明军相呼应，以至于对后金国的稳定构成了严重的威胁。

皇太极继位后，即着手实施改变，他认为"治国之要，莫先安民"，汉官汉民备受虐待是祸乱之源，故而规定，凡国内汉官汉民即使从前想逃跑的及令"奸细"往来的，事属已往，不再追究。于是此后"逃者皆止，奸细绝迹"。此外皇太极还强调女真人、汉人"均属一体"，之前按满官品级分配被掠的汉人为奴，编庄劳役，故而汉人常受欺凌，于是皇太极为每个备御只给壮丁八人，牛二头，而其余汉人，分屯别居，编为民户，这种采取汉人壮丁与满洲人分屯居住的方式，让汉人得以安定下来，同时皇太极还禁止诸贝勒大臣属下私至汉官家勒索财物及进行骚扰，并采取了攻陷城池时不杀降民、为降人编独立户籍、放宽对逃人的惩治等等举措，从而有效缓解了后金内部满汉矛盾。此外，皇太极将分离于满洲八旗之外的汉人独立创建为汉军八旗，使得旗下汉人充分地发挥出自身的优势，增强了八旗军的作战力。

当时的汉军八旗，兵卒主要来源是主动归附或在战争中被后金所俘获的辽东人丁，故而以汉人为主，也有少部分汉化女真人和曾入明为官的蒙古人，起初均编隶于满洲八旗之下。由于努尔哈赤时期对汉人的种种苛政，起初汉军八旗的地位并不高。直到皇太极继位后，汉军才受到重视。参加过宁远之战的皇太极对于红衣大炮的印象十分深刻，而当时，后金军中尚无大炮，攻城时难免会受到很大阻碍，于是皇太极以王天相会造炮，命其铸造"红衣炮"，并始编汉军一旗，旗纛为青色，由额驸佟养性率领这支"重兵"。汉军之所以在满语中被称为"重兵"，也正是由于归降汉人铸造、掌管火炮而得名。因此，可知汉军创制之初其实也就是掌握着火炮，而火炮对于后金军队的重要性也使汉军地位获得了提高。

虽然皇太极继位后，继续充分利用了八旗这个军政合一的组织，但他却通过变革，使八旗越发充满生机，在对满洲八旗不断补充新的成员和完善、扩大蒙古八旗基础的同时，最重要的就是对汉军八旗的发展。在努尔哈赤时的满洲被称为"佛满洲"，即旧满洲，而皇太极继位后对黑龙江流域多次用兵，征讨所得来的民、地被称为"伊彻满洲"，即新满洲。皇太极在把新满洲编入八旗之后，极大地补充了满洲八旗的兵员。譬如，他曾经把征索伦俘获的新满洲壮丁并家小5673人编为牛录，隶于八旗，此外还把征库尔喀俘获的新满洲壮丁42人补充各旗披甲的缺额。除了满洲八旗之外，蒙古八旗也得到了很大的发展，蒙古八旗早于汉军八旗建立，其旗色、官制与满洲八旗同，惟地位略低于满洲八旗，而高于汉军八旗。

其实从天命六年（1621）开始，蒙古旗人就被编入满洲八旗了。史载，"镶黄旗满洲都统国柱佐领，系勋旧佐领。国柱始祖顾尔布什，原系蒙牛夸尔夸贝子。太祖皇帝时，率部众来归，封为'驸马'，授为三等子，将部属之众成立佐领，属于白虎赖管理……于康熙九年分为两个佐领时，将部属满洲30家、蒙古10家，分与察哈尔蒙古诺门达来之子，一等侍卫和尚管理"。不过，最初的时候，真正的蒙古八旗只编有"蒙古二旗"，称为"右营"和"左营"，后又将这两个旗的人丁划归代善、济尔哈朗等所辖的满洲八旗中。皇太极时，经过三次大规模征讨察哈尔，漠南蒙古大部分归顺后，"皇太极将原属于满洲八旗之外的原有蒙古牛录再加上新来的内外喀喇沁蒙古合编成八旗蒙古"，人数约7800人。旗色官制与"八旗满洲"同。据记载，当时蒙古壮丁共有16953人，分编为11旗，其中，古鲁思辖布、俄木布楚虎尔和耿格尔、单把四人所辖的三旗就有9123人，仍然隶属于原来的满洲八旗下。

但皇太极在位时，汉军八旗的发展最快，最初时，照满洲例，汉军分为两旗，但旗纛统一为青色，后扩大为四旗，旗纛为纯青镶黄、纯青镶白、纯青镶红和纯青色，每旗设牛录章京十八人，固山额真一人，梅勒章京二人，甲喇章京四人。不过，无论是汉军一旗、二旗还是四旗时期，旗下人丁的本籍均属满洲旗分之下，当时汉军的旗色只是为了对兵种加以区分。崇德七年（1642）六月，正式组建汉军八旗，旗色与满洲八旗相同。至此，汉军才开始拥有独立的旗籍。

满蒙八旗

皇太极对此颇为满意，他说："我国出则为兵，入则为民，耕战二事，未尝偏废。"正如《八旗通志·序》上所说的："太祖……肇建八旗，以统满洲、蒙古、汉军之众。"在建立了完善的满、蒙、汉八旗后，每逢行军作战，"地广则八旗并列分八路。地狭则八旗合一而行，队伍整肃，节制严明"。譬如，皇太极曾命阿巴泰为"奉命大将军"，"率内满洲、蒙古、汉人二十四固山，各固山额真官军一半，外番蒙古兵一半往征明国。毁边关入，纵横无敌"，通燕京，下山东，克城"共八十八"，"俘人畜九十二万"。此处的"二十四固山"，即由满、蒙、汉八旗所组成。正是这24旗的建立，才使得皇太极能够在此后对大明帝国的进攻中，获得一次次的胜利……

当然了，除了建立汉军八旗之外，皇太极还重用汉官，并赐以田宅等私有财产，以优礼对待。努尔哈赤在位时曾经对后金辖内的汉人生员中所谓"通明者"全部处死，仅有三百人得免，却沦为旗下奴仆。皇太极继位后，对这些人进行考试，有200得中，他们均被豁免奴籍，恢复了自由身，并得到嘉奖。此后，皇太极再度开科取士，尽取而用之。此外，皇太极设立文馆，将汉人士子选入文馆，并予以充分的信任，文馆诸人于是也就渐渐成了皇太极身边的儒臣势力，从而逐渐呈现出与以女真贵族为核心的军功集团相抗衡的态势。当初皇太极为大汗之初，设八大臣管理国务，称八固山额真，在旗内总管一切事务，国家有事，与诸贝勒"偕坐共议"，狩猎出师，各领本旗兵行，还负有稽查责任。固山额真的设立，虽然削弱了诸贝勒的权力，加强了汗权，但政府机构还不大完善。于是在汉官宁完我的建议下，皇太极做出了"仿明国政体，正式设立六部"的决议，并以多尔衮等贝勒分管各部，"各司其事，事不留行"，而贝勒以下，每部设满、蒙、汉承政三员、参政八员、启心郎一员，只有工部省设蒙古、汉军参政六员。

此外，通过那些儒生士人的影响，皇太极决心废除三大贝勒"值月"制度。天命六年（1621），努尔哈赤命四大贝勒"按月分值"。皇太极即汗位，四去其一，其余三大贝勒仍"分月掌理"，这是一种分权制度，而如果想要加强集权统治，那就必须收回权力，于是改为由诸贝勒代行值月之事，从而使得皇太极的权力便高高在上了。此外，原来国人朝见时，皇太极与三大贝勒俱南面坐受，也改为由皇太极一人南面独坐。过去诸贝勒率大臣朝见，不论旗分，惟以年齿为序，也改变成了"按旗分，依次朝见"。

于是自皇太极掌权之后，很少发生大批汉人被杀，或汉人投毒、拦路劫杀等反抗事件，正是他对新掠取或来降的满洲、蒙古、汉人做好安置的措施，使得满汉矛盾得以缓解。史载，皇太极晚年，他的子侄们在他面前发牢骚说，太祖时诛戮汉人，而今汉人有为王者矣，有为昂邦章京者矣，而满洲宗室却有为官者，有为民者，"时势颠倒，一至于此"。

重用汉人和汉官所带来的最为显著的改变，就是使后金的经济得以发展。天聪九年（1635），皇太极废除旧有族名"诸申"（女真），定族名为"满洲"。此后，都城沈阳易名"盛京"。而诸贝勒大臣则以远人归服、国势日隆为理由，请求为皇太极上尊号，初未允。后萨哈廉让诸贝勒检讨过去，表示今后忠诚效力，皇太极答应可以考虑。然后，皇太极又以"早正尊号"征询汉官儒臣的意见，鲍承先、宁完我、范文程、罗绣锦等都表示赞成。此后，萨哈廉又召集诸贝勒各书誓词，向皇太极效忠，而"外藩"诸贝勒闻讯也请求上尊号。

于是，天聪十年四月五日，满洲诸贝勒、固山额真，蒙古八固山额真，六部大臣，外藩蒙古贝勒及满、蒙、汉王公大臣齐集。由多尔衮奉满字表、巴达礼奉蒙字表、孔有德奉汉字表各一道，率诸贝勒大臣文武各官跪于宫门，皇太极于内楼传满、蒙、汉三儒臣捧表入。于是，诸贝勒大臣行三跪九叩头礼，左右列班候旨，三儒臣捧表至御前跪读，表中盛赞皇太极的文治武功，上合天意，下顺民情，请上尊号，一切仪物，俱已完备，只待赐允。于是，皇太极决议，选择吉日四月十一日举行登基大典。届时正式祭告天地，受"宽温仁圣皇帝"尊号，建国号为"大清"，改年号为"崇德"。实际上就是改"金"国号为"大清"，天聪十年为崇德元年。祭告天地完毕，在坛前树鹄较射。

天聪十年四月十一日，皇太极接受群臣所上尊号，并授四宝，登基称帝，自此大清建立。关于将国号改为"大清"的原因，未有史料明确记载。"清"之国号，或云是金的谐音，而且满人尚青，加水字边以符合"五德之说"，用"水德"免去朱明之"火德"；还有一种观点认为"大清"这一国号并非来自汉语，而是满语中的一个蒙古借词，原意为"好战者"，故大清国的意思是"上国"或"善战之国"。

皇太极登基为帝、建立大清时，所授四宝，乃"皇帝之宝""天子之宝""敕命之宝""奉天之宝"。此外，还有一块宝玺，乃是元传国玺"制诰之宝"。关于这块玉玺的得来，其实颇有一番曲折。自从被推选成为大汗之后，皇太极在改革内政的同时，并没有放弃对大明的进攻，在即位后，处于"邦家未固"时，皇太极一方面对明廷采取议和策略，同时又屡次入关，掳掠汉地大批人畜、财物，同时为解除后顾之忧，两次出兵朝鲜、黑龙江流域，同时还对漠南蒙古发起了最后的攻势。

当初努尔哈赤逐渐统一女真各部，于赫图阿拉建立"后金"国，年号为"天命"时，曾使用过两方宝玺，其中一方为六行老满文玺，译成汉文为"天命金国汗之宝"，印文为无圈点满文楷体，而另一方则为"后金天命皇帝"印，这一点在《朝鲜李朝实录》中有所记载。据传光海君见到书信中盖有此印时，曾大吃一惊，认为努尔哈赤居然敢自称皇帝，于是命各边司迅速查清，果然如此。而在此之前，努尔哈赤在给李氏朝鲜及大明的文书上，一直钤用明朝颁发给他的"建州左卫之印"。此番另铸宝玺，显然是其公然与明朝分庭抗礼的象征。

皇太极继位后，改年号为"天聪"。他所使用的宝玺除了"天命金国汗之宝"外，还有一方四行老满文的"金国汗之印"。《满文老档》中称此宝为"金印"。随后，皇太极又通过击败林丹汗的察哈尔部，而获得了所谓的"元传国玺"。而关于这方玉玺，曾有过一段传奇的经历。相传此玺曾收藏在元朝大内，后明太祖皇帝以徐达北征，元顺帝弃都携眷，北走沙漠，同时也带走了这方玉玺。后来元顺帝在应昌府去世，宝玺从此便杳无音讯。两年后的一天，有一个牧羊人发现他所放的羊群中有一只羊连续三天不吃草，只是不停地用蹄子刨地，牧羊人感到很奇怪，便挖开这个地方，结果就发现了这枚玉玺。不久之后，此玺被元皇室后裔博硕克图汗取走。后来博硕克图汗被林丹汗击败，宝玺又到了林丹汗手中。

林丹汗是蒙古察哈尔部的大汗，也是蒙古最后一任大汗，其祖父布延薛禅汗去世后，作为布延薛禅汗长孙的林丹汗，因为其父亲莽骨速的早逝，年仅13岁继汗位。即位后的林丹汗，首先面对的问题就是蒙古诸部落的分裂及努尔哈赤的崛起这两大难题，为了巩固自己作为黄金家族后人的蒙古大汗地位，林丹汗首先在辽庆州的旧址上修建了瓦察尔图察汉城，并以此处控制着内喀尔喀巴林、扎鲁特、巴岳特、乌齐叶特、弘吉剌五部。然而，就在林丹汗刚刚开始经营蒙古的时候，努尔哈赤以其长子褚英领兵攻打女真乌拉部，由于乌拉部与科尔沁接壤，故而在不能抵挡建州兵的时候，乌拉部选择向科尔沁蒙古求援。面对后金的势力日益逼近蒙古地区，在此之前又有不断来自科尔沁、内喀尔喀部等各部王储要求防范后金的进犯，在林丹汗的同意之下，科尔沁部王储奥巴父子统帅科尔沁大军进抵乌拉部，与乌拉部联手击退了褚英的进犯。之后，叶赫部又受努尔哈赤的威胁，遂向林丹汗求援，林丹汗又命奥巴父子领科尔沁大军驰援叶赫部。此战中，努尔哈赤的爱将布扬古阵亡。之后，林丹汗又数次与后金交手。当时后金的羽翼尚未丰满，努尔哈赤不敢与大明和蒙古同时作战。于是努尔哈赤选择以通婚联姻为手段来笼络科尔沁、内喀尔喀部，同时削弱林丹汗的影响。

萨尔浒大战之前，林丹汗统治下的蒙古已经强大一时，他连年进攻明朝的辽东边界，要求市赏。而大明则希望借助林丹汗的力量牵制建州，于是同意在广宁镇与蒙古通商。很显然，在建州的威胁面前，大明与蒙古达成了统一。此后，萨尔浒大战爆发，明军一败涂地，为了能够进一步遏制努尔哈赤，大明与蒙古联合。但无论是铁岭之战，还是沈阳之战，明军与蒙古军都不占上风。

就在这个时候，蒙古内部发生了分裂，林丹汗即位后，他和蒙古众多部一样也信奉黄教，可当红教喇嘛沙尔巴呼图克图来到蒙古后，林丹汗却为其法术所打动，于是封沙尔巴呼图克图为国师，接受其灌顶。这样一来，使得林丹汗与信奉黄教的蒙古各部发生了分歧，此后一些部落开始疏远林丹汗。

皇太极登基之后，决心利用蒙古各部的这个分歧采取行动，而且他也清楚地意识到，如果要想对大明构成致命的威胁，那么就必须先解决蒙古这个后方隐患，以避免重蹈金朝的覆辙。于是，为削弱林丹汗的势力，皇太极对蒙古各部采取联姻、劝诱、征讨一系列策略，从而蚕食瓦解林丹汗所控制的各蒙古部落，而皇太极本人甚至也纳娶了科尔沁部寨桑之次女布木布泰（孝庄文皇后）为妻。在萨尔浒战役后，内喀尔喀等五部就已经背着林丹汗与后金单独媾和。此后，科尔沁的好儿趁部又归顺后金，林丹汗率军征讨时，好儿趁向后金求援并与后金军联兵击退林丹汗。

皇太极的精心引诱以及林丹汗为急于统一蒙古而对其他各部动辄以武力相逼，使得短短的三年时间，察哈尔部外围的那些部落纷纷弃林丹汗而投往后金。在瓦解林丹汗统辖各部的策略得手之后，皇太极曾试图以那些归降的蒙古旧部劝说林丹汗归降，但被林丹汗所拒绝。于是皇太极以劝降使臣被察哈尔的多罗特部杀害为理由，亲率大军征讨察哈尔，此战役击败了林丹汗所辖的多罗特部，俘获万余人。此后他又于沈阳会盟归附的蒙古诸部，这次会盟就是为了征讨林丹汗的察哈尔部，于是归顺后金的敖汉部、奈曼部、内喀尔喀部、喀喇沁部以及科尔沁蒙古各部与后金军组成了满蒙联军，再次出兵察哈尔。此战，皇太极亲率大军攻入察哈尔的锡尔哈锡伯图等地，俘获众多人畜，只因科尔沁部的奥巴有意放纵，林丹汗与其弟及其他部下才得以逃脱。

此后又有阿鲁科尔沁部、四子部落、阿鲁伊苏特部、噶尔玛伊勒登等部相继归降皇太极，使得林丹汗愈发势孤。后金天聪六年（1632）三月，皇太极决定对林丹汗进行第三次，也是最后一次决定性的征战，这次出征加上归降后金的蒙古各部落总兵力为十万之众。四月，皇太极率大军越过兴安岭。在皇太极的大军压境之下，林丹汗撤退到漠北的喀尔喀部，然而，喀尔喀部不愿接纳他。在皇太极的追击之下，林丹汗只得带着十万余众向西逃遁，渡黄河，抵鄂尔多斯。

林丹汗在西逃途中，丢人弃马，其部下有数万人马被皇太极的追兵所收拢。最后，林丹汗只得来到甘肃境内的大草滩一带安营扎寨，休养生息，以图东山再起。然而，没等他东山再起，由于常年的戎马征战极大地损害了他的健康，两年后，林丹汗就因病而死。其死后，其子额哲率部撤回到鄂尔多斯。在得知林丹汗病故的消息后，皇太极于天聪九年（1635）四月，派多尔衮等人率军前往鄂尔多斯寻找额哲，并于当年四月找到了他。皇太极将察哈尔置于义州，分设左右翼察哈尔八旗，封林丹汗之子额哲为亲王，并以自己之女许嫁额哲。次年三月，漠南蒙古16部49位王爷会聚沈阳，承认皇太极为汗，为其上尊号博格达汗。至此，漠南蒙古各部为后金所有。

也就在天聪九年，多尔衮等率军前来察哈尔时，获得了这方所谓的

"元传国玺"。据说多尔衮西征察哈尔，得知玉玺在苏泰太后手里，便强行索取。据史书记载，此玺刻文汉篆"制诰之宝"四字，璠玙为质，蛟龙为钮。皇太极闻听获得"元传国玺"之后，大喜，以至于当多尔衮得胜班师回朝时，皇太极破例出行百里之外，到辽河以西的阳石木迎接，并举行了隆重的接宝仪式。

很显然，获得"元传国玺"，为皇太极立国称帝提供了契机。因为相传"传国玺"始于秦，始皇帝用"和氏璧"镌制宝玺，玺由丞相李斯以大篆书之，王孙寿刻制，字体呈"鱼龙凤鸟之状"。玺文曰："受命于天，既寿永昌。"后汉高祖皇帝兴兵攻入秦都咸阳时，从秦王子婴手中得到。从此，历代帝王皆以得此玺为符应，奉若奇珍，国之重器也，所谓得之则象征其"受命于天"，失之则表现其"气数已尽"。也由此，在欲谋大宝之辈你争我夺下，该传国玉玺屡易其主。

西汉末年，王莽篡位，"传国玺"被他窃取。此后，传国玺归东汉光武皇帝，三国时，"传国玺"被曹操据有，此后天下归晋，"传国玺"落入司马氏手中。历经南北朝之动乱，"传国玺"为隋文帝所得，隋亡，萧后携隋炀帝孙杨政道带传国玺遁入漠北突厥。贞观四年，李靖率军讨伐突厥，俘萧后与隋炀帝孙杨政道，传国玺归于李唐。延数百年，至唐末，天下大乱，群雄四起，天佑四年，朱全忠废唐哀帝，夺传国玺，建后梁。十六年后，李存勖灭后梁，建后唐，传国玺转归后唐。又十三年后，石敬瑭引契丹军至洛阳，潞王李从珂怀抱传国玺登宣武楼自焚，传国玺就此失踪……

虽然汉"传国玺"消失，然而，此后的许多朝代都有所谓"传国玺"出现，诸如，后晋高祖石敬瑭于天福三年"敕制皇帝受命宝"，此宝后归入契丹，辽代末年传至耶律延禧，金辽交战时，被延禧丢失于桑干河……宋绍圣三年，咸阳农民段义耕地得宝玺，玺"色绿如兰，温润而泽"，玺文与李斯篆体合，饰以龙凤鱼鸟……此外宋嘉定十四年又得玉玺，其文曰"受命于天，既寿永昌"……又有至元三十一年御史崔中丞得玉玺于故臣之家……而此番，皇太极从林丹汗手中所得"传国玺"确有其事、其物，只不过，皇太极获得的"传国玺"争议颇大，有人称其是秦始皇的"传国玺"，也有人称它是后晋石敬瑭制的伪玺。但不管怎么样，皇太极极力夸大获得这个"制诰之宝"的目的，无非出于政治需要。

皇太极得到这枚传国玺后，遂在敕谕上钤用此宝，颁行满、汉、蒙古，用以说明"天命攸归"，同时将此玺的印样向朝鲜等国颁示，并在盛京八门张贴同样内容的文告，以此笼络人心，从而形成了"天下一心"的局面，继而在满汉王臣及蒙古各部的一致拥戴下，接受"宽温仁圣皇帝"的尊号，改国号"大金"为"大清"，改年号为"崇德"。

此后，皇太极又率军亲自征讨不服从后金统治的朝鲜，试图迫使朝鲜向其臣服，削弱大明的势力，以便自己能够专心进攻明朝，最终入主中原、一统天下。

当初萨尔浒大战时，李氏朝鲜也发兵1万兵马至富察之野协助。此后光海君畏惧后金的实力，试图保持在大明、后金之间的中立，可其"不背明，不怒金"的政策却惹来了群臣反对。天启三年，在国王左右任事的绫阳君李倧发动政变，逆反之众从东北入汉阳城，城中的训练都监竟倒戈相向，以至于政变兵不血刃便达成。次日，绫阳君即位于庆云宫之别堂，是为仁祖。对于光海君的处置，仁祖以宣祖的继妃"仁穆大妃"的名义颁布懿旨，从而将自己的叔父冠以"戕兄杀弟""幽废嫡母""忘恩背德""输款奴夷"等罪名废黜，继而用石灰烧瞎其双目，贬为庶人，流放于江华岛。

"仁祖反正"后，朝鲜开始奉行反后金亲明的政策，停止了与后金的贸易，次年副元帅李适发动兵变。史载，李适本贯固城李氏，是兵曹参判李陆的后裔。宣祖在位期间，曾任明川县监，因其熟知女真之事、有将才，得以出任刑曹佐郎。后充泰安郡守，又调镜城判官。当时建州女真频频骚扰朝鲜边境，于是李适率兵防御，并因功而出任永兴府使、济州牧使、咸镜道兵马节度使。仁祖反正后，李适受到了仁祖的倚重，录为二等靖社功臣。最早，仁祖没有派他前往北方边境，而是任命他为都城的左捕盗大将。但此时以李贵、金鎏等人为首的西人党开始排挤李适。大将李贵弹劾李适纵容属下多次以稽查盗贼为名，闯入大臣的住宅，执辱大臣毁家夺财。于是，当北方边境传来后金即将入侵的消息时，仁祖便派副元帅李适前去北方边境防御。西人党便制造事件，诬陷李适、郑仁荣、柳庆宗等谋反。在左赞成李贵的谗言下，仁祖将李适的儿子李栴下狱。得知此事后，李适便杀禁府都事高德祥和沈大临、宣传官金芝秀、中使金天霖等人举兵叛乱。慌乱之下，仁祖向大明东江总兵毛文龙

明军

求援。而毛文龙也迅速遣游击王辅点兵于蛇浦，支援仁祖，可结果李适还是攻入汉阳，并拥立兴安君李瑅为王，但不久叛乱就被都元帅张晚率兵平灭。

而与李适共同叛乱的韩润、郑梅等则侥幸脱身，逃往后金，这些朝鲜人纷纷劝说努尔哈赤讨伐朝鲜，以削减大明羽翼。最初的时候，努尔哈赤是考虑南下进攻朝鲜的，但由于代善等人的反对才没有实施。皇太极称汗之后，于天聪元年（1627）正月，便遣阿敏、济尔哈朗、阿济格、岳讬、硕讬等将，领3万大军，以姜弘立、韩润、郑梅、李英芳、朴兰英、吴信男等八名朝鲜将领为先导，大举南下。

后金军先渡鸭绿江，击败毛文龙所部明军于铁山，迫使毛文龙败退皮岛，随后于十三日包围义州，正式入侵李氏朝鲜。次日，后金军包围凌汉山城，迫近宣州、定州，威胁安州。后金派出使者劝降朝鲜守将，凌汉山城大将金搢、宣川府使奇协、郭山郡守朴惟健等皆将后金来使斩首，表示绝不投降，并驰报汉阳。

仁祖直到十七日才得到后金入侵的奏报，而此时后金兵已于十六日攻克义州，并包围安州，而且安州也将要沦陷。于是慌乱之下，仁祖下令启用张晚为都体察使，与金起宗率军北上，同时派畿甸之军前往海西支援，又以李时白率军防御汉阳，同时还派李曙守南汉山城、以申景禛守临津、以金自点守江都，并将户曹杂物和版籍全部运往江都，以便于战事不利时，能够迅速迁都。此外又派金完率海西别胜军前往支援。

二十一日，后金兵攻破凌汉山城、定州、郭山等地，大将定州牧使金搢、郭山郡守朴惟健被俘，宣川府使奇协则不屈而死。由于后金兵强迫被俘者剃发易服，故而遭到众多朝鲜人的拒绝，因此后金兵实施了血腥的屠城，死难军民数万人，焚毁粮草百余万。平安兵使南以兴得报后，遣人遗书于姜弘立、朴兰英，希望能够合议。

接连的败报传到汉阳，一时间人心惶惶，于是仁祖派壬辰倭乱时的老将李元翼前去南方征募壮士，以扩军备战，同时收拾人心。二十二日，阿敏派人献书，要求和谈。但仁祖却命令张晚回书拒绝，声称誓死不从城下之盟，并向大明帝国讨求救兵。这种情况下，二十四日，后金兵在郑梅的引导下渡过青泉江，围攻安州。后金兵至平壤，平壤守军不战而溃。平壤以东诸城全无士气，张晚、金起宗飞书驰报。而黄州、平州兵器极其缺乏，仁祖遣申景瑗进救黄州、平州。后金兵至肃川城下，城中守军溃散，守将平安监司尹暄率军官四十余人逃往中和。仁祖急催忠清、全罗两道水军北上增援。

二十五日，安州陷，守城的平安兵使南以兴率诸将聚集中军大营，引燃火药自焚而死。而大明派来的援兵也在此战中损失惨重，都司王三桂阵亡。同日，后金骑兵长驱直入，渡大同江，直抵中和。黄州兵使丁好恕率千余人弃城而走，逃往蒜山。为了稳定军心，仁祖下令将平安监司尹暄斩首，以黄州兵使丁好恕戴罪立功。此后，阿敏以平壤为后金中军的大本营，派先锋往黄州。由于申景瑗所率的援军夜惊溃散，故而平山成为一座毫无防守之力的城池。

由于后金铁骑逼近王京汉阳，一时间，朝鲜国中震恐，虽然仁祖多次遣使求和，但皆被后金置之不理，故而仁祖留金尚容守汉阳，自己以戎装南巡的名义逃往露梁，随后沿着阳川、金浦、通津，逃往江华岛。当得知平山、开城遭到后金兵的屠城之后，仁祖决定将都中所有民众一起迁往江华岛避难。又命南方新征得的三道精兵防卫江华岛，又派李曙将粮草辎重送往江华岛。

然而就在此时，皇太极与诸贝勒担忧大明和蒙古诸部会趁机袭击后

李氏朝鲜人

金，遂命阿敏同朝鲜议和。于是阿敏驻军平山，遣使向朝鲜提出议和。正月二十九日，后金将遣使议和的消息传到江华岛，虽然朝鲜许多大臣不愿与后金议和，但仁祖力排众议，决定亲自接见来使。于是，权琜亦持朝鲜求和国书前往中和，阿敏大喜，将驻屯中和的大军调回平壤。

二月二日，阿敏、济尔哈朗遣使赴江华岛，正式向朝鲜递交要求议和文书。据史料记载，由于议和文书为"大金国二王子，答书于朝鲜国王。两国和好，共言美事。贵国实心要和，不必仍事南朝，绝其交往，而我国为兄，贵国为弟。若南朝嗔怒，有我邻国相近，何惧之有？果如此议，我两国告天誓盟，永为兄弟之国，共享太平。事完之后，赏格在贵国裁处，可差担当国事大臣，速决完事。不然，途道往返，羁迟不便，毋视我为不信也"，故而使得这次和议事实上根本没有能够进行下去，因为无论是仁祖，还是李氏朝鲜的普通官员都不会接受此文书中与明朝断交的要求，在权衡一番之后，仁祖将后金使者留在江华岛，遣晋昌君姜绹前往阿敏军中投递求和文书，同时加强南汉山城的防卫，还派兵增援张晚所部。

由于后金使者未归，故而阿敏怀疑朝鲜不想议和。七日，阿敏遣使赴江华岛，诘问朝鲜继续派兵的意图，以及国书继续使用天启年号的缘由，威胁将不退兵。于是双方一直僵持达一个月之久。直到二月十四日，朝鲜仁祖派原昌君李玖献马百匹、虎豹皮百张、绵绸苎布四百疋、布万有五千赴后金军中，以示愿意谈判，双方才重新开始和谈。二月二十八日，后金使者刘兴祚、巴克什库尔缠至江华岛。三月三日，朝鲜仁祖与后金使者刘兴祚等人在江华岛宣读誓文，正式和好。

据史料记载，朝鲜方面的誓文为：

"朝鲜国王，以今丁卯年某月日，与金国立誓。我两国已讲定和好，今后各遵约誓，各守封疆，毋争竞细故、非理征求。若我国，与金国计仇，违背和好，兴兵侵伐，则亦皇天降灾；若金国仍起不良之心，违背和好，兴兵侵伐，则亦皇天降祸。两国君臣，各守信心，共享太平。皇天、后土，岳渎神祇，监听此誓。朝鲜国三国老、六尚书某等，今与大金国八大臣南木太、大儿汉、何世兔、孤山太、托不害、且二革、康都里、薄二计等，宰白马、乌牛，立誓。今后同心同意，若与金国计仇，存一毫不善之心，如此血出、骨暴；若金国大臣仍起不良之心，亦血出、骨白，现天就死。二国大臣，各行公道，毫无欺罔。欢饮此酒，乐食此肉，皇天保佑，获福万万。"

而后金方面的誓文为：

"朝鲜国王，今与大金国二王子立誓。两国已讲和美，今后同心合意。若与金国计仇，整理兵马，新建城堡，存心不善，皇天降祸；若二王子仍起不良之心，亦皇天降祸。若两国二王，同心同德，公道偕处，皇天保佑，获福万万。"

此后，双方约定后金为兄国、朝鲜为弟国，双方订立兄弟国的盟约，而朝鲜停止使用大明帝国的天启年号，同时遣王子李玖赴后金为人质。后金、朝鲜互不侵犯对方疆土。

但由于交涉期间，阿敏贪图平壤城的财宝，有意占据朝鲜之地自立为王，故而多次故意不承认和约，并纵军在平壤掠夺数日。李玖只好再次与阿敏盟于平壤城。而在得知和议对后金有利而阿敏又有野心的情况下，皇太极当即要求从朝鲜撤军。此后，后金大军开始撤回，仅留3000人马驻守义州。九月，在朝鲜仁祖的再三请求下，后金从义州全部撤军，释放李玖及朝鲜俘虏，双方定议春秋输岁币、互市。

此番后金大军入侵朝鲜的战争因发生在丁卯年，故而得名"丁卯战争"，又称"丁卯胡乱"。不过这次入侵之后，朝鲜被迫与后金议和，与后金结盟，但仍旧保持着与明朝的关系。天聪二年（1628），朝鲜依据与后金的协议，开市于中江。同年，皇太极企图进攻大明帝国，向朝鲜征调兵船。朝鲜仁祖故意拖延三日后才接见后金的使臣，并对他说："明国犹吾父也。助人攻吾父之国，可乎？船殆不可藉也。"此举显然让皇太极很是不满。天聪六年（1632），皇太极派巴都礼、察哈喇等人前往朝鲜颁定贡额。仁祖仅同意贡献贡额的十分之一，推托说金银、牛角不是朝鲜的特产，拒绝献出。皇太极大为恼火，于次年致书仁祖，责其减岁币额，并窃参畜、匿逃人之罪，欲罢遣使，专互市。朝鲜索性拒绝同后金在会宁城的互市。此后又多次拒绝互市，并在京畿、黄海、平安三道加筑白马等12城，以加强对后金的防备。

天聪九年（1635），皇太极攻察哈尔，林丹汗之子额哲献传国玉玺投降。各贝勒与蒙古王公皆建议皇太极称帝。皇太极遣英俄尔岱告知朝鲜。朝鲜群臣皆言不可，于是朝鲜仁祖将英俄尔岱囚禁在议政府。结果英俄尔岱等人夺民间之马，破门北逃。仁祖派人追击，宣布不承认"丁卯胡乱"后的城下之盟。英俄尔岱逃回后金，于是皇太极便有遣兵入朝征讨之意。

次年，皇太极称帝，改国号为大清。时朝鲜春信使罗德宪、回答使李廓正在盛京，虽然二人参加了登基大典，但却坚持认为明朝是朝鲜的宗主国，并拒绝向皇太极行三跪九叩之礼。这使皇太极非常愤怒，于是同年十一月，皇太极以朝鲜违背盟约为由，准备入侵朝鲜。此番皇太极先遣回朝鲜使臣李廓，通报仁祖，随后于腊月二日，派济尔哈朗守盛京，阿济格、阿巴泰守辽河入海口以遏明军，皇太极亲自率领清军12万入侵朝鲜。大军以多尔衮、豪格分统左翼满洲、蒙古兵，从宽甸入长山口，又以户部承政马福塔、英俄尔岱等率兵300人，装扮成商人，突袭朝鲜王都汉阳城，同时多铎、岳讬等人率数千兵马接应，而皇太极与代善率其他各路军马缓缓南下。

腊月十日，清军主力迅速渡镇江。十二日，兵至郭山城。面对清军滚滚铁流，定州、安州尽皆投降，只有义州府尹林庆业死守白马山城抗击清军，使得清军始终无法攻陷义州。就在坚守义州的同时，林庆业还向都元帅金自点、副元帅申景瑗请求增援，但金自点等人却未派兵前往增援。

腊月十三日，朝鲜仁祖得到清军入侵的消息时，都元帅金自点已经派人向仁祖告急，奏称清军攻至安州。仁祖大惊，在令沈器远负责王京汉阳防卫的同时，还命老弱之臣尽皆前往江华岛避难。史载，京畿之内"上下惶惶，罔知所为，都城士大夫，扶老携幼，哭声载路"。翌日，仁祖得知清军已过松都的消息，派人将宫眷、神主、王族迁往江华岛，自己则退往南汉山城。

由于仁祖车驾过崇礼门时，马福塔所率的300众突然出现在城外，于是仁祖只得一面令申景禛率兵出城防御，一面派崔鸣吉前去劳军，以拖延时间。就在马福塔要求仁祖派一名王弟、一名大臣为人质，方才同意和谈时，仁祖已经出逃汉阳，并于当夜逃到南汉山城。翌日，仁祖听从金瑬的建议，准备逃到江华岛去，但由于暴雪大降、路途难行，只得固守南汉山城。

此后，仁祖遣绫峰守李偁称“王弟”，以判书沈諿加大臣衔出使清军求和。皇太极斥责朝鲜在丁卯年派出假王子为人质，又诘问沈諿，李偁是否是假王弟，沈諿不能答，虽然投靠清人的朴兰英坚称李偁是真王弟，但皇太极还是大怒，并杀之，继而驱逐朝鲜使者，要求朝鲜送王世子李溰为人质，否则大军当继续南下。

此后，仁祖亲自登上南汉山城城楼，以鼓舞士气、笼络人心，又赦免都元帅金自点、副元帅申景瑗、平安兵使柳琳、义州府尹林庆业互相倾轧之罪，谕以急速进兵抗敌。又发檄各道，要求入兵增援。就在仁祖和群臣都对主战还是主和莫衷一是的时候。十九日，清军已经到达南汉山城下。于是崔鸣吉等主和派建议与大清和谈，但面对大清要求送出世子方可议和的条件时，朝鲜上下还是难以接受。

腊月二十日，皇太极率清军主力至松都，又遣使劝降。仁祖拒绝，并召都元帅金自点、副元帅申景瑗率军回援，令各地兵马前来勤王，又令金庆征前去南部三道召集水师，准备与清军决战。二十四日，南汉山城内开始出现粮草不足的情况。朝鲜各处守军见仁祖被围，纷纷前来勤王。但公清兵使李义培畏惧清军，驻扎竹山不进兵，而江原道营将权井吉领兵到俭丹山，遭清兵击败。此外，公清监司郑世规领兵在险川，依山布阵，遭清兵击败，全军覆没，郑世规本人仅以身免。

二十七日，皇太极率清军主力至临津江北岸，此时南汉山城几乎断绝了外界的音信。次日，因留都大将沈器远送来击退清军进攻的消息，故而体察使金瑬派兵出北门而战，结果遭到清兵的偷袭，大败。此后，都元帅金自点、副元帅申景瑗在黄海道的洞仙击败清兵，庆尚兵使闵栐亦率兵至忠州水桥。一时间，局面陷入僵局。

但短短两天之后，崇德二年（1637）正月初一，皇太极趁江面结冰之际渡江攻汉阳，慌乱之下，沈器远弃城退驻光陵。而此时多铎也率部攻破平壤，并与皇太极会师。此后皇太极率兵驻扎炭川，俯瞰南汉山城。

仁祖听从吏曹判书崔鸣吉的建议，派洪瑞凤、金荩国、李景稷等前去求和。虽然朝鲜请和书中写有"朝鲜国王谨上言于大清宽温仁圣皇帝：小邦获戾大国，自速兵祸，栖身孤城，危迫朝夕……如念蒙丁卯誓天之约，恤小邦生灵之命，容令小邦改图自新，则小邦之洗心从事，自今始矣。必欲穷兵，小邦理穷势极，以死自期而已"云云，但包围南汉山城的清军还是伐木列栅，绕城驻守，使得山城内粮草断绝，不得不杀马充饥。

正月四日，满清大军渡汉江，驻屯汉阳东20里江岸。由于此时朝鲜各道的勤王之军陆续赶来，故而双方接连展开厮杀。七日，清兵击败全罗监司李时昉部，此后南兵使徐佑申、咸镜监司闵圣徽合兵，屯兵杨根、薇原，号称2.3万，但却不敢前进，平安道别将领800余骑至安峡，也只能远观，庆尚左兵使许完领兵到双岭，未及交锋，就军败而死，右兵使闵枟率军进击，最终力战良久，亦败死，而忠清监司郑世规进兵龙仁、险川，亦战败，此外平安道观察使洪命耇，与清兵大战于金化，兵败阵亡。

就在朝鲜勤王大军接连遭到重创的同时，多尔衮、豪格统帅的左翼军由长山口克昌州城，败安州、黄州兵500，宁边城兵1000，截杀援兵一万五，并在七日与皇太极会师。此后贝勒杜度率兵送来大炮，清兵合力围攻南汉山城。十三日，仁祖遣洪瑞凤、崔鸣吉、尹晖等出城议和，遭到拒绝。十九日，再遣李弘胄、崔鸣吉、尹晖求和。

二十日，仁祖正式决定向清朝称臣，翌日，遣李弘胄出使清营，献书投降。但皇太极要求仁祖下城亲自投降，此外清军还在望月峰上升白旗书招降二字，又致书仁祖，令其出城投降。仁祖则复书"重围未解，帝怒方盛"，所以不能出城请降，又说"古人有城上拜天子者，盖以礼有不可废，而兵威亦可怕也……"

就在仁祖坚决不出城时，二十二日，皇太极遣多尔衮袭破江华岛，俘房朝鲜王妃、王子、宗室、群臣家属等众，江华岛沦陷之时，前右议政金尚容、前右承旨洪命亨、司仆寺主簿宋时荣、前司宪府掌令李时稷等人不愿成为清兵的俘房，自杀身亡。

此后，皇太极再次要求朝鲜仁祖亲自出城投降，并威胁若是不从，城破之后便要屠城，这种情况下，世子主动要求出城做人质，并称："泰

八旗狂飙

山既垂于鸟卵之上，国步谁措于磐石之坚，事已急矣！予既有弟二人，又有一子，亦可奉宗社。予虽死于贼，尚何憾焉？"

二十三日，仁祖决定送世子李澄代他出城投降，称"予为宗社、生灵，出不得已之计矣……渠为父出去，不害于义理，而人子之至情也"。但英俄尔岱传谕，必须要仁祖亲自出城，并威胁说皇帝此时准备回到盛京去，若不答应就不要再求和了。

就在双方僵持期间，清兵又发动了几次进攻，希望通过攻城来迫使朝鲜投降。仁祖只得在二十七日答应了这个要求。次日，皇太极同意了仁祖的求和，并要求他亲自出城，同时提出"三田渡盟约"，要求朝鲜以"长子及再一子为质"。

二十九日，仁祖先缚斥和派人物弘文馆校理尹集、修撰吴达济及台谏官洪翼汉献清军。次日，仁祖与王世子李澄率侍从50余人，穿青衣亲自出城，群臣哭送于西门。史载，朝鲜仁祖出城时，英俄尔岱和马福塔已率军在城外迎接。朝鲜军民看见仁祖随清军离去，误以为清军要把仁祖绑架到盛京，尽皆痛哭失声。此后，仁祖随清军徒步前往汉江东岸的三田浦清营，与皇太极会面，拜见皇太极，伏地请罪。皇太极降旨赦之。双方筑坛盟誓，朝鲜去除明朝的年号，缴纳明朝所赐诰命敕印，奉清朝正朔，定时贡献，并送质子二人。此即为历史上著名的"丁丑下城"。

此后，双方和议，并签订协议，根据协议，朝鲜国王接受清朝的册封，朝鲜断绝与原宗主国明朝的关系，成为大清的藩属国，朝鲜使用的年号由大明年号改为大清年号。此外，朝鲜仁祖以其长子李澄、次子李淏赴奉天做人质，以及朝鲜应向清朝朝贡，每年黄金百两、白银千两、水牛角200对、貂皮百张、鹿皮百张、茶叶千包、水獭皮400张、青黍皮300张、胡椒10斗、腰刀26口、顺刀20口、苏木200斤、大纸千卷、小纸千500卷、五爪龙席4领、花席40领、白苎布200疋、绵绸2000疋、细麻布400疋、细布1万疋、布4000疋、米1万包。

在议和文书中，还明确规定，如果清军攻打皮岛，朝鲜则应该出兵船50艘及其他兵马以助之。

此后，在朝鲜表示归附了大清之后，皇太极随即撤军归国。不过在撤军归国时，皇太极要求朝鲜建立一座功德碑，以颂扬大清皇帝的功绩。在满清的压力下，仁祖被迫同意了，大清皇帝功德碑于崇德四年（1639）

竖立于当年皇太极受降的三田渡地区。此碑的碑文用满文、蒙古文和文言汉文写成，正面为满文和蒙古文，背面为汉文，其内容大致相同。此后，每当清朝敕使到达朝鲜，都会前往三田渡，拜谒大清皇帝功德碑。

这场被称作"丙子虏乱"的灾难中，清军渡江后，扬野战之长，舍坚城而不攻，长驱而南，仅仅12天便抵达朝鲜王京城下，数十万朝鲜人被押回盛京，此外"斥和反满"的洪翼汉、尹集、吴达济三大臣也被清军索要，押赴盛京处死，枭首示众。

不过，"丙子虏乱"后，朝鲜虽然战败归降，但心里并没有服气，甚至对大清产生了很深的仇恨。李朝上下皆视清朝为犬羊夷狄，私下称清帝为"胡皇"，称清使为"虏使"。除对清朝的公文贺表之外，一切内部公文，包括王陵、宗庙、文庙祭享祝文，仍用大明年号。此后，仁祖还建议与日本德川幕府联合，以"假道朝鲜，出送援兵"，光复大明。后来的显宗更是声称："群臣皆欲予勿治兵，而予固不听者，天时人事，不知何日是好机会来时。故欲养精兵十万，爱恤如子，皆为敢死之卒，然后待其有衅，出其不意，直抵关外，则中原义士豪杰，岂无响应者！盖直抵关外，有不甚难者。虏不事武备，辽沈千里，了无操弓骑马者，似当如入无人之境矣。且以天意揣之，我国岁币，虏皆置之辽沈，天意似欲使还为我国用矣。且我国被掳人，不知其几万，亦岂无内应者耶？今日事，惟患其不为而已，不患其难成。"又有"以大志举大事，岂可保其万全也。大义则明，则覆亡何愧，益有光举于天下万世也。且天意有在，予以为似无覆亡之虞也"。更为激烈的还是朝鲜孝宗李淏，其甚至精心准备了北伐计划。

天启六年（1626），七岁的李淏被封为凤林大君，此后的丙子胡乱，他和哥哥昭显世子李澄、弟弟麟坪大君李濬等数十万朝鲜人被清军掳到盛京。清军入关之后，摄政王多尔衮在北京紫禁城武英殿召见昭显世子和凤林大君，说"未得北京以前，两国不无疑阻。今则大事已定，彼此一以诚信相孚。且世子以东国储君，不可久居于此，今宜永还本国。凤林大君则姑留与麟坪大君相替往来"，宣布减少朝鲜的岁贡币物。但这并没有获得朝鲜人的好感，此后昭显世子等返回汉城，随行清使勒令朝鲜仁祖李倧出城迎接。由于父迎子不合儒教礼法，且此举是承认大清敕使代表天子，所以朝鲜两班士大夫很是不满。回国后不久，昭显世子

162

暴毙于昌庆宫欢庆殿，因死状是"举体尽黑，七窍皆出鲜血"，故而疑似被宫人在饵饼中下毒，可面对这个疑案，仁祖李倧居然上报大清其是"病亡"，于是凤林大君回到汉城。此后，大清册封李淏为朝鲜世子。仁祖大王死后，李淏即位于昌德宫之仁政门，是为孝宗。

或许是在盛京为人质时受气的缘故，孝宗对清朝十分蔑视，坚信古训曰"胡人无百年之运"，依然向明朝表示尊崇。而他手下的那群两班士大夫也认为"我朝三百年来，服事大明，其情其义，固不暇言。而神宗皇帝再造之恩，自开辟以来，亦未闻于载籍者。宣祖大王所谓义则君臣，恩犹父子，实是真诚痛切语也"，故而从孝宗则以光复大明天下为己任，遂倡议北伐。

为了挥兵北伐清朝，孝宗起用西人党的宋时烈，此外在非正式场合中，清朝的年号皆被弃而不用，而使用崇祯的年号。他还积极扩军备战，都城御营厅军由七千人增加到两万多人。禁军由六百名增加到一千名，全部改编为骑兵。此外御营厅增加大炮，还计划将守卫汉城的训练都监军增加一万名，御营厅军增加两万名，但由于财政困难，其实很难实现，于是孝宗加快实施朝鲜宣祖时开始的大同法。大同法将贡物统一为米谷，该制度能够加快朝鲜国内贸易的兴起和商品经济的发展，在大力主张推行大同法的同时，还对土地征收附加税。此外，对所有男子，甚至和尚，都要纳税以换取免服兵役。

不过，仅仅依靠自己的力量还不够，于是孝宗向清廷奏报"日本近以密书示通事，情形可畏，请筑城训练为守御计"，以防御日本为由扩军备战。结果大清派遣密使前往朝鲜核实情况，查明朝鲜与日本素和好，奏折不实，而且孝宗打算联合日本江户幕府，以攻打清朝北伐的企图也被曝出来，于是顺治帝下诏斥责朝鲜国王，罢其用事大臣，为六使诘责事件。此后，孝宗死于昌德宫大造殿，这一北伐计划也就自然未能实施。

据史料记载，朝鲜一直以来，都对大清鄙视仇恨，虽然恪守藩属朝贡制度，但却一直遥思大明。康熙四十三年，朝鲜肃宗曾自宜春门诣禁苑坛，以太牢祭祀崇祯帝。又命汉城府在后苑春塘台设"大报坛"，祭祀明神宗。所谓"大报"出于《礼记》，是郊天之义，且兼有报德之意。甚至在乾隆十四年，朝鲜还以明太祖、神宗、思宗并享大报坛，并于三帝即位、忌辰日行望拜礼。这种祭祀活动每年进行，直到李氏朝鲜末年。

在平定了蒙古、朝鲜之后，皇太极开始全力以赴地对付大明，而他的首要目标就是镇守辽东的袁崇焕。

天启六年（1626）三月，袁崇焕因功升至辽东巡抚，负责辽东及山海关等地的防御，并开始经营关宁锦防线。史载，袁崇焕起初辞赏，后熹宗坚持原意，方才为巡抚。然而，魏忠贤见其地位上升，于是派遣其亲信太监刘应坤、纪用到宁远监军。袁崇焕上疏反对，但不被采纳。后朝廷为安抚袁崇焕，提升其为兵部右侍郎，并赏银币，子孙世袭锦衣千户。在此时，他的麾下却是矛盾重重，因满桂认为在宁远之战中，赵率教未能派兵来援，故而与赵率教发生矛盾，两人互相指责，因赵率教是自己的心腹，故而袁崇焕与满桂之间也产生激烈冲突。因袁崇焕上奏请求遣其镇守其他城镇，故而满桂被召还北京。虽然当时经略王之臣极力反对，并请求朝廷命其镇守山海关，但朝廷为了缓和各方矛盾，还是命令王之臣专守关内，而关外兵马将领皆由袁崇焕派遣。之后袁崇焕自悔，请求朝廷依照王之臣建言。满桂遂被调遣镇守山海关，并持尚方宝剑，统领关内外部分大军。

此后，基于对廷臣诽谤的担心，袁崇焕上了一道奏章，提出了自己守辽的基本战略。其主张：用辽人守辽土，屯田辽土以给养大军，从而减少海运，此外以守为主，等待机会再行出击。此奏折得到熹宗的嘉许。此外，袁崇焕还上奏进言称明军不善于野战，只能凭借城池固守和火炮实施防御，并要求增派四万人马去修筑松山城等防御设施。此奏也得到了熹宗的批准。

于是这年冬天，袁崇焕率领赵率教以及两名特务太监刘应坤、纪用，兴办防御工事及屯田，逐渐修复高第此前放弃的辽西土地。事后，袁崇焕上奏称赞这两太监的功劳，从而使得魏忠贤、刘应坤、纪用三人都得到了封赏。由此，袁崇焕与魏忠贤之间关系颇为紧密，天启六年十月，袁崇焕疏颂魏忠贤，后又为魏忠贤请立生祠，这也使得他为东林党人所不齿。

就在天启六年时，北京发生了"王恭厂大爆炸"事件，这次事件亦称天启大爆炸、京师大爆炸、王恭厂灾、明末北京奇灾。天启六年五月初六，端午节次日巳时（上午9时），位于北京西南隅的王恭厂火药库附

164

近区域发生了离奇爆炸事件。史载"京城中即不被害者，屋宇无不震裂，狂奔肆行之状，举国如狂，象房倾圮，象俱逸出。遥室云气，有如乱丝者，有五色者，有如灵芝黑色者，冲天而起，经时方散"。又及，"两万多居民非死即伤，断臂者、折足者、破头者无数，尸骸遍地，秽气熏天，一片狼藉，惨不忍睹"。一时间人畜、树木、砖石突然腾空而起，不知去向。爆炸力之大，乃至炸飞的"大木远落密云"。

而根据《天变邸抄》的描述，则为"天启丙寅五月初六巳时，天色皎洁，忽有声如吼，从东北方渐至京城西南角，灰气涌起，屋宇动荡。须臾，大震一声，天崩地塌，昏黑如夜，万室平沉。东自顺城门大街，北至刑部街，西及平则门南，长三四里，周围十三里，尽为齑粉。屋数万间，人二万余，王恭厂一带糜烂尤甚。僵尸重叠，秽气熏天；瓦砾盈空而下，无从辨别街道门户"。而震声南至河西务，东至通州，北至密云、昌平，其至远距京城数百里的遵化、宣化、大同、山西广灵县及天津等地都发生剧烈震动。

爆炸力之大，乃至炸飞的"大木远落密云"，石驸马大街上有一个五千斤重的大石狮竟被掷出顺成门外，其后，"木、石、人复自天雨而下，屋以千数，人以百数"。在爆炸中，"所伤男妇俱赤体，寸丝不挂，不知何故"，而且"死者皆裸"。事后，有人入京报告，西安门附近落下铁渣滓，衣物飘至西山上或东北郊，高挂树梢，昌平的州教场中，衣物、银钱、首饰、器皿也零散一地。爆炸中心却"不焚寸木，无焚烧之迹"。

官员薛风翔、房壮丽、吴中伟等人的大轿被打坏，伤者甚众，工部尚书董可威双臂折断，御史何廷枢、潘云翼在家中被震死，两家老小"覆入土中"，宣府杨总兵一行连人带马并长班关七人不见踪影。承恩寺街上行走的轿子，事后被打坏在街心，女客和轿夫都消失不见。还有粤西会馆路口的塾师和学生一共36人，一声巨响之后，尽皆全无踪迹。更离奇的是，到京才两日的绍兴周吏目之弟于菜市口遇六人，拜揖尚未完，周某的头突然飞去，身体倒在地上，而六人却无恙。而爆炸之时，许多树被连根拔起，掉落在远处，猪马牛羊、鸡鸭狗鹅，甚至残破的头颅及手脚更纷纷被卷入云霄，又从天空中落下。这场碎尸雨，持续一个时辰。木料、石块、人头、断肢，还有各种家禽的尸体，纷纷从天而降。其中，尤以德胜门外落下的人臂、人腿更多。

爆炸发生之时，熹宗正在乾清宫用早餐，突然地动殿摇，起身便冲出乾清宫直奔交泰殿，情急间"内侍俱不及随，只一近侍掖之而行"，途中"建极殿槛鸳瓦飞堕"，近侍的头部遭飞瓦击碎而当场死亡，紫禁城中正修建大殿的工匠，因"震而下堕者二千人，俱成肉袋"。皇贵妃任氏宫中器物纷纷坠落，而襁褓中的太子朱慈炅也因爆炸而受惊身亡。

王恭厂是工部制造盔甲、铳炮、弓矢及火药的兵工厂暨火药储存库，自永乐年起，大明帝国火器制造就有了很大发展，边事紧张时，北京城内先后设立了六处火药厂局，凡是京营火器所需的铅子及火药都是由王恭厂预造，以备京营来领用。由此可见，王恭厂当时是作为工部制造及储存火药的火药库所在。因此，这次离奇爆炸普遍被看作是火药库爆炸所引起，但又有强烈地震、龙卷风、陨石引起之说，但不管怎么样，王恭厂灾变规模之大，甚至连蓟州城东角亦震坍坏房屋数百间，自然使得早就处于内外交困、风雨飘摇之际的大明帝国一时间朝野震惊，中外骇然，人心惶惶了。在众人认为此灾变"乃古今未有之变也"时，众臣自然认为是上天对皇帝的警告，纷纷上书，要求熹宗皇帝匡正时弊，重振朝纲。皇帝不得不下了一道罪己诏，表示要痛加省醒，告诫大小臣工"务要竭虑洗心办事，痛加反省"，希望借此能使大明江山长治久安，万事消弭，且下旨发府库万两黄金赈灾。

此后不久，努尔哈赤死。据称努尔哈赤死后，袁崇焕派遣使者去悼念，以窥视其虚实，而皇太极则做出回应，派遣使者到袁崇焕处，双方欲议和，甚至皇太极还自降身份称臣，袁崇焕议和之初，其实大明并不所知，当奏报传来时，熹宗起初赞许其方，后改变看法认为并非良策，于是频繁下旨禁止。袁崇焕则因为要修筑防御工事而坚持己见。

可当大明帝国朝廷议论议和之事时，后金却趁机进攻了朝鲜，于是朝廷中言官认为是因议和所招致的，辽东经略王之臣更是以"宋金和议"为例弹劾袁崇焕。对此袁崇焕上疏道："关外四城有四十里地，有屯兵六万，商民数十万，现在地少人多。必须修筑锦州、中左、大凌三城，才能转移商民、大量屯田。如果城墙在修筑前，建奴入侵，届时势必撤退，那么此前的努力都谓之失败。现在趁建奴进攻朝鲜，于是用缓兵计为上。当建奴得知消息后，城防已成，于是关外四百里地则可固若金汤了。"对此，熹宗甚为赞许，此后虽然朝廷议论纷纷，但还是召王之臣回京，并取消辽东经略职位不再设，同时将山海关内外兵马皆由袁崇焕调遣。而袁崇焕则趁后金转向朝鲜之时，迅速派兵修建锦州、中左、大凌，并在朝鲜受困、毛文龙告急之时，发兵救援。史载，袁崇焕在以水军援助毛文龙的同时，又派遣左辅、赵率教、朱梅等九人率领精兵9000进攻三岔河，以牵制皇太极，不过由于朝鲜此时已经与后金和议，于是诸将返回辽东。但也在此时，袁崇焕精心准备的山海关、宁远、锦州（关宁锦防线）防线也基本构建完成。

天启七年五月，朝廷命令尤世禄代替赵率教守卫锦州，尤世禄尚未抵达时，皇太极亲率正黄旗、镶黄旗、正白旗、镶白旗精兵，进攻辽西，攻陷明朝大凌河、小凌河两要塞，随即进攻宁远的外围要塞锦州。五月十一日，后金大军直抵锦州，四面合围后绕过锦州南下，攻克防线中的诸多堡垒，掠其物资。赵率教率部环城而守，并以缓兵计派遣使者求和，使者三次返回并未成功，而皇太极攻城愈急。巡抚袁崇焕以宁远兵不可动，选精骑4000，令尤世禄、祖大寿统率，绕出后金军后，别遣水师东出相牵制，同时朝廷命山海关的满桂移师前屯，以驻守三屯的孙祖寿移师山海关，宣府的黑云龙移师一片石，蓟辽总督阎鸣泰移师山海关，又派遣昌平、天津、保定兵驰援上关，并命山西、河南、山东的大军进行备战。

而与此同时，锦州城内，赵率教与前锋总兵左辅、副总兵朱梅等率兵奋勇死战，和后金自五月十一日起激战二十八日，皇太极久攻不下，转而分兵攻宁远，袁崇焕与中官应坤、副使毕自肃督将士登陴守战，列营濠内，用大炮轰击后金军。而驰援的满桂、尤世禄、祖大寿等在城外与后金大军展开激战，士卒多死，仍力战不退。此战双方死伤惨重，满桂更是身负数箭。

见无法攻下宁远，后金遂解宁远围，增兵围锦州。六月初四，皇太极猛攻锦州，锦州城中使用大炮、火炮、火弹和矢石等武器，后金兵士卒损伤无数，然锦州终不可破。于是次日皇太极退兵，并拆毁大凌河、小凌河两个堡，史称"宁锦之战"，是为大明与后金交战的第二次大胜，此战满桂、赵率教功劳最大。

宁锦之战中，明军亦如之前宁远之战中的策略，凭坚固守，并使用红夷大炮，使得八旗军队的骑兵长处无法发挥，加之毛文龙此时率东江军直逼辽阳，后金被迫后撤回援。就连袁崇焕本人也承认"孰知毛文龙径袭辽阳，旋兵相应，使非毛帅捣虚，锦宁又受敌矣！毛帅虽被创兵折，然数年牵制之功，此为最烈"。

宁锦之战后，袁崇焕受到督饷御史刘徽、河南道御史李应荐等交章弹劾，以不救锦州为"暮气"及主款议和，招致后金东侵朝鲜，西征宁锦等罪名，要求"从重议处"。于是袁崇焕于七月一日上"乞休疏"，以有病为由，申请辞官回籍调理。在魏忠贤的唆使下，熹宗以袁崇焕"疏称抱病，情词恳切，准其回籍调理"为由，又在李应荐的奏本中批道："袁崇焕暮气难鼓，物议滋至，已准其引疾求去。"准其所请，于是大明以王之臣代为督师兼辽东巡抚，满桂镇守宁远。

天启七年（1627）八月，熹宗与宦官魏忠贤、王体干等去西苑深水处泛舟，却因风强，小舟翻覆，皇帝落水，虽然随即被救，但从此惊豫不堪，逐渐病重。尚书霍维华献"灵露饮"，以五谷蒸馏而成，清甜可口，但几个月后病情加剧，浑身浮肿。八月十一日，召见信王朱由检，即行驾崩，时年23岁。熹宗无子，遗诏立五弟朱由检为皇帝，是为明思宗，改元"崇祯"。

思宗朱由检登基以后，嘉兴贡生钱嘉征弹劾魏忠贤十大罪状：一并帝、二蔑后、三弄兵、四无二祖列宗、五克削藩封、六无圣、七滥爵、八掩边功、九伤民财、十通关节。于是，皇帝召魏忠贤至殿上，命一宦官当众宣读钱嘉征奏疏，忠贤面如土色，以重金托一位皇帝身边的老侍徐应元求情。徐应元劝他辞职，于是忠贤请辞获准。皇帝在铲除魏忠贤的羽翼崔呈秀之后，于同年十一月一日，诏忠贤至凤阳看顾皇室祖坟，因魏忠贤在赴凤阳途中，仍豢养一批亡命之徒，崇祯闻悉后大怒，命锦衣卫前去逮捕，押回京师。李永贞得知消息，连忙派人密报魏忠贤。行至直隶阜城的魏忠贤自知难逃一死，在阜城南关尤氏旅店与太监李朝钦痛饮至四更，然后自缢而亡。此后，思宗又杀客氏，令崔呈秀自尽，下令清查"阉党逆案"，首逆同谋6人，交结近侍19人，交结近侍次等11人，逆孽军犯35人，谄附拥戴军犯15人，交结近侍又次等128人，祠颂44人，共计258人，再加上漏网之鱼57人，共计315人，尽皆或处死、或发配、或终身禁锢，而忠贤侄魏良卿等俱被杀。

与此同时，崇祯帝还下诏，平反冤狱，重新启用天启年间被罢黜的东林党人，并起用袁崇焕。崇祯元年（1628），皇帝任命袁崇焕为兵部尚书兼右副都御史，督师蓟、辽，兼督登、莱、天津军务。七月，思宗召见袁崇焕。崇焕慷慨陈词，计划以五年复辽，并疏陈方略。袁崇焕表示其在边关立功，唯恐朝廷人士妒功中伤。思宗请袁无须疑虑，其自有主持。此后，大学士刘鸿训上书请思宗收回王之臣、满桂的尚方宝剑，于是崇祯皇帝即赐崇焕尚方宝剑，在复辽前提下，可以方便行事。此外，皇帝再加奖勉，赐他蟒袍、玉带与银币。袁崇焕领了银币，但以未立功勋，不敢受蟒袍玉带之赐，上疏辞谢。

袁崇焕

然而就在袁崇焕踌躇满志，准备赴任时，却发生了"宁远兵变"。史载，由于欠饷四月，故而在崇祯元年，宁远13营的蜀、楚士卒，以张正朝、张思顺为首，歃血为盟，欲讨回欠发的四个月薪饷，众人攻入幕府，将巡抚毕自肃、总兵官朱梅等缚在谯楼上，向两人索饷。而毕自肃则表示无力支应。事实上在此之前，毕自肃曾经九次向朝廷申报欠饷，朝廷都不理会。由于毕自肃亲兄毕自严是户部尚书，主管财政，因为财政无钱，也只能不闻不问，可也就是这层关系，使得毕自肃被众人殴打成重伤，以至于头部血流不止，几乎死亡。幸亏兵备副使郭广以身体护卫毕自肃，才保住其性命。此外，郭广为了营救毕自肃、朱梅两人，窃发官库的白银2万两，并向宁远商民借5万两，以7万两白银才赎回毕、朱二人。哗变始解。此后，郭广将毕自肃载至塔山堡调养，但毕自肃心灰意冷而引罪自杀。同年八月，袁崇焕到达辽东为督师后，命副将何可刚将兵变首谋张正朝、张思顺等15人并斩首于集市。此外，斩杀中军吴国琦、惩罚参将彭簪古，并罢免都司左良玉等四人，兵变始定。

这场兵变加强了袁崇焕的权力，并改变了辽东明军的部署。事后，因为毕自肃已死，故而袁崇焕奏请崇祯帝撤销辽东巡抚职位，并罢免登莱巡抚孙国桢，取消该巡抚之职，崇祯帝均同意。尔后辽东大权由袁崇焕亲掌握，以统一事权。此后，袁崇焕又抚慰哈剌慎36家，以稳定边疆，同时以祖大寿仍镇守锦州，何可刚升任都督佥事，代替解任后的朱梅，而宁远、锦州合镇，赵率教则转屯至山海关，袁崇焕亲自镇守宁远。此后，崇祯帝加封袁崇焕为太子太保，并赏赐蟒衣、银币。

但在这时，却发生了诛杀毛文龙之事。崇祯二年（1629），袁崇焕与内阁辅臣钱龙锡谈到平辽事宜时，提及其欲诛杀毛文龙。自天启四年至七年中，毛文龙便在皮岛驻屯，由于毛文龙的东江镇耗费兵饷众多，故而工科给事中潘士闻、尚宝卿董茂忠上书弹劾请撤毛文龙，兵部商议时，袁崇焕提议派遣官员至皮岛管理兵饷核查银钱账用，却遭到毛文龙抵制，因此招致袁崇焕不悦。

同年六月初一，袁崇焕与毛文龙在旅顺附近的岛山相会，并商议军事。在连续三日的交涉中，毛文龙始终不接受袁崇焕主张的"皮岛设文官监军、粮饷由宁远转发、改编部队"等建议，于是袁崇焕劝其归乡，而毛文龙则称自己了解辽东局势，并能解决辽东事务。这种情况下，袁崇焕传副将汪翥上船密议，通宵部署诛杀毛文龙。初五，袁崇焕邀毛文龙同往检阅将士，但中途袁崇焕突然发难，斥责毛文龙，虽然毛文龙抗辩，但袁崇焕还是命人除下其衣冠并捆绑，尽管毛文龙仍称自己无罪有功，可袁崇焕还是对毛文龙判以"十二大罪状"：

九年以来兵马钱粮不受经略巡抚管核；

全无战功，却报首功；

刚愎撒泼，无人臣礼；

侵盗边海钱粮；

自开马市，私通外夷；

亵朝廷名器，树自己爪牙；

劫赃无算，躬为盗贼；

好色诲淫；

拘锢难民，草菅民命；

交结近侍；

掩败为功；

开镇八年，不能复辽东寸土。

从而以此12条当斩之罪，祭出尚方宝剑，并面向京城方向叩拜请命，"缚文龙，去冠裳"，斩杀毛文龙于帐前，一时间，众将痛哭。袁崇焕虽然诛杀了毛文龙，但虑其部属有变，于是谕示只诛杀毛文龙一人，其余免罪。此后，又祭拜了毛文龙的尸首，拿出10万两白银，分赠毛文龙下属，并将东江军分为四部，命原皮岛副总兵陈继盛、毛承禄、徐敷奏、刘兴祚等分统。此后又增加兵饷至18万两白银。

在给朝廷的奏折中，袁崇焕上疏陈述毛文龙因拒绝设文官监军、拒绝粮饷由宁远转发、瞒报兵力、杀良冒功等罪恶，而决议诛杀毛文龙。虽然思宗皇帝以兵减饷增而生疑，不过仍然接受袁崇焕的提议。而其实思宗皇帝对于袁崇焕以尚方宝剑杀死毛文龙，是非常不满的，因为毛文龙本人也有一把尚方宝剑，为熹宗皇帝所赐。史载，"帝骤闻，意殊骇"，但"念既死，且方倚崇焕，乃优旨褒答。俄传谕暴文龙罪，以安崇焕心"。

此后，袁崇焕整顿全部辽东及登莱、天津部队，共有兵士15.3万余人、马匹8.1万余。自此，辽东大权统归袁崇焕所有。

事实上，毛文龙被诛事件并没有这么简单。当初努尔哈赤死后，其子皇太极继位时，二贝勒阿敏、三贝勒莽古尔泰等人对其汗位虎视眈眈，尤以阿敏所辖镶蓝旗兵力最多，有61牛录，而皇太极自己的正黄旗却只有18牛录，而其子豪格统领的镶黄旗更是只有15牛录。此外，后金若是攻击辽西，则受制于皮岛的毛文龙，虽然多次征讨，但每次都无法及远。为了解决后顾之忧，皇太极遂决定首先派阿敏等率部攻打毛文龙建立的东江镇，此举同时亦有削弱阿敏等人实力，解除其对汗位威胁之意。

为了避免后金陷入东西两线作战的困境，皇太极在起兵攻打东江的当天，即派使者前往宁远，与时为辽东巡抚的袁崇焕议和。在议和前后，袁崇焕派遣心腹徐敷奏带领数十艘大船，前往东江镇，以优厚待遇诱骗生活极为艰苦的东江镇官兵加入关宁军。据袁崇焕自己奏报，以旅顺参将李镳为首，共有4000多人从东江前往关宁。很显然，此举削弱了东江镇的实力，为后金发起"丁卯之役"提供了有利条件。

而毛文龙当时在干吗呢？自从于东江开镇之后，毛文龙便派遣大量密探到后金统治地区刺探情报，扰乱人心。史载"将军之细作，时达辽沈，飞书遍投"，从而使得后金"疑惧益甚，凛凛终日，日惟追杀毛兵奸细"，以至于后金对毛文龙甚为痛恨。虽然毛文龙在皮岛期间争议很大，但他还是取得了一定成效，正如孙承宗督师辽东时，对毛文龙所遣密探在后金境内的活动情况，上奏时所说的那样："臣近有谍于东，谍回具述文龙有谍为贼所发，而广宁人铁信，其谍主也，近亦逃来言其事。则文龙之胆智，无日不在贼巢之外。"

此外毛文龙曾投书于后金官员、将领，又故意泄露之，以造成后金对于大将的猜忌、杀戮，从而借敌之手以灭敌。史载，后金"大帅名阿骨者，极骁勇，善用兵……毛将军用反间计以离之，奴竟杀阿骨"。天启三年（1623）十二月，毛文龙再次用反间计除去后金官员柯汝栋、戴一位。

天启四年（1624），后金曾派人招降毛文龙。此后，在天启五年二月，因为捕获了一些毛文龙派出的细作，故而努尔哈赤又借机致书毛文龙招降，但毛文龙并未理睬。不过努尔哈赤仍未死心，于天启六年六月第三次致书招降毛文龙，结果毛文龙将来书奏闻朝廷。史载，努尔哈赤因身患毒疽，于天启六年八月间，曾出沈阳，前往狗儿岭附近的清河汤泉洗浴。毛文龙安插在沈阳城里的密探耿仲明探知这一情况后，立即飞报东江，于是毛文龙派遣了千总毛永科、石景选率领壮士150人计划于八月初十夜袭汤泉，但努尔哈赤却在八月十一日返回沈阳，结果死于途中。在此之前，后金于八月初三抓获五名毛文龙所遣奸细，并供称东江军近期没有任何行动，于是后金也随之放松了警惕。九月初二，毛文龙得知努尔哈赤已死的情况后，即奏闻朝廷。

皇太极继位后，改变了努尔哈赤过去的做法，重用汉官，善待汉人，后金统治日渐稳固，而毛文龙则在此时，以投降归顺后金为饵，诱捕后金官员，于是也就有了与后金的书信往来仪式。史传毛文龙有七封所谓的"通敌书信"。但事实上，毛文龙曾主动多次将与后金通书的情况奏明朝廷。如《国榷》记载：崇祯元年三月十四日，朝廷接到奏报"总兵官毛文龙奏：建虏遣可可孤山、马秀才等五人至皮岛求款"。此后又分别于崇祯元年四月二十八日、五月初一、五月初六、五月十三日，简练四疏奏报与后金的通书，奏明自己"放还来鞑，引诱要人"之计，甚至直接将皇太极来书奏呈御览。

崇祯二年（1629），蒙古与女真发生严重饥荒。同年六月，翰林院编修陈仁锡出使辽东，认为这是偷袭女真的最佳时机，而王怀达、陈国威二人又预料到皇太极也有可能会采取行动，但袁崇焕督师下的辽东明军却没有展开进击。不过袁崇焕虽然没能采取行动，仍上奏称后金会绕道蒙古进攻明朝。

而此时的皇太极不知从何处知道了袁崇焕声称自己要"五年平辽"，在发现之前自己"屈尊"议和，竟受到对方如此愚弄后，皇太极写信斥责袁崇焕："我欲和好，尔复败和议，不念军民将士之死伤，更出大言，则兵并非易事也。"又云："我诚心和好，尔自大不从，谅天亦鉴之，人亦闻之矣。"加上崇祯二年二月，后金的汉人副将高鸿中曾上疏皇太极："若此时他来讲和，查其真伪何如？若果真心讲和，我以诚心许之，就比朝鲜事例，请封王侯，从正藏，此事可讲。若说彼此称帝，他以名分为重，定是要人要地，此和不必说。他既无讲和意，我无别策，直抵京城，相其情形，或攻或困，再作方略……"而且皇太极认为"坐视汉人开疆拓土、修建城廓、缮治甲兵，使得完备，我等岂能安处耶？"于是决心起大军，出兵征明，让阿敏留后。

由于蒙古诸部曾请求袁崇焕开棸互市，但思宗皇帝严令只准按口换粮，于是当年十月二十七日，皇太极联合喀喇沁部，以约10万大军，绕境蒙古朵颜部地盘破长城喜峰口而入。十月二十八日，是为蓟辽督师的袁崇焕在宁远得警后，当即令山海关总兵赵率教入援遵化，锦州总兵祖大寿入关后继。赵率教乃陕西人，《明史·赵率教传》称"率教为将廉勇，待士有恩，勤身奉公，劳而不懈"。其高祖父赵昇，任指挥佥事，迁籍陕西靖虏卫。万历十九年（1591），率教中武进士，任甘州都司。宁远之战后，赵率教赴锦州经营关宁锦防线北段，并在宁锦之战中坚守锦州，击退后金的进攻，而受到朝廷嘉奖。此番其率兵增援大安口，到达三屯营时，总兵朱国彦竟紧闭城门，率教无奈，纵马向西，十一月三日至遵化。十一月初四，在遵化与后金贝勒阿济格的大军激战，所部被左翼四旗及蒙古兵包围歼灭，率教中流矢坠马，力战而亡，全军覆灭，巡抚王元雅自杀。五日，遵化失陷。一时间，京师震动，北京戒严，诏令各路兵马勤王。

就在十一月初四，赵率教战死于三屯营时，袁崇焕方才率兵至山海关。十一月初五，率军进入蓟镇。十一月初六，到达永平，得报遵化已于十一月初三被攻陷，巡抚王元雅自杀。在得知爱将赵率教阵亡、遵化陷落的消息后，袁崇焕已知情势危急，也就在这一天，袁崇焕在榛子镇接到皇帝诏书，得调度指挥各镇援兵之权。

十一月初九，袁崇焕到达顺天府蓟州。次日，进入蓟州，并以关宁兵布防蓟州西部各地，而孙承宗则不以为然，指出应该守蓟州三河一线，否则皇太极越蓟州三河则可直扑北京。果然，十一月十四，袁崇焕获报，后金军已经从蓟州穿越而过，袁崇焕被动急追。

十一月十六夜，在急行军300余里后，袁崇焕所部赶在后金大军前，到达北京左安门，在广渠门外驻营。据载，此番疾行，9000骑兵有近4000掉队，步军更是不能兼进。得知袁崇焕到来之后，思宗迅速召见大加慰劳，赐御膳和貂裘，君臣二人还就战事展开议论。但袁崇焕以士兵疲劳为由请求入城休整时，却未得到批准。十一月二十日，袁崇焕、祖大寿领关宁兵9000人和莽古尔泰、阿巴泰、阿济格、多尔衮、多铎、豪格带领的后金左翼大军、护军及蒙古兵大战于广渠门。史载，祖大寿阵于南侧，王承允阵于西南侧，袁崇焕阵于西侧，一战将后金左翼大军击溃，随后在十一月二十七日取得左安门之捷。二十九日南海子袭营，后金军大乱，遂解京城之围。此战之中，满桂率领骑兵5000人千里勤王，与清兵大战，奋战不息，身中五箭，其中三支贯体，两支嵌于铠甲之上，刻有袁崇焕所部之记。

由于先前后金军在北京郊外大举劫掠，袁崇焕兵少不能制，固守营寨，等待主力援军。城外戚畹中贵园亭庄舍惨遭蹂躏，引起戚畹权贵的极度不满，向朝廷告状。后金军早先在得知袁崇焕入援后，散布流言："袁督师约我来。"于是京城内议论纷纷，谣言日炽。十二月初一，崇祯召对袁崇焕、满桂及其部将黑云龙于平台。崇祯以杀毛文龙、勾结满人、射伤满桂三事责问崇焕，后发锦衣卫南镇抚司监候。

根据《明季北略》载："都中又喧言崇焕导虏入犯，上甚切齿。先是，虏出猎，掳我多人。中有二珰，上命侦崇焕者，亦被掳。虏视之，知为珰也，乃设一计，佯为袁遣书约犯边，答云：'知道了，多谢袁爷。'又佯惊云：'乃为珰闻，缚珰亟斩之！'又故遣一奴私放珰归。珰归，上

八旗狂飙

其事。上再召崇焕入，即下诏狱。此言周延儒亲语余者，延儒久与虏比，虏每输情，故知其言不诬。"

袁崇焕下狱后，所部闻讯，顿时大愤，全军望城痛哭。三日后，祖大寿率关宁铁骑，毁山海关东走，欲投降后金，朝野震惊。当关宁军东溃后，情势再度逆转。屯兵京师的满桂被拜为武经略，赐尚方宝剑，指挥前来的勤王大军。而此时，皇太极复至京城安定门，崇祯令满桂出战，满桂却以"敌劲援寡，未可轻战"婉拒之，崇祯不准。此后，皇帝多次催促，于是十五日满桂不得已，领黑云龙、麻登云、孙祖寿诸大将，移营永定门外二里。十六日，被后金军以精骑四面包围，双方在安定门大战。此一战，皇太极亲自督兵，明军大败，满桂及孙祖寿战死，黑云龙、麻登云被擒。这时距离袁崇焕下狱仅有半个月。

当初，后金军得知关宁军溃走后大喜，以书信招降一时激愤不已的袁崇焕部下，但关宁军并无投降之意，只有用战功救出自己主帅之图。于是，当祖大寿被袁崇焕修书召回后，先是斩杀了皇太极的招降使者，随后欲以战功救袁崇焕而拼死血战，接连收复了永平、遵化一带，迫使皇太极退回辽东，是为"己巳之变"。

明紫禁城

崇祯三年（1630），袁崇焕仍以"通虏谋叛"、"擅主和议"、"专戮大帅"的罪名被判凌迟，死于北京甘石桥，并流放其妻妾、子女及兄弟等人2000里，其余不予究问。

据称袁崇焕刑前遗言："一生事业总成空，半世功名在梦中。死后不愁无将勇，忠魂依旧保辽东。"史料记载，其伏刑之惨情，令人毛骨悚然。当时北京百姓都认为袁通敌，恨之入骨，纷纷生吞其肉。崇焕死后，余氏义仆为其收敛骸骨，葬于北京广渠门内广东义园，并从此世代为袁守墓。

此外，兵部尚书王洽也因"应变非所长。骤逢大故，以时艰见绌。遵化陷，再日始得报。帝怒其侦探不明"而下狱，隔年四月，病死狱中。

"己巳之变"之后清军曾先后五度入长城，其中两次兵临北京城下，甚至还曾经泛海至山东，迫近济南，每次入塞皆大举劫掠而归。崇祯九年（1636）五月，皇太极第二次攻入长城，遍蹂京畿，历时四个多月，明称"丙子虏变"。崇祯九年（崇德元年，1636），清军第三次入塞，宣大总督梁廷栋与兵部尚书张凤翼无兵无饷，自知死罪难逃，每日服食大黄取泻求死。崇祯十一年（崇德三年，1638），清军第四次入塞，卢象升拼死奋战，最后战死。自此大明帝国可谓是气数已尽。

其实，思宗皇帝即位以来，虽然大力铲除阉党，勤于政事，但他已经无法挽救衰弱的大明王朝了。

自崇祯元年（1628）起，帝国的北方大旱，赤地千里，寸草不生，根据《汉南续郡志》记载，"崇祯元年，全陕天赤如血。五年大饥，六年大水，七年秋蝗、大饥，八年九月西乡旱，洛阳水涝，民舍全没。九年旱蝗，十年秋禾全无，十一年夏飞蝗蔽天……十三年大旱……十四年旱"。崇祯朝以来，陕西年年有大旱，百姓多流离失所。崇祯三年（1630）陕西又大饥，陕西巡按马懋才在《备陈大饥疏》上说百姓争食山中的蓬草，蓬草吃完，剥树皮吃，树皮吃完，只能吃观音土，最后腹胀而死。六年，"全陕旱蝗，耀州、澄城县一带，百姓死亡过半"。

整个大明其实已经处在了十分脆弱的状态，盗匪与流民并起，各地民变不断爆发，而皇太极的不断骚扰入侵，使大明更是苦不堪言，每年所征"三饷"开支高达2000万两以上，国家财政早已入不敷出，缺饷的情况普遍，常导致明军频频出现骚乱哗变的情况。譬如崇祯元年（1628）七月二十日，蓟门驻军由于饥饿索饷鼓噪，焚抢火药，经多方措处，始解散。崇祯元年十二月二十四日，固原兵变，当时边兵缺饷，士兵乘民变爆发之机，一齐造反，劫夺固原州库。巡抚胡廷宴与延绥巡抚岳和声互相推诿，哗变士兵多加入农民起义队伍。崇祯二年正月，固原兵攻泾阳、富平，执游击李英。

这样的局面下，崇祯帝求治心切，生性多疑，刚愎自用，因此在朝政中屡铸大错：前期铲除专权宦官，后期又重用宦官，《春明梦余录》记述，"崇祯二年十一月，以司礼监太监沈良住提督九门及皇城门，以司礼监太监李凤翔总督忠勇营"，故而中后金反间计，杀袁崇焕。

袁崇焕不是第一个，也不是最后一个，此后随着局势的日益严峻，崇祯帝的滥杀也日趋严重。史载，总督被诛者七、巡抚被戮者十一人。而朝内更是党争不断。史载，崇祯元年十一月初三，诏会推阁员。廷臣列吏部左侍郎成基命及礼部右侍郎钱谦益等名人，同时被会推者有郑以伟、李鹏芳、孙慎行、何如宠、薛三省、盛以弘、罗喻义、王永光、曹于汴等共11人，而礼部尚书温体仁，侍郎周延儒，以素无人望不与。遂因此酿成党争。

党争带来的后果就是崇祯帝虽然想要与后金议和，以处理民变、灾荒，但却因为朋党之争，而被反对，于是皇帝对于和议之事，始终左右为难，虽然同意杨嗣昌的议和主张，可是卢象升却认为："陛下命臣督师，臣只知战斗而已！"于是，皇帝只能辩称根本就没有议和之事。最终，卢象升战死沙场。大明朝也在和战两难之间，走入灭亡之途。

第六章 战松锦

明思宗崇祯帝

天启七年（1627），熹宗驾崩，因皇帝无子嗣，故而信王朱由检受遗命于同月丁巳日继承皇位，是为明思宗，次年改年号为"崇祯"。时，阉党乱政，魏忠贤以司礼秉笔太监提督东厂，其亲信田尔耕为锦衣卫提督，崔呈秀为兵部尚书。可谓是朝廷内外遍布魏忠贤的同党，而熹宗皇帝临死前还曾专门叮嘱朱由检说，魏忠贤"恪谨忠贞，可计大事"。也就在这样的情况下，熹宗开始着手铲除阉党，整理国事，以复兴大明。

据史料记载，思宗皇帝为信王时就"素稔忠贤恶"，故而深自儆备，思宗在入宫当天，竟是一夜未眠，以佩剑防身，甚至不吃宫中的食物，只吃袖中私藏的麦饼。随后，又在优待魏忠贤和客氏的同时，逐步削弱魏忠贤的影响。天启七年十月十三日，就在思宗登基为帝两个月后，御史杨维垣上疏弹劾崔呈秀，由此也就掀开了清算阉党的大幕。

由于崔呈秀在魏忠贤门下号称"五虎"之一，虽然杨维垣在这份试探性的奏章中只是弹劾崔呈秀，而并没有攻击"厂臣"魏忠贤，并称"呈秀毫无益于厂臣，而且若厂臣所累。盖厂臣公而呈秀私，厂臣不爱钱而呈秀贪，厂臣尚知为国为民，而呈秀惟知恃权纳贿"。但在皇帝免除崔呈秀兵部尚书一职后，朝野上下还是敏锐地感觉到了皇帝清算阉党的心思。于是，主事陆澄原、钱元悫，员外郎史躬盛纷纷论奏魏忠贤。十月二十六日，海盐县贡生钱嘉征上疏，劾忠贤十大罪：一并帝，二蔑后，三弄兵，四无二祖列宗，五克削藩封，六无圣，七滥爵，八掩边功，九朘民，十通关节。

在举国上下一片请杀魏忠贤之声中，皇帝遣魏忠贤凤阳守陵，旋又传旨兵部云："朕临御以来，深思治理，乃有逆党魏忠贤擅窃国柄，奸盗内帑，诬陷忠良，草菅多命，狠如狼虎，本当肆市，以雪象冤，姑从轻降发凤阳，岂巨恶不思自改，致将素畜亡命之徒，身带凶刃，环拥随护，势若叛然，朕心甚恶，着锦衣卫差的当官旗前去扭解，押赴彼处交割，其经过地方，着该抚按等官，多拨官兵，沿途护送，所有跟随群奸，即时擒拿具奏，毋得纵容遗患。若有疏虞，罪有所归，尔兵部马上差官星速传示各该衙门。钦此。"

兵部闻旨，即差千户吴国安，前去扭解魏忠贤，至新店，距阜城县20里时，魏忠贤密得李永贞飞报，知自己死期已到，于是"晚至县，宿尤克简家。时有京师白书生，作挂枝儿在外厢唱彻五更，形其昔时豪势，今日凄凉，言言讥刺，忠贤闻之，益凄闷，遂与李朝钦缢死"。

在魏忠贤自缢而死后，皇帝又下诏"磔其尸，悬首河间"，同时答杀客氏于浣衣局，并在净乐堂焚尸扬灰，而魏良卿、侯国兴、客光先等并弃市，籍其家。关于客氏之死，刘若愚《酌中志·客魏始末纪略》记载为："逆媪客氏……至奉旨籍没，步赴浣衣局，于十一月内钦差乾清宫管事赵本政临局答死，发净乐堂焚尸扬灰。"而《明季北略·卷三》则记载为："上命太监王文政，严讯客氏，得宫人任身者八人，盖其出入掖庭，多携侍媵，谋为吕不韦、李园故事也。上大怒，立命赴浣衣局掠死，子侯国兴等，俱伏诛。"

崇祯二年（1629）正月二十一日，思宗召见阁臣韩爌、李标、钱龙锡、吏部尚书王永光、都察院左都御史曹于汴等于文华殿，谕定魏忠贤逆案。韩爌等不愿树怨太多，仅定四五十人以上。于是皇帝不悦，令以"赞导""拥戴""颂美""谄附"等为目，将魏忠贤党人罗列其上。三月，韩爌等奏上逆案，崇祯亲自裁定。除魏忠贤、客氏磔死外，其余以六等定罪。而崔呈秀等以"首逆同谋"罪立斩；刘志选等以"交结近侍"罪，俱斩，秋后处决；魏广微等11人与魏志德等35人，俱充军，罪名"谄附拥戴"，太监李实等以"交结近侍又次等"罪，俱充军；顾秉谦等129人以"交结近侍减等"罪，坐徒三年，赎为民；黄立极等44人革职闲。

在清算了阉党之后，皇帝又平反冤狱，重新启用天启年间被罢黜的官员，此后皇帝又下诏为东林党人恢复名誉，并修复东林书院。然而，此举却使得朝内党争再起。

万历三十二年（1604），吏部郎中顾宪成革职回乡，其与高攀龙、钱一本等在家乡无锡东林书院讲课，"讲习之余，往往讽议朝政，裁量人物"，常常和东林书院中人谈论朝政得失，他们渐渐形成了一个在野集团，被称为"东林党"。《明史·孙丕扬传》说："南北言官群击李三才、王元翰，连及里居顾宪成，谓之'东林党'。"此后，又有沈一贯纠集在京的浙江籍官僚，结为"浙党"，再加上官应震、吴亮嗣为主的楚党，以及山东齐党，此外还有宣党和昆党，如史料所载"自万历以前，未有党名，及四明（沈一贯）为相，以才自许，不为人下，而一时贤者如顾宪成、孙丕扬、邹元标、赵南星之流，謇谔自负，每相持。附四明者，言路亦有人。而宪成讲学于东林，名流咸乐于趋之，此东林、浙党所自始也"。

由于东林党人与宣党、昆党、楚党、齐党、浙党相互攻击，从而使得所谓"东林党争"绵延数十年，几无宁日，后人评价"夫明之亡，亡于门户；门户始于朋党；朋党始于讲学"。又有"党祸始于万历间，浙人沈一贯为相，擅权自恣，多置私人于要路；而一时贤者如顾宪成、高攀龙、孙丕扬、邹元标、赵南星之属，气节自许，每与政府相持。而高、顾讲学于东林，名流咸乐附之，此东林党祸所自始也"之说。

万历四十五年（1617），浙党吏部尚书郑继之主持丁巳京察，于是齐（亓诗教、周永春）、楚（官应震、吴亮嗣）、浙（姚允文、刘廷元）三党大肆斥逐东林党人，从而使得朋党之争，愈演愈烈。有些能力的阁臣，也就只有温体仁与周延儒，但二人品行不端。于是乎，大明朝，竟到了无人可用的地步，而此时的大明是举国上下一片凋零，在内外交困，急需要能臣干吏来维持国家、处理政事之时，可思宗又有何人能用？

其实，自崇祯元年开始，大明帝国的内忧外患已然不堪，全国上下，灾情不断。先是陕西、山西，后是河南，继而山东、江南，乃至于荆楚、三辅，一场全国性的大旱灾席卷而来，越来越频繁的大旱对于以农业为根本的帝国来说，完全是致命的打击，于是民变不断，加上外有后金频频入犯，帝国已然是糜烂不堪。

崇祯元年（1628），后金练兵5万，借狐狸衬兵（狐狸衬是北方游牧民族的一种装束，此处指蒙满边界的游牧骑兵）1万，打造盔甲战车，欲于三岔河三路出兵，过宁远围屯，攻越山海、石门，兵部覆请敕边臣多方哨探，随地设防，清野固守为万全之策。思宗皇帝允从。是年八月二十二日，后金犯黄泥洼。袁崇焕令总兵官祖大寿击却之，斩180级，获马骡120匹。次年，十月二十七日，后金兵分三路，一路攻打入大安口，参将周镇死亡；一路攻入龙井关，一路攻打洪山口，参将张安德等败逃，张万春降。蓟州被围，十一月，京师戒严。此后，后金皇太极亲自督军攻入龙井关，以蒙古喀尔沁台吉布尔噶图为向导，攻克洪山口。别将攻克大安口，会于遵化。同月初四，山海关总兵赵率教入援，于遵化战死，全军覆没。巡抚王元雅、保定推官李献明、永平推官何天球、遵化知县徐泽、前任知县武起潜等，据城拒守，城破皆死。是为"己巳之变"。

十二月，宣大总督及宣府、保定、河南、山东、山西巡抚，闻京城戒严，都奏请率师入卫。山西巡抚耿如杞与总兵张鸿功也率5000人赴援。军队曾有令曰："卒至之明日，汛地既定而后给饷。"山西援兵既至，今日令守通州，明日调昌平，后日又调良乡。驻地累更，三日没有给军饷，军队乃发生哗变。事发后，耿如杞、张鸿功被捕入狱。时四方援兵先后集，以缺饷故，多肆剽掠。

就在这一年，马懋才奏："臣乡延安府，去年全年无雨，草木枯焦，民争采山间蓬草为食。蓬草尽，则剥树皮而食。树皮尽，则掘山中石块而食，石性冷而味腥，少食辄饱，不数日则腹胀下坠而死。饥民相聚为盗，与其坐等饥死，不如为盗而死。又烧人骨为薪，煮人肉以为食者，而食人之人，不数日即面目赤肿，燥热而死。于是，死枕藉，臭气熏天，安塞县城外掘数坑，每坑可容数百人，不及掩埋者，又不知还有多少？小县如此，大县可知，一处如此，他处可知。百姓又安得不相牵而为盗。而庆阳、延安以北，饥荒更甚。"灾荒之下，自然民变不断，先有王二、王大梁，后虽平定，但继起者日众。崇祯二年（1629）闰四月初八，起义军7000余人攻三水，游击高从龙败死。官兵被伤者2000余人。

崇祯二年十一月，袁崇焕被执下狱后，思宗复用孙承宗，孙承宗力保祖大寿，复用承宗为督师，移镇山海关，修建入海长城之"老龙头"，且于建后由内阁大学士杨嗣昌题字"宁海城"于"老龙头"城楼上，辽左得以粗安。但此时，后金兵在蹂躏京畿之后，又自通州东行，攻克香河，进逼永平。三年，正月初四，黎明、永平城破，副使郑国昌自缢于城上。知府张凤奇等皆死。接着陷滦州，知州杨濂自刎，太仆寺卿冯运泰先遁。再攻抚宁，参将黄维正力守，四日不克。转攻昌黎，还永平。此后，后金兵在攻下滦州后，分兵自抚宁向山海，离关30里列三营。山海北路副总兵官惟贤与参将陈维翰设两营拒敌。后惟贤奉马世龙命，率陈维翰及游击张奇化等往袭遵化。城中兵出击，惟贤军先锋死战，后队乘势进攻，城上矢石如雨。惟贤、张奇化皆战死，士卒死伤300余人。

二月，皇太极率后金大军主力撤回沈阳，留阿巴泰驻守明境内滦州、永平、迁安、遵化四城为战略据点，虎眈北京。五月，明兵部尚书、大学士孙承宗督理军务，重新集结力量，值后金大贝勒阿敏、贝勒硕托领兵5000余入关与驻滦州、水平、迁安、遵化四城的阿巴泰换防之际，由山西总兵马世龙、锦州总兵祖大寿、山东总兵杨绍基等统兵围攻滦州。

阿敏在永平得知滦州被围，派大将巴都礼领兵数百赴援，并缩短战线，将迁安后金守兵撤至永平。明军将巴都礼所率援军歼灭后，遂用红夷大炮轰击滦州城，尽毁城楼。后金守将纳穆泰率众力战不支，遂于十二日夜弃城奔赴永平，途中遭明军马世龙截击，损失将士400余人。阿敏连续受挫，被迫全线撤退，返回盛京。祖大寿、马世龙等诸将克复永平、遵化、迁安、滦州四城，史称"遵永大捷"。

这一年河南巡按吴甡疏奏"开封、归德之间，近河诸州县，与山东、直隶接壤。原有邪妖借白莲、金禅之教，煽惑村民，勾结亡命，分布号召，在在有之。近日所获大盗，皆挟妖书，称王号，纵横闾左，跨州连邑，布满三四百里之内，声称紫微星失道，谋举大事"。不过白莲教显然不是朝廷的心腹大患。这一年，陕西农民起义军开始向山西发展，山西自河曲至蒲津1500里，皆与陕西为邻，且河道狭窄。于是崇祯三年（1630）三月二十八日，陕西的农民起义军由神木渡河，进入山西，攻襄陵、吉州、太平、曲沃。从此起义烽火燃遍晋、陕二省。

应该说，皇帝面对陕西、山西的灾情并不是无动于衷的，延绥一带连年灾荒，百姓流亡、从起义军造反者，十之有七。职方郎中李继贞上疏奏请赈济饥民，于是崇祯四年正月二十三日，思宗皇帝遣御史吴甡带10万金赈之。吴甡至延绥，以西安推官史可法主赈事。后即命吴甡代李应期巡按陕西，史称"赈延绥饥"。不过明末的灾难和民变却是一系列的，是全国范围的。崇祯四年（1631）二月二十二日，福建起义军数千人自长赖坑突攻瑞金县。教谕王魁春署邑事，谕民兵力守。起义军走福建古城。而在这一年的七月十七日夜，湖广长沙、常德、宝庆、岳州、衡州等府地震，常德、澧州尤甚。常德府武陵，夜半地震有声，黑气障天，井泉泛滥，地裂孔穴，浆水涌出，倒塌荣府宫殿及城垣房屋无数，压死男妇60人。澧州，震声如雷，地裂沙随水涌，房倒树拔，压死人畜无数。荆州府坏城垣十之四，民舍十之三，压死军民十余人。

也就在这一年，后金开始进攻皮岛，当初袁崇焕杀毛文龙之后，皇太极便图谋攻占皮岛，以解除背后的隐患。崇祯三年，明将刘兴治接受了皇太极的招降，暗中准备叛逃后金。时因其兄刘兴祚战死殉国，故而朝廷怀疑刘兴祚假死而叛投后金，而未与抚恤。刘兴治气愤不平，迁怒代署皮岛诸务的陈继盛有意不奏报。平时两人不睦，此时刘兴治遂动杀机，于是借祭祀刘兴祚，设计将陈继盛等11人杀害，继而举兵叛乱，到处杀掠。闻变之后，大明派副总兵周文郁等入岛安抚。刘兴治接受安抚，叛乱渐息。五月，朝廷任命锦州参将黄龙为征虏前将军都督佥事，镇守登莱、东江，驻皮岛。这才使得东江局势暂时稳定下来。但是，因为刘

明军

兴治已然叛变，故而骚乱并没有停止。八月，他伙同参将李登科。游击崔耀祖，都司马良、李世安、郭天盛，守备王才、王成功等人签署了一份"盟誓"书，秘密送往沈阳。

崇祯四年（1631）二月，皇太极复信，再次表示欢迎之意，甚至"即当天地盟誓，毫无违背"。于是三月十六日，刘兴治策划叛逃，先杀将校中不愿从其叛乱者，参将沈世魁全家被害，仅沈本人幸免得脱。于是沈世魁与其部下合谋，候至深夜，率众杀刘兴治，叛乱得以平定。而此时，皇太极已派额驸佟养性率兵200至铁山，以拨船接应，然而后金军的行动却被明兵发现，佟养性大败而回。皇太极得知自己约降计划完全落空后，大怒，下令把刘氏家口全部屠灭。此时，有从皮岛逃至沈阳的奸细上奏称："兴治被杀，岛中未定，若于此时以一支兵袭岛，则可全利也。"于是皇太极决心征讨皮岛。

崇祯四年正月初八，后金已经开始铸造红衣大炮，炮身上镌曰：天祐助威大将军。并有铸造年月，督造官员及铸匠、铁匠的姓名。后金原本无火器，而自此，开始铸炮。不过此番出兵皮岛，后金并没有使用火炮。是年五月二十七日，皇太极以总兵楞额礼为右翼主帅，喀克笃礼为左翼主帅，率骑兵1500人，步兵四千五百人，征南海岛。此后，后金军经边镇义州，进入朝鲜境内，直取宣川。六月四日，由宣川分兵四路：一路入蛇浦，一路陈于身弥岛浦口，一路陈于郭山宣沙浦，一路奔嘉定。合四路后金兵"步骑数万，凭陵冲突，遽塞沿路"。

由于后金所占四处，都在皮岛东北至东面的沿海一线，故而使得后金大军从陆上形成了对皮岛的半包围形势。尽管对于皮岛构成了包围，可攻打皮岛，却首先要解决战船问题。后金大军向来以骑兵为主，既不会造船，也没有善于操舟的水兵，于是皇太极决定向朝鲜借船。然而仁祖李倧见到满达尔汉、董纳密带去索船的书信后，却拒绝借船给后金，并表示"明国犹吾父也，抚我二百余年，今征我父之国，岂可相助以船？船殆不可借也！"满达尔汉与董纳密无可奈何，只能回国。由于借不到船，后金只能在宣川"砍木造船"，做攻皮岛的准备，同时，沿海岸线筑墙。

由于之前后金军已经进至身弥、宣沙等岛，故而副总兵张焘率军进攻身弥岛，与后金兵展开激战。由于明军掌握大量火器，又有成批船只，

　　　　　　　　　　　　　　八旗狂飙

习于水战，给予后金兵以重大杀伤，以至于"毙尸成绩"，被迫从身弥岛退却。接着，督军大小兵船百余艘迎战于宣川浦。据朝鲜人目睹战况："战舰蔽海，连日进战，炮烟四塞，声震天地。"可见战斗是何等激烈！有一后金将领，两腮中一炮丸，颐颔被打坏，用头巾裹结，载到宣川就死了。兵士死尸累累，"扶伤盈路，不可胜记。杵卤俱漂，草木浑腥"。副总兵沈世魁于十二日、十九日等数日连续进攻位于蛇浦的后金兵，浴血奋战，"神炮诸发，虏阵披靡，死伤甚众"。

此番战事，张焘率军驾船进逼沿海。史载，"战舰蔽海，连日进战，炮烟四塞，声震天地"。又有"……令西人统领公沙的西劳等，用辽船架西洋神炮，冲击正面，令各官兵尽以三眼鸟枪、骑架三板唬船，四面攻打。而西人以西炮打筑墙，计用神器19次，约打死贼六七百……此海外一大捷"。

从记载来看，这次作战中，有西洋人参战。事实上，此次作战的确有葡萄牙人参加，《火攻挈要》记载，"崇祯四年，某中丞令西洋13人，救援皮岛，歼敌万余，是其猛烈无敌，著奇捷之效者此也"。但事实上，天启年间，就有西洋人参与辽东的战事。

当萨尔浒之战后，时在翰林院供职的徐光启前往通州练兵，此时，他就力主向澳门葡人购炮御敌。光宗泰昌元年，徐光启委托李之藻派门人张焘、孙学诗到广东又辗转到澳门向西商购买了红夷大炮四尊，并极力向朝廷进言："今时务独有火器为第一义……可以克敌制胜者，独有神威大炮一器而已。"天启元年（1621）三月，辽东战局急剧恶化，后金军又占领了辽阳、沈阳。于是在徐光启的建议下，朝臣们一时间纷纷主张要多造西洋大炮。次年七月，以张焘和孙学诗为钦差，持兵部檄文往澳门聘请炮师和购买火炮，并以优厚待遇从澳门及闽广招募技师工匠来京设厂铸炮。

就在广宁之战后，帝国丧失山海关外辽河以西的大片疆土时，天启三年四月，新购置的22门大炮，连同被招募来京帮助造炮练兵的23名葡籍炮手和一名翻译，由张焘解送到京。兵部尚书董汉儒随即奏请派人学习制炮技艺。此后，帝国先后从澳门引进了30门大炮，其中11门部署在辽东，京城有炮18门，还有一门在试炮时炸毁，葡萄牙人若翰哥里亚被当场炸死，大明帝国将其安葬于北京郊外，并"从优给恤"。不过也就因为此事，朝内清流以"遂断其必有害而无利"为由，将那些葡萄牙炮手解散，"立命返澳，毫无挽回余地"，并弹劾徐光启"一味迂腐"，不应"以词臣而出典兵"，选拔兵士是"骚动海内"，并称其练兵的目的"无非骗官盗饷之谋"，还说什么"以朝廷数万之金钱，供一己逍遥之儿戏……误国欺君其罪大"。此外，因为兵部尚书崔景荣的反对，御史邱兆麟的弹劾，受到排挤的徐光启被迫称疾归乡。

思宗皇帝即位后，起徐光启为詹事府詹事，于是徐光启乃于崇祯二年正月上疏要求练兵，其疏有言：台乞先与臣精兵五千或三千，一切用人选士、车甲兵仗、大小火器等事，悉依臣言，如法制备，再加训练。择封疆急切之处，惟皇上所使，臣请身居行间，或战或守，必立效以报命。既有成效，然后计算增添……然马步战锋精兵，终不过三万人……此为用寡节费万全必效之计。

于是崇祯元年四月，徐光启升授礼部左侍郎。七月，两广军门李逢节和王尊德奉旨至澳门购募炮师和大铳。此后，在都司孙学诗的督护以及耶稣会士陆若汉的伴同下，一名叫贡萨握·德谢拉的澳门葡人率领的31名铳师、工匠和傔伴，共携大铁铳7门、大铜铳3门以及鹰嘴铳30门北上，而这个贡萨握·德谢拉在徐光启《闻风愤激直献疏》中被称作"西洋统领公沙的西劳"。

崇祯二年十一月，后金军入关时，他们方才行至山东济宁，忽闻后金已破北直隶遵化等城入关了，刚好遇到兵部奉旨前来催促的差官，由于漕河水涸，公沙等乃舍舟从陆，昼夜兼程。十一月二十三日，至涿州，队伍在此遭遇后金军。此时，州城内外士民已经乱成一团，都打算弃城逃避，公沙的西劳、陆若汉、孙学诗乃会同知州陆燧及原任大学士的乡官冯铨等商议，急将运送的大铳入药装弹，推车登城据守，并在四门点放试演，声似轰雷，后金军闻声而不敢南下，随后即北退。

崇祯三年正月，公沙的西劳等所率的铳师和大铳抵京效命，而此时，袁崇焕下狱，祖大寿愤怒惊惧之极，乃率辽兵东返，满桂力战身亡，副总兵申甫和兵部右侍郎刘之纶所率诸部也先后败没。在此情况下，大明决定支付领队公沙的西劳每年150两的薪水，每月再加15两的额外花费，其余之人则年支100两，每月另给10两的伙食钱，以让这些"雇佣兵"能够为大明所用。

崇祯三年正月四日，所有西洋大炮被安置在都城各要冲，并在京营内精选将士习西洋点放法，并赐炮名为"神威大将军"。随后，因辽东战情紧急，公沙的西劳和陆若汉主动上表，称"奉旨留用，方图报答……天未远臣，愿效愚忠"，于是陆若汉等人前往山东登州，协助登莱巡抚孙元化造炮练兵，孙元化对西方火器十分熟谙，他以为"中国之铳惟恐不近，西洋之铳惟恐不远，故必用西洋之法"。也就在这个时期，"西洋统领公沙的西劳"率众参加了皮岛之战。

皮岛之战，后金兵虽然"犹溃而复合，合而复溃，如是者再四"，但终究敌不过明军的猛烈炮火和海上用船之不便，被迫放弃进攻，"畏缩奔于八十里之外，不敢复近海岸"。六月二十八日，后金自朝鲜撤兵，七月二日回到沈阳。

就在取得皮岛之战的胜利时，大明帝国却发生了两件影响巨大的事

明军

情，其一是李自成崛起，其二就是宦官监军。李自成，原名李鸿基，生于万历三十四年，陕北米脂县李继迁寨人。幼牧羊，后为银川驿卒。崇祯元年，李自成之舅安塞高迎祥起义，号"闯王"。崇祯二年，朝廷裁减驿站，没有了生计的李自成，逃至甘州充边兵。崇祯三年，李自成聚众起义。崇祯四年六月初，王嘉胤牺牲，部众共推王自用为领袖。是年，七月间，王自用与老回回、八金刚、扫地王、射塌天及高迎祥、张献忠等共36营、20余万人马会聚于山西。李自成从高迎祥，号为"闯将"，并与张献忠部会合。

而宦官监军则贻害更大，宦官监军其实早在东汉之时就已经有过先例，东汉恒帝延熹五年，武陵郡（今湖南常德西）蛮起兵叛汉，进攻江陵（今属湖北），荆州刺史刘度、南郡太守李肃望风而走，武陵蛮占据荆州大部。汉廷派车骑将军冯绲率兵10余万进讨，冯绲上书请设监军。

其实，所谓监军都是朝廷临时所遣，以代朝廷协理军务，督察将帅，汉武大帝时曾置监军使者，两汉、魏晋、隋代皆有，称监军，也称监军事。又有军师、军司，亦为监军之职。唐初，袭前隋制，以御史监军。《通典》载："至隋末，或以御史监军事。大唐亦然。时有其职，非常官也。开元二十年后，并以中官为之，谓之监军使。"也就是说初期的监军其实只有御史充任，而且不过是执行"监视刑赏，奏察违谬"之职而已，既不是常设之职，也不参与军事。

明初以御史为监军，专掌功罪、赏罚的稽核。思宗皇帝初即位时，鉴于魏忠贤祸败之事，尽撤诸镇守中官，委任大臣。既而诸廷臣陷于门户之争，兵败饷绌，而不能进一策，乃思复用近侍。崇祯四年（1631）九月初九，复遣中官王应朝、邓希诏等监视关、宁、蓟镇兵粮及各边抚赏。二十四日，又任命太监张彝宪总理户、工二部钱粮，唐文征提督京营戎政，王坤往宣府、刘文忠往大同、刘允中往山西，各监视兵饷。从此太监监军之风大开。可结果，却是"诸监军多侵克军款，每战先逃，戎务更坏"。

崇祯四年，辽东的局面越发糜烂，是年，辽东巡抚邱禾嘉建议筑广宁、义州、右屯三城以御后金进犯。督师孙承宗则谓"广宁道远，当先据古屯，筑大凌河城，以渐而进"。于是当年七月动工，令祖大寿、副将何可纲征发班军1.4万人筑大凌河城，并以4000兵据守其地。就在大凌河城将筑成，兵部尚书梁廷栋被罢。廷议"大凌荒远，不当城，撤班军赴蓟"。邱禾嘉乃撤防兵，只留班军万人以守。后金闻此事，皇太极以倾国之师，于八月初四发兵逼大凌河城。掘濠树栅、四面围合，另派军截锦州大道。在后金大军兵围大凌河，以红衣大炮攻城时，孙元化急令孔有德救之，但至吴桥发生兵变，有德倒戈回山东，于是局面更加混乱。

吴桥兵变的起因是崇祯三年（1630）一月，孙元化随孙承宗镇守山海关，三月加山东按察副使，五月升登莱巡抚。后袁崇焕杀毛文龙，皮岛的毛文龙旧将哗变，孙元化接收了皮岛的叛将孔有德、耿仲明、李九成、李应元诸将。孔有德被任命为骑兵参将，耿仲明则被派往登州要塞。

皇太极率兵攻大凌河城，祖大寿受困城内，八月二十二日，兵部发文命驻防在皮岛的前协副总兵张焘率兵至旅顺旁之双岛，与参将黄蜚以及孔有德部会师。张焘等遇飓风，迟迟未能从海路至三岔河牵制后金大军。十月二十三日，兵部又命孙元化急调孔有德以800骑赶赴前线增援。十一月十四日，部队始齐集。可是，登州辽东兵却与山东兵素不和，"或相残杀，辽人怨愤"。二十七日，孔有德抵达吴桥时，因遇大雨春雪，部队给养不足，又部队行抵吴桥时，与山东人屡有摩擦，吴桥县令毕自寅默许县人闭门罢市。时有一兵士强取山东望族王象春家仆一鸡，结果该士兵被"穿箭游营"。于是，众士兵气愤，击杀该家仆，事后王象春之子不肯罢休，要求查明真相，李九成把孙元化给的市马钱花尽，恐遭非议，于是抢先哗变。此后，孔有德受李九成、李应元父子的煽动，在吴桥发动叛变，在山东境内连陷数城，史称"吴桥兵变"。

广东道御史宋贤上疏弹劾山东巡抚余大成、孙元化："登莱抚臣孙元化侵饷纵兵，贪秽已极。其所辖士卒，数月间一逞于江东，则剽截主将；再逞于济南，则攻陷城池，皆法之所不赦者。"广西道试御史萧奕辅指责孙元化放任孔有德，又说张焘"卸罪于波涛，借词于风汛"，于是，坚守城池的祖大寿已经陷入危局。史载，祖大寿率城中兵马四次突围，但"全败还"。此后，孙承宗派总兵官吴襄、宋伟率兵4万相继数次增援，但合军赴援的宋伟、吴襄二将却素来不和，于是在长山坡遭遇溃败。此后又夜渡小凌河，驻长山，结果又败，吴襄部率先逃遁，太仆寺卿监军道张春、副将祖大乐等32将被俘，张吉甫等则战死。

这个时候，倒戈杀回山东的孔有德则连陷临邑、陵县、商河、青城诸城，率兵直趋登州。孙元化急令张焘率辽兵守登州城外，遣总兵官张可大发兵抗击，以两路成合击之势。但张焘部与孔有德旧识，张焘的兵卒随即投入孔有德行列，张可大部自是大败。与孔有德是旧交的登州中军耿仲明、陈光福等人在城内秘密邀集辽东诸将为内应，天黑以后，接应孔有德叛军攻进城里。崇祯五年（1632）正月，登州便告失陷，总兵张可大斩杀其妾陈氏后，上吊自尽，孙元化自杀未成被俘，城中葡萄牙人有公沙的西劳、鲁未略、拂朗亚兰达、方斯谷、额弘略、恭撒录、安尼、阿弥额尔、萨琮、安多、兀若望、伯多录等，12人战死、15人重伤。叛军掳获了旧兵6000人、援兵1000人、马3000匹、饷银10万两、红衣大炮20余门、西洋炮300门。

此后，孔有德念旧，崇祯五年二月，将孙元化和宋光兰、王征、张焘等人放还。虽然孙元化与余大成、张焘回到京师，但却因为党争，为政敌陕西道试御史余应桂、兵科给事中李梦辰所陷害，而被交付镇抚司，在狱中遭到酷刑，"手受刑五次，加掠二百余"。尽管徐光启上疏称如孙元化有造反之意，"臣愿以全家百口共戮"，但终无法挽回。崇祯五年七月二十三日，孙元化与张焘同被处死，宋光兰和王征、余大成充军。而战死的葡萄牙人则待遇颇为不错，统领公沙的西劳经兵部尚书熊明遇疏请，被追赠为参将，副统领鲁未略赠游击，铳师拂朗亚兰达赠守备，傔伴方斯谷、额弘略等则各赠把总职衔，每名并给其家属赏银十两。其余诸人则各给行粮十两，然后都被遣送回澳门。

与此同时，被围的大凌河城已是弹尽粮绝，至三月中"军士饥甚，杀其修城夫役及商贾平民为食，析骸而炊。又执军士之羸弱者，杀而食之"。于是祖大寿粮尽而降，大寿副将何可纲不从，大寿执之，于后金诸将前杀之。可纲不变色，不出言，含笑而死。城内饥人，争取其肉。后大寿编假奏报朝廷曰：可纲慰阁部，献身为食。但由于祖大寿投降，思宗大怒，因此罢孙承宗官。

史载，祖氏世代为辽东望族，祖大寿、祖大乐、祖大弼三兄弟皆辽东将领，大寿最早是熊廷弼、王化贞的部将，后来随孙承宗，以大寿佐参将金冠守岛。天启三年，主持修筑宁远城。天启六年正月，努尔哈赤攻宁远，大寿佐袁崇焕等守城，大败之，以功升副总兵。天启七年五月，皇太极再攻宁远，大寿、满桂率兵与后金兵激战。六月，清军又败

八旗狂飙

走，史称"宁锦大捷"。崇祯元年，朝廷用袁崇焕督师辽东，赐尚方宝剑。六月，擢大寿为辽东前锋总兵，驻守锦州。后崇焕诛杀毛文龙，发生"己巳之变"，后金军南下，北京戒严，大寿从袁崇焕入卫京师。不久，崇焕下狱，又闻满桂为武经略，大寿率部毁山海关东走，朝野震惊。思宗命袁崇焕以书招回，孙承宗亦遣使抚慰，大寿得书，受其感召，全军皆哭，奋勇杀敌，连克永平、迁安、滦州，辽左乃安。此番祖大寿粮尽而降，皇太极赠以御服黑狐帽、貂裘、雕鞍、白马，并使之回锦州为内应，但大寿与从子祖泽远率所属兵300多人回锦州后却没有作为内应，而是坚守锦州十余年，并多次与清军作战。

崇祯五年（1632）八月，为平定孔有德叛乱，朝廷命朱大典巡抚山东，救莱州，朱大典率兵数万及关中劲旅抵德州，杀叛敌陈有时，后兵分三路，金国奇率兵从中路进昌平，总兵陈洪范率兵从南路进，参将王之富等从北路进。诸军皆带三天粮至沙河，孔有德迎战，大败而回，二十日莱州城围始解。此后，官军围登州，筑围墙以困孔有德，其城三面据山，一面临海，墙有30里长，东西俱抵海。明将分番戍守。于是，孔有德军不能出，只能开炮击官军。虽然李九成一度出城与官军战，但最终阵亡。面对围城，孔有德一度欲弃登州入海。官军龚正祥等率舟师拒于海口，时大风突起，舟破，孔有德军突至，俘龚正祥，然而孔有德依然不能出海。双方由此陷入僵局中，直到崇祯六年二月二十六日，参将王之富、祖宽等克登州水城。由于当时孔有德等在围城中，粮绝，但恃水城可逃，故不降。于是，王之富等夺其水城门外护墙，孔有德与耿仲明遂逃。此后官军攻水城未下，乃采用游击刘良佐之策，以火药炸城。城崩，将士涌入。副将王来聘先登，受伤而死。城破，俘千余人，自尽及投海死者不可胜计，山东平。

而出逃的孔有德、耿仲明此后从镇江堡降后金，降书曰："本帅现有甲兵数万，轻舟百余，大炮、火器俱全。有此武器，更与明汗同心协力，水陆并进，势如破竹，天下又谁敢与汗为敌乎？"皇太极大喜，出郊十里迎接。孔有德等人的投降使得原本缺乏火炮的后金此后也开始能够教使火炮。此后在崇祯六年七月十四日，后金兵进取旅顺时，孔有德便积极为后金兵出谋划策。当时，总兵官黄龙驻守旅顺，因鸭绿江有战事，黄龙派水师往授，孔有德等侦知旅顺空虚，遂带领后金兵袭其城。黄龙数战皆败，弹药俱尽，遂自刎。游击李惟鸾自焚其家属，力战而死。

吴桥兵变此一事件本身起因很小，但能够从一偷鸡小事酿成一场兵变，原因很多，时人称吴桥兵变爆发的原因为："孔、李枭獍素习，一反也；为登土人凌蔑积恨，二反也；不愿远戍宁远，三反也。"

其实自从崇祯五年以来，大明帝国的内部已经不仅仅只有兵变了。这一年，六月初六，黄河于孟津决口。崇祯年间，黄河多次决口，军民商户死伤无数。百姓转徙，到处丐食，无路可走，乃聚而造反。同年九月，农民军高迎祥、罗汝才、张献忠等聚集山西，分四路出击，连续攻克大宁、隰州、泽州、寿阳诸州县。朝廷乃令宣大总督张宗衡驻平阳，巡抚许鼎臣驻汾州，分地守御。十四日，李自成攻陷修武县，杀知县刘凤翔。十二月，朝廷又派贺人龙、李卑、艾万年三将进关中，助张宗衡、许鼎臣围剿农民军。兵至，张、许争三将兵为己部，而贺人龙等无所适从。农民军趁机入据磨盘山，分其众为三：阎正虎据交城，进逼太原；邢红娘、上天龙据吴城，进逼汾州；紫金梁、张献忠攻沁州、武乡，陷辽州。知州李呈章，乡官杨于楷、张友程，举人赵一亨、侯标并死之。至崇祯六年二月十一日，农民军进入河北，参将杨遇春率兵追之，中伏死。义军连陷赵州、西山、顺德、真定等。又于邢台摩天岭西下，至武安，败左良玉军；守备曹鸣、主簿吴应科等皆战死。农民军在河北势力大震。

崇祯六年（1633）六月，川兵邓玘奉诏进剿农民起义军，到济源，射杀义军首领紫金梁，义军乃退至林县。杨遇春追杀之，中伏而死。义军乃用其旗，诱杀其他官军，结果川军大败，初五土司马凤仪一军也被义军击败于侯家庄。此后，在十二月初一，农民军乘胜攻陷伊阳，伊阳

明军"出警入跸"图

知县金会嘉弃城逃跑。乡官故兵部车驾司主事李中正，集家人及里中壮士奋击，众寡不敌，全部战死。卢氏生员常省身，占据险地与义军战两昼夜，力不支，令妻子自缢，然后拔剑自刎而死。

战局糜烂，焦头烂额的思宗皇帝于是在崇祯六年冬，再令保定、河南、山西诸路官军围剿农民军。是年十一月二十四日，农民军乘黄河冰冻飞渡冲出合围，连克渑池、卢氏、伊阳三县，从陕西进入河南。河南巡抚元默重兵堵截，农民军转而南下，经汝州至淅川、内乡、光化、南阳。此后，农民军由合营而分军，老回回等五营农民军攻入湖广。崇祯七年正月初五，罗汝才等部农民军，由郧阳渡汉水，次日攻襄阳，连克平利、白河等处。十四日，南破凤县入四川。二月初五，农民军攻陷兴山，杀知县刘定国。十五日，下瞿塘。二月二十一日，又攻下夔州府、大宁，围攻太平。由于土司秦良玉率军阻断了农民军前进的道路，崇祯七年三月，入川之老回回等数营义军又自阳平关入秦州，复返陕西。

而另一路农民军则在崇祯六年冬，突破官军的合围，入河南境。攻占南阳后，起义军分军，老回回等五营攻入湖广，李自成等入汉中，张献忠率部赴信阳。至崇祯七年正月，张献忠自信阳西去商、洛地区。李自成与张献忠合兵攻取澄城，直逼平凉等州县。二月二十八日，张献忠等13营义军自河南商、洛西出潼关进入汉南。三月，老回回等部也由川返陕。就这样，农民起义军重又联合一起成为一支强大的力量。

就在皇帝为四处的民变而焦头烂额时，辽东尚可喜降清。史载，尚可喜本不是辽东人，万历四年，其祖父尚继官举家迁往辽东海州。万历三十二年（1604），随父尚学礼从军戍守边关。尚学礼官至副总兵，长期镇守辽东，乃是东江总兵毛文龙部下。天启五年（1625）尚学礼与另三位副总兵在柳河之役中战死，其兄长尚可进，亦为辽东名将。崇祯六年，在对后金的作战中战死。尚可喜从军后，效命于东江总兵毛文龙帐下。袁崇焕斩毛文龙后，黄龙为东江总兵官，尚可喜为其部下。崇祯五年，孔有德叛明，陷登州，旅顺、广鹿岛副将皆往从之。黄龙遣尚可喜抚定诸岛。时后金兵驻旅顺，尚可喜击走之，遂驻其地。不久，升为广鹿岛副将。崇祯六年七月，东江总兵黄龙兵败自杀，于是以沈世奎代之为总兵。结果，沈世奎接任后排挤原毛文龙旧部，部校王庭瑞、袁安邦等构陷尚可喜，诬以罪。崇祯七年，沈世奎檄召尚可喜到皮岛，试图诳尚可喜至皮岛，诬以罪名，加以谋害。此事为尚可喜部下许尔显等人得知后，尚可喜遂有去意。于是，遣许尔显、班志富诸部下前往沈阳，与后金接洽。皇太极闻之，兴奋至极，大呼"天助我也"，并赐尚可喜部名"天助兵"。崇祯七年正月初二，尚可喜携麾下诸将、辖下五岛军资器械航海归降。皇太极出城30里相迎，赏赐珍宝无数，发还先前所俘虏的且能找到的尚可喜家族成员共计27人（彼时后金所俘百余人，尚可喜二位夫人乱中自尽）。旋即封总兵官。

崇祯七年，尚可喜降后金时，大明帝国已经是风雨飘摇了，到处都是灾荒，时山西、陕西自去年八月至今不雨，赤地千里，民大饥，人相食。民饥而乱兴，而明军将领又往往杀良冒功。中州诸郡，畏官兵甚于"贼"。于是，给事中吴甘来请发粟以赈饥，皇帝应允，下诏发帑赈饥。可仅仅赈灾是不够的，大明帝国并没有放松对起义军的镇压。崇祯七年六月，总督陈奇瑜与郧阳抚治卢象升合兵于上津。时农民军各部多入汉南，陈奇瑜乃引军西向，约会陕西、郧阳、湖广、河南四巡抚围剿汉南农民军。农民军高迎祥、张献忠、罗汝才、李自成等部见明军四集，误走兴安车箱峡。峡谷之中为古栈道，四面山势险峻，易入难出。时天雨两旬，被困的农民军马疲食尽，李自成用顾君恩谋诈降，以重宝诱陈奇瑜左右及诸将。奇瑜许。七月，起义军从车箱峡脱围者计3.6万余人。这次机会的浪费，使得大明再无平息民变的良机。

此后，思宗皇帝以农民军聚集陕西，下令河南兵入潼、华，四川兵由兴、汉，山西兵出蒲州、韩城，湖广兵入商、洛，合剿农民军。崇祯七年十月二十七日，湖广兵援汉中，被农民军击败，副总兵杨正芳及部将张士达战死。皇帝震怒，将陈奇瑜下狱，而以洪承畴为兵部尚书，并兼摄陕、晋、楚、豫、川五省军务，准备更大规模地围剿农民军。是年十二月，农民军高迎祥、李自成等部由陕东出终南山，进入河南，连克陈州、灵宝、汜水、荥阳等地，声势复震。思宗皇帝急令洪承畴出关与山东巡抚朱大典合力围剿农民军。

然而就在这时，后金皇太极为统一漠南蒙古，第二次西征察哈尔。是年秋七月，后金军回师，以大明边将扰其境、杀其民、匿逃人为名，于七月初八入上方堡，进围宣府。宣府守兵发炮击之，于是皇太极乃退走应州，兵掠大同，攻陷得胜堡。一时间京师震动，诏令总兵陈洪范守居庸，巡抚丁魁楚等守紫荆、雁门。此后，后金军分四路攻掠宣、大地区。是时沿边城堡多失守，后金军攻灵邱。灵邱知县蒋秉采募兵坚守，守备世奇，把总陈彦武、马如豸，典史张标，教谕路登甫，并战死。城破后，知县蒋秉采自缢死，其家合门殉之。一时之间，天下震惊。

此时，大明帝国正忙着镇压高迎祥、李自成所部，根本无力对抗后金，自洪承畴率主力出潼关，在河南信阳大会诸将，准备对起义军实行大规模的军事围剿以来，征讨还是颇有成效的。譬如李自成起义军在息县一带活动时，李若星吁请合兵向义军反击，是役义军死伤千余。此后，至崇祯十年，当农民军高迎祥、李自成率部东围庐州，取含山、和州时，明军趁着农民军连营数十里攻滁州时，于正月初八，由总督卢象升率总兵祖宽、游击罗岱等诸道兵驰援滁州，两军大战于城东五里桥。农民军战不利，连营俱溃，北退50里，被斩1200余级，从朱龙关至关山，积尸填沟委堑，滁水为不流。农民军失利后，北渡逼泗州、徐州，复转入河南。至月末，部分起义军自南山还商、雒。二月十一日，卢象升奏捷，斩676级，夺马骡400余匹。可就在捷报传来时，又传来了山西遭受连年的旱灾、虫灾的奏报，这一年，天下灾荒不断，民无粮，只得食树皮、草叶。树皮、草叶尽，乃人相食。临近山西的河南南阳，也发生饥荒。唐王朱聿键奏河南南阳饥，甚有母烹其女以食者。思宗皇帝乃下诏发3500金赈济山西、南阳，并免山西受灾州县新旧二饷。更为糟糕的是，驻守宁夏的士兵，也因兵饷无措，而发生兵变。史载，饥兵群起围攻官署，巡抚右佥都御史王楫因不能措饷，饥兵索饷无着，乃鼓噪而杀之。兵备副使丁启睿率军镇压，捕获为首者七人，立即处斩，兵变才被抚定。

崇祯十年农历四月十一，后金国大汗爱新觉罗·皇太极称帝，改元崇德，以是年为崇德元年，正式改国号"大金"为"大清"，改族名为"满洲"，定都沈阳，改名盛京。众臣上尊号"宽温仁圣皇帝"。登基之后，皇太极便派多罗武英郡王阿济格等统八旗兵10万攻明。

六月二十七日，阿济格兵分三路入喜峰口、独石口，巡关御史王肇坤拒战，兵败而死，明军退保昌平，清兵再侵居庸、昌平北路。大同总兵王朴驰援，击斩1104人，俘获143人。此后清兵入京畿，攻陷昌平后，又相继攻下良乡、围攻顺义。顺义知县上官荩与游击治国器、都指挥苏时雨等据城守。城陷，荩与国器、时雨等皆死之。清军乘势，又攻下宝坻、定兴、安肃、大城、雄县、安州等近畿州县。

天下糜烂至此，朝内党争却是不断，史载："六月奸人张汉儒窥温体仁欲罪东林，遂入其门下，相与定密谋，乃抗章诋毁钱谦益、瞿式耜居乡不法。体仁从中主持之，逮二人下诏狱严讯。谦益危甚，求救于司礼太监曹化淳。汉儒侦知之，告体仁。体仁密奏上，请并坐化淳罪。上以示化淳，化淳惧，自请按治，乃尽得汉儒奸状及体仁密谋，疏上，帝始知体仁有党，遂命汉儒等立枷。"

温体仁，浙江乌程人，此人算得上是思宗皇帝当政期间任期最长的内阁首辅了。天启二年（1622）时，温体仁升礼部右侍郎，协理詹事，次年回部任左侍部。七年晋南京礼部尚书。崇祯三年任礼部尚书兼东阁大学士，加太子太保，进文渊阁，五年加少保兼太子太保、户部尚书，进武英殿。史载，"体仁辅政数年，念朝士多与为怨，不敢恣肆，用廉谨自结于上，苞苴不入门"。当初在思宗即位之初选择阁辅时，温体仁与礼部侍郎周延儒两人弹劾钱谦益有受贿之嫌。的确，钱谦益与东林党人交游甚笃。他的父亲是顾宪成的同学、朋友，钱谦益15岁时就曾拜谒顾宪成，后长期就学于东林书院，对顾推崇备至，称他"醇然有道"。入京后，拜孙承宗为师，自称"余举进士，出吾师高阳公门"。还将邹元标视作"余之执友"，引缪昌期为"同志"。

崇祯元年七月，钱谦益赴京，任礼部右侍郎兼翰林院侍读学士。同年十一月，会推内阁大臣，候选人为成基命、钱谦益、郑以芳、李腾芳、孙慎行、何如宠、薛三省、盛以弘、罗喻义、王永光、曹于汴共11人。而时任礼部尚书的温体仁人望较轻，并不在名单上，刚刚在袁崇焕处理锦州兵变一事中奏对获得思宗皇帝称赞的礼部侍郎周延儒，也因为"望轻"而被排除在外。

温体仁揣测思宗皇帝必然有所怀疑，于是在十一月初五上疏攻击钱谦益"关节受贿，神奸结党"。思宗皇帝看到温体仁的奏疏后心中怀疑，便在十一月初六召集众臣在文华殿开会。会上，温体仁"言如涌泉"，称钱谦益"结党受贿，举朝无一人敢言"。于是思宗皇帝认为"满朝俱是谦益一党"，由于思宗皇帝一直就厌恶朝中大臣结党，加上钱龙锡等大臣纷纷为钱谦益开脱，吏科给事中章允儒言辞最为激烈，并称："温体仁觊觎相位很久了，否则弹劾钱谦益什么时候不可以，何必要等到会推阁臣的时候？"可结果温体仁回应："钱谦益此前在闲散衙门，我今天弹劾就是为朝廷考虑。章允儒这样说，看来他们是真的结党了。"于是皇帝感慨"要不是温体仁，朕就要被欺骗了"。遂将章允儒下诏狱，并将钱谦益"革职听勘"，给事中瞿式耜、御史房可壮等人都因为涉嫌和钱谦益结党而被降职或免职，而11名会推候选人一并弃用，温体仁则与周延儒入阁并出任礼部尚书东阁大学士。后来温体仁又排挤周延儒，并出任阁辅。

史载，温体仁善于利用思宗的性情而当政八年，并得到思宗的恩礼优渥，对于温体仁当政，御史吴履中曾评价说："温体仁托严正之义，行媚嫉之私，使朝廷不得任人以治事，酿成祸源，体仁之罪也。"《明史》则将他列入奸臣传，并评价曰："流寇蹂躏畿辅，扰中原，边警杂沓，民生日困，未尝建一策，惟日与善类为仇。"史载，温体仁回乡后的次年便病死。其死后，思宗赠为太傅，谥文忠，然而福王朱由崧即位于南京后，便削其谥号。

温体仁之后，思宗皇帝重用之人是杨嗣昌，此人出身于书香门第，祖父杨时芳为武陵名士，其父杨鹤乃万历三十二年进士，诗文俱佳。杨嗣昌晚父六年，于万历三十八年中进士。因处乱世，杨嗣昌及其父亲杨鹤均以督兵著世。杨鹤官至兵部右侍郎，总督陕西三边军务。而杨嗣昌则历任杭州府教授、南京国子监博士、户部郎中、礼部尚书、东阁大学士，入参机务仍掌兵部事，期间整饬军务。天启二年五月初二，曾替登莱巡抚袁可立向皇帝请饷，"抚臣袁可立受命方新，请发帑金二十万安兵散民，似非得已。惟在圣明裁定，赐予若干"。但因为国库吃紧，这项请求并没有得到批准。天启三年，其受阉党排挤，称病辞职归里。崇祯元年，起为河南副使，加右参政。后升任右佥都御史，巡抚永平、山海关诸处，以知兵闻名朝野。今山海关显功祠内有杨嗣昌塑像，称赞他整饬防务、修筑山海关两翼城，抵御后金入侵有功。崇祯七年，授兵部右侍郎兼右佥都御史，总督宣府、大同、山西军务。旋以其父母相继去世而回家丁忧。崇祯十年，农民起义席卷中原，是年三月，帝召杨嗣昌至京师，一直以来，杨嗣昌都是力主"安内方可攘外"，故而他认为只有镇压民变，才能够集中全力于辽东。两人谈话后，史载，帝曰："恨用卿晚。"于是六月，杨嗣昌被任为礼部尚书兼东阁大学士，入参机务，并主持镇压农民军起义事务。

对于飘忽不定的农民军，杨嗣昌采用"四正六隅""十面之网"之策，以对民军各个击破。所谓"四正"是陕西、河南、湖广、凤阳四镇，"六隅"则是延绥、山西、山东、应天、江西、四川六区。而集合"四正六隅"为十面罗网，各有侧重，协同配合，"随贼所向，专任剿杀"。受命督军镇压后，嗣昌增兵14万，加饷银280万两。由熊文灿为五省军务总理，剿抚兼施。此举在一年内颇见成效。当时张献忠率军自潜山出，连破太湖、蕲州、黄州等地。崇祯十年三月二十五日，献忠率军与明军大战于太湖之酆家店。献忠以数万兵围明军数重，又遣将统军阻击史可法等援军。时天雨，农民军从四面进攻，短兵相接，斩明将潘可大等四十余人。明军大败，损兵6000余。于是，献忠率军乘胜东取和州、含山、六合等地。但至崇祯十一年春时，各路民军均连遭挫折。在杨嗣昌策划的"四正""六隅""十面张网"的围剿战略下，李自成在陕西遭到几次失败。崇祯十一年一月，自成等部闻洪承畴率军入川，齐聚川北。洪承畴檄川中诸道兵严守要害。农民军据险守川北，久粮乏，承畴以川师诱之，亲率陕兵设伏于梓潼。十三日，自成在梓潼被困，与承畴战不利，率余部走还陕西。崇祯十年三月，李自成率部从川入陕后，自洮州出番地，总督洪承畴令曹变蛟与贺人龙追歼。自成率军与曹变蛟所部连日苦战，转战千里。番地人稀粮乏，农民军无以得食，力不支，战死饿死者众。洮州败后，李自成率军复入塞，赴岷州及西和、礼县山中。曹变蛟率军追剿之，于是除李自成亲统的六队，混天星、过天星等先后降明。此后，洪承畴度自成必奔潼关，与孙传庭定计，设伏于潼关南原，每50里立一营，同时令总兵官曹变蛟追自成后。李自成军至潼关南原，伏起，大军溃败，死伤无数。此战，李自成身受重伤，妻女、辎重俱失，仅与刘宗敏等18骑突围，匿于陕西东南的商洛山中，潜伏不出。

此后，刘国能等也在河南归顺朝廷，给张献忠的队伍带来了巨大的困难。此后张献忠在进袭南阳的战斗中被左良玉军击败，本人也受了伤，幸被部下孙可望力救脱险，遂带部队退居谷城。在官军的强大攻势下，为了保存实力，张献忠在谷城、罗汝才在郧阳，分别接受了兵部尚书熊文灿的"招抚"。自此，民变稍稍平定。

但也就在这一年冬天，清军三路大军第四度南侵，睿亲王多尔衮、贝勒岳托统帅军队从沈阳出发，绕道蒙古，从密云东面的墙子岭、喜峰口东面的青山口，突破长城要塞，蓟辽总督吴阿衡、总兵鲁宗文战败而死，中官郑希诏逃走，一时间，燕京震动。此后，清军长驱直入，犯保定，攻高阳。年已75岁的孙承宗率领全家子孙拒守，高阳城墙低矮，城破，一家40余口皆壮烈战死。思宗闻讯，追复其故官，给予祭葬。南明弘光帝时，追谥"文忠"。

之后，清军兵屯于牛栏山，威胁京畿，思宗皇帝和战不定，杨嗣昌时任礼部尚书兼东阁大学士，力主议和。嗣昌深知朝廷兵力、财力不足以支持两线作战，故提出"攘外必先安内"的建议，但宣大总督卢象升主张坚决抵抗，于是思宗皇帝召宣、大、山西三总兵入卫京师，又三赐卢象升尚方剑令督天下援兵，并诏总兵杨国柱、王朴、虎大威诸军入卫。二十四日，京师戒严。史载，卢象升幼时潜心读书，好骑射，虽是文人，皮肤白皙，但天赋异禀，"白皙而臞，膊独骨，负殊力"。万历四十四年，17岁进入国子监"补博士弟子员"。天启二年，举进士，授户部主事。卢象升能与士共甘苦，善于驭下，过着苦行僧式的生活。史载"（象升）居官勤劳倍下吏，夜刻烛，鸡鸣盥栉，得一机要，披衣起，立行之"。

崇祯二年，皇太极绕过关锦防线，沿喜峰口入袭京畿，时任知府的卢象升募兵1万人勤王，未及战，后金兵即退去。崇祯三年，提任参政，负责练兵，于北直隶大名府一带（古名天雄）以亲友、同乡的关系来招募军士，号"天雄军"。崇祯四年，因治绩优良升任按察使。崇祯六年（1633），卢象升率所练"天雄军"，镇压由山西入河北之民变。后任五省总督，负责在江北、河南、湖广、四川、山东剿灭民变，其与将领祖宽、左良玉多次击败高迎祥、李自成、张献忠部。史料中说"象升军到汝阳时，军中断粮三日，象升以身随之断粮，军无怨言，无人逃亡"。

汝阳之战，卢象升自城西攻，高迎祥几十万大军崩溃。高迎祥聚合部众20万之众，继续逃亡，在确山再败于卢象升。自崇祯八年五月至十一月，卢象升率绝对劣势兵力，先后十余战皆胜，斩杀民军3万余人，彻底扭转了战争局势。崇祯九年正月，高迎祥会合张献忠，以30万之众攻击南京，不利，退攻滁州。卢象升率军赶到，以两万之众再次击败高迎祥，并以各将领围堵，高迎祥人马散尽，退入湖广郧阳。卢象升手下祖宽所部以不熟山势为由，拒绝入山作战，卢象升无计可施，这才使得高迎祥得以逃脱。

崇祯九年四月，皇太极建国。六月，阿济格率清军攻入喜峰口，纵意抢掠而去。卢象升调任宣大总督，率师进驻京畿，严明军纪，操练兵马，清军不敢进犯。此番清军三路大举南侵，北京戒严，思宗皇帝和战不定，礼部尚书兼东阁大学士杨嗣昌主张议和，但卢象升主张坚决抵抗，遂率诸将分道出击，与清军战于庆都、真定等地。然杨嗣昌手握兵权，事事掣肘，切断卢象升粮饷，屡屡调走卢象升部生力军，致使号称"总督天下援兵"的卢象升部只剩区区5000老弱残卒。是年十二月十一日，卢象升移兵巨鹿贾庄，已断粮七日，全凭百姓自愿捐粮掺杂冰雪为食，然无一人叛。

此后，宦官高起潜统关宁兵数万在鸡泽，距离贾庄不到50里，卢象升派遣杨廷麟去求援，高起潜置之不理。卢象升知事不妙，军中大哭，誓与清军决一死战。遂拔寨而出，于蒿水桥决战清军。史载"骑数万环之三匝。象升麾兵疾战，呼声动天，自辰迄未，炮尽矢穷。奋身斗，后骑皆进，手击杀数十人，身中四矢三刃，遂仆。掌牧杨陆凯，惧众之残其尸，而伏其上，背负二十四矢以死"。战后，杨廷麟及部下在战场上寻获卢象升遗体，甲下尚着麻衣白网（服父丧）。三郡之民闻之，痛哭失声，声震天地。而高起潜得知卢象升大军兵败之后，惊恐失措，欲西逃，竟率军东退20里，遇敌伏军大溃，仅只身逃逸。自请督察军情的枢辅刘宇亮至保定闻败，也仓皇退入晋州，而清军即乘胜长驱直入，分陷昌平、宝坻、平谷等地，京师震动。二十日，思宗皇帝下诏征总督洪承畴率军入卫，陕西巡抚孙传庭为兵部侍郎督援军同行。

卢象升战死后，杨嗣昌却一意诬陷象升临阵脱逃，并派士卒俞振龙等三人前往查看。俞振龙不畏淫威，坚持指认卢象升遗体，"嗣昌怒，鞭之三日夜，且死，张目曰：'天道神明，无枉忠臣。'"千总杨国栋因为不肯顺从杨嗣昌意思修改唐报，坚持称卢象升已战死，而被处极刑。卢象升遗体停尸80多日后方被家人收殓，"至明年二月二十八日始大殓，神色如生"。

当洪承畴接到皇帝诏书，北上勤王时，清军已经在崇祯十二年三月初八至十一日从青山口出长城北归，而皇帝却依然决心以洪承畴镇守蓟辽边境，当陕西巡抚孙传庭建议以陕西精锐之师调回对抗"流寇"时，朝廷未采纳，反以孙传庭为保定总督，孙传庭借口推辞，结果崇祯大怒，命将其逮捕入狱，于是剿寇策略遂功亏一篑。此后李自成、张献忠再度崛起，直至明亡。

　　　　　　　　　　　　　　　　　　　　　　　　　　　　八旗狂飙

洪承畴此人的确有才能，其早年家贫，幼时以帮助母亲兜售豆干为生，11岁即辍学。曾任云南按察使的当地学者洪启胤对其颇为同情，传授洪承畴《史记》《资治通鉴》《三国志》《孙子兵法》等，神宗万历四十三年举孝廉，次年入京参加会试，得中进士二甲14名，授刑部江西司主事，历员外郎、郎中等职，天启二年升浙江提学，又升浙江布政使参议。熹宗天启七年，升陕西督道参议。思宗崇祯时，流寇大起。时年，洪承畴37岁，韩城遭民军王左桂围攻，杨鹤调洪承畴救援，洪承畴带数百由家丁、仆人、伙夫拼凑的军队，首赴沙场，以卓越指挥解围韩城，斩杀500余人。此后两个月里，所部号称"洪兵"，连战连捷。"托塔王"王左桂降，承畴宴请，席间杀之。洪承畴好杀降卒，崇祯四年四月，令贺人龙等设酒宴犒劳降卒，趁机杀三百余人。费密说："陕西总督某招抚数千人，某日遣降卒樵采，去其弓矢，发兵数千人围杀。降卒见状，纷纷拔木举石，奋起反抗，突围而出。从此以后，民军绝了投降之心。"然而，纵观明末农民起义，多见民军假意接受招安，一旦解围，即行反叛，张献忠屡降屡叛，正是一证，可见承畴先见之明。

同年八月，延绥巡抚死于任上，洪承畴代之为巡抚，十月授陕西三边总督。七年加太子太保、兵部尚书，兼督河南、山西、陕西、四川、湖广等处军务，镇压农民起义。

崇祯十一年十月，洪承畴大破李自成，李自成仅以18骑败走商洛，于是农民起义转入低潮。之后，卢象升受杨嗣昌掣肘，战死于巨鹿。思宗皇帝不得已将洪承畴从西线调来，这显然给予李自成、张献忠喘息之机。当总督洪承畴和陕西巡抚孙传庭率军北上入卫京师时，思宗皇帝从枢辅杨嗣昌议，晋洪承畴为兵部尚书兼右副都御史总督蓟、辽军务，孙传庭总督保定、山东、河北军务。而此时，满清睿亲王多尔衮已经率军饱掠后，从山东北返至天津卫，渡运河东归。三月初九，清军从青山口出关，退回辽东。是役，清军入关达半年，深入2000里，攻占1府、3州、55县，2关，杀明总督2、守备以上将吏100余人，俘获人口46万余、黄金4000余两、白银97万余两。

这一次，面对清军入侵，大明竟失陷城镇60余处，于是皇帝命杨嗣昌议文武诸臣失事罪。同时也因东事愈重，而决策抽练各镇精兵，复加征"练饷"。辅臣杨嗣昌定议：宣府、大同、山西、延绥、宁夏、甘肃、固原、临洮、辽东、蓟镇，及保定、畿辅、山东、河北各镇兵由各总镇、巡抚、总兵分练，东西策应，闻警即至。可就在当年十月，清军再次进攻宁远。时宁远守将为都督同知金国凤，统军近万人，然而面对强敌，宁远守军竟然胆怯。于是金国凤悲愤，率亲丁数十人出据北山冈与清兵苦战，矢尽力竭，与二子及众亲丁皆战死。

崇祯十二年，张献忠谷城再起，各地农民起义烈火复燃。于是崇祯帝"命杨嗣昌督师，赐尚方宝剑"进行镇压。杨嗣昌与陕西副将贺人龙、李国奇率军镇压。当时义军分为三路，西路张献忠据楚蜀界，东路革里眼，南路曹威、过天星等，于是杨嗣昌驻襄阳，而令总兵官左良玉专剿张献忠，此后左良玉率军与张献忠战于枸坪关，献忠败。左良玉请从汉阳西乡入蜀追之。杨嗣昌令左良玉派偏将追剿，左良玉不从。时张献忠移军至九滚坪，见玛瑙山险峻，将据之。左良玉军至山下，而张献忠已占据山巅，左良玉乃分兵三路，约闻鼓而上，鏖战久之，张献忠军败。史载"大破之，斩馘三千六百二十，坠岩谷死者无算"。此战，左良玉兵斩首地王曹威、白马邓天王等义军首领十六人。而张献忠虽然妻妾被擒，他自己逃入兴、归山中，但不久又入兴安、房县境内，官军畏惧山险不攻，张献忠潜伏密林中，贿山民买盐米，山民成为义军耳目，张献忠收得散士，声势复振。

不过在当时，崇祯皇帝对于此战还是很满意的。此后，张献忠西走白羊山与罗汝才会合。崇祯十三年（1640）七月，张献忠虽屡败，然气犹盛，立马江边，有不前者，辄斩之，官兵乃退，张献忠渡江后，屯驻万顷山，此时杨嗣昌自夷陵溯舟而上。而张献忠势力已盛，连续攻下大昌、开县，北攻剑州，将入汉中。又攻绵州、泸州，至开县。杨嗣昌在重庆，召贺人龙、左良玉来援，皆不至。后罗汝才与明总兵孙应元等战于兴山之丰邑坪，被官军斩2300余级，俘500余人。罗汝才率其众逸走巫山，与张献忠队伍会合。

是年八月，杨嗣昌出师入蜀，其时监军万元吉先入蜀，令蜀将把守巴、巫等险要之地。而此时李自成则从郧、均进入河南。

此时，民变的根本还是源自腐败的朝政和频发的天灾，仅仅崇祯十三年，就有苏、松、湖等府的吴江、归安等地昼夜倾盆大雨，水势骤发，霎时汹涌，不分堤岸，屋宇倾倒。而米价腾升，斗米至银三四钱，富家多闭粜，民食草木根皮俱尽，抛妻子死者相枕。强横之徒三五成群，鼓噪就食，街坊罢市，乡村闭户，人情汹汹。这一年，天下草木皆被吃光，官府于城门外掘坑以埋饿死者，埋且满，饥甚无食的人争到坑内割食其肉，至有父子夫妇相食者。山东沂州蝗灾，则是蝗遍野盈尺，百树无叶，赤地千里，斗麦二千。民掘草根剥树皮，父子相食，骸骨纵横，婴儿捐弃满道，人多自竖草标求售，辗转沟壑者无算。次年春疫疠继起，死亡过半。

虽然在三月七日思宗皇帝下诏罢各镇内臣，告谕道："各镇内员，察饷已久。兵马、钱粮、器械等项，稍有改观，但战守防援，事权未能尽一。遂将总监、分守等内臣俱撤回京另用，凡边务一切钱粮、兵马、边防、剿御等事，着督、府、镇、道一意肩承。"而十四日，户科给事中左懋第疏陈四弊：民困、兵弱、臣工委顿、国计虚耗等。又请严禁将士剽掠，请散米钱，赈济饥民。思宗皇帝采纳其言，诏令上灾75州县所旧练三并停，中灾68州县止征练饷，下灾28州县等到秋后征饷，并令清理刑狱。此后在五月十三日、十六日，皇帝又告谕户部、都察院：直省告饥，而畿辅、山东、河南、山西、陕西，又有百姓茹土食菜，并无菜色，且剜肉爨骨，殣以泽量，言之堕泪。但都无法改变大明王朝摇摇欲坠的境地，而且到处用兵，也急需军费，于是在这一年的十二月，皇帝下诏增天下关税。崇祯初年，关税每两增一钱，崇文门、河西务、临清、九江、浒墅、扬州、北新、淮安八关，增五万两。不久，又增二钱。户部尚书毕自严议"增南京宣课司税额一万为三万"，南京户部尚书郑三俊以"宣课所收落地税无几，请税芜湖以抵增数"，毕自严乃上疏议"税芜湖三万，而宣课仍增一万"。后乃以度支日绌，增加关税20万两，而商人百姓日益穷困。

这样的情况下，大明又怎么可能镇压民变呢？崇祯十四年正月，李自成攻克汝州。这一年二月，李自成攻开封，城坚厚五丈。义军以洞车掩护士兵挖穴，巡按高名衡婴城固守。周王朱恭枵拿出库金百万两，招募壮士杀敌，并做米饭以饷军。开封副将陈永福背城而战，杀义军2000，李仙风督将游击高谦驰救，又杀义军700人。李自成军遂退走密县。与此同时，张献忠攻克襄阳城。当时，杨嗣昌以襄阳为军府，饷金、甲器各数十万皆聚于城内。每门设副将防守。张献忠出川后，一日夜驰

300里，道上杀杨嗣昌使者，取其军符，以28骑进入襄阳城。夜半火起，居民望见火，以为满城皆贼，夺门出城，城溃。张献忠执襄王朱翊铭于南城楼曰："吾欲借王头，使杨嗣昌以陷藩伏法。"襄王朱翊铭与贵阳王朱常法皆被杀。此后张献忠在攻破襄阳后，又率兵东下，与罗汝才合兵入河南，攻商城。当时知县盛以恒，移任开封同知，将行。张献忠军至，乃与乡官杨所修等拒守。时天下雨雪，守城士兵冻馁不能战，以恒率众射杀义军17人。后以恒受伤，被抓而死。三月间，张献忠攻随州，知州徐世淳知道张献忠军必至，集士民誓以死守。张献忠攻城，徐世淳住于南城谯楼，日夜把守，援兵未至。守城月余，援尽力穷。张献忠乃佯攻南城，潜兵自北城攻入。世淳革马巷战，死于军，城遂破。

四月十九日，朝廷以总督三边侍郎丁启睿为兵部尚书、督师，节制陕西、河南、四川、湖广、江北诸军。然而丁启睿本不知兵，受重任不知所为。受命出潼关，将由承天赴荆州，湖广巡按汪承诏将船藏起，启睿至，五日不得渡。折而向邓州，州人闭门骂。过内乡，同样不得入。大军只得行荒山，吃马肉。此后丁启睿闻自成军围开封，有军队七十万，不敢去。张献忠在光山、固始间，兵少，丁乃与诸将相谋。诏檄左良玉，破张献忠军于麻城。此后，总兵左良玉又于信阳击败张献忠，当初张献忠自玛瑙山之败后，转兵他处，屡破数郡，颇为得意，遂再攻信阳，结果再次被左良玉击败，降卒数万。此战中，张献忠受伤，乘夜东奔。左良玉急追，会天下大雨，江溢路绝，张献忠逃走。将至英山又被左良玉副将王允成所击，所从者只余数十骑。张献忠遂投于李自成，李自成欲以其为部属，张献忠不从，在罗汝才的帮助下逃走。随后，李自成乘胜再攻开封，连续攻陷其所属许州、禹州、陈留、通许、尉氏、洧川、鄢陵、临颍、长葛、新郑、汜水等十余城。李自成攻城，巡抚高名衡、总兵陈永福竭力抵抗，而永福射李自成中目，李自成遂撤围而去。

这一年，大明天下依然是灾情不断，吴江一带，大旱不雨，飞蝗蔽天。官令捕之，日益甚。米价每石银四两，流丐满道，多枕藉死。民间以糟粮腐渣为珍味，或食树屑榆皮。各处设厂施粥，吃者日数千万。两畿、山东、河南、浙江、湖广一带，大旱，蝗虫起。当时山东等省连岁告灾，给事中左懋等督催漕运，道中驰疏言："臣自静海抵临清，见人民饥死者三，疫死者三，为盗者四。"李青山遂率领民众起义，阻断漕运，明廷大震。不得已之下，朝廷只能允许潜山、宿迁、太湖、怀安、桐城、望江等各输麦代漕米，准十之六。不久，又许淮安、扬州输麦抵漕粟。

就在这一时期，爆发了著名的松锦之战。

松锦之战，又称松锦大战，是从明崇祯十二年（1639）二月到明崇祯十五年（1642）四月，在锦州地区进行的明朝与清朝入关前的最后总决战。明军共20万，清军共24万，以明军全军覆没，明军统帅洪承畴投降清朝告终。

崇祯十二年（1639），思宗皇帝调任洪承畴为蓟辽总督，以加强东北边防，防卫金人。崇祯十三年（1640）三月，皇太极命郑亲王济尔哈朗、多罗贝勒多铎等人领兵修筑义州城，"驻扎屯田，令明山海关外宁锦地方不得耕种"。崇祯十四年三月，清兵包围了锦州，"填壕毁堑，声援断绝"。锦州守将祖大寿向明廷报称："锦城米仅供月余，而豆则未及一月，倘狡虏声警再殷，宁锦气脉中断，则松山、杏山、锦州三城势已岌岌，朝不逾夕矣。"明廷命洪承畴领王朴、杨国柱、唐通、白广恩、曹变蛟、马科、王廷臣、吴三桂八总兵，步骑13万，"刻期出关"，速会兵于宁远。

由于洪承畴本人多谋善断，故而深知清军厉害，而不敢冒进，只是驻扎宁远，以窥探锦州势态。并向朝廷表示："大敌在前，兵凶战危，解围救锦，时刻难缓，死者方埋，伤者未起。半月之内，即再督决战，用纾锦州之急。"兵部尚书陈新甲以兵多饷艰为由，主张速战速决，催承畴进军，又分任马绍愉、张若麒为兵部职方主事、职方郎中督促决战。张若麒不知兵，认为锦州之围可立解，

洪承畴

日日催促洪承畴进兵。思宗皇帝亦诏令洪承畴"刻期进兵"，洪承畴不得已，于崇祯十四年七月二十六日在宁远誓师，率八总兵、13万人，浩浩荡荡出援锦州。

崇祯十四年四月下旬，洪承畴率部至松山与杏山之间后，依然颇为犹豫。洪承畴主张徐徐逼近锦州，步步为营，且战且守，勿轻浪战。但八总兵均怀骄横，不易服从统一号令，在这种情况下，七月二十八日，洪承畴抵锦州城南乳峰山一带。二十九日，命总兵杨国柱率领所部攻打西石门，杨国柱中箭身亡，以山西总兵李辅明代之。此时明军士气正锐，清军见到明兵如此气势，无不"大骇"。此后，双方在乳峰山战事胶着，"清人兵马，死伤甚多"，清军失利，几至溃败。此战后，洪承畴将吴三桂列为首功，并称："吴三桂英略独擅，两年来，以廉勇振饬辽兵，战气备尝，此番斩获功多。"不过就当明军控制了松山至锦州的制高点，以凌厉攻势重挫清军，局势开始好转时，兵部尚书陈新甲却以兵多饷艰为由，催促洪承畴进军。洪承畴拖垮清军之方略无法实施，不得已，率军进入松山，意图在松锦与之决战。

皇太极听说洪承畴为援锦州率马科、吴三桂等八大将，兵13万驻松山，而清军与之交战，又频频失利时，心急如焚，决定亲率援军趋松山。朝鲜亦派出大量兵马和火炮支援清军，而且还有林庆业统帅水军随同清军作战。

崇祯十四年八月十八日，皇太极带病急援松山，虽然一路上皇太极鼻血不止，但依然日夜兼程行军。八月二十日，皇太极亲率大军到达锦州城北的戚家堡，分军驻王宝山、壮镇台、寨儿山、长岭山、刘喜屯。皇太极发现明军的弱点，对诸将说："此阵有前权而无后守，可破也。"于是清军陈于松山杏山之间，横截大路，就地挖壕，紧紧包围松山。史载，"断绝松山要路"，甚至"有刈薪、汲水者，辄为逻卒所杀"。

就当洪承畴与清军决战于松山、锦州之时，皇太极密令阿济格突袭塔山，趁潮落时夺取明军囤积在笔架山的粮草12堆。于是洪承畴所部陷入危机，欲战则力不支，欲守而送粮之路已被截断。

在松山被围，通道被断，松山粮饷仅存三日后，洪承畴召集诸将，主张决战突围，但诸将胆怯，不愿死战，这时张若麒也反对决战，于是明军"饷乏，议回宁远就食"，再加上"初筑时，承畴不之觉，已而知

　　　　　　　　　　　　　　　　八旗狂飙

为所困,然亦不能争矣,遂上书求援,凡十有八疏。内臣高起潜恐承畴有功,力抑之,使不得奏"。于是洪承畴无可奈何,决定明日一早分成两路突围南逃。

　　然而大同总兵王朴畏敌,不敢应战,首先乘夜突围逃跑,结果诸军动摇,各军不待军令,争先退走,"各帅争驰,马步自相蹂践"。黑夜中,明兵"且战且闯,各兵散乱,黑夜难认",清军则趁势掩杀,自此诸镇皆兵溃。总兵吴三桂、王朴等逃入杏山,总兵马科、李辅明等奔入塔山。洪承畴等人突围未成,只得困守松山城,丘明仰则誓与承畴同守,随后组织突围,双方战于尖山石灰窑,明军颇有攻势,但最后皆因潮涨失败。曹变蛟曾夜间突袭清军大营,皇太极亲军猝不及防,皇太极本人拔刀抵抗,遏必隆与锡翰偕同辅国公额克亲合力抵御,变蛟受伤撤离。洪承畴所率兵13万,先后失亡5.3万余人,其仅率万余残兵坐困松山城。自此,锦州之围益急,而松山外援亦绝。

　　当松山被清军围困已久,且城中乏粮时,朝廷命顺天巡抚杨绳武救洪承畴,又派兵部侍郎范志完率军赴松山解围,但此二人皆敛兵不敢出战。副将焦埏赴援,至山海关即败。不久,"城内粮尽,人相食,战守计穷",松山副将夏承德遣人密约降清,并以其子夏舒为人质,与清军相约攻城日期,已为内应。清军至期攻之,城破。巡抚丘民仰及总兵官曹变蛟、王廷臣等皆死。

　　崇祯十五年(1642)二月十八日城陷,洪承畴、祖大乐兵败被俘至沈阳。三月八日,祖大寿率部献城归降,清军占领锦州。在这之前,祖大寿多次击败清军,崇祯十一年还因破多铎军,被擢为少傅左总督。崇祯十四年七月,此番皇太极率师围锦州,朝廷命蓟辽总督洪承畴率军13万以解锦州之围,结果洪承畴兵败被俘。此时锦州被困年余,粮尽援绝,祖大寿遂再次降清。

　　此后,四月二十二日,清军用红衣大炮轰毁杏山城垣二十五丈余,副将吕品奇率部不战而降,至二十九日,清军计斩杀明兵5万余人,松山、锦州、杏山三城尽没,松锦大战结束。此后,清兵攻克塔山,其时,兵部郎中马绍愉驻塔山等候朝廷议和之命,遣人谕清兵勿攻,清兵不听,遂攻克塔山城。城中兵民自焚,无一人降清。据《清太宗实录》记载:"是役也,计斩杀敌众五万三千七百八十三,获马七千四百四十匹,甲胄九千三百四十六件。明兵自杏山，南至塔山，赴海死者甚众，所弃马匹、甲胄以数万计。海中浮尸漂荡，多如雁鹜。"

最初被俘时洪承畴为表示忠于明室，宣布绝食，但不久后被劝服，五月剃发降清。洪承畴投降以后，明朝不知道他已经变节，误传他已战死。思宗闻之大震，设坛赐祭：洪承畴16坛，邱民仰6坛。祭到第9坛的时候，又得到军报，说洪承畴降清了，京城大哗。

史载，洪承畴绝食数日，拒不肯降，范文程欲招降洪承畴，谈话之间，梁上落下来一块燕泥，掉在洪承畴的衣服上，于是洪承畴"屡拂拭之"。范文程不动声色，告辞出来，回奏皇太极说："承畴不死矣。承畴对敝袍犹爱惜若此，况其身耶？"皇太极接受了范文程、张存仁等的意见，对洪承畴备加关照，恩遇礼厚。而《清史稿》记载了洪承畴的最后投降："上自临视，解所御貂裘衣之曰：'先生得无寒乎？'承畴瞠视久，叹曰：'真命世之主也！'乃叩头请降。"

松锦战败致使关外明军精锐尽丧，松山、锦州、塔山、杏山四城失陷，祖大寿举城投降，致使"九塞之精锐，中国之粮刍，尽付一掷，竟莫能续御，而庙社以墟矣！"经营多年的宁锦防线彻底崩坏，一时间京师大震，王朴以"首逃"之罪被逮捕，此后又有御史郝晋弹劾吴三桂"六镇罪同，皆宜死……三桂实辽左之将，不战而逃，奈何反加提督"，兵部尚书陈新甲复议，但"姑念其（吴三桂）守宁远有功，可与李辅明、白广恩、唐通等贬秩，充为事官"。于是请独斩王朴。崇祯十五年五月十九日，王朴被杀，此外给予兵部职方主事马绍愉削籍的处分。吴三桂虽受到降级处分，但依然以其镇守宁远。后又有言官弹劾陈新甲之失，虽然新甲恐惧请辞，但皇帝不许。不久，思宗皇帝又诛杀陈新甲，并将职方郎中张若麒下狱论死。

自松锦大战后，大明帝国在辽东防御体系完全崩溃，此后在辽西的最后防线仅剩下山海关的吴三桂部。而导致这场大败的原因其实在于大明帝国内部，思宗皇帝、兵部尚书陈新甲等人，偏信"原属刑曹，本不知兵"的辽东监军张若麒轻敌冒进之言，一味催战，而在在这盲目催战下，洪承畴"轻进顿师，进不能突围，退不能善后，形见势绌……遂使重臣宿将选率骁骑，十万之众，覆没殆尽"。

此外，督监不和也是根本，身为蓟辽总督的洪承畴根据关外兵力和锦州守将祖大寿"逼以车营，毋轻战"的意见，主张且战且守，步步为营，逐步向前推进以解锦州之围。而监军张若麒却反对，"振臂奋袂，扶兵之势，收督臣之权，纵心指挥"，于是明军"但知有张兵部，不知有洪都督，而督臣始无可为矣"。总督和监军互相掣肘，明军不知所从，由此大败。当然了，洪承畴自身也有问题，他虽然精通兵家权谋，由于考虑到个人的得失安危，故而屈从于陈新甲、张若麒等人的权势，以至于当"陈新甲趣之，未免轻进以顿师"时，其便率军孤军深入，而当"张若麒惑之，倏焉退师以就饷"时，又率军南逃，这种犹豫和动摇，也是此番战败的根本。还有就是官兵尽皆畏死，面对皇太极亲自来援，最初欲决一死战以解锦州之围的明军居然弃战南逃，如总兵王朴为自己活命，不顾全军安危，违约先遁，造成此后突围被动，而朝廷为了解救洪承畴，命顺天巡抚杨绳武、兵部侍郎范志完率军赴松山解围，可是"皆敛兵不敢出"，更是问题。

崇祯十五年的乱局，并没有随着松锦大战的结束而结束。三月，张献忠攻舒城，时舒城无县令，参将孔廷训同编修胡守恒率民共守。后廷训降，乃教敌以车穴城，城穿数处，守恒督民补塞之。张献忠射书令其投降，守恒烧其书于城上，张献忠大怒，率军攻城，于是城破。在攻克舒城后，张献忠又率军从六安至庐州。知府郑履祥、通判赵兴基、经历郑元绶等人分门把守。时提学御史徐之垣到庐州会试士子。张献忠派人伪装成儒生，戴儒冠以入。半夜纵火，城中大乱，城遂破。

是年七月一日，开封告急，崇祯令左良玉赴援。左良玉及杨文岳、虎大威、杨德政、方国安四镇兵驻朱仙镇。左良玉见敌势盛，乃拔营而逃，襄阳诸军皆溃。左良玉军逃至半路又遇李自成伏军，左良玉军大乱，弃马骡万匹，监军佥事任栋死于阵，左良玉则逃至襄阳。遂因朱仙镇之败将总督杨文岳免职、总督丁启睿逮下狱。

七月十七日，思宗皇帝告谕吏部："近来有司不修守备，贼至辄陷，原与冲锋阵亡及持久力诎之士不同。若概赠荫，保以奖励忠劳，今后宜详加分别。除异常义烈，恤典取自上裁。其失事损身，有司六七品赠监司五品，其五品赠临司四品，方简官赠京秩。著为令。"但皇帝的这番用心良苦并没有换来他所想要的结果。八月十三日，又发生了安庆兵变，其初，副总兵廖应登领3000人，汪正国、李自春各领千人，到处骚扰，黎民重怨。巡抚徐世荫新到任，又值刑科给事中光时亨疏论廖应登宜正军法，邸报先到，于是兵遂发难，杀都指挥徐良寇。此后徐世荫急从南京赶到安庆，徙应登兵太湖，汪正国率军兵临桐城，方才平定叛乱。

至九月二十四日，被围半年的开封城已经粮草皆尽。巡抚高名衡等仍固守。高名衡等议决朱家寨口河灌李自成军。李自成知之，移营高地，亦驱难民数万决黄河，河水自北门入贯东南门出，水声奔腾如雷。城中百万户，皆被淹。惟周王妃、世子及巡按以下，不及二万人得以逃脱。李自成军也被淹死万余人，遂拔营而走。开封佳丽甲中州，城初围时百万户，后饥疫死者十二三，至是尽没于水。

至年底，李自成攻陷襄阳，当时左良玉自朱仙镇战败后，退驻襄阳。李自成乘胜攻左良玉，至白马渡。左良玉移营于南岸，守浅洲，李自成军十万争渡，左良玉乃拔营而逃，走武昌。李自成军渡过白马渡，遂长驱进至襄阳，襄阳官吏都已逃走，李自成军遂趋宜城。

十二月八日，清军再次南下，攻兖州，兖州知府邓藩锡劝鲁王朱以派散积储以鼓士气，城犹可存，否则，大势一去，悔之晚矣。朱以派不听，清军到，各将分门死守，力不支，城破。鲁王自尽，乐陵、阳信等郡王都死，而邓藩锡等尽皆战死。

崇祯十六年，对于大明来说，是一个灾难之年。正月初二，李自成攻陷承天府，建立政权大顺。正月二十五，张献忠攻打蕲州。三月二十五，张献忠攻入黄州。五月初，张献忠陷汉阳，武昌大震，时武昌城中空虚。三十日，张献忠攻陷武昌及旁近属邑后，乃于武昌立国。设五府六部，铸西王之宝。改武昌曰天授府，江夏曰上江县，据楚王宫，设尚书都督巡抚等官。开科取士，下令发楚邸金，赈济饥民。此后在八月初五，张献忠陷岳州。

而李自成则率军在十月初三攻克潼关，又于十月十二日攻克西安，十月二十日，李自成改西安府曰长安，禁乡民短后衣，明年粮每石征一两三钱，今冬每石折草6000斤，输长安。各县遣骡300，征粟千石，大其斗，榜掠巨室助饷。十一月初四，李自成攻克延安。此后李自成改延安府曰天保府，米脂曰天保县，清涧曰天波府。十一月十四日，李自成又遣试郡县诸生，上等任六政府从事，次任守令，又次任佐贰。二十九日，李自成攻克榆林。此后，十二月初二，张献忠攻克建昌，十二月初七攻克抚州。而十二月二十一日，李自成攻陷平阳。十二月二十四日，东阳诸生许都起事。两天之后，李自成又攻克甘州。一时之间，大明王朝大半河山尽皆变色。

然而也就在这一年，大清崇德八年（崇祯十五年，1643）八月初九，皇太极猝死于盛京后宫，年52岁。谥应天兴国弘德彰武宽温仁圣睿孝文皇帝，后累加谥为应天兴国弘德彰武宽温仁圣睿孝敬敏昭定隆道显功文皇帝，庙号太宗。葬沈阳昭陵（北陵）。

关于皇太极之死，历史上有很多争议。有关清代官书记载"无疾而终"，所谓崇德八年（1643）农历八月九日，已勤于政务一天的皇太极晚上亥时，在清宁宫南炕突然死亡。但还有史料记载，崇德五年，皇太极"圣躬违和"，农历七月到鞍山温泉疗养。崇德六年松山大战时，因前线告急，皇太极原定于农历八月十一日亲征，却因鼻血不止推迟三天。崇德七年，又因"圣躬违和"，在大清门外大赦人犯。崇德八年又"圣躬违和"，不但正月初一免了庆贺礼，而且再次大赦，并向各寺庙祷告，施白金。故而有人认为，皇太极一生勤于政事，事必躬亲，导致积劳成疾，加之宸妃之死，其悲痛不已，于是疾病一朝突发，瞬间猝死。

不管怎么说，皇太极继位之后，制定的对于汉人的政策，才是大清强盛起来的根本。他即位之初，面对"邦家未固"的局面，认为"治国之要，莫先安民"，因此强调"满汉人民，均属一体"。此外，又数次入关掳掠了上百万人畜，辽东汉人几倍于满人，于是他屡下谕强调宽待辽东汉人，"我国中汉官、汉民，从前有私欲潜逃，及今奸细往来者，事属以往，虽举首，概置不论"，又以"凡审拟罪犯，差徭公务，毋致异同"来再次重申满汉一体。此外还下令禁扰汉人，所谓"有擅取庄民（指汉人）牛、羊、鸡、豚者，罪之"，并明确规定"汉人分屯别居，编为民户"，从而一改努尔哈赤屠戮汉人的政策，而代之以"恩养"。

史载，皇太极屡次谕其臣下，对于"凡新旧归附之人，皆宜恩养"，把故意扰害汉人的行为视为"隳坏基业"。并规定"管辖汉民各官，以抚养之善否"作为"分别优劣"的考核标准。再三申谕"今后来降之人，若诸贝勒明知而杀者，罚民十户；贝勒不知而小民妄行劫杀者抵死，妻子为奴"。天聪二年（1629）十月，兴师伐明时，皇太极更是再三申谕"归

清太宗常服袍褂像

降之明人，即我民人，凡贝勒大臣有掠归降地方财物者，杀无赦，擅杀降民者抵罪"。

但这并不等于皇太极全部偏向于汉人，譬如他要求汉官、汉民必须学习满语，以至于不少汉官"祇因未谙满语，尝被讪笑，或致凌辱，致使伤心落泪者有之"。此外，努尔哈赤曾于天命五年（1620），仿明官制"序列武爵，分总兵官品级为三等，其副将、参将、游击亦如之。众牛录下设千总四员"，但皇太极却规定，"先照汉人称呼的总兵、副将、参将、游击、备御，今后再不许叫"，而另称固山额真、牛录额真等满语官名。还将一些汉语城邑名称改为满语，"其沈阳城，称曰天眷盛京，赫图阿拉城曰天眷兴京"。此外，在服饰方面，皇太极还规定，"凡汉人官民男女穿戴，俱照满洲式样"，并告诫满族子弟要保持骑射的习俗，以防止大清步金朝之后路。

对于大清来说，皇太极的猝然而死并不是什么好事，因其生前未立下遗旨，所以众宗室旗主争夺皇位。作为皇长子的肃亲王豪格成为众人拥立的对象。而豪格争夺皇位的主要竞争者则是皇太极第十四弟、掌正白旗的和硕睿亲王多尔衮。

实力强大的、原由皇太极直接掌握的两黄旗的将领，主张拥立豪格继承大位。图尔格、索尼、图赖、锡翰、巩阿岱、鳌拜、谭泰、塔瞻等朝廷重臣，相继造访肃王府上，表示拥戴肃王为君。而礼亲王代善也认为豪格是"帝之长子，当承大统"。之所以两黄旗大臣都希望由皇子继位，其根本原因是想继续保持两旗的优越地位。他们的理由很简单，豪格军功多，才能较高，天聪六年已晋升为和硕贝勒，皇太极称帝之初晋肃亲王，掌户部事，是帝位的合适人选。

而多尔衮也功劳颇大，又有多铎为首的两白旗支持，正红旗、正蓝旗和正黄旗中也有部分宗室暗中支持他。这个时候，德高望重、掌握镶蓝旗的郑亲王济尔哈朗的态度也就成了一个关键因素。但济尔哈朗也倾向于拥立豪格登基，于是豪格有正黄、镶黄和镶蓝三旗的支持，再加上自己所领的正蓝旗将领的拥护，明显占据优势。但尽管豪格在诸子中论功劳和能力最有优势，可皇太极生前却并未有立豪格为嗣之意。

　　此后，礼亲王代善、郑亲王济尔哈朗、豫亲王多铎、睿亲王多尔衮等会商于崇政殿，以豪格为首的两黄旗和以多尔衮及多铎为首的两白旗彼此相争，委决不下。而朝廷内所有的王爷和重臣，都毫无例外地被卷入了多尔衮与豪格为夺皇位而进行的斗争旋涡中，群臣们都在苦苦地寻求出路，惟恐出现动乱，伤及国运。最终多尔衮在两黄、两红和两蓝六旗不支持的情势下，提出由皇太极的第九子、年仅六岁的福临即帝位，由和硕郑亲王济尔哈朗和他共同辅政。于是礼亲王代善等奉福临登位，各王贝勒大臣等，共同誓书，昭告天地，同时宣布以郑亲王济尔哈朗和睿亲王多尔衮辅政，改元顺治。

第七章　八旗入关

崇德八年（1643）八月，清太宗皇太极驾崩，由于储嗣未定，故而引发了其第十四弟掌正白旗的和硕睿亲王多尔衮与其长子肃亲王豪格之间的皇位之争，相持不下时，多尔衮提出以拥立皇太极第九子福临嗣位为帝，由自己和和硕郑亲王济尔哈朗辅政。于是，在和硕礼亲王代善会诸王、贝勒、贝子、文武群臣定议并誓告天地后，福临于八月二十六日登上盛京笃恭殿的鹿角宝座即帝位，诏以次年为顺治。但就在这个时候，发生了一件事；也就是所谓的硕讬、阿达礼"扰乱国政"案。

　　阿达礼、硕讬"扰乱国政"案，在朝鲜史书中有详细记载。此案发生在议立嗣君，也就是确定由福临即位的两天后，史载："多罗郡王阿达礼、固山贝子硕讬谋立和硕睿亲王多尔衮。礼亲王代善与多尔衮发其谋。阿达礼、硕讬伏诛。"这件扑朔迷离的奇案在大清初年曾轰动一时，硕讬是代善之子，当初硕讬不满父亲对自己的虐待，曾闹出投明一案来，导致代善失去了努尔哈赤的信赖，由此失去了继承汗位的机会，而硕讬则在被圈禁一段时间后，释放出来，后来累积军功并被封为贝勒。天聪四年，硕讬随叔父阿敏因为放弃永平等城败归，而被革去贝勒，夺所属人口。大凌河城之战后，硕讬因伤功而被封为固山贝子。但此后，他就霉运不断，屡次论罪受罚。崇德八年，皇太极暴崩，多尔衮与豪格争夺皇位，双方僵持不下，最终多尔衮提出立皇太极第九子福临继位，由他与济尔哈朗辅政。不过嗣君虽已定议，但诸王却人心未定，也就在这个时候，硕讬却和阿达礼到处活动，企图改由多尔衮继位。

　　史载，阿达礼前往睿王府，告诉多尔衮："王如坐大位，我当从王。"而硕讬则派遣亲信告知多尔衮："内大臣图尔格及御前侍卫等，都赞同我的谋划，王可自立为君。"此后二人又同往代善家，借探视足疾，私下对他说："今立幼儿，国事可知，请速做决断。"又附在代善耳边低语："众人已决定立和硕睿亲王（多尔衮）为王，王为何还默不做声？"

　　但代善却不为二人的劝说所动，并称："既然已对天立誓，为什么又说这话？不要再改变主意！"二人见代善不从，又前往豫王多铎家，多铎闭门不见。阿达礼、硕讬吃了闭门羹，不得已返回礼王府重申来意。结果代善大怒，亲自告知多尔衮，两人把这件事公布于众。于是，阿达礼、硕讬被以"扰乱国政"罪论死。

　　　　　　　　　　　　　　　　　　　　　　　　　　　　　　八旗狂飙

一直以来，都有人认为阿达礼、硕讬背后似乎另有指使，因为皇太极暴死时，内大臣图尔格属拥戴豪格一派，而且他与白旗诸王（多尔衮、阿济格、多铎等）一向不和，为何会在定立福临的两天后，转而拥戴多尔衮？既然硕讬已告知多尔衮，内大臣图尔格及御前侍卫，都赞同其谋划，在审讯阿达礼、硕讬时，多尔衮为什么不就此进行追查，而是在事发当晚就将二人处死？故而也就有了多尔衮是阿达礼、硕讬背后指使者这个说法。事实上，当时的多尔衮的确是有一定的资格来继承皇位的，他是努尔哈赤第十四子、阿巴亥第二子。努尔哈赤死后，阿巴亥从先帝之命而殉葬，但也有说法是四大贝勒逼宫，以所谓的"帝遗言"，强迫阿巴亥从先帝之命而殉葬，最终阿巴亥自缢殉死（一说被用弓弦勒死）。《太祖武皇帝实录》较为详细地记述了阿巴亥被逼殉死的情景：

清摄政王多尔衮

"后饶丰姿，然心怀嫉妒，每致帝不悦，虽有机变，终为帝之明所制。留之恐后为国乱，预遗言于诸王曰：'俟吾终，必令之殉。'诸王以帝遗言告后，后支吾不从。诸王曰：'先帝有命，虽欲不从，不可得也。'后遂服礼衣，尽以珠宝饰之，哀谓诸王曰：'吾自十二岁事先帝，丰衣美食，已二十六年，吾不忍离，故相从于地下。吾二子多尔衮、多铎，当恩养之。'诸王泣而对曰：'二幼弟，吾等若无恩养，是忘父也。岂有不恩养之理！'于是，后于十二日辛亥辰时自尽，寿三十七，乃与帝同柩。"

母亲死时，多尔衮只有15岁，天聪二年（1628），年仅16岁的多尔衮随皇太极出征，征讨蒙古察哈尔部。此战，多尔衮破敌于敖穆楞，故被赐号"墨尔根戴青"，成为正白旗旗主。天聪五年，皇太极初设六部，多尔衮掌吏部事。天聪九年（1635），多尔衮等率军前往黄河河套地区，招抚察哈尔部众。此番，他不仅先后招降林丹汗的妻子囊囊福晋、苏泰福晋、林丹汗的儿子额哲，还获得元传玉玺，于是在多尔衮将玉玺呈献给皇太极后，群臣纷纷奏请皇太极上尊号称帝。大清初建，多尔衮被封为和硕睿亲王，已列六王之第三位，其时年仅24岁。

此后，崇德三年八月二十三日，皇太极命睿亲王多尔衮为"奉命大将军"南征大明，此后松锦之战中，多尔衮更是战功赫赫，皇太极死后，帝位空缺，而多尔衮之所以最终选择奉福临为帝，其实也是因为他知道自己争夺皇位不易得逞，特别是在两黄旗大臣"佩剑向前"的情况下，为了避免大清内乱，才出此策。

而当多尔衮和济尔哈朗以辅政王身份辅佐皇太极第九子福临即帝位之时，关内的大明帝国却走向了末路。崇祯十五年（1642），松山、锦州失守，洪承畴降清，这种情况下，崇祯密使兵部尚书陈新甲暗中商议计划，与清兵图和议。一日，马绍愉从边关发回议和条件的密函，陈新甲置于案上，其家童误以为是《塘报》，交给各省驻京办事处传抄，事情泄露，群臣哗然，新甲不引罪，反自诩其功。崇祯更加愤怒。给事中马嘉植又弹劾新甲。崇祯十五年七月二十九日将陈新甲下狱，新甲从狱中上书乞宥，崇祯不许。新甲只得贿赂高层，给事中廖国遴、杨枝起等多方营救，大学士周延儒、陈演也大力援救，拒不听。刑部侍郎徐石麒曰："人臣无境外交。未有身在朝廷，不告君父而专擅便宜者。新甲私款辱国，当失陷城寨律，斩。"九月二十二日斩于市。陈新甲既死，大明帝国丧失最后一次议和的机会。

至崇祯十七年时，大明王朝已经到了最后的时刻，其实在此时，大明帝国并不是没有选择，朝内曾经有过南迁之议，也就是把京师迁往南京，徐图恢复。

自永乐十九年，成祖皇帝诏令"六部政悉移而北"后，大明正式以北京为都，并改北京为京师。不过成祖迁都北京后，出于种种原因，仍然保留了南京的都城地位，并保留了一套完整的机构。南京和京师一样，设吏、户、礼、兵、刑、工六部，以及都察院、通政司、五军都督府、翰林院、国子监等机构，官员的级别也和京师相同。北京所在为顺天府，

八旗狂飙

南京所在为应天府，合称二京府。

虽然南京六部的权力远不如北京六部，而且每部只设一个尚书、两个侍郎，但是南京六部也有一定职权。主要是因为南京所在的南直隶地区辖15个府又三个直隶州，却不设布政司、按察司、都指挥司三司，故而原来三司执行的职权便由南京六部负责，这其中又以南京户部的权力最重。南京户部负责征收南直隶以及浙江、江西、湖广诸省的税粮，而此四地所交税粮几乎占了大明帝国的一半左右，同时南京户部还负责漕运、全国盐引勘合及全国黄册的收藏和管理，南京户部侍郎也因此经常兼任总理粮储。

在周延儒督师之前，思宗鉴于内外交困，曾与内阁首辅周延儒秘密商议"南迁"，并叮嘱他不得向外泄露。结果，所谓不得外泄，却仅仅数日之后，这个机密就不知通过什么途径传到了懿安皇后（熹宗的皇后）那里，懿安皇后随后与周后（崇祯皇后周氏）谈及此事，并说这是周延儒误皇叔，宗庙陵寝在此，迁往何处？而周后则把这些话转告思宗，结果引来思宗大怒，皇帝甚至严查向内宫透露消息之人，不过由于懿安皇后一字不说，且思宗对懿安皇后极为尊敬，视若母后，故而此事最后不了了之。此后，左中允李明睿又提起"南迁"之事。

李明睿，江西南昌人，天启时进士，改翰林院庶吉士，后罢官回乡，由都察院左都御史立邦华、总督吕大器推荐，思宗召其至京师，任职左中允。史载，崇祯十七年正月初三，思宗在德政殿召见李明睿，询问"御寇急务"，李明睿请帝屏去左右，趋近御案，向皇帝进言说："自蒙召，道闻贼氛颇恶，今近逼畿甸，诚危急存亡之秋，可不长虑却顾？唯有南迁可缓目前之急，徐图征剿之功。"思宗因为有上次南迁之议的教训，十分谨慎地回答："此事重大，未可易言，亦未知天意若何？"李明睿说："……天命微密，全在人事，人定胜天。皇上此举正合天意，差之毫厘谬以千里，知及其神，况事势已至此极，讵可轻忽因循，一不速决，异日有噬脐之忧。当局者迷旁观者清，皇上可内断之圣心，外度之时势，不可一刻迟缓也。"

思宗四顾无人，遂说："朕有此志久矣，无人赞，故迟至今。汝意与朕合，但外边诸臣不从奈何？此事重大，尔且密之，切不可轻泄，泄则罪坐汝。"

至于如何南迁，李明睿说："不如四路设兵，山东、山西、河南，此陆路也；登莱海船、通州运河，此水路也。皇上须从小路轻车南行，二十日抵淮上。"思宗听了表示同意，再次叮嘱："然，此事不可轻泄。"李明睿见皇帝有意，故而又说："臣谋不敢泄，但求圣断，皇上但出门一步，龙腾虎跃，不旋踵而天下运之掌上。若兀坐北京，坚守危城无益也。"于是思宗颔首退入内宫，并命近侍在文昭阁赐宴招待李明睿。

此后，皇帝还曾单独召见驸马都尉巩永固（娶光宗之女安乐公主），向其征询救急对策。巩永固极力鼓动皇帝"南迁"，并称如果困守京师，是坐以待毙。

不久，李明睿公开上疏，建议"南迁"，并称：如果皇帝"南迁"，京营可以护驾，沿途还可以招募数10万兵士。山东的一些王府也可以驻跸，凤阳的中都建筑也可以驻跸，此外南京有史可法、刘孔昭可以寄托大事，建立中兴大业。而北京可以委托给魏藻德、方岳贡等内阁辅臣，辅导太子，料理善后事宜。

结果皇帝将此疏交给内阁议论，可内阁首辅陈演却反对"南迁"，还示意兵科给事中光时亨弹劾李明睿，称"不杀李明睿，不足以安定民心"。此时皇帝倒是强硬了一番，斥责光时亨："阻朕南迁，本应处斩，姑饶这遭。"而都察院左都御史李邦华虽然支持"南迁"，但他却提出了另外一个方案，那就是遣太子"南迁"，监抚南京，以维系民众希望。

不过由于内阁首辅陈演是坚决反对"南迁"的，故而此人鼓动言官猛烈抨击"南迁"的主张。于是，大臣对南迁之议讳莫如深，使原本倾向于"南迁"的思宗在压力之下，立场发生了微妙的变化。史载，皇帝在召见内阁辅臣商议南迁之事时，面带怒色地说："宪臣（指左都御史李邦华）有密奏，劝朕南迁，卿等看详来！"阁臣们看了奏本后说："昨东阁会议，有二臣亦主此论。"思宗问："二臣何人？"阁臣奏过姓名及各自主张后，思宗却说："祖宗辛苦百战，定鼎于此土，若贼至而去，朕平日何以责乡绅士民之城守者？何以谢先经失事诸臣之得罪者？且朕一人独去，如宗庙社稷何？如十二陵何？如京师百万生灵何？逆贼虽披猖，朕以天地祖宗之灵，诸先生夹辅之力，或者不至于此。如事不可知，国君死社稷，义之正也。朕志决矣！"

此外，对"太子南迁、延续国祚"的建议，思宗也反驳道："朕经营天下几十年，尚不能济，哥儿孩子家，做得甚事？先生早讲战守之策，此外不必再言。"

其实，皇帝的心思变化不是没有理由的，有人就认为，此时皇帝的心态是复杂的，所谓"上意非不欲南（迁），自惭播越，恐遗恨于万事，将俟举国请而后许。诸大臣才不足以定迁，而贼锋飘忽，即欲遣太子两王，禁军非唐羽林神策者比，万一贼以劲骑疾追，即中道溃散，其谁御之？"不过，皇帝虽然说"国君死社稷"，却在着手做着南迁的准备，例如，派遣给事中左懋第前往南京，查看沿江舟师兵马状况，继而又批准天津巡抚冯元飏准备300艘漕船在直沽口待命，而冯元飏早在南迁之议初起之时就向皇上力陈：寇在门庭，南北道路将梗，宜疏通海道，防患于未然。所以此番才有思宗命他做好准备的密旨。

可是导致皇帝最终在南迁问题上举棋不定的因素还是内阁首辅的态度消极，由于陈演反对南迁态度非常坚决，所以思宗在召见内阁辅臣时，唯独不召见他，使陈演深感不安，只得于二月二十八日乞求辞官。思宗在罢免他的前一天，在武英殿对陈演说了这样一句意味深长的话："朕不要做，先生偏要做；朕要做，先生偏不要做。"而继任内阁首辅魏藻德也是如此，只不过他是一味采取明哲保身的态度。

两任首辅，一个坚决反对，一个不置可否，自然令思宗处于孤立无援的哀伤中。史载"耸身舒足，仰叹而起"。思宗的皇后周氏为此感叹不已，她是江南人，故而倾向于南迁，由于无法成行，于是颇为遗憾地说："南中我家里甚可居，惜政府无有力持之者。"

由于内阁首辅陈演、魏藻德的反对，南迁一直议而不决，至于三月初一，思宗在中左门召见陈州生员张攀，这位生员向皇上提议：请皇太子监国南京，择一二老成忠爱大臣辅佐。但为皇帝所否决，皇帝说"朕方责诸大臣以义，而使太子出，是倡逃也，是谓社稷何"。此后，三月初三，督师大学士李建泰奏请皇上南迁，并表示愿意护送太子先行。次日，皇帝对内阁辅臣说："李建泰有疏劝朕南迁，国君死社稷，朕将何往？"大学士范景文、都御史李邦华、少詹事项煜等尽皆请求先护送太子抚军江南，然而此言又遭到给事中光时亨的激烈反对："幸太子往南，诸臣意欲何为？将欲为唐肃宗灵武故事乎？"

既然都拿安史之乱时，唐玄宗逃亡成都，太监挟持李亨前往灵武，被拥立为帝说事，谁还能够说什么，此后思宗询问诸臣有何战守之策，众臣一片沉默，无话可说。于是思宗皇帝悲叹道："吾非亡国之君，汝皆亡国之臣。吾待士亦不薄，今日至此，群臣何无一人相从？"

此次之后，大臣一提及南迁，思宗便勃然大怒，就在此时，天津巡抚冯元飏派其子冯恺章携奏章进京，并在奏章中说"京师戎政久虚，以战以守无一可待，臣愿率劲旅五千驰赴通州恭候圣驾，由海道行幸留都"。然而面对皇帝"卿等平日专营门户，今日死守，夫复何言"的态度，加上户部尚书倪元璐劝说"皇上有国君死社稷之言，群臣无以难也……上决计固守，疏必不省"，而内阁辅臣范景文、方岳贡二人则私下对其说："天子方怒，疏上且死。"于是冯恺章在京彷徨七日，报国无门，只得饮泣返回天津。

当皇帝在陈演、光时亨等反对和不情愿负责之下未能下决心迁都南京时，各地的民变已经成燎原之势，而这把火在崇祯十七年时已经烧到了北京城下。此时，农民军起义已经十多年了，从北京向南，南京向北，纵横数千里之间，白骨满地，人烟断绝，行人稀少。

明末的农民起义始于天启五年（1625），当时饥民迫急，人人迁怒，欲反官豪，以求生路，各地纷纷暴乱，整个大明已经如同一个巨大的火药桶样，随时可能爆炸，而真正点燃导火索的则是两年后的"王二举事"。

天启七年七月，陕西全省饥荒严重，加之疫病流行，百姓死毙愈多，"草木尽，人相食"，农民"皮骨已尽，救死不赡"。但陕西巡抚乔应甲不但不减免租赋，赈济灾民，反而增派所谓"新饷""均输"等赋役，严令官吏督。于是澄城知县张斗耀不顾饥民死活，仍然催逼赋税，白水农民王二、仲光道等，聚集灾民数百人。王二高声问大家："谁敢杀死知县？"大家异口同声地说："我敢杀。"于是王二率饥民冲进县城，杀死张斗耀，由此揭开了明末农民战争的大幕。

史载，农民军手持刀械，以墨涂面，攻打官仓，散粮于饥饿的百姓。此后，王二担心被官军合围，遂退至白水县洛河以北。此时，跟随农民军的饥民日益增多，声势大振。于是农民军转战于渭北山区各县，攻镇夺寨，劫富济贫，斩杀贪官污吏。崇祯元年，又有陕北府谷农民王嘉胤集结一群饥民造反，于是王二率军与之汇合，农民军迅速壮大。不久，王二、王嘉胤起义军向南进入黄龙山，继续杀贪官、破监牢、开粮仓，朝廷多次派官军进行大规模围剿，但屡屡败于义军。

而在王二起义后，各地纷纷响应，汉南王大梁，安塞高迎祥，宜川王左挂、飞山虎、大红狼，洛川王虎、黑煞神，延川王和尚，甘肃庆阳韩朝宰、武都周大旺等尽皆率领饥民起义，又有张献忠在延安米脂举事。农民军所到之处，饥民和官军逃兵纷纷加入，一时间韩城、蒲城、宜君、洛川、白水等地尽皆燃起战火。最初的时候，朝廷试图以剿抚兼施的策略尽快平息农民起义，到了崇祯二年春，皇帝诏令杨鹤为陕西三边总督，围剿农民军，督捕王二等头领。

面对所谓"流寇"，杨鹤采用了"以抚为主，以剿为辅"的方略，来逐步瓦解农民军。于是在他的这一剿抚兼施的方略下，陕西义军一度瓦解，王二被俘，并被陕西兵备商洛道刘应遇杀害。但此后，高迎祥所部却成了大明新的威胁。

按照史料的记载，高迎祥最初是在熹宗天启年间聚众于甘肃境内起事，号称"闯王"。崇祯元年，高迎祥转战于甘肃、陕西，后转战山西、北直隶等地，当时义军纷起，不下数百。其中以王嘉胤、王自用等部最强。于是皇帝以洪承畴为三边总督率军围剿。至崇祯六年，农民军一度突破明军包围，向河南、湖北、四川进军，后发展为13家流寇，共72营。但在这一年五月，王自用在河南济源病死，此后高迎祥与张献忠、罗汝才等转战于山西、河南、北直隶三省交界处，消耗很大，逐渐陷于困境。崇祯七年，朝廷以洪承畴为兵部尚书，统一指挥围剿事宜。崇祯八年一月六日，农民军陷荥阳。高迎祥与张献忠、罗汝才、老回回、革里眼、左金王、改世王、射塌天、横天王、顺天王、混十万、过天星、九条龙等13家流寇首领，72营大会于荥阳，研议拒敌，李自成提出"分兵定向、四路攻战"方略。

此后，高迎祥、张献忠与李自成等攻略东方，同年高迎祥攻占中都凤阳，毁皇陵楼殿，焚龙兴寺，杀宦官60多人，树起"古元真龙皇帝"大纛，后回师河南，再入陕西。由于凤阳是太祖朱元璋故里，凤阳失陷消息传至北京后，思宗皇帝惊惶不已，身着素服，声泪俱下。于是，漕运总督尚书杨一鹏被逮下狱。洪承畴以兵部尚书兼总督河南、山西、陕西、四川、湖广军务，赐尚方宝剑，分遣贺人龙、左良玉等诸将。

李自成，米脂人，称帝时以李继迁为太祖，世居陕西米脂李继迁寨，少年喜好枪马棍棒，曾在驿站担任驿卒，"崇祯三年，大旱，夏秋无收。李自成以驿卒失公文，盗起"。最初的时候，李自成率众转战汉中，并加入王左挂的农民军，后王佐挂被朝廷招降，他又转投张存孟。洪承畴正式接任三边总督，逐渐剿灭陕西境内农民军时，张存孟在陕北战败，也降于官府。于是崇祯六年，李自成率余部东渡黄河，在山西投奔了他的舅父"闯王"高迎祥，称"闯将"。不久之后，曹文诏率关宁铁骑击败山西境内的农民军，高迎祥、李自成、张献忠等均逃到河南，并被曹文诏、左良玉等多路明军包围。但由于次年后金军第二次入塞，帝国不得不抽调大军北上勤王，于是被围农民军从王朴处突围。是年六月，新任五省总督陈奇瑜乃引军西向，约会陕西、郧阳、湖广、河南四巡抚围剿汉南农民军。高迎祥、张献忠、罗汝才、李自成等部见明军云集，误走兴安车箱峡，结果此峡谷之中为古栈道，四面山势险峻，易入难出，唯一出口为明军所截，"马乏刍多死，弓矢皆脱"，情势危殆，李自成用顾君恩之计，贿赂陈奇瑜左右人士，向官兵诈降，于是陈奇瑜释放李自成等人，派50多名安抚官将农民军遣送回籍。结果"甫出栈道，自成立刻杀安抚官复叛"。

崇祯八年，因争夺俘虏的凤阳皇宫小太监和鼓吹乐器，李自成与张献忠结怨，李自成分军西走甘肃。

崇祯九年时，高迎祥在南直隶被新任五省总督卢象升击败包围在郧阳山区。同年四月后金建国改清，六月，清军第三次入塞，卢象升调任宣大总督抗清。由兵部侍郎王家桢继任五省总督，高迎祥等突围。高迎祥从子午谷进攻西安时兵败被新任陕西巡抚孙传庭所杀。高迎祥残部投奔李自成，这时李自成被推为"闯王"，继续征战四川、甘肃、陕西一带。崇祯十年（1637），杨嗣昌会兵10万，增饷280万，以"四正六隅，十面张网"策略，实施围剿，此举在一年内颇见成效。一时间，张献忠兵败降明，李自成在渭南潼关南原遭遇洪承畴、孙传庭的埋伏被击溃，带着刘宗敏等残部17人躲到陕西东南的商洛山中。

崇祯十一年八月，清兵从青口山、墙子岭两路毁墙入关，发动了第四次入关作战。杨嗣昌为贯彻其"安内方可攘外"的战略，力主与清议和，但遭到宣大总督、勤王兵总指挥卢象升等人的激烈反对。崇祯和战不定，最终卢象升在河北巨鹿战死。清兵撤退后，孙传庭、洪承畴等人均被调往辽东防范清军，李自成在山中得以喘息。冬天，李自成率部驻扎在富水关南的生龙寨，并娶妻生子。

崇祯十二年，张献忠在谷城再次反叛，而李自成也趁机从商洛山中率数千人马杀出。崇祯十三年，河南大旱，李自成趁杨嗣昌的明军主力在四川追剿张献忠之机入河南，收留饥民，根据郑廉在《豫变纪略》中的记载，李自成此时于河南大赈饥民，所谓"向之朽贯红粟，贼乃藉之，以出示开仓而赈饥民。远近饥民荷锄而往，应之者如流水，日夜不绝，一呼百万，而其势燎原不可扑"。

由于李自成提出"均田免赋"口号，即民歌之"迎闯王，不纳粮"，于是其所部迅速发展到数万。崇祯十三年（1640）十二月，张献忠所部逃出四川，而与此同时，李自成则在崇祯十四年正月二十日（1641年2月27日）攻克洛阳，杀神宗皇帝之子福王朱常洵。

当初神宗曾想册立朱常洵为皇太子，而按《皇明祖训》立储的原则，则应该册立长子朱常洛为太子，故而引来了"国本之争"，最后在慈圣太后的干预与大臣们的坚持之下，神宗终于在万历二十九年（1601）让步，立皇长子朱常洛为太子，朱常洵为福王。此后神宗因此事而几十年不上朝，是为"万历怠政"。万历四十二年三月二十四日，朱常洵就藩洛阳，得庄田两万顷。由于朱常洵接受了神宗大量赏赐，加上历年来横征暴敛，财宝无数，"民间藉藉，谓先帝耗天下以肥王，洛阳富于大内"。很显然大明王朝如此不堪，显然有他的一份"功劳"。

史载，李自成攻克洛阳，杀朱常洵及前南京兵部尚书吕维祺，宫眷内官百余人自杀或被处死。此外，李自成还割朱常洵肉，与取自园林里的梅花鹿一同烹煮，分而食之，名曰"福禄宴"，并"发藩邸及巨室米数万石、金钱数十万赈饥民"，称"奉天倡义文武大元帅"。

此后，李自成趁明军惊魂未定之时，长途奔袭，意图攻下河南省城开封。而开封守将高名衡、陈永福、王燮、黄澍等人竭力抵抗，农民军受到重创，不得不于二月十九日撤兵。是年二月初四半夜，张献忠一日夜驰300里出四川，奇袭襄阳。初五，在西门城楼杀襄王朱翊铭。朝野震惊，杨嗣昌忧惧交加，旧病复发，已病入膏肓，监军万元吉问他为何不报知皇上？杨嗣昌只吐出两个字："不敢！"此后，杨嗣昌病死于沙市徐家园。

杨嗣昌死后，农民战争主动权转入起义军手中。兵部尚书陈新甲以陕西三边总督丁启睿接替督师，并起用原兵部尚书傅宗龙继任陕西三边总督，负责剿寇。此后张献忠攻破武陵，因特恨杨嗣昌，掘其七世祖坟，焚其夫妇灵柩，并把其尸体斩断出血。就在这一年十二月二十三日，李自成的农民军第二次围攻开封，再次遇到了顽强抵抗，开封百姓也与守军共同抵抗。史称"巨商巨族，各送饼千百不等"，于是在次年正月十五日，李自成再次撤军。

崇祯十五年四月，李自成第三次包围开封，使得开封成了一座孤城。九月十五日，黄河决口，十六日，洪水首先冲开漕门，然后四门皆被冲开，城中平民遇难者甚众。李自成部先后杀陕西总督傅宗龙、汪乔年，李自成所部日益壮大。

崇祯十六年正月，李自成部克襄阳、荆州、德安、承天等府，并在襄阳称"新顺王"，招抚流民，"给牛种，赈贫困，畜孳生，务农桑"，又"募民垦田，收其籽粒以饷军"，而李自成自身的生活简朴，史载，"不好酒色，脱粟粗粝，与其下共甘苦"，"所为闯王者，躬步拜如常卒，衣帽不异人，故军中亦无识之者"。

天下糜烂如此，思宗皇帝岂会不知。史载，皇帝召保定巡抚徐标入京觐见，徐标说："臣从江淮而来，数千里地内荡然一空，即使有城池的地方，也仅存四周围墙，一眼望去都是杂草丛生，听不见鸡鸣狗叫，看不见一个耕田种地之人，像这样陛下将怎么治理天下呢？"皇帝听后，潜然泪下，叹息不止。于是，为了祭祀难民和阵亡将士以及被杀的各位亲王，思宗皇帝便在宫中大作佛事来祈求天下太平，并下罪己诏，同时催促督师孙传庭加紧围剿农民军。

孙传庭乃是万历四十七年进士，初授永城知县。天启初年入朝廷任职，为吏部验封主事，再升至稽勋郎中，两年后因不满魏忠贤专政，弃官回乡。崇祯八年秋，孙传庭返职，升为验封郎中，后来改任顺天府府丞。崇祯九年三月，孙传庭请缨任陕西巡抚，负责剿灭农民军。史载传庭在榆林建军，号为秦军（秦兵）。

而在当时，洪承畴正与李自成战于陕北，卢象升调任宣大总督后，民军首领闯王高迎祥自湖广复出，来到陕西，欲自汉中进攻西安。传庭

228

领秦军镇守，高迎祥无法攻克，遂意图自子午谷入，直逼西安。传庭料之，在子午谷的黑水峪以逸待劳，激战四天后，高迎祥溃败，后被俘，送往北京处死，而其外甥李自成继任闯王。

崇祯十一年时，李自成在潼关南原被洪承畴与孙传庭设伏击溃，带着残部17人往陕西商洛山逃亡，李自成几乎灭亡。此时明军情势大好，可是清军在此时攻入长城，思宗皇帝急调洪承畴与孙传庭回京防御，李自成大难不死。由于孙传庭与流贼鏖战多年，屡建战功，卢象升战死后，孙传庭代任其职，但因与杨嗣昌等人不和，颇受抑制。崇祯十二年，为杨嗣昌弹劾，而被思宗皇帝下狱。

崇祯十三年，李自成移军河南，时河南大饥。史载：饥民"惟恐自成不至"，"从自成者数万"，于是李自成所部得到迅速扩张。这种情况下，思宗皇帝将孙传庭从狱中释放，起用为兵部右侍郎，使之兵援汴梁。但上任不久，刚刚代汪乔年为陕西总督的孙传庭就斩杀了大将贺人龙，由此惹来一场纷争。

贺人龙是万历年间武进士，初以守备官隶属洪承畴麾下。崇祯七年十月时，贺人龙曾经围李自成于陇州。困急之下，李自成派高杰向贺人龙约降。不久，高杰降明，受封为兴平伯。崇祯十三年二月七日，杨嗣昌与贺人龙、李国奇夹击张献忠于玛瑙山。史载"大破之，斩馘三千六百二十，坠岩谷死者无算"。最初，左良玉屡违节制，而贺人龙破贼有功，于是杨嗣昌私许以贺人龙取代左良玉。后来玛瑙山大捷，嗣昌告诉人龙须再等候成命，人龙因此大为不平，竟将实情告知良玉，良玉亦不满。后来两人皆不受嗣昌节制。杨嗣昌调左良玉，九檄不至，而贺人龙亦三檄不至。嗣昌其势日孤，终至覆亡。

崇祯十五年，贺人龙跟从总督汪乔年出关击起义军，至襄城不战而走，城破，汪乔年为起义军所杀。思宗皇帝大怒，密令陕西总督孙传庭杀贺人龙。于是五月，孙传庭大会诸将于西安，于固原总兵郑家栋，临洮总兵牛成虎等一众人前，命左右擒缚贺人龙。贺大呼"冤枉"，孙传庭责其："开县噪归，猛帅以孤军失利而献、曹二贼出柙，迄今尚未平定。遇敌弃帅先溃，致使新蔡、襄城连丧二督（傅宗龙、汪乔年）也。"诸将莫不战栗动色。史载，贺人龙被杀后，农民起义军尽皆酌酒相庆："贺疯子死，取关中如拾芥矣！"

杀贺人龙之后，孙传庭又转战河南之地，连战连胜，李自成遂向冢头寨转移，途中大量抛弃财物，一时间明军竞相争夺，于是阵乱，"天大雨，粮不至，士卒采青柿以食，冻且馁，故大败"，此为"柿园之败"。柿园一役，明军损失将校70余及步骑数千，由此元气大伤，再无能力对农民军展开攻势。此战后，复社吴伟业甚至以为孙传庭阵亡，于是写下"独身横刀，冲贼阵以殁。从骑俱散，不能得其尸"。

败归陕西的孙传庭最初打算以大军坚守潼关，但崇祯十六年五月，思宗皇帝却在以孙传庭兼督河南、四川军务，随后升为兵部尚书，改称督师，加督山西、湖广、贵州及江南、北军务的同时，命其出战，虽然兵部侍郎张凤翔"进言孙传庭所有皆天下精兵良将，皇上只有此一副家当，不可轻动"，但思宗皇帝不从。

最初孙传庭不欲仓促出战，可是在朝廷的催逼下，不得已在八月亲率白广恩、高杰等部十万人出师潼关，同时檄左良玉西上，总兵陈永福、秦翼明分别将河南与四川兵互为犄角。九月，孙传庭在汝州兵败，李自成一日内追杀400里，直指孟津，明军四万余人战死，损失大量兵器辎重。十月初，李自成攻克潼关，总兵白广恩、陈永福投降。此后，李自成以10万军围攻孙传庭，孙传庭向渭南撤退。十月初三，孙传庭战死。史载，孙传庭死后，皇帝却认为其是诈死潜逃，没有给予赠荫。同年十月，李自成攻破西安后，孙夫人张氏率孙家二女三姜投井自杀，年仅8岁的幺子孙世宁被一老翁收养。《明史》称："传庭死而明亡矣。"

崇祯十七年一月，李自成率大军50万东征北京。二月初二，在沙涡口造船3000，渡过黄河，攻下汾州、阳城、蒲州，隔日攻下怀庆，杀卢江王载埴。初五，攻克太原，牛勇、王永魁等督兵5000人出战尽殁。初八，以守将张雄作内应，炮轰破城，蔡懋德自缢死。在太原休整八天后，李自成再次率军北上。十六日，克忻州，官民迎降，代州守关总兵周遇吉凭城固守，双方大战十余日，遇吉因兵少食尽，退守宁武关。周遇吉悉力拒守，最后火药用尽，开门力战而死，全身矢集如猬毛，夫人刘氏率妇女20余人登屋而射，全被烧死。

三月初一，李自成克宁武关，大明前后死将士7万余人，伤亡惨重，按照《罪惟录》所记，"后贼陷京师，多有手足创者，皆经战宁武者也"。

当晚，大同总兵姜瓖投降，宣府总兵王承胤降表亦到，又连下居庸关、昌平。三月初八，兵至阳和。十一日，大顺军陷宣府。史载，"举城哗然皆喜，结彩焚香以迎"。

而自三月一日，大同失陷，北京危急以来，皇帝便急调辽东总兵吴三桂、蓟辽总督王永吉、昌平总兵唐通、山东总兵刘泽清入卫京城，不过因为国库空虚，故而皇帝要求在京勋戚官僚捐助饷银，可结果只得20万两。三月初四，下诏，封任吴三桂为平西伯，飞檄三桂入卫京师，起用吴襄提督京营。三月十五日，农民军抵达居庸关，监军太监杜之秩、总兵唐通不战而降。同时，刘芳亮率领南路军，东出固关后，真定太守邱茂华、游击谢素福出降，大学士李建泰在保定投降。李自成部开始包围北京。

三月十六日，李自成部过昌平，抵沙河。十七日，进高碑店、西直门，以大炮轰城，入午攻打平则门、彰义门、西直门，守军或逃、或降。此后，担任居庸关守关太监杜之秩衔李自成命令回紫禁城向曹化淳说降，谈判破裂。据《小腆纪年附考》卷四载，李自成提出的条件为："闯人马强众，议割西北一带分国王并犒赏军百万，退守河南……闯既受封，愿为朝廷内遏群寇，尤能以劲兵助剿辽藩。但不奉诏与觐耳。"

此后，曹化淳开彰仪门投降，农民军立即进占外城。不过还有说法是，此时曹化淳并不在京师，崇祯十二年二月，曹化淳告老还乡，其时已乡居六年。清兵入关后，杨博、杨时茂等分别上疏弹劾曹化淳"开门迎贼，贼入城，挺身侍从，今清入都，又复侍从，此卖国乱臣，虽万斩不足服万民心"时，曹化淳还曾经极力上疏辩诬，后来他面对野史笔记中的"捏诬之语"，还写下了《忽睹南来野史记内有捏诬语感怀》一诗："报国愚衷罔顾身，无端造诬自何人？家居六载还遭谤，并信从前史不真。"临终前更作《被诬遗嘱》极力为自己辩诬。此外还有说法是"十九日王相尧开宣武门，另张缙彦守正阳门，朱纯臣守朝阳门，一时俱开，二臣迎门拜贼，贼登城，杀兵部侍郎王家彦于城楼，刑部侍郎孟兆祥死于城门"。

当李自成大军攻入北京时，太监王廉急告皇帝，又有太监张殷劝皇帝投降，被皇帝一剑刺死。此后，皇帝书谕内阁，命成国公朱纯臣，提督内外诸军事，夹辅东宫，内臣持至阁；因命进酒，与周后、袁妃，同坐痛饮数金杯，慷慨决绝。皇帝长叹："苦我民尔！"此后命人分送太子慈烺、永王慈炯、定王慈焕到勋戚周奎、田弘遇家。

在安排好了这一切之后，崇祯皇帝哭着对周皇后说："大势去矣。"皇后顿首道："妾事陛下十有八年，陛下没有听过妾一句话，以致有今日。现在陛下命妾死，妾怎敢不死？"史载，"乃抚太子、二王恸哭，遣之出宫。帝令后自裁。后入室阖户，宫人出奏，犹云'皇后领旨'，后遂先帝崩。"此后，"帝又命袁贵妃自缢，系绝，久之苏。帝拔剑斫其肩，又斫所御妃嫔数人，袁妃卒不殊"。

周后自缢后，皇帝手刃昭仁公主，又"召长公主至，年十五矣，公主号哭不已，皇帝叹曰：'汝奈何生我家，左袖掩面，右手挥刀，主以手格，断左臂，闷绝于地，未死，手栗而止。'"其后命人去传口谕要皇嫂懿安皇后和李太妃自缢。关于懿安皇后的下落，《明史》中记载，其在寝宫中上吊自杀身亡，殉国明节。但也有说法是张皇后自缢未死，被李自成的部将李岩所获。李岩知其是张皇后，想送她回太康伯家。结果，她再次自缢身死。此外，还有说法是崇祯帝派人劝懿安后自缢，"仓促不得达"。懿安后青衣蒙头，徒步入朱纯臣家，然后自杀而死。文献记载不同，莫得其详。总之，当李自成进入皇宫时，懿安皇后从此再无下落。

此后，崇祯帝离开紫禁城。史载，出紫禁城后，思宗手执三眼铳与数十名太监骑马出东华门，被乱箭所阻，再跑到齐化门，成国公朱纯臣闭门不纳，后转向安定门，此地守军已经星散，大门深锁，太监以利斧亦无法劈开。三月十九日拂晓，大火四起，重返禁宫，城外已经是火光映天。此时，天色将明，崇祯在前殿，手自鸣钟，召集百官，却无一人前来，遂散遣内员，手携王丞恩，入内苑，人皆莫知。皇帝叹曰："诸臣误朕也，国君死社稷，二百七十七年之天下，一旦弃之，皆为奸臣所误，以至于此。"于是登万岁山之寿皇亭，即煤山之红阁。亭新成，先帝为阅内操特建者。时上逡巡久之，叹曰：吾待士亦不薄，今日至此，群臣何无一人相从。如先朝靖难时，有程济其人者乎？已而叹息曰：想此辈不知，故不能遽至耳。遂自尽于亭之海棠树下。身边仅有提督太监王承恩陪同，随后王承恩也吊死于一旁。

据载，崇祯帝死时"以发覆面，白夹蓝袍白细裤，一足跣，一足有绫袜"，衣上以血指书，曰："朕自登基十七年，虽朕凉德藐躬（也有一说薄德匪躬），上干天咎，致逆贼直逼京师，然皆诸臣误朕也。朕死，无面目见祖宗于地下，自去冠冕，以发覆面。任贼分裂朕尸，勿伤百姓一人。"

三月十九日清晨，兵部尚书张缙彦迎刘宗敏所部军入城。中午，李自成由太监王德化引导，从德胜门入，经承天门步入内殿。令"献帝者赏万金，封伯爵。匿者灭族"。但此时崇祯帝已死，随后三月二十一日尸体被发现，于是李自成下令"礼葬"，遂将思宗皇帝与周皇后的尸棺移出宫禁，在东华门外设厂公祭，"诸臣哭拜者三十人，拜而不哭者六十人，余皆睥睨过之"。四月四日，昌平州吏赵一桂等人将崇祯与皇后葬入昌平县田贵妃的墓穴之中。清军入关后，以"帝礼改葬，令臣民为服丧三日，谥为怀宗，后改谥庄烈愍皇帝，陵曰思陵"。

客观上说，崇祯帝并不是昏庸之君，其一生操劳，旰食宵衣，每天夜以继日地批阅奏章，节俭自律，不近女色，其"鸡鸣而起，夜分不寐，往往焦劳成疾，宫中从无宴乐之事"，以至于崇祯十五年七月初九，因"偶感微恙"而临时传免早朝，竟遭辅臣的批评。正如《明史》评价说

崇祯帝自缢处

的那样，"帝承神、熹之后，慨然有为。即位之初，沈机独断，刈除奸逆，天下想望治平。惜乎大势已倾，积习难挽。在廷则门户纠纷，疆场则将骄卒惰。兵荒四告，流寇蔓延。遂至溃烂而莫可救，可谓不幸也已。然在位十有七年，不迩声色，忧劝惕励，殚心治理。临朝浩叹，慨然思得非常之材，而用匪其人，益以偾事。乃复信任宦官，布列要地，举措失当，制置乖方。祚讫运移，身罹祸变，岂非气数使然哉。迨至大命有归，妖氛尽扫，而帝得加谥建陵，典礼优厚。是则圣朝盛德，度越千古，亦可以知帝之蒙难而不辱其身，为亡国之义烈矣"。

其至就连李自成在《登极诏》中也承认"君非甚暗，孤立而炀灶恒多；臣尽行私，比党而公忠绝少"。

但其一生是非功过却是充满争议，崇祯帝登基十七年来，悯恤黎民疾苦，数下罪己诏，但苛捐杂税加派无度，趣百姓于水火，虽然经常平台诏对，咨问政之得失，与臣下论讨兴亡之道，为政察察，事必躬亲，欲为中兴之主，但求治心切，责臣太骤，以致人心恐慌，言路断绝，常谓所任非人，终成孤家寡人。此外，任用大臣时，言听计从，优遇有加，一旦反复则严酷无情，果于杀戮，以至于出现崇祯朝十七年，竟然有五十相。此外，自万历以来，大明积重难返，天下饥馑，疫疾大起，各地民变不断爆发，外有辽东边事，故而虽然皇帝勤政，但大明帝国依然最终倾覆。

其实，李自成之所以能够顺利攻入北京，还与当时北京正在爆发的疫病有关。史载，"昨年京师瘟疫大作，死亡枕藉，十室九空，甚至户丁尽绝，无人收敛者"。而抱阳生在《甲申朝事小计》卷六中则提到崇祯十六年二月的北京城，"大疫，人鬼错杂。薄暮人屏不行。贸易者多得纸钱，置水投之，有声则钱，无声则纸。甚至白日成阵，墙上及屋脊行走，揶揄居人。每夜则痛哭咆哮，闻有声而逐有影"。又有谷应泰在《明史纪事本末》卷七十八中写道："京师内外城堞凡十五万四千有奇，京营兵疫，其精锐又太监选去，登陴诀羸弱五六万人，内阉数千人，守陴不充。"如此病疫之前，北京城自然是无法防守的了。

史载，万历十年四月，京师疫。通州、东安亦疫。霸州、文安、大城、保定患大头瘟症死者枕藉，苦传染，虽至亲不敢问吊。而从崇祯六年（1633）开始，疫病再次流行而开，"山西兴县崇祯七年八年，兴县盗贼杀伤人民，岁馑日甚。天行瘟疫，朝发夕死。至一夜之内，百姓惊逃，城为之空"。随后榆林府和延安府属县相继发生大疫，"崇祯十年大瘟，……米脂城中死者枕藉。十三年，夏又大疫。十五年，……大疫。十六年，稔，七月郡城瘟疫大作"。而在崇祯十三年，瘟疫传入京畿，顺德府、河间府和大名府也均有大疫，所谓"瘟疫传染，人死八九"，又有"春无雨，蝗蝻食麦尽，瘟疫大行，人死十之五六，岁大凶"，"崇祯十六年大疫，病者吐血如西瓜水立死"。

随后京师也发生了疫病，说："夏秋大疫，人偶生一赘肉隆起，数刻立死，谓之疙瘩瘟，都人患此者十四五。至春间又有呕血者，亦半日死，或一家数人并死。"在北京郊外的通州，"崇祯十六年癸未七月大疫，名曰疙疽病，比屋传染，有阖家丧亡竟无收敛者"；而在昌平州则是"见则死，至有灭门者"。天津则是"上天降灾，瘟疫流行，自八月至今（九月十五日），传染至盛。有一二日亡者，有朝染夕亡者，日每不下数百人，甚有全家全亡不留一人者，排门逐户，无一保全……一人染疫，传及阖家，两月丧亡，至今转炽，城外遍地皆然，而城中尤甚，以致棺蒿充途，哀号满路"。就在北国大地"瘟疫流行，十室九空"的情况下，李自成率军进入北京。

史载，大顺军入燕京之初，兵不满二万，李自成下令："敢有伤人及掠人财物妇女者杀无赦！"京城秩序尚好，店铺营业如常，"有二贼掠缎铺，立剐于棋盘街。民间大喜，安堵如故"。但从二十七日起，农民军开始拷掠明官，四处抄家，规定助饷额为"中堂十万，部院京堂锦衣七万或五万三万，道科吏部五万三万，翰林三万二万一万，部属而下则各以千计"，甚至刘宗敏还制作了5000具夹棍，"木皆生棱，用钉相连，以夹人无不骨碎"。城中恐怖气氛逐渐凝重，人心惶惶，"凡拷夹百官，大抵家资万金者，过逼二三万，数稍不满，再行严比，夹打炮烙，备极惨毒，不死不休"。

而李自成入紫禁城后，则封宫女窦美仪为妃，又宫中搜出内帑"银三千七百万锭，金一千万锭"，"旧有镇库金积年不用者三千七百万锭，锭皆五百（一说五十）两，镌有永乐字"。故而下令"牵魏藻德、方岳贡、丘瑜、陈演、李遇知等，勋戚冉兴让、张国纪、徐允桢、张世泽等八百人追赃助饷"。一时间臣将骄奢，"杀人无虚日，大抵兵丁掠抢民财者也",并在各地皆设官治事,首为追饷。例如在城固县,"贼索饷,加以炮烙";譬如在汾阳,"搜括富室,桁夹助饷";而在绛州则是"士大夫惨加三木,多遭酷拷死"。此外在宣化,"权将军檄征绅弁大姓,贯以五木,备极惨毒,酷索金钱"。

在索饷大潮下,就连思宗皇后周氏的父亲周奎也不能幸免。史载,周奎之女在思宗皇帝为信王的时候,被选为信王正妃。思宗皇帝登基后周氏立为皇后,周奎封为嘉定伯,赐第于苏州葑门,家有女乐,然而周奎性甚吝啬。崇祯十七年,上悬令助饷,特遣司礼徐高加奎嘉定侯,多方动员之后,很不情愿地捐出2000两银子。徐高曰:"老皇亲如此鄙吝,朝廷万难措手,大事必不可为矣!"北京陷落,周奎及全家都被大顺政府捉拿,在妻子、媳妇被迫自缢,长子被打死,自己和次子、侄子被严刑拷打几乎丧命之后,不得不交出70万巨款和全部家财。

就在此时,关外的清军也看到了机会,其实,早在崇祯十七年(顺治元年)正月时,多尔衮就曾以清帝之名致书大顺军,提出"欲与诸公协谋同力,并取中原,倘混一区宇,富贵共之"。但李自成未予理会。四月初九,多尔衮以奉命大将军统率满、蒙、汉八旗军十余万人,离盛京西进。十一日,至辽河,闻李自成大顺军于三月十九攻取京师,大明江山倾覆,于是遂采纳洪承畴"今宜计道里,限时日,辎重在后,精兵在前,出其不意。从蓟州、密云近京处疾行而前,贼走则即行追剿,倘仍坐据京城以拒我,则伐之更易"的建议,决意率兵经密云、蓟州南下,直趋北京。得知这个消息之后,李自成决心出兵山海关,以"灭吴保关"。

所谓灭吴,就是灭吴三桂。史载,吴三桂少年英挺,善骑射,其"白皙通侯最少年",18岁时,其父吴襄带领500名士兵出锦州城巡逻,被皇太极的数万大军重重包围,祖大寿与吴三桂登上城楼观战,大寿以城内兵少不肯出兵相救,三桂竟率二十多名家丁将其父吴襄救出重围。皇太极说:"吾家若得此人,何忧天下?"

崇祯四年八月,大凌河之役,吴襄在赴援时逃亡,导致全军覆灭,祖大寿弃城奔锦州,孙承宗罢去,吴襄下狱,乃擢吴三桂为总兵。史书载三桂治军严谨,其部"胆勇倍奋,士气益鼓"。精锐骑兵1000人,分20队,50人一队,每队设一领骑官,吴三桂在自己的靴筒上放这20名领骑官姓名,一旦抽中谁,便呼叫某领骑官,该领骑官即统50人骑队,跟随他冲锋陷阵，可谓"无往不利"。

松锦之战时，吴三桂用蒙古降人之计，决定从大路突围，直奔杏山城，皇太极闻讯感慨"吴三桂果是汉子，得此人归降，天下唾手可得矣"。此后吴三桂率兵四万驻宁远，阻止清军径入山海关。

崇祯十七年三月初，李自成破大同、真定，"京师为之震动"。初四，崇祯决定放弃关外，任吴三桂为平西伯，飞檄三桂入卫京师，起用吴襄提督京营。于是，吴三桂率兵进关入卫京师。三月十六抵山海关，一路上"迁延不急行，简阅步骑"。三月二十抵达河北丰润，闻京师已破，思宗皇帝朱由检自缢，遂折返山海关。李自成乃令降将唐通领兵八千赴山海关招降。吴三桂反复思虑后决意归顺，率军离山海关进京，但行至永平西沙河驿时，遇从北京逃出的家人，得知父吴襄在京遭农民军拷掠，爱妾陈圆圆被夺占。于是顿改初衷，打着为思宗皇帝复仇旗号，拒降李自成，还师山海关。李自成闻讯，即召众人商讨对策，确定征抚兼施。

关于陈圆圆，史载，其母亲早亡，从姨父姓陈，因"倾国倾城，能歌善舞，色艺冠时"，故而为"秦淮八艳"之一。崇祯时外戚周奎欲给皇帝寻求美女，以解上忧，遂派遣田贵妃的父亲田戚畹下江南选美，一时间，东南骚动。后来田戚畹将名妓陈圆圆、杨宛、顾秦等献给崇祯皇帝。其时战乱仍频，崇祯无心逸乐。陈圆圆进宫后被退回田府，后田戚畹占为私有。一日吴三桂在田府遇见陈圆圆，一见倾心，于是纳圆圆为妾。此番听闻刘宗敏掳走陈圆圆，吴三桂情急之下，"冲冠一怒为红颜"。

是年四月十三日，在唐通一再告急求援时，李自成派明将唐通率兵2万从山海关北一片石出长城，而自己则与大将刘宗敏率领大军6万向山海关进发，并携崇祯帝之太子朱慈烺和吴三桂之父吴襄随军同行。吴三桂料不能敌，遂遣使致书多尔衮求援。关于大顺军出征山海关的兵马数各书记载相距甚大，查继佐《罪惟录》卷31和《孤臣纪哭》说是"兵六万"，《明史》流贼列传称率兵20万，《吴三桂纪略》记"发兵十万，号三十万"；而《甲申传信录》说10余万，此外《流寇志》说"自成合兵十余万攻之"，《清实录》中认为李自成军有"二十余万"。

史载，多尔衮在翁后遇到吴三桂派来求援的副将杨坤和游击郭云龙，吴三桂在求援信中称清为"北朝"，自称"我国"，官职是明朝的"辽东总兵"，并声明是"求助"："奈京东地小，兵力未集，特泣血求助，我国与北朝通好二百余年……乞念亡国孤臣忠义之言，速选精兵，直入中协、西协，三桂自率所部，合兵以抵都门，灭流寇于宫廷，示大义于中国，则我朝之报北朝者，岂惟财帛？将裂土以酬，不敢食言。"

多尔衮对吴三桂的借兵之举大喜，但又恐怕吴三桂有所图谋，于是把杨坤留作人质，并命自己妻弟拜然和郭云龙一起去山海关探听情况，并书信一封，称："予闻流寇攻陷京师……及伯遣使致书，深为喜悦，遂统兵前进。……伯虽守辽东，与我为敌，今亦勿因前故，尚复怀疑。……今伯若率众来归，必封以故土，晋为藩王，一则国仇得报，一则身家可保，世世子孙，长享富贵，如山河之永也。"试图劝降吴三桂。随后多尔衮又下令大军转向，改道从连山、宁远一线日夜兼程，疾趋山海关。清兵自四月初九出发，四月二十日，清兵抵连山，吴三桂一再催兵，并在信中称："接王来书，知大军已至宁远，……三桂承王谕，即发精锐于山海关以西要处，诱贼速来……今三桂已悉简精锐，以图相机剿灭，幸王速整虎旅，直入山海，首尾夹攻，逆贼可擒，京东西可传檄而定也。又仁义之师，首重安民，所发檄文最为严切，更祈令大军秋毫无犯，则民心服而财土亦得，何事不成哉。"从吴三桂的这封求援信中，清兵知李自成军迫近山海关，于是日夜急行。

四月十九日，吴三桂在山海关演武堂"合关、辽两镇诸将并绅衿誓师拒寇"。四月二十日又在校场"与诸将绅衿歃血同盟，戮力共事"，杀"奸细张有起、张五"祭旗，激励士气，准备和大顺军进行最后的决战。这就是史书记载中所谓的"南郊誓师"。

四月二十一日，李自成率主力抵达山海关下，布阵于石河，在石河西岸与吴三桂部成对峙之势。随后李自成先命令吴襄去劝降吴三桂，结果吴三桂以火箭射吴襄左右人，再次示以之前与父亲划清界限之意，并称："父既不能为忠臣，儿又安能为孝子乎？儿与父诀，请自今日。父不早图，贼虽置父鼎俎旁以诱，三桂不顾也。"于是李自成令唐通、白广恩部近2万兵马从一片石出边立营，断吴三桂退路，同时以主力6万分别对西罗、北翼和东罗城猛攻。

山海关北依角山，南傍渤海，城高墙坚，外筑罗城、翼城互为犄角，易守难攻。守军除吴三桂部外，还有山海关总兵高第部一万、乡勇约3万人。史载，吴三桂以主力列阵于西罗城石河以西一线，阻止大顺军攻关。双方激战于西罗城附近，守军为摆脱困境，诈降诱大顺军数千人抵近城垣，在城上突发火炮。大顺军死伤甚众，被迫后撤。而在北翼城，大顺军利用居高临下地形，猛攻城垣，激战至翌日黎明，大顺军曾一度攻破北翼城。关于此战，吴三桂部将副总兵冷允登曾写道："亲王（吴三桂）领兵当锋，派臣守北城。奈此城逼山受敌，贼欲联络直下，故独日夜狠攻，……贼势蜂拥，竟扑边城直上，臣只率亲丁尽力堵战，正在呼吸存亡之间，急请亲王拔兵协剿。"不过虽然大顺军一度攻破北翼城，但因其他各城未下，大顺军未能进据罗城。

二十一日夜，此时多尔衮所统满八旗、蒙八旗、汉八旗军进至山海关外15里处一线集结。此后，吴三桂先后派出三批使者去要求多尔衮进军，路上探子往返相望于道达八次之多。据《临榆县志》载，乡绅余一元、曹时敏、冯祥聘、吕鸣章、程印古五人被派为代表："出见摄政王于威远台，拜毕，命坐，谕云：汝等欲为故主复仇，大义可嘉，予领兵来成全其美，但昔为敌国，今为一家，我兵进关，若动人一草一颗粒，定以军法处死，汝等分谕大小居民，勿等惊慌。语毕，赐茶，免谢，各服马先回。"但由于多尔衮已知大顺军虚实，故而采用以逸待劳、后发制人的慎战之策，欲待大顺军与吴三桂部连战疲惫时，突出奇兵，一举取胜，故而清军兵马未动。

四月二十二日清晨，吴三桂见情势危急，率轻骑寥寥数员冲出重围，飞奔至关城东2里的威远堡清军营垒，求救于多尔衮。多尔衮当即"赐坐赐茶，面谕关门为第一功"，但多尔衮虽然见吴三桂归顺非诈，但依然表示吴三桂必须要顺清，薙发，他才能出兵。所谓："然无誓盟，不可信。且闯兵众，关内兵几与闯同，必若兵亦薙发殊异之，则我兵与若俱无惮矣。"无奈之下，吴三桂最终"今兵少固然，薙发亦决胜之道也"。于是与多尔衮"白马祭天，乌牛祭地，歃血斩衣，折箭为誓"。

在吴三桂剃发归降后，多尔衮马上下令，由图赖率军攻击正在攻城的唐通所部，唐通措手不及，前面又有山海关和关宁铁骑拦路，退无可退，全军被歼，仅余100多骑脱走。随后清军大将和硕英郡王阿济格等率左翼从北水门入关，多罗郡王多铎等率右翼从南水门入，多尔衮自中门入。至此，清军主力已经入关。

当多尔衮偕和硕英郡王阿济格、多罗郡王多铎率劲旅八万，分别从南水门、北水门、关中门进入关内后，当即令吴三桂部系以白布为号任前锋，清军则鳞次列阵于其后，待机出击，并告诫各部不得急进。

于是，吴三桂率领全部关宁铁骑列阵山海关西面，而其之后是阿济格、多铎所率清军。而李自成见此情形也是大喜，大顺军因攻坚一昼夜未能夺关，此番野战似乎对其有利。于是，自角山至渤海投入全部兵力，布一字长蛇阵，成决战架势。《明史》记载，李自成作战通常是"临阵，列马三万，名三堵墙。前者返顾，后者杀之。战久不胜，马兵佯则诱官兵，步卒长枪三万，击刺如飞，马兵回击，无不大胜"。

战斗一开始，吴三桂便率关宁精锐，一马当先杀进了大顺军阵中，一时间"炮声如雷，矢集如雨"，由于大顺军不明情况，不知道清军意图，于是向吴三桂军紧逼，令旗左右挥动，来回冲杀。吴三桂因有清军压阵，顽强抵御。就这样大顺军与关宁军厮杀疆场，双方展开肉搏，大顺军不顾伤亡，奋勇冲击，把吴三桂部团团围住，血战至中午，双方均已疲惫，损失甚众。

一直以"一以观三桂之诚伪，一以觇自成之强弱，欲坐收渔人之利"的心态冷眼旁观的多尔衮见势，急令阿济格、多铎各率2万精骑发起进攻。此时大风突起，飞沙走石，扬尘蔽天，大顺军处在下风，在迎面而来的风沙下，连眼睛都无法睁开，而清军乘风势、挥白旗，对阵直冲大顺军。一时间飞矢如蝗，疲惫不堪的大顺军见清军骤至，猝不及防，阵脚渐乱，伤亡惨重。

李自成立马小岗阜上督战，忽见无数骑兵"戴缨帽如万朵红云，风卷而西"，"白标兵二队，绕出其后，如发风潮涌，所到之处，无不披靡"，他身边人急忙对他道："此非吴兵，必东虏也。上位宜急避之。"李自成顿时跌足叹道："三桂真挟北兵来耶！"二话不说，转身策马离开了战场。又有说法是有一僧人跪在他的马前说："执白旗的骑兵不是关宁兵，必是满洲兵，大王赶快回避。"

未尾申初，李自成的大顺军溃败，刘宗敏中箭伤，大顺军死者数万。史载："暴骨盈野，三年收之未尽也。"而《藜燃室记述》中则记载，当天傍晚，"战场皆空，积尸相枕于旷野之间，贼从城东海边而走，为追兵所掩，溺水死者不可胜数。……翌日，九王下令军中勿侵百姓，吴三桂以下，皆剃发胡服，率数万兵与清兵一时向西。"

此后，当清军追至范家店，李自成杀吴襄以泄忿，并将他的首级悬挂在高竿上示众，回师京城后又杀了吴家老少38口。阴历四月二十九日，李自成在北京紫禁城武英殿匆匆即位称帝，深夜便焚烧宫殿与九门城楼后，离开北京，向西撤退。自此，从攻入至离开，大顺军占据北京前后仅42天。

同年五月三日，清摄政王多尔衮统清兵入北京城。而当清军进入北京后，其朝中在是否将首都由盛京迁北京的问题上，曾经有所争执。阿济格等人反对迁都，而多尔衮等人则主张迁都北京。顺治元年六月，多尔衮方才统一诸王、贝勒、大臣的意见，决定迁都北京，并遣辅国公屯齐喀等携奏章迎驾。

七月八日，顺治帝在告上帝文中宣布：接受多尔衮奏请，"迁都定鼎，作京于燕"。八月十二，顺治帝驾车从盛京出发。九月十九，到达京师，从正阳门入宫。十月初一，顺治行定鼎登基礼于武英殿，告祭太庙社稷，并告祭天地："兹定鼎燕京，以绥中国。"

清世祖顺治帝

第八章　定鼎中原

明思宗崇祯帝

明思宗崇祯十七年（1644）正月，李自成于西安称帝，建国"大顺"，之后向北京进兵。三月十五日，李自成率大顺军进逼居庸关，监军太监杜之秩、总兵唐通不战而降。与此同时，刘芳亮率领南路军，东出固关，真定太守邱茂华、游击谢素福出降，大学士李建泰在保定投降。三月十九日清晨，兵部尚书张缙彦开正阳门，迎刘宗敏部进京，李自成由太监王德化引导，从德胜门入，经承天门步入内殿。而在这之前，崇祯帝已由太监王承恩相伴，在景山自缢。史称"甲申之变"。

京师失陷，天子殉国，朱明宗室及遗臣纷纷辗转向南。曾经显赫一时的大明帝国，如今已是破碎不堪，仅剩下淮河以南的半壁江山。当时，清军据有山海关以外的辽东，李自成的"大顺"则据有淮河以北的大明帝国故地。此后，山海关大战，清军在吴三桂的带引下大举进入山海关内，李自成放弃北京，而向陕西撤去。

这种情况下，南京的六部官员及武将谋臣们决计拥立一位朱家藩王为帝，以复兴大明，收拾破碎河山，继而挥师北上，平灭流寇，驱逐满清，收复京师。据"皇明祖训"的"有嫡立嫡、无嫡立长"原则，人选自然是从崇祯帝身上追寻，崇祯皇帝虽然有七个孩子，但太子朱慈烺在农民军进北京后被俘，虽然被李自成封为宋王，但此后就不知所终；朱慈炯、朱慈照、朱慈焕也在甲申之变中下落不明；此外还有怀隐王朱慈烜、悼怀王朱慈灿、悼良王皆早殇。熹宗皇帝又无后，而光宗除了熹宗、思宗外，还有简怀王朱由㰔、齐思王朱由楫、怀惠王朱由模、湘怀王朱由栩、惠昭王朱由橏，皆夭折。于是作为神宗长子的光宗，其一脉已无人继大位，神宗的次子朱常溆甫生即死，第三子福恭王朱常洵虽已在农民军攻洛阳时被杀，但庶长子朱由崧还在，此外神宗还有第五子瑞王朱常浩、第六子惠王朱常润、第七子桂王朱常瀛，但众王之中以朱常洵居长，于是按照继位原则，福王为第一顺位。

这位万历三十五年七月乙巳生于福王京邸的藩王，于万历四十二年随福王朱常洵就藩于洛阳，此后又在万历四十八年七月甲辰封德昌王，后进封福王世子。崇祯十四年正月，李自成陷洛阳，其父福王朱常洵缒城而出，藏匿于迎恩寺，后被搜出，于是被杀。而朱由崧缒城后，却得以逃脱，前往怀庆避难，崇祯十六年五月袭封福王。崇祯帝手择宫中玉带，遣内使赐之。崇祯十七年正月，农民军东征，怀庆闻警，于是继承福王之位没多久的朱由崧便匆匆逃亡卫辉，投奔潞王朱常淓。三月初四卫辉闻警，朱由崧随潞王逃往淮安，与南逃的周王、崇王等一同寓居于湖嘴舟中。三月十一日周王朱恭枵薨于舟上，三月十八日福王上岸，住在杜光绍园中。三月二十九日，京师沦陷消息传至淮安。南京诸臣皆认为国家不可一日无君，议立新帝，朱由崧显然是最合适的人选。

当钱谦益等东林党人由于之前的"国本之争"而心存芥蒂，唯恐朱由崧即位后追究昔日东林党人攻讦郑贵妃（朱由崧祖母）之事，故而以立贤为名，拥立穆宗朱载坖第四子朱翊镠之子潞王朱常淓。朱翊镠与神宗同母，都是孝定太后李氏。隆庆四年，仅两岁的朱翊镠受封潞王。此后，其居京师二十年，受尽恩宠。史载，神宗皇帝对自己的这个弟弟颇为宠信，曾赐其田地万顷。万历十七年，已经22岁的朱翊镠就藩卫辉府。此后在藩二十六年。万历四十二年孝定太后薨，丧报传到卫辉，朱翊镠悲痛不已，不久亦死，年47，谥号"简"。其死后，崇祯十七年二月二日，闯军刘芳亮攻占怀庆府，随即攻卫辉，潞王府危在旦夕，二月十九日，朱常淓与福王朱由崧一同逃往淮安。此外，南京兵部尚书史可法则主张既要立贤也要立亲，于是拥立神宗七子桂王常瀛。这位王爷最初封衡州，于天启七年九月二十六日就藩。崇祯十六年，张献忠率部攻陷衡阳后，他便携子朱由榿、朱由榔逃往广西梧州。就这样，虽然南京诸臣皆认为国家不可一日无君，必须要抓紧时间议立新帝，但对于帝位属谁却始终论战不决。

尽管福王是第一顺位，但史可法谓其"在藩不忠不孝，恐难主天下"，而东林党首钱谦益等，称其"贪、淫、酗酒、不孝、虐下、不读书、干预有司"之"七不可"。事实上，按照《明季南略》记载，崇祯十七年二月初三，从"怀庆府夜变，帝（朱由崧）同母出走东门，弃母兵间"来看，其的确不太适合为皇帝。

然而，福王却在宦官卢九德的帮助下，得到了北四镇高杰、黄得功、刘良佐和刘泽清，以及中都凤阳总督马士英的支持。于是四月二十六日，张慎言、高弘图、姜曰广、李沾、郭维经、诚意伯刘孔昭、司礼太监韩赞周等在朝中会议，李沾、刘孔昭、韩赞周议立福王，遂定以福王继统，告庙并修武英殿。此后凤阳总督马士英与江北四镇黄得功、高杰、刘良佐、刘泽清等人前往淮安迎接朱由崧。四月二十七日甲申，南京礼部率百司迎福王于仪征。

崇祯十七年四月二十八日乙酉，朱由崧至浦口，魏国公徐弘基等渡江迎接。翌日舟泊观音门燕子矶。四月三十日丁亥，南京百官迎见朱由崧于龙江关舟中，请其为监国。朱由崧身穿角巾葛衣，坐于卧榻之上，推说自己未携宫眷一人，准备避难浙东。众臣力劝，朱由崧乃同意暂留南京。

五月初一戊子，朱由崧骑马自三山门环城而东，拜谒孝陵和懿文太子陵，随后经朝阳门入东华门，谒奉先殿，出西华门，以南京内守备府为行宫。五月初二，群臣至行宫劝进，朱由崧以太子及定王、永王不知下落，且瑞王、惠王、桂王均为叔父，应择贤迎立。诸臣再三劝进，乃依明代宗故事监国。五月初三庚寅，自大明门入大内，至武英殿行监国礼，监国于南京。是日，吴三桂引大清摄政王多尔衮入北京。

崇祯十七年五月十五日壬寅，朱由崧即皇帝位于武英殿，以次年为弘光元年。其国号依旧为"大明"，史称"南明"。

最初的时候，弘光朝试图以"联虏平寇"为策略，谋求与清军联合，一起消灭以李自成、张献忠为代表的农民军，是年五月二十七日，大学士马士英上"陈恢复大计"疏，称"吴三桂宜速行接济，在海有粟可挽，有金声桓可使；而又可因三桂以款虏。原任知县马绍愉、陈新甲曾使款奴。昔下策，今上策也。当咨送督辅以备驱使"。于是次日，弘光帝即封关门总兵平西伯吴三桂为蓟国公，给诰券、禄米，发银5万两、漕米10万石，差官赍送。而加封赏赍吴三桂、黎玉田的敕谕由大学士王铎起草。此外，史可法也在六月间上疏道："应用敕书，速行撰拟，应用银币，速行置办。并随行官役若干名数，应给若干廪费，一并料理完备。定于月内起行，庶款虏不为无名，灭寇在此一举矣。"又有左都御史刘宗周上疏建议"亟驰一介，间道北进，或檄燕中父老，或起塞上夷王，苟仿包胥之义，虽逆贼未始无良心"。由此可见，当时南明所持有的政策便是"联虏平寇"，也就是同吴三桂合谋，借清军之力共灭"流寇"。

但当南明朝廷忙着作此打算的时候，吏科都给事中章正宸却上疏，指出了此举不可为，他在奏疏中称"今日江左形势视之晋、宋更为艰难，肩背腹心，三面受敌"。故而要求朝廷既需"念先帝、先后殉社稷之烈"，又应"念三百年生养黔黎尽为被发左衽"，"断宜以进取为第一义。进取不锐，则守御必不坚"。如今形势是"近传闯渠授首，未可轻信。贼计甚狡，必亡走入秦，度暑必尽锐而出，与献贼合，睥睨长江。又闻虏踞宫阙，动摇山东。而当国大臣仓皇罔措，但绍述陋说，损威屈体，堕天下忠臣义士之气，臣窃羞之，臣切痛之"，"并说失今不治，转弹秋高，虏必控弦南指，饮马长、淮；而贼又驰突荆襄，顺流东下。瓦解已成，噬脐何及？"

此外，还有给事中马嘉植上言："今日可忧者，乞师突厥，召兵契丹，自昔为患。及今不备，万一饮马长、淮，侈功邀赏，将来亦何辞于虏？"又有兵科给事中陈子龙，在弘光帝召集群臣讨论派遣使臣同清方联络事宜的集议后，感到当国者"求好太急"，乃以"通敌实出权宜，自强乃为本计，恳乞严谕使臣无伤国体，更祈大诫疆臣急修武备事"上疏言事，陈子龙说："如宋人借金以灭辽，借元以灭金，则益其疾耳。"并建议："密敕诸将奋同仇之气，大整师徒。俟冬春之间，敌骑牵制于三晋，我则移淮泗之师以向俟谷，出全楚之甲以入武关，令川汉之将联络庄浪甘宁之义旅，或攻其胁，或掎其背，使敌当其一面，而我当其三面，不特逆贼可以一举荡灭，而大功不全出于敌，则中国之威灵震而和好可久矣。"

然而，无论是章正宸，还是陈子龙，又或者马嘉植，他们的建议并没有人听，弘光帝登上帝位，本身所依靠的就是联络四镇，而四镇既以"定策"封爵，故而已无进取之心，此时只求"借虏平寇"。当这种一味株守江南的心态在南明小朝廷内蔓延时，大清却以代明"复仇"为名，开始实施灭明之策，南明小朝廷有心于偏安江左，但清兵显然不给他们这个机会。

而在此时，张献忠在川中登基称帝。自从崇祯十二年再举义旗后，张献忠便迅速席卷大明半壁江山，其先与罗汝才合兵，在房县西之罗猴山设伏，大败明总兵左良玉，致熊文灿被革职处死。十四年初，采取以走致敌之策，于开县黄侯城大败明总兵猛如虎，挥师出川。此后利用截获的明军文书、军符，奇袭重镇襄阳，执杀襄王朱翊铭。

张献忠与罗汝才分裂后，同明军战于河南信阳受挫，转入英山、霍山，与农民军首领革里眼、左金王合兵。十五年，借明降将孔廷训之力，轻取舒城，设立政权机构，任命乡绅为官。随后，遣游民、士卒乔装商贾、学士潜入庐州城。亲率轻骑半夜临城，点火为号，内外夹攻，一举破城，俘杀知府郑履祥，全歼守城明军。乘势克巢县（今巢湖市）、庐江、无为诸地。在巢湖大治舟舰，招募水手，训练水师，提高将士在南方作战能力。后与农民军首领老回回合兵，以56营之众，水、陆两路汇集皖口，佯称渡江攻南京，致江南大震，趁机北走袭破六安，继于夹山败明总兵黄得功、刘良佐。

张献忠移师潜山休整，遭明军偷袭，连夜入湖广。十六年，克蕲州、黄州，称西王。沿江而上，破汉阳。遣师绕道鸭蛋洲渡江，于五月二十九攻占武昌，执杀楚王朱华奎。此后，改武昌为京城，称大西王，建署命官，开科取士，免征赈民，得民众拥护。岁尾，与脱离李自成的老回回合兵荆州，兵势日众。

崇祯十七年正月，张献忠率步骑水军40万溯长江而上，横陈数十里，再次入川。攻克佛图关，进围重庆，凿城墙，置火药，爆破进城。旋多路进兵，直逼成都，遣使招降未果，遂发炮轰城，挖墙纵火，于八月初九攻破成都。十一月十六，在成都称帝，国号大西，建元大顺，改成都为西京。建立中央机构、地方政权、军事组织，命孙可望为平东将军、李定国为安西将军、刘文秀为抚南将军、艾能奇为定北将军。

相较于建都成都的大西，此时李自成的大顺正为入关之后的清军所追击。崇祯十七年四月二十九，李自成在北京武英殿称帝，以李继迁为太祖，追尊七代考妣皆为帝后；立妻高氏为皇后，使牛金星代行郊天礼。次日逃往西安，由山西、河南两路撤退。临行前火烧紫禁城和北京的部分建筑。而此时多尔衮命吴三桂不得入京城，直接追击李自成军，在保定以南的望都一战，蕲侯谷英兵败阵亡，随后五月初二，在定州清水河，李自成再次大败，果毅将军谷可成战死，副统帅左光先重伤。

这个左光先在《明史》中只有寥寥三十几个字的小传，在《明史·列传第一百六十》中，左光先传略附在唐通传之后，是这样记述的："光先，枭将也，与贼角陕西，功最多。自辽左遣还，废不用。后闻广恩从贼，亦诣贼降。"这里面的"贼"指的是李自成，"广恩"指的是先为明将、后叛变归顺李自成的白广恩。崇祯七年时，高迎祥、李自成入巩昌、平凉、临洮、凤翔诸府数十州县，并败贺人龙、张天礼军，杀固原道陆梦龙。围陇州40余日，洪承畴檄传总兵左光先与贺人龙合击，大破之。会朝廷亦命豫、楚、晋、蜀兵四道入陕，迎祥、自成遂窜入终南山。崇祯九年，左光先再次击败李自成农民军，《明史》记载说："诸将左光先、曹变蛟破之，自成走环县。"但在李自成大破孙传庭、进逼西安之后，左光先选择了归降自己的老对手，史载"冬十月，自成陷潼关……诸将白广恩、高汝利、左光先、梁甫先行后皆降"。

此时，李自成撤出北京时，以两员大将殿后，一个是谷可成，还有一个则是左光先，此时两员大将一阵亡、一重伤，可见大顺军的情况有多不妙了。此后，吴三桂部与阿济格率领的清军从保德州渡河，突破农民军的北部防线，经绥德、延安，直逼西安。七月，李自成军渡黄河败归西安，并于潼关设重兵防守，以阻止清军西进，确保西安。

然而就在途中，丞相牛金星却谗杀大将李岩，致使大顺军军心涣散。史载，牛金星幼有教养，20余岁中秀才，天启七年（1627）中举人，为人质朴，性喜读书，通晓天官、凤角及孙、吴兵法。陕北里有田，平日设馆授徒，过着仅足衣食的生活。崇祯十三年冬，经过李岩引荐入李自成幕下，因其建议"少刑杀，赈饥民，收人心"，于是颇为李自成倚重，李自成建大顺政权时，以其为天祐殿大学士，此后其又荐举军师宋献策。然而牛金星心胸狭窄，大军破北京后，牛金星与李岩矛盾激化。

李岩，原名李信，乃是阉党尚书李精白的养子，天启丁卯年举人。崇祯九年饥荒久旱，李信为饥民进言县令，要求停征税粮，可惜不被采纳，李信只好自己捐出200多石的米粮赈灾。反被指私散家财，买众心以谋不轨，被诬下狱。饥民因而集众杀县令劫狱。崇祯十三年，李自成轻骑走河南，李信在堂弟李牟的介绍下归降李自成，李自成赐名为岩。

自入闯军后，李岩就劝李自成"尊贤礼士，除暴恤民"，行均田免赋，编童谣到处传唱："吃他娘，穿他娘，开了大门迎闯王，闯王来时不纳粮"。此时河南饥民如大旱之望云霓，"惟恐自成不至"，"从自成者数万"，一时士气大振，所向披靡。李自成进京后，军纪大坏，不用李岩建言以安抚前明官绅，招致根基难固。定州清水河战败之后，谣传说河南全境皆降于明军。李自成大惊失色，同部下商议对策。李岩主动请缨，愿意亲率两万精兵，赶到中州，附近的郡县一定不敢再轻举妄动，就是有敢暴乱者，也能及早平定。但牛金星却向闯王进言"李岩此去必不返，叛形早已露，不如诛之"，于是自成信其言，令金星设酒诱而杀之，其弟弟李牟同时被擒杀。军师宋献策素善李岩，遂往见刘宗敏，以辞激之。刘宗敏怒曰"彼无一箭功，敢擅杀两大将，须诛之"，由是大顺军将相离心。

就在李自成败退西安的同时，崇祯十七年六月，热衷于"联虏平寇"的南明决议和大清和谈。六月初三，前都督同知总兵官陈洪范自告奋勇，奏请北使，命来京陛见。十三日，陈洪范入朝。十九日，应天安庆等处巡抚左懋第"以母死北京，愿同陈洪范北使。许之"。七月初五，"进左懋第南京兵部右侍郎兼右佥都御史，经理河北，联络关东军务；兵部职方郎中马绍愉进太仆寺少卿；都督同知陈洪范进太子太傅"，组成使团北上和满清和谈。

从规模上来说，这次出使声势浩大，除了左懋第为正使、太仆寺少卿马绍愉和左都督陈洪范为副使外，还有其他10名官员，20名随从，骑兵50名，马夫200名，以及3000卫军，并携带有作礼品和行贿用的大量金银绸缎。这次出使所打的旗号是"为崇祯帝督办祭品及安排葬礼"，但实际上却是南明谋求与吴三桂结盟，并期望以赠送厚礼、割让更多的已被清军控制的塞外土地及每年输银十万两为条件，说服清军撤到关外。

但这次和谈从一开始就不顺利，当年十月，使团到达北直隶时，被督抚骆养性阻留。此后，被安排入住外国使臣进贡大清时所住宿的会同四夷馆。而当左懋第欲将弘光帝的敕书交给清廷，清人的答复却是让他们送交礼部转呈，不得直接递交朝廷。左懋第抗议道："此乃大明皇帝御书，何得以他国文书比。"然而，抗议之后，清廷官员干脆拒绝接受

　　　　　　　　　　　　　　　　　　　　　　八旗狂飙

这份敕书，并将南明使臣安置在鸿胪寺。吴三桂及其他降清的汉臣则避而不见。

之所以清廷会如此态度专横，其实原因很简单。就在左懋第等人离开南京，出发赶往北京时，多尔衮即已决策讨伐南明、剿灭"流寇"，一统天下。

这份计划是原明朝御史柳寅东所提出的，即在剿灭西部大顺军残余后，取道四川直下东南。于是清军分兵两路，一路由英亲王阿济格、平西王吴三桂、智顺王尚可喜等统兵取道山西北部和内蒙古进攻陕北，得手后向南推进，夺取西安；而另一路则由豫亲王多铎、恭顺王孔有德、怀顺王耿仲明等率领南下，消灭弘光朝廷。就在左懋第要求与吴三桂会面时，清军已经开始集结，并采取行动了。

就在清军开始南下时，左懋第面见了内院刚陵，并要求允许使团为崇祯帝举行葬礼，但南明的要求为刚陵断然拒绝，清人明确表示，大清已得天命，故而是不会接受赎金退回辽东的。随即多尔衮招降左懋第等，不过意识到达成协议的希望已成泡影的左懋第，却婉言谢绝了多尔衮的邀请，大概是出于对这位不辱君命的使臣的好感，多尔衮同意左懋第使团由清兵护送出城，左懋第及其随员意欲南归者，听其自便。于是左懋第得以离开北京南下。可陈洪范不愿南归，其得知谈判失败的消息后，居然秘密派人致书清廷，表示愿率部归顺，并称将左懋第和马绍愉交清廷处置。于是多尔衮立即派出轻骑追赶通北使臣，并在沧州将之截住。虽然左懋第提出抗议，但还是被迫回到了北京。又被勒令投清后，左懋第再次拒绝，随后被处死，而马绍愉则降清，至于陈洪范，其"获释南归"，向南京朝廷转达清廷的意图之后，成为了清人在南京的密探。

崇祯十七年十一月，清朝以多铎为"定国大将军"率军南下，降清汉将、山东巡抚方大猷自山东首先发起攻势，以突破南明的淮扬防线，此后豪格由济宁南进，夺取海州，并进逼宿迁，包围邳州，但为刘肇基所率南明军击败。与此同时，多铎亲自率领的主力则在离开郑州后，向开封西面的黄河渡口孟津挺进，并以图赖率精锐骑兵沿黄河南岸横扫河南北部。

不过就当清廷命阿济格为靖远大将军，同吴三桂、尚可喜等降清汉将，率3万兵马由北路入陕，途中又尽调宣府、大同两镇降兵，兵力达

8万大军，准备先进攻陕北，然后南下西安，灭大顺，后又命豫亲王多铎为定国大将军，同降将孔有德、耿仲明等率兵2万南下，收取江南，李自成并没有坐以待毙，在清廷调兵遣将之时，大顺军2万兵马于十月十二日由山西垣曲东下河南怀庆，连续攻克济源、孟县，进攻怀庆府城沁阳。摄政王多尔衮闻报，立即改变进军南京的计划，命多铎部先救怀庆，然后攻取潼关，同阿济格夹攻西安。多铎所部清军进抵怀庆后，大顺军不敌，主动撤退。十二月，多铎部由孟津渡过黄河，连破洛阳、灵宝等地，二十二日进抵潼关20里外立营，以等候红衣炮。

崇祯十七年十二月，面对清军兵临潼关的状况，李自成军列阵迎战，而清军因主力及大炮尚未到达，坚守不战。十二月二十九日，大顺军于关前据山列阵，清军前锋统领努山、鄂硕等于侧后包抄，护军统领图赖率骑兵百余人由正面进攻，大顺军虽顽强拼战，但仍失利。

次年正月初四，大顺军将领刘芳亮领兵千余，偷袭清营，被清军击败。李自成亲率马步兵拒战，又被清军击败。初五、初六两日夜间，大顺军连袭清营，俱败。初九，清军的红衣大炮运至，进逼潼关口。大顺军凿重壕，立坚壁，堵截清军。十一日，清军先用红衣炮轰击，接着大举进攻，相继攻入大顺军阵。大顺军仍顽强奋战，以骑兵300反击，又分兵迂回到清军阵后攻击，俱败。这时，北路清军由阿济格率领，已由山西保德州渡过黄河，进入陕北，围榆林，占米脂，主力向西安推进。李自成面临清军两路夹攻，被迫率主力撤回西安。十二日，清护军统领尼堪等领兵占潼关，大顺潼关守将马世尧率所部7000众降。与此同时，阿济格部清军进入陕北后，以一部分兵力围攻据守榆林、延安的李过、高一功部大顺军，自己领兵南下西安。自此，李过、高一功部被切断了往西安的退路，被迫放弃陕北，取道汉中，由四川入鄂。而李自成面对清军两路重兵合击的情况，不得不放弃西安，经蓝田、商州，走武关，采取避战的方式流窜，经邓州、襄阳入湖北，"声言欲取南京，水陆并进"，但在四月间，李自成入武昌后，再为清军所击败，大将刘宗敏率部在武昌之战突围中被清军俘获。因拒不投降，被清军用弓弦勒死。

是年五月，李自成在江西再败，后在湖北通山县南九宫山被通山县六都源口寨乡勇头目程九伯所杀，尸首不知何处。其后大顺军余部称李自成为先帝，其妻高氏为太后，李锦推举李自成三弟李自敬为首领。

关于李自成的死亡，历史上有很多记载，有自缢说，《清世祖实录》记载，顺治二年闰六月阿济格奏："贼兵尽力穷窜入九公山，随于山中遍索自成不得，又四出搜缉。有降卒及被擒贼兵俱言自成窜走时携随身步卒仅二十人，为村民所困，不能脱，遂自缢死。因遣素识自成者往认其尸，尸朽莫辨，或存或亡，俟就彼再行察访。"

又有战死之说，《通山县志》中的记载为："九伯聚众杀贼首于小源口。"而《明史纪事本末》则记载："李自成南奔辰州，将合张献忠。献忠已入蜀，遂留屯黔阳。部贼亡大半，然尚拥众十余万。乏食，遣贼将四出抄掠，黔阳四境鸡犬皆尽。川湖何腾蛟进攻之。自成营于罗公山，倚险筑堑为久屯计。势弥蹙，食尽，逃者益众。自成自将轻骑抄掠，何腾蛟伏兵邀之，大败，杀伤几尽。自成以数十骑突走村落中求食，村民皆筑堡自守，合围伐鼓共击之。自成麾左右格斗，皆陷于淖。众击之，人马俱毙，村民不知为自成也。截其首献腾蛟，验之左膑伤镞，始知为自成。李过闻自成死，勒兵随赴，仅夺其尸，灭一村而还，结草为首，以衮冕葬之罗公山下。"

此外，清初吴伟业《绥寇纪略》中说：李自成率二十骑到九宫山，他让将士留在山下，自己上山拜谒元帝庙。当地村民"疑以为劫盗"，在李自成跪拜元帝像时，被村民在身后用荷锸击伤头部，李自成当即昏倒"不能起"。这时村民一拥而上，"碎其首"而亡。村民搜其钱物时，发现"金印"，方知道杀错了人，"大骇，从山后逃去"。

又有《烈皇小识》卷八附湖广等地总督何腾蛟隆武元年的奏疏中说："天意亡闯，以28骑登九宫山，为窥伺计，不意伏兵四起，截杀于乱刃之下，相随伪参将张双喜系闯逆义男（张鼐），仅得驰马先逸；而闯逆之刘伴当飞骑追呼曰：'李万岁爷被乡兵杀死下马，二十八骑无一存者。'一时贼党闻之，满营聚哭。及臣抚刘体仁（纯）、郝摇旗于湘阴，抚袁宗第、蔺养臣（成）于长沙，抚王进才、牛有勇于新墙，无不众口同辞……张参将久住湘阴，郝摇旗现在臣标，时时道臣逆闯之死状。嗣后大行剿抚，道阻音绝，无复得其首级报验。"

此外，康熙年间费密撰写的《荒书》中则说："李自成率十八骑，由通山过九宫山岭"时，山民"闻有贼至，群登山击石，将十八骑打败"。李自成一人和山民程九伯赤手搏斗，程九伯不是对手，被李自成摔倒在地，并骑在程九伯身上，"抽刀欲杀之"。但刀被血渍又渗入泥浆，一时没拔出。正在这时，程九伯外甥金某，从背后以铲猛击李自成头部，即刻而亡。

但不管怎么样，李自成的确是死了，他的大顺政权也在西安陷落后瓦解。而此时，自弘光元年（顺治二年，1645）三月起，清军开始南下全面进讨南明，就在多尔衮命多铎移师南征之时，弘光政权内部正进行着激烈的党争。

弘光帝即位后，于六月戊午追封祖母郑贵妃为孝宁太皇太后，父福恭王朱常洵为贞纯肃哲圣敬仁毅恭皇帝（后改谥孝皇帝），立庙于南京，墓园称熙陵。上嫡母邹氏尊号为恪贞仁寿皇太后，生母姚氏为孝诚端惠慈顺贞穆符天笃圣皇太后。追封洛阳城陷时遇害的胞弟颍上王朱由㰚为颍王，谥曰冲。六月辛酉，上崇祯帝庙号为思宗，谥号烈皇帝。七月己丑，追复懿文太子帝号，追崇建文帝、景泰帝庙号谥号。崇祯十七年九月初三，弘光帝又下令为北京殉难诸臣上谥号，计文臣21人、勋臣2人、戚臣1人。随后又给郧国公冯国用、宋国公冯胜、济国公丁德兴、德庆侯廖永忠、长兴侯耿炳文等开国功臣追上谥号；给方孝孺、齐泰、黄子澄、陈迪、景清、卓敬、练子宁等建文朝死难诸臣，蒋钦、陆震等正德朝死谏诸臣，左光斗、周朝瑞、周宗建、袁化中、顾大章、周起元等天启朝死难诸臣上谥号。

但史载朱由崧生性暗弱，耽溺于酒色声妓，其登基之后，下令选淑女入宫，派宦官于南京城中四出搜巷，凡是有女之家，必以黄纸贴额，持之而去，南京城中骚动。朱由崧又下令修西宫西一路为慈禧殿，以安置继母邹太后。当年八月邹太后自河南至南京，八月十四日谕户、兵、工三部"太后光临，限三日内搜括万金，以备赏赐"。八月十六日，御用监又令造龙凤床座、床顶架、宫殿陈设金玉等项，越数十万两。此后又为造皇后冠，而命内臣采购猫儿眼、祖母绿及大珠重一钱以上者百余颗。崇祯十七年除夕，弘光帝独坐兴宁宫中，愀然不乐。太监韩赞周问道："宫殿新落成，皇上应当欢喜，而阿阿不乐，是思念皇兄吗？"弘光帝不应，继而回答说："梨园殊少佳者。"弘光元年（1645）正月，弘光帝又下令修南京奉先殿、午门及左右掖门，并派太监田成至杭州、嘉兴二府选淑女。

忙于享乐的弘光帝自然不会处理什么朝政了，于是政事悉委于马士英、阮大铖。

马士英，本姓李，五岁时，为贩槟榔客马姓者螟蛉（收养）。万历四十七年，马士英中试己未科进士，授南京户部主事。天启年间，迁郎中，严州、河南、大同知府。崇祯三年，任山西阳和道副使，后升宣府巡抚，不久因贿赂权贵被太监王坤举发削职，寓居南京。马士英闲居南京时与阮大铖交厚，更因阮之力复出担任凤阳总督一职，结下了与阉党的深厚关系。

由于拥立弘光帝有功，马士英被任为东阁大学士、兵部尚书，加右副都御史衔，仍任凤阳总督，其余高杰、黄得功等人亦因为实际拥有兵权而加官晋爵，统领江北地区的军备防务。原南京兵部尚书史可法与复社人士因此失势，史可法乃自请督师，前往扬州统筹守务，然而高、黄、刘等武将却各自只为巩固自身势力，与史可法未能配合。王应奎《柳南续笔》卷一《蟋蟀相公》条称：“马士英在弘光朝，为人极似贾积壑，其声色货利无一不同。羽书仓皇，犹以斗蟋蟀为戏，一时目为‘蟋蟀相公’。”

此后，马士英又推荐了在“魏忠贤逆案”中被定罪的阮大铖任官，由此使得复社人士相当不满，借此攻击马士英为奸佞，两方争执不下，党争由此而起。阮大铖乃是万历四十四年进士，天启年间官至给事中，因与左光斗同乡，起初偏向东林党，《东林点将录》拟之为水浒传中的“没遮拦”穆弘。后因东林党赵南星等人阻碍他升官，遂转而依附魏忠贤，造《百官图》攻击东林党人。崇祯二年，以阿附魏忠贤列于逆案，废居回乡。崇祯十一年，阮大铖在金陵倡立群社以图拉拢名流，此番经马士英推荐，官至兵部尚书，自然使得复社众人不满了。

此后，姜曰广、高弘图、刘宗周等人的辞官，更使得东林党人、复社众人与马士英、阮大铖之间的矛盾日趋激烈，就在这个时候，南明连续发生了三起大案。其一为“大悲案”。

所谓“大悲案”的引发者是僧人大悲，其俗家姓朱，徽州人，跟潞王朱常淓相识。崇祯十七年十二月，大悲来到南京水西门外，自称是明朝亲王，崇祯时封为齐王，又改封定王，并声称“潞王恩施百姓，人人服之，该与他作正位”。弘光帝原本对潞王有所猜忌，于是下诏，将大悲下狱，又传谕戎政赵之龙、锦衣掌堂冯可宗与蔡忠"三堂会审"，严加刑讯，大悲在供词中提到东林领袖钱谦益。

崇祯十七年初，钱谦益拟被崇祯帝委派总督浙江和南直隶并控扼海道，从而与南京兵部尚书史可法、凤阳总督马士英形成鼎足而立之势，但因"甲申之变"而不果。此后钱谦益谋划推举潞王继位为帝，但最终不成。福王朱由崧继位，马士英出任内阁首辅后，钱谦益惧祸，遂阿附马士英，并推荐蔡奕琛、祁逢吉、唐世济、邹之麟、陶崇道、郭昭封等人。于是马士英遂任命钱谦益任礼部尚书、协理詹事府并担任经筵讲官。

这番牵连到钱谦益，于是阮大铖试图将史可法、高弘图、姜曰广、张慎言、刘宗周、祁彪佳等东林党和复社的成员牵连其中，但大悲抵死不从，而马士英亦不愿牵涉过广，遂将大悲绑赴西市问斩，此事不了了之。

此后，又有太子案发生。弘光元年（顺治二年，1645）二月鸿胪寺少卿高梦箕秘奏：太子朱慈烺出现在浙江。三月初一，弘光帝令太监李继周往浙江一探究竟，并将他带回安置在太平门内的兴善寺。此后弘光帝又派两名太监前去辨识，两宦官见到太子，抱头恸哭，解下衣衫为储君御寒，随即如实飞报弘光帝。弘光帝大怒："真假未辩，何得便尔。"遂杀两太监，继而又杀李继周。原总督京营太监卢九德也来探视，觉得太子是假的，前太子讲官王铎则一口咬定太子是假。此时文武百官纷纷赶赴兴善寺，"踊跃趋谒"，朱由崧只得将太子交付锦衣卫冯可宗处看管。太子遭禁，掀起了轩然大波。此后，弘光帝命百官审北来太子于午门外，终裁断为伪太子王之明，于是"南京士民"皆"哗然不平"。江防督抚袁继咸、广昌伯刘良佐等大臣上疏抗争。而宁南侯左良玉甚至起兵东下，声称"清君侧"。

当时马士英、阮大铖二人每日以卖官鬻爵、报撼私仇为事，加上朝内党争，于是南明政事萎靡，故而爆发太子案时，驻守武昌的宁南侯左良玉当即举兵于武昌，以"救太子、诛士英"为名顺流而下，马士英认为"宁可君臣皆死于大清，不可死于左良玉之手"，竟命史可法尽撤江防之兵以防左良玉。史载，"四月初一，左良玉至九江，已是久病之躯。初四，邀江督袁继咸到舟中相见，袁责以大义，良玉疾甚，望城中火光，大哭曰：'予负袁公！'呕血数升而死。其子左梦庚拘禁袁继咸，引兵东下，直通鸠州太平府，弘光元年五月十三日，左梦庚率部投降清军阿济格部。袁继咸为清兵所执，不屈，被斩杀。"

就在太子案闹得沸沸扬扬的时候，又有一位童氏女子逃至南京，自称为福王朱由崧之元配正妃，越其杰和广昌伯刘良佐深信不疑，一面奏报，一面派人护送来南京。结果弘光皇帝立即否认，宣布童氏为假冒。三月初一，童氏送抵南京，皇帝拒不召见，交付锦衣卫监候，令都督冯可宗审讯。童氏自述"年三十六岁。十七岁入宫，册封为曹内监。时有东宫黄氏，西宫李氏。李生子玉哥，寇乱不知所在。氏于崇祯十四年生一子，曰金哥，啮臂为记，今在宁家庄"。朱由崧则怒斥曰："朕元妃黄氏，先帝时册封，不幸早逝；继妃李氏，又死于难。朕即位之初，即追封后号，诏示海内，卿为大臣，岂不知之？童氏冒诈朕妃，朕初为郡王，何东西二宫之有？且称是邵陵王宫人，尚未悉真伪？"冯可宗因此被撤，改由屈尚忠审理，童氏遭严刑拷打，不久死于狱中，此案哗然一时。

其实无论是童妃案，还是大悲案、太子案，其背后皆是马士英与复社之间的权力斗争，正如清人戴名世所写的那样，"呜呼，南渡立国一年，仅终党祸之局。东林、复社多以风节自持，然议论高而事功疏，好名沽直，激成大祸，卒致宗社沦覆，中原瓦解，彼鄙夫小人，又何足诛哉！自当时至今，归怨于孱主之昏庸，丑语诬诋，如野史之所记，或过其实。而余姚黄宗羲、桐城钱秉镫至谓帝非朱氏子。此二人皆身罹党祸者也，大略谓童氏为真后，而帝他姓子，诈称福王，恐事露，故不与相见，此则怨怼而失于实矣"。

就在左良玉以"救太子、诛士英"为名顺流而下，马士英以黄得功、阮大铖率兵御之，南明发生内讧之时，清军却在豫王多铎率领下大举南下，攻陷归德、颍州、太和、泗州等地。此后，马士英被迫急调江北四镇迎击左军，致使面对清军的江淮防线陷入空虚。而史可法时在扬州虽有督师之名，却无法调动四镇之兵。一月之中，清军破徐州，渡淮河，兵临扬州城下。一时间，苟延残喘于江南的南明江山陷入危机之中。

自从弘光帝登基之后，史可法便自请督师江北，外出镇守淮、阳两地，于是皇帝加封其为太子太保，改任兵部尚书、武英殿大学士。此后，他前往扬州统筹江北四镇军务机宜。督师江北的史可法设淮安、扬州、泗州、庐州四镇，也就是：东平伯刘泽清管辖淮、海等地，驻军泗水，经理开、归一路；总兵官刘良佐统辖凤、寿等地，驻扎在临淮，经理陈、杞一路；靖南伯黄得功统辖滁、和等地，驻军庐州，经理光州、固始一路；同时以扬州为一路。但此举显然是个败笔，正如张岱所说的那样："以史阁部之设四镇，不设于山东、河南，乃设于南畿数百里之内，此则阁部之第一失著。"

早在崇祯十七年八月间，奉使清廷的兵部左侍郎左懋第就曾经上奏："山东人心亟可收拾。命下廷议。时吏民人自为守，抚、镇不至，无所禀承。清人传檄责郡县献籍，渐奉遵依。识者惜之。"但史可法却言："各镇兵久驻江北，皆待饷不进。听胡骑南来索钱粮户口册报，后遂为胡土。我争之非易，虚延岁月，贻误封疆，罪在于臣。适得北信，九陵仍设提督内臣，起罪辅冯铨，选用北人殆尽；或不忘本朝，意图南下，逃匿无从，是河北土地、人才俱失矣。乞速诏求贤，偏谕北畿、河北、山东在籍各官及科甲贡监，但怀忠报国，及早南来，破格用之。从之。"很显然，史可法这是借口镇兵缺饷，请求弘光帝发诏求贤，让河北、山东的官绅南下，言外之意就是放弃山东、河北等地的百姓和土地。

正如翰林院官杨士聪所说的那样："其下东省，止一人一马，责取遵依，无不应者，积威之所劫也。及济宁不应，亦遂惨淡而去；继至者乃有十三人。使南中有千人之旅渡河先至，呼吸可通，二东（山东、登莱二抚辖地）岂遂为虏有乎？"

其实南明不去收复失地也就算了，四镇官兵反而频频骚扰山东、河南。譬如东平侯刘泽清原是山东总兵，家在山东曹县，尽管当时清方驻山东兵力极少，清廷任命的山东巡抚方大猷在启本中自称"手无一兵"，刘泽清并没有趁势收取桑梓之地，反而在八月底，派部将刘可成、阮应兆等率领1000多兵马前往临清祭祖，并在曹县"杀死乡官十七家、百姓无算"。九月初三，方才搬取家眷，招兵数百名撤回淮安。不过客观上讲，在当时史可法根本无力管束四镇，黄宗羲曾经说过："马士英既借四镇以迎立，四镇遂为士英所结。史可法亦恐四镇之不悦己也，急封爵以慰之。君子知其无能为矣。"

弘光元年初，史可法亲自安排高杰率军北上河南，意图协助清军讨伐李自成。高杰为南明江北四镇中兵力最强者，故而最受史可法器重。但高杰性气乖张，难以节制，抢掠焚杀，素为江南士绅不喜，甚至指责高杰所部"杀人则积尸盈野，淫污则辱及幼女"。但其实此人却颇忠心于史可法，而且面对肃亲王豪格"大者王，小者侯，世世茅土"的诱降也是断然拒绝。于是才被史可法安排驻兵泗州，此番北上，其负责开封、归德一路招讨，冒大雪，沿黄河筑墙，并约睢州总兵许定国，互相联络。但许定国早已暗降清廷，并送二子许尔安、许尔吉渡河为人质。十二日，许定国在睢州兵部尚书袁可立府第大摆筵席，为高杰、越其杰、陈潜夫、参政袁枢等接风洗尘。越其杰疑有诈，高杰却不以为意。正月十二日，高杰率300名亲兵至营中，十三日夜，许定国设宴召妓，把高杰灌醉，一刀砍下头颅，持首级北渡黄河，向豪格报功。

高杰死后，其部大乱，而黄得功又想借机吞并高部。于是闻讯大哭，曰"中原不可复为矣"的史可法决定亲自前往善后，其立高杰之子高元照为兴平世子，并任命高杰的外甥总兵李本身为提督，统领高杰所部，同时任命胡茂顺为中军提督，李成栋为徐州总兵。不过耐人寻味的是，高杰遗孀邢氏以子年幼，想让史可法收高元照为义子，史可法以其为流贼出身而拒之，然而却命高元照拜太监高起潜为义父。

弘光元年四月，左良玉率数十万兵力，由武汉举兵东下，要清君侧、"除马阮"时，史可法一度移军驻泗州，保护明祖陵，但马士英竟使史可法尽撤江防之兵以防左良玉，史可法只得兼程入援，抵燕子矶，以致淮防空虚。此后左良玉为黄得功所败，不久呕血身亡，全军降清。于是史可法奉命北返，此时盱眙已然降清，泗州亦是城陷，史可法遂至扬州。

弘光元年四月，清军在豫亲王多铎的指挥下，开始进击扬州，由于当时有谣传称许定国军要来奸灭高氏部属，于是扬州城中士民砸坏城门外出逃命，乃至于大小船只为之一空。此后，督师江北的兵部尚书史可法一边组织城中百姓抵御清军，一边传檄诸镇发兵援救，结果刘泽清北遁淮安，仅刘肇基等少数兵至，防守见绌。十八日，清军兵临城下。当清军初至时，刘肇基建议趁清军立足未稳，率众出击，但为史可法所拒。十九日，史可法于扬州西门楼作书寄母妻，且曰："死葬我高皇帝陵侧。"并有遗书给弘光帝，称："败军之将，不可言勇；负国之臣，不可言忠。身死封疆，实有余恨。得以骸骨归钟山之侧，求太祖高皇帝鉴此心，于愿足矣。乙酉四月十九日，大明罪臣史可法书。"

二十一日，总兵官李栖凤、监军副使高岐凤投降清军，史可法也未采取措施加以制止，这使得城中力量更加单薄。此后，面对多尔衮劝降，史可法致《复多尔衮书》拒绝投降，副将史德威随可法有年，可法纳德威为义子，托以后事。二十四日，清军以红夷大炮攻城。入夜，扬州城破，史可法自刎不死，众人拥下城楼，大呼曰："我史督师也！"被俘。

此后，多铎劝降他："前以书谒请，而先生不从。今忠义既成，当畀重任，为我收拾江南。"但史可法表示："城亡与亡，我意已决，即碎尸万段，甘之如饴，但扬城百万生灵不可杀戮！"而后被杀，总兵刘肇基、骁将马应魁、幕僚何刚、炮队专家陈于阶等皆死于此战。

不过关于扬州之战，《明季南略》却有不同记载，称"廿五日丁丑，可法开门出战，清兵破城入，屠杀甚惨"。又有"然豫王入南京，五月二十二日（癸卯）即令建史可法祠，优恤其家。是王之重史公，必在正言不屈，而'缒城潜去'之说非也。更闻江北有史公墓；康熙初年予在淮扬，见公生祠谥为'清惠'，父老犹思慕焉。忆顺治六年仲冬，予入城应试。有浙之嘉兴人同舟，自言久居于扬；问以大清兵破城事，彼云：'我在城逃出，稔知颠末。'初，扬人畏高杰淫掠，乡民避入城；后水土不服，欲出城，江都令不许，遂居于城"。又，"大清或令一、二火卒侦伺，守兵获之，则皆欢呼请赏，可法赐以银牌；殊不知大清兵甚众。可法日夜待黄得功至；围至六日，乃二十五日（丁丑）也，忽报曰：'黄爷兵到'。望城外旗帜，信然；可法开门迎入。及进城，猝起杀人，知为大清人所绐，大惊；悉弃甲溃走。百姓居新城者，一时哗叫，不知所为；皆走出城，可法不知所终"这样的说法。

但有一点是肯定的，那就是清军攻破扬州之后进行了惨无人道的屠杀，史称"扬州十日"。据《扬州十日记》所载，清军攻破扬州城后进行了为期五天的大肆屠杀，遇一卒至，南人不论多寡，皆垂首匍伏，引颈受刃，无一敢逃者。史载："诸妇女长索系颈，累累如贯珠，一步一跌，遍身泥土；满地皆婴儿，或衬马蹄，或藉人足，肝脑涂地，泣声盈野。""日，天始霁。道路积尸既经积雨暴涨，而青皮如蒙鼓，血肉内溃。秽臭逼人，复经日炙，其气愈甚。前后左右，处处焚灼。室中氤氲，结成如雾，腥闻百里。"五天后清军接到豫王的命令，就此封刀。和尚们得到命令开始收集和焚烧尸体。

而意大利传教士马丁诺·马蒂尼在其所著《鞑靼战纪》一书中，也记录了他在中国的见闻："他们的攻势如闪电一样，用不了多久就占领它，除非那是一座武装防卫的城市。这些地方中，有一座城市英勇地抗拒了鞑靼的反复进攻，那就是扬州城。一个鞑靼王子死于这座城下。一个叫史阁部（史可法）的忠诚的内阁大臣守卫扬州，它虽然有强大的守卫部队，最后还是失败了，全城遭到了洗劫，百姓和士兵被杀。鞑靼人怕大量的死尸污染空气造成瘟疫，便把尸体堆在房上，城市烧成灰烬，使这里全部变成废墟。"

就在扬州陷落的同时，弘光帝却在南京贡院选淑女，70人中选中一人，即阮大铖的侄女。此后，杭州送来淑女50人，弘光帝选中周姓一人、王姓一人。但仅仅数日之后，传来了清军攻破扬州的消息，于是弘光帝召对大臣们寻求解决之道。马士英主张迁都贵阳，但钱谦益等力言不可，乃罢。史载，清军渡江之前，弘光帝召对讲官，有人称"胡马畏暑，必不渡江"，可结果却是弘光元年五月初八己丑，清军自瓜洲渡江，镇江巡抚杨文骢逃奔苏州，靖虏伯郑鸿逵逃入东海，总兵蒋云台投降。

朝鲜画家绘的《脱衣易皮》图

听闻清军渡江之后，南京闭城门。五月初十辛卯，弘光帝传旨放归所选淑女，当天午夜尤召梨园入宫演剧。翌日凌晨二漏时，弘光帝率内官四五十人骑马出通济门，莫知所踪。天亮后百官入朝，见宫女、内臣、优伶杂沓逃奔西华门外，方知弘光帝已出逃。于是南京城内大哗，马士英携邹太后出奔，百姓救北来太子出狱，扶其入宫，在武英殿即位。五月十二日癸巳，弘光帝至太平府，以按察院为行宫，随即移驾芜湖，投奔靖国公黄得功营中。

五月十四日，尚书钱谦益令人传语，"宜速往浙中择主拥戴，以图兴复"，又写了密信给时在杭州的潞王朱常淓，"意在拥戴"。但五月十五日，钱谦益与大学士王铎、忻城伯赵之龙、魏国公徐文爵、保国公朱国弼、灵璧侯汤国祚、定远侯邓文郁、都御史唐世济等人在滂沱大雨中开城门向清豫亲王多铎迎降，于是清军进入南京。

据载，当时降诸臣向多铎献礼，甚至有人一下子拿出数万两白银的现金，但钱谦益"独致礼甚薄"，于是多铎命令钱谦益带两名清朝官员和500名骑兵清理明宫，在皇城正门的洪武门前，钱谦益忽然跪下四拜，余人都很惊讶，钱谦益解释说："太祖高皇帝三百年王业，一旦废坠，能无痛心？"

但也就是这个钱谦益在清军兵临城下，弘光帝出狩时，面对爱姬柳如是提出的"投水殉国"建议时，却以手探水说："水太冷了，怎么办？"于是柳如是奋身想跳入水中，却被钱谦益拉住，此后钱谦益又告诉众人说："事至此，唯有作小朝廷求活耳！"同时还是这个钱谦益，在降清之后，为清人作檄文传谕四方招降，还对多铎建言说："吴下民风柔弱，飞檄可定，无须用兵。"

在暂居南京之后，多铎命降将刘良佐带清兵追击弘光帝。五月二十二日癸卯，总兵田雄、马得功、丘钺、张杰、黄名、陈献策冲上御舟，劫持弘光帝，将其献给清军。于是豫王多铎命去锁链，以红绳捆绑。史载，五月二十五日丙午，朱由崧乘无幔小轿入南京聚宝门，头蒙缁素帕，身衣蓝布袍，以油扇掩面，两妃乘驴随后，夹路百姓唾骂，有投瓦砾者。多铎在灵璧侯府设宴，命其居于北来太子之下。宴罢，拘弘光帝于江宁县署。

南京失陷，弘光帝被俘的消息传到杭州后，马士英、阮大铖、朱大典、袁宏勋、张秉贞、何纶等商量请时在杭州的朱常淓监国。六月初七，邹太后（弘光帝朱由崧嫡母）命朱常淓监国，懿旨曰："尔亲为叔父，贤冠诸藩。昔宣庙东征，襄、郑监国，祖宪俱在，今可遵行。"于是六月初八，朱常淓称监国于杭州。次日，黄道周建议朱常淓在十日内即位称帝，但朱常淓却听从马士英的意见，派陈洪范作为监国潞王的代表与清军和谈。

钱谦益

弘光元年六月十一日，清军逼近杭州，马士英、阮大铖、朱大典等均各自逃命，而陈洪范回到杭州与张秉贞等劝潞王勿战，郊迎清兵，开城投降。楚王朱华堞闻讯劝说潞王："国祚悯凶，至于此极。抚膺北睎，何以为生？以殿下之贤，远近所闻，天下绝智殊力，方将凭附以起。周之孙子，能无眷然，宋人半壁，亦尝有年。况闽、粤、滇、蜀，延袤万里，犹吾故物。失今不为，时事一去，万事不复。他日求尺寸地为死所，岂可得哉？"朱常淓对曰："公休矣！吾非其才。此百姓之心已不可挽任，吾谁与为之？"朱华堞作色曰："殿下何悖！朱家子孙谢勿力，彼何望而不跂向他氏？果提三尺剑，誓与国共存亡，则孱弱可起，况乎皆衣食吾祖者耶！"朱常淓又推脱说："营兵恐不任用，钱谷必不给。吾为此，不失为知几。"朱华堞泣而告曰："今国安并数万屯西郊，方请命，而鸿达溃卒尚可集，发布政司存金，益以盐运司所贮，无烦征比。此五营额兵，出东义皆健，又招募良人，当一日至，线索在手控纵间耳。"朱常淓终不听，朱华堞拂袖而起，裂冠带掷地而去。弘光元年六月十三日，朱常淓开城降清。

而就在朱常淓监国于杭州的同时，又有应天的威宗太子王之明、抚州的益王朱慈炲、绍兴的

隆武帝

鲁王朱以海、桂林的靖江王朱亨嘉等监国政权先后建立，其中唐王朱聿键由郑芝龙等人在福州拥立，登极称帝，改元隆武，是为明绍宗。

朱聿键为明太祖第23子唐定王朱桱的后裔，系太祖九世孙。万历三十四年四月丙申生于南阳唐王府，母妃毛氏。其祖父唐端王朱硕熿惑于嬖妾，不喜爱朱聿键的父亲世子朱器墭，把朱器墭父子一起囚禁在承奉司内，欲立爱子。后朱器墭于崇祯二年被毒死，朱硕熿讳言其事，但经守道陈奇瑜奏请，朱聿键被明廷立为唐世孙，不再被囚禁，同年朱硕熿也死。崇祯五年（1632）朱聿键继为唐王，封地南阳。崇祯帝赐其《皇明祖训》《大明会典》《四书》《五经》《二十一史》《资治通鉴纲目》《孝经》《忠经》等书。朱聿键遂在王府内起高明楼，延请四方名士。

崇祯九年七月初一，朱聿键杖杀其两位叔父福山王朱器塽、安阳王朱器埈，为其父当年被毒死一事报仇。当年八月，清兵入塞，克宝坻，直逼北京，京师戒严。朱聿键上疏请勤王，不许。乃自率护军千人北上勤王。行至裕州，巡抚杨绳武上奏，崇祯帝勒令其返回，后朱聿键因与农民军相遇交锋，两名太监被杀，乃班师回南阳。冬十一月下部议，废为庶人，幽禁在凤阳高墙。崇祯帝改封其弟朱聿镆为唐王。

朱聿键在高墙内被圈禁期间，凤阳守陵太监石应诏索贿不得，用墩锁之法折磨之，朱聿键病苦几殆。后凤阳巡抚路振飞入高墙见之，向崇祯帝上疏陈高墙监吏凌虐宗室之状，请加恩于宗室，于是崇祯帝乃下旨杀欺凌唐王之太监石应诏。崇祯十四年，李自成攻陷南阳，杀朱聿镆。

此后，崇祯帝自缢于景山，福王朱由崧在南京即位，改年号弘光，实行大赦。在广昌伯刘良佐奏请下，囚于凤阳的朱聿键也被释，并封为南阳王。南京礼部请恢复唐王故爵，弘光帝不允，并令朱聿键迁至广西平乐，但朱聿键贫病不能行。

南明弘光元年（清顺治二年，1645）五月，朱聿键赴平乐途中，在苏州闻清军已破南京，遂至嘉兴避难。六月辛酉，朱聿键至杭州，遇潞王朱常淓，奏请其监国，不听；请朝陈方略，亦不允。当时镇江总兵官郑鸿逵、户部郎中苏观生至杭州，与朱聿键谈及国难，泣下沾襟。此后，朱聿键由郑鸿逵护送，前往福建。途中在浙江衢州闻得潞王朱常淓已在杭州降清，于是南安伯郑芝龙、巡抚都御史张肯堂与礼部尚书黄道周等商议奉朱聿键为监国。六月二十八日，朱聿键在福建建宁称监国。闰六月初七，朱聿键至福州，以南安伯府为行宫。随后，朱聿键即位于福州，宣布从七月初一起改弘光年号为隆武元年。改福建布政司称福京，改行在福州府为天兴府，改布政司为行殿，建行在太庙、社稷及唐国宗庙。升郑芝龙为平虏侯、郑鸿逵为定虏侯，封郑芝豹为澄济伯、郑彩为永胜伯。以何吾驺为首辅，以黄道周为吏部尚书、武英殿大学士，蒋德璟为户部尚书、文渊阁大学士，朱继祚为礼部尚书、东阁大学士，曾樱为工部尚书、东阁大学士，黄鸣俊、李光春、苏观生等人为礼、兵各部左右侍郎兼东阁大学士。上高曾祖父四代帝号，高祖唐敬王朱宇温为惠皇帝，曾祖唐顺王朱宙栐为顺皇帝，祖父唐端王朱硕熿为端皇帝，父唐裕王（追封）朱器墭为宣皇帝。四代祖妣皆追封皇后。封弟朱聿锷为唐王，封国南宁；升叔德安王朱器璽为邓王；追封弟朱聿镆为陈王，子朱琳渼为陈王世子。遥上弘光帝尊号"圣安皇帝"。隆武元年七月，下令将嘉靖年间皇极殿、中极殿、建极殿三殿之名恢复为奉天殿、华盖殿、谨身殿，各衙门前加"行在"二字。

当时，在绍兴还有鲁王朱以海建立的小朝廷，亦自称"监国"。清军攻绍兴，朱以海派使者前来福州向朱聿键求援兵。信上称朱聿键为"皇伯叔"，而未称"陛下"，于是朱聿键怒，令杀鲁王信使。

隆武二年（清顺治三年，1646）五月，清将博雒贝勒率兵征浙、闽。七月，清兵陷金华。八月，陷建宁、过仙霞关，一路势如破竹，武毅伯施天福、武功伯陈秀、靖安伯郭熺尽皆降清，郑芝龙亦向清军投降，南明巡抚杨廷清、李暄等皆死。就在郑芝龙降清之后，隆武帝率宫嫔自延平出狩，欲逃往江西避难。八月庚申至汀州，以府署为行宫。八月二十一日，有清军83骑伪装成明军叩城，守城兵士遂开汀州丽春门。骑兵突袭行宫，杀福清伯周之藩、总兵王凉武等人。史载，"当时隆武帝正腹饥，命内官市二汤圆以进，方举箸，清兵发矢，隆武帝后背中箭，崩，年四十五。后为百姓殓葬于罗汉岭。"不过另有说法称隆武帝被俘后不食而死，或称崩于福京天兴府，或称崩于建宁。此后南明总兵姜正希乘夜袭击汀州，被清军击败，死万余人。固山额真韩岱于分水关击败南明总兵师福，入崇安县，抚定兴化、漳州、泉州三府。至十一月，福建悉平。

正当南明政权一个接一个地覆亡之际，大顺农民军余部开始与南明联合抗清。自李自成死于九宫山后，大顺军余部分为二支，分别由郝摇旗、刘体纯和李过、高一功率领，先后进入湖南，与明湖广总督何腾蛟、湖北巡抚堵胤锡联合抗清。

而这时，清军开始将主力用于平定陕川，以图消灭张献忠的大西政权。

当初张献忠攻破成都，巡抚龙文光、蜀王朱至澍及其嫔妃皆死。其后，张献忠在成都登基成为大西皇帝，改元大顺，以成都为"西京"。并设置左右丞相、六部尚书等文武官员。命"汪兆麟为左丞相，严锡命为右丞相"，以王国麟、江鼎镇、龚完敬等为尚书。同时颁行《通天历》，设钱局铸"大顺通宝"行用。此外，张献忠开科取士，选拔30人为进士，任为郡县各官。大西政权宣布，对西南各族百姓"蠲免边境三年租赋"。张献忠的号令森严，不许"擅自招兵"，"擅受民词"，"擅取本土妇女为妻"，违者正法。张献忠封四个养子为王，孙可望为平东王，刘文秀为抚南王，李定国为安西王，艾能奇为定北王。

又设五军都督府，中军王尚礼，前军王定国，后军冯双礼，左军马元利，右军张化龙。分兵120营，有"虎威、豹韬、龙韬、鹰扬为宿卫"，设都督领之。城外设大营十，小营12，中置老营，名为御营，献忠居之。又命孙可望为平东将军，监19营；李定国为安西将军，监16营；刘文秀为抚南将军，监15营；艾能奇为定北将军，监20营。分兵四出，"遂据有全蜀"。

然而，此时四川各地的明军曾英、李占春、于大海、王祥、杨展、曹勋等，纷纷聚集兵马，袭击大西军，并杀大西官员，于是张献忠命孙可望往取汉中，结果被李自成部将贺珍击败。张献忠亲往救援，道经梓潼七曲山，"仰视神庙，题额张姓，曰：'此吾祖也。'追上尊号，曰始祖高皇帝"，命修庙刻石祀之。此后其部将刘进忠入据保宁府，部将马元利克顺庆并守之。

此后，张献忠对其部下说："三国以来，汉中原属四川，今吾定都于川，不取汉中，难免他人得陇望蜀乎？闻闯王遣马爌守汉中，爌庸才耳，若不早取，他日易以能人，则难图也。"于是平东、虎威二将军，向北平定汉南地区。又命都督张广才早灭曾英，以便打开东下的道路。于是，农民军其名、张广才两军齐发，然而此时张献忠却不知李自成以贺珍代马爌。结果大西军的3万兵马被贺珍部击败。

顺治二年夏，清军渡江占南京，南明弘光朝廷灭亡。十一月，清廷用剿抚兼施的策略。一面以何洛会为定西大将军进剿四川，一面派人下诏诱降张献忠，劝其归顺大清。然而张献忠置之不理，此时何洛会率领的清军由于被陕西的义军所牵制，所以一直没有入川。而此时，大西军主要是和明军在川中作战，南明以原大学士王应熊为兵部尚书总督川湖云贵军务，并赐尚方宝剑便宜行事，驻扎遵义，主持对张献忠作战。顺治三年三月，四川巡抚马干派副将曾英带兵攻陷重庆。后阁部王应熊会兵遵义，副将杨展、屠龙、莫宗文、贾登联等请复川南。史载："起甘良臣为总督，副以侯天锡、屠龙，合参将杨展、游击马应试、余朝宗所携溃卒，得三万人。"于三月攻陷叙州，大西农民军损失千余人。时副将曹英、参政刘鳞长及部将于大海、李占春、张天相等，都受樊一蘅节制，有兵十余万。

与此同时，顺治三年（1646）初，清廷以肃亲王豪格为靖远大将军，率领衍禧郡王罗洛浑、贝勒尼堪等人开始征剿陕川。当时，明参将杨展领兵复夺川南州县，率师北指，与张献忠所部激战于彭山的江口，张献忠大败，退回成都。杨展由南面逼向成都。王应熊又派曾英为总兵，王祥为参将，联师进攻，阻挡农民军东下。而北面的清军则在平定陕西之后，经汉中，命鳌拜急行军，偷袭贺珍，于是孙守法、王光恩、武大定、贺珍等溃败。当年七月，张献忠决定放弃成都，并"尽杀其妻妾，一子尚幼，亦扑杀之"，并对孙可望说："我亦一英雄，不可留幼子为人所擒，汝终为世子矣。明朝三百年正统，未必遽绝，亦天意也。我死，尔急归明，毋为不义。"于是分其兵为四，并命令四位将军，各率兵十余万向陕西进发。史载，在张献忠屠四川时，其部将刘进忠谏曰："生灵不可妄杀也。"结果张献忠不纳，反调刘进忠回金山铺会剿，刘进忠疑之，遂向北走投清军。当年九月间，张献忠率部离开成都，北上迎击清军。十一月，张献忠大军扎营于西充凤凰山。

顺治三年十一月二十六日，豪格派护军统领鳌拜与刘进忠向川北进攻，鳌拜率八旗护军轻装疾进。二十七日晨，与张献忠隔太阳溪相遇。面对这意外的突然来袭，张献忠临急应战，指挥农民军马步兵分两面抗击清军。这时，清军统帅豪格率大军继至，遣参领格布库等向农民军右翼进攻，都统准塔攻击农民军左翼。史载此战，张献忠"初不为备，闻兵至，犹以为他寇，身衣蟒半臂，腰插三矢，引牙将临河视之。"刘进忠为清将指点说："此八大王也。"清将急发暗箭射之，张献忠中箭而亡。

张献忠死后，他的部众"以锦褥裹尸，埋于僻处，而遁"。清军"求得发而斩之，枭其首于成都"。另据清靖远大将军和硕肃亲王豪格等奏报："臣帅师于十一月二十六日至南部，侦得逆贼张献忠，列营西充县境，随令护军统领鳌拜等，分领八旗护军先发。臣统大军星夜兼程继进，于次日黎明抵西充。献忠尽率马步贼兵拒师，鳌拜等奋击大破之，斩献于阵。"此后，豪格军一路势如破竹，攻克茂州、荣昌、隆昌、富顺、内江、夔州及贵州之遵义诸县。顺治五年二月，四川略定，豪格乃班师。

当初，福京天兴府陷落，阳曲王朱敏渡、松滋王朱演汉、翼城王朱弘橺、奉新王朱常㳪尽皆遇害，隆武帝之弟唐王朱聿鐭和隆武朝的官员逃到广东省广州府番禺县，而其他南明势力则在肇庆府推举明神宗之孙、明思宗堂弟桂王朱由榔为监国。同年十月十六日，江西赣州失守后，朱由榔政权大惊，于十月二十一日仓皇从肇庆逃往广西梧州。于是，侍郎苏观生联同大学士何吾驺，广东布政使顾元镜，侍郎王应华、曾道唯等拥立朱聿鐭为监国，以都司署为行宫。隆武二年十一月五日，四十一岁的朱聿鐭，按兄终弟及的皇明祖训，继位称帝，以明年为绍武元年，是为明文宗。苏观生因拥戴有功，被任命为首辅，封建明伯，掌兵部。由于朱聿鐭仓促称帝，登基时的龙袍与百官官服都要假借于粤剧伶人的戏服。

而与此同时，桂王朱由榔于广东肇庆称帝。朱由榔乃桂端王朱常瀛之子，朱常瀛为神宗第七子，封湖南衡阳，天启七年九月二十六日就藩，弘光元年十一月初四病死于梧州后，第三子安仁王朱由㮩承嗣位。可就在隆武称帝后，病重，于是朱由榔被封桂王，并在隆武被俘后，于当年十月称监国于广东肇庆。十一月初八，绍武称帝的消息传到梧州后，出逃梧州的朱由榔也于十一月十二日东返肇庆，十八日正式称帝，年号永历，是为明昭宗，史称永历帝。曾道唯、顾元镜、王应华等人尽皆入阁。这样一来，广州和肇庆又成立了两个南明政权，也就是绍武政权、永历政权。

登基不久之后，永历帝立刻派遣兵科给事中彭耀、兵部主事陈嘉谟前往广州，拜见绍武帝，称其为"殿下"，并规劝其取消帝号。首辅苏观生大怒，以大不敬斩彭、陈二人，同时令陈际泰督师攻打肇庆。十一月二十九日，永历帝派兵部右侍郎林佳鼎、夏四敷率永历军于三水县城西，与绍武军展开内战，并将绍武军击退。于是苏观生再令广东总兵林察联同新降的海盗等数万人反击。此战，绍武军大败永历军。大捷消息传到广州，苏观生下令广州张灯结彩粉饰太平。

可正当绍武、永历二帝自相残杀之时，由佟养甲、李成栋率领的清兵已取潮州、惠州，兵临广州。十二月十五日，绍武帝幸武学，百官聚集，而此时，清兵已经偷偷兵临城下，内应脱去头上的伪装，露出辫子。有人向苏观生报告，反遭斩首。苏观生说："潮州昨尚有报，安得遽至此。妄言惑众，斩之！"不久，清军压境的情况得到证实，于是苏观生率领大军初战，与清兵激战一昼夜，清兵本有撤退之意，但内奸谢尚政旋引清兵入城，广州即陷落。苏观生见大势已去，写下"大明忠臣义固当死"八个大字后，自缢死亡。已易服的绍武帝，打算逃走，但被追骑赶上抓获，囚于东察院。李成栋派人送来饮食，绍武帝拒绝，说："我若饮汝一勺水，何以见先人地下！"后自缢殉国。此后，绍武朝的主要官员何吾驺、王应华、顾元镜等降清，广州内的24个明朝藩王则全数被杀。

绍武政权仅存在四十余天就覆灭，于是南明唯剩永历一帝，不过此时还有揭阳的益王朱由榛、夔州的楚王朱容藩称监国。也就在这一年（顺治三年，隆武二年，1646）四月九日，因为有人向清摄政王多尔衮出首，称在京居住的故明衡王、荆王欲起兵。五月甲子，弘光帝朱由崧与秦王朱存极、晋王朱审烜、潞王朱常淓、荆王朱慈煃、德王朱由栎、衡王朱由椒等17人被斩首于菜市口（一说弘光帝以弓弦勒毙）。

与此同时，清军分三路向西南进攻，企图一举消灭南明的残余势力。其中平南大将军孔有德、尚可喜、金砺等率师自荆州南向，攻占岳州后溯湘江而下。佟养甲、李成栋率清军自闽南入粤攻占惠州、潮州。在此危难时刻，大顺军余部李过、高必正、郝摇旗等人率领农民军，毅然与明军何腾蛟等合作，联兵抗击清军。此外，郝摇旗部护永历皇帝居柳州，并出击桂林的清军。

与此同时，各地降清的原明军将领先后反正，譬如江西金声桓、广东李成栋、广西耿献忠与杨有光、姜瓖、王得仁等，一时之间南明收服华南各省。永历政权重占湖南、两广、江西、四川、云贵七省。于是南北呼应，势相连结，在南明时期出现了第一次抗清的高潮。

李成栋原为李闯军高杰下属，号"李诃子"，随高杰降明，官至总兵，守徐州。顺治二年四月，清豫亲王多铎兵下江南，成栋率所部降清。

八旗军正蓝旗军阵

随贝勒博洛攻福建，授广东提督。至扬州，曾指挥嘉定三屠，大肆劫掠屠戮，从此"远近始剃发，称大清顺民云"。是年十一月，授吴淞总兵。顺治四年正月，李成栋陷肇庆，永历帝朱由榔奔桂林。李成栋认为自己对清廷有大功，却仅授以提督，受总督佟养甲节制，内心不快。陈子壮之妾张玉乔被李成栋纳为内宠，常思反清复明，不久自刎。李成栋养子李元胤劝他反清，袁彭年知成栋不快，"稍稍以辞色挑之"。顺治五年（永历二年，1648）初，南昌金声桓、王得仁举事反清，李成栋本身亦对清廷不满，于同年四月在广州发动兵变反正，归附南明永历政权，封广昌侯，又授惠国公。李成栋反正后，颇能尊重南明朝廷。此后，李成栋集结洞蛮土著，号百万人。先后三次进攻江西赣州，其中永历二年七月，李成栋率兵三万第一次出南雄，攻赣州，救援南昌。赣州守将高进库诈降，高进库言至秋天如清军援军不至，就输款投降，成栋竟信以为真，致使战机贻误，坐视南昌受困。是年九月下旬第二次进攻赣州，被江西巡抚刘武元夜间遣死士缒城出击，又分兵东、西、南三门击败之。李成栋策马先奔，士卒争相渡河逃命，溺死者以万计，明军元气大伤。李成栋被迫撤军南安，返回广州。

永历三年（1649）正月，李成栋第三次率军北上南雄，进攻赣州，得到金声桓、王得仁覆败的消息，声势遂挫，二月二十九日为清军所败，退入信丰城中。一日，李成栋坐城楼上，部将杜永和请退师，李命左右取酒痛饮，举觥投地说："吾千里效忠迎主，天子且筑坛欲以大将拜我，今出师无功，且朒缩返，何面目见天子耶！"三月初一，清军开始攻城。明军溃败，成栋与数骑出逃，在渡外跳江时溺死。南明朝廷封谥号为忠烈，封宁夏王。

姜瓖，据《朔州志》载，姜家世代皆明将，长兄姜让是陕西榆林总兵，弟姜瑄为山西阳和副总兵。姜瓖任镇朔将军印大同总兵官。崇祯十七年（1644）三月，李自成克太原，投降大顺政权。同年四月，清将恭顺侯吴顺华率兵进攻大同。六月初六，姜瓖杀大顺军守将张天琳，投降清英亲王阿济格，后随阿济格进兵征伐山西、陕西，封为统摄宣化、大同诸镇兵马的将军。顺治五年（永历二年，1648）冬，姜瓖得知多铎病故、多尔衮染病后，遂十二月初三于大同起义归南明，随后姜瓖连陷旁近府县，富喀禅遣诸将根特、杜敏赴援，其附近11城皆叛，以割辫为标志，遵用永历正朔。多尔衮得知消息，派遣阿济格载红衣大炮急赴大同。初四到达大同城下，进行围剿，同时清军又对姜瓖进行劝降，宣布若能悔罪归诚，仍将"照旧恩养"，但为姜瓖所拒绝。多尔衮见招降无效，于是加派端重亲王博洛、承泽亲王硕塞、多罗亲王满达海，连同阿济格继续作战。顺治六年（永历三年，1649）六月，清军攻克了山西部分州县，阿济格围困大同数月，大同城内已经食尽，"兵民饥饿，死亡殆尽，余兵无几"，守将杨振威等人于十月斩杀姜瓖及其兄弟首级，献城投降。阿济格入城，恨城内兵民固守，下令屠城，除杨振威的官兵家属外，"从逆之官吏兵民尽行诛之"，拆除城墙上部五尺。山西战事陆续平息。

王得仁，其是闯王李自成旧部。李自成死后，随白旺降于英亲王阿济格，移师南昌。永历二年（顺治四年，1648），大学士姜曰广诱其反清，遂与金声桓叛清。王得仁在七里街被清军击败，退回南昌，清军将领谭泰乘胜追击，七月初十包围南昌，"妇女各旗分取之，同营者迭嬲无昼夜"。王得仁派人向何腾蛟求救未果。南昌被围八月，"附郭东西周回数十里间，田禾、山木、庐舍、邱墓一望殆尽矣"，城中缺粮，一石米价高达六百两，曾有兵士试图投降，俱被杀。围城八月，清军同样损失巨大，觉罗顾纳岱战死。由于城中缺粮，兵士饥肠辘辘，几乎无力作战，此后清军登墙入城。王得仁力战不敌，后被俘杀。史载，"突围至德胜门，兵塞不能前，三出三入，击杀数百人，被执，肢解"。临刑前，谭泰问得仁为何叛清，得仁回答："一念之差"。

金声桓，早年是辽东人，世袭军户，隶属杨嗣昌诸营。清人陷辽东，声桓全家被俘，只身入关，成为明总兵黄龙裨将，后投左良玉军中。左良玉死，随其子左梦庚降清，任江西总兵，驻守南昌，攻拔吉安及赣州，逼杀杨廷麟，以功改提督江西军务总兵官。因愤清廷封赏太薄，江西巡抚章于天、巡按董学成胁迫其钱财，"索馈遗、索金珠至再至三"又反。顺治五年（永历二年，1648）闰三月，金声桓与部将王得仁在江西南昌反正，并邀姜曰广起义，擒杀江西巡抚章于天、江西巡按董学成、布政使迟变龙，清军撤出湖南。金声桓力攻赣州，久攻不下。不久，清军围攻南昌，金声桓和王得仁派人向何腾蛟求救，但何腾蛟未前往救援。次年城破，正月十九日，蒙古兵登城墙，南昌失守。金声桓身中二箭，投帅府荷花池死，大学士姜曰广亦投水自尽，清军屠南昌。消息报至行在

八旗狂飙

肇庆，永历帝赠榆林王，谥忠武。

接连的反叛使得清廷消灭南明之心更加迫切了。顺治六年（永历三年，1649）秋，耿仲明、尚可喜率清军越过大庾岭，再度南下，攻克南雄、韶关，招降潮州、惠州。十月，占领广州。广东大部已为清军所占。孔有德军则从湖南永州南进，连下全州、桂林。何腾蛟、瞿式耜先后在湘潭、桂林的战役中被俘而死。以后李过病亡，他的儿子李来亨和郝摇旗、高必正、刘体纯等被迫率领农民军回到巴东荆襄等地，组成了夔东13家军，其中导致这一连串失败的原因还有很多。譬如，永历朝内部仍然矛盾重重，各派政治势力互相攻讦，而农民军虽然出力较多，但却备受排挤打击，于是不能团结对敌，这就给了清军以机会。

就在此时，大西军余部孙可望，却致书南明永历政权，愿与南明联合抗清，自从顺治三年，张献忠死于西充后，其余部便由其义子孙可望、李定国、刘文秀、艾能奇等人所率，他们自永历元年（1647）应黔国公沐天波之约入滇平定土司叛乱后，又攻克遵义、贵阳，进屯云南，从而据滇黔二省全境、川省一部。永历七年（1652），永历帝接受孙可望和李定国联合抗清的建议，于是孙可望移永历帝于贵州安隆，并尽收南明武大定、袁韬诸军残部，随后以大西军余部为主体的明军对清军展开了全面反击。

此番北伐，以李定国率东路军东出湖南。李定国十岁从张献忠，史载，其能征善战，喜读《孙子兵法》《资治通鉴》，素称"万人敌"、"小尉迟"。以宽慈著称，攻破城池未尝妄杀，遇士绅百姓必设法保全。与孙可望、刘文秀、艾能奇等均为张献忠义子。崇祯十七年（1644），从张献忠破成都，被封为安西将军，地位仅次于孙可望。清军入川，张献忠战死后，李定国与孙可望率大西军余部南走綦江。永历元年（1647），先入贵州，后借平定云南沙定洲之乱进入云南，当年与孙可望等一同称王，建立政权，孙可望称平东王，李定国称安西王，刘文秀称抚南王，艾能奇称定北王。次年，李定国攻破佴革龙，擒杀沙定洲，平定云南。李定国劝说孙可望："吾辈本大明臣民，中国沦陷于外寇，则当严辨夷夏之界，以中国为重，今挈滇、黔、蜀归就明室，诚心辅佐。"于是永历三年，孙可望遣使与南明永历朝廷商洽共同抗清事宜。永历四年，李定国被永历帝封为西宁王。永历六年，李定国与孙可望迎永历帝入贵州，随即南明出兵北伐。

其实，早在永历五年四月时，孙可望就曾派冯双礼率兵从贵州攻入湖南。明军攻克沅州后，移兵进攻辰州。结果清军在续顺公沈永忠率领下死守辰州，战事一度胶着。此番李定国率领所部进入湖南后，与冯双礼部会合，随即在五月中旬进攻靖州。沈永忠派总兵张国柱带兵8000前往救援，但清军在靖州陷入明军重重包围。双方交战，清军大败，几乎全军覆没。而明军乘胜攻克靖州、武冈州，取得了靖州大捷。

靖州大捷之后，沈永忠难以招架，其向在广西桂林的定南王孔有德求援未果后，被迫于六月初二率清军退至长沙。面对明军攻势，在无法守住长沙的情况下，沈永忠不得不在八月初六又放弃长沙逃到岳州。此时南明朝廷在湖南的抗清局势大为好转，除岳州、常德尚在清军控制下外，只剩下徐勇一镇据守辰州负隅顽抗。

随后李定国南下广西，直趋桂林。永历六年（1652）六月，李定国率军攻克全州，击毙清军守将孙龙、李养性，取得全州大捷，继而进击桂林。清定南王孔有德亲自率军前往兴安县严关，企图扼险拒守，但明军一鼓作气，驱使象阵大破清军，取得严关大战的胜利。史载"象亦突阵，王师大奔，死亡不可胜计，横尸遍野"。当晚孔有德率部奔回桂林，下令紧闭城门，惶惶不可终日。七月初一，孔有德又败，"兵未交而象阵前列，劲卒山拥，尘沙蔽日，马闻象鸣皆颠厥，有德众遂奔，掩杀大败"。仅孔有德一人逃回，大西军包围桂林。七月初四，李定国率领明军攻破武胜门，清军抵敌不住，全线溃败，孔有德额头中箭。孔有德自知必死，"聚其宝玩于一室，手刃爱姬，遂闭户，自焚死"。明朝降臣原庆国公陈邦傅、清广西巡按王荃可、署布政使张星光尽皆被俘虏，仅孔有德之女孔四贞逃脱。

在取得了桂林大捷后，李定国坐镇桂林，派军南下平乐，杀死清府江道周令绪；又收复柳州，俘虏清右江道金汉蕙。定南王藩下残余清军争相逃往同广东接壤的梧州。八月，李定国乘胜挥师进攻并收复梧州，至此，南明军队收复了广西全省。

李定国率领南明军主力先后取得靖州大捷和桂林大捷，收复湖南大部及广西全省，清军大败的消息传到北京后，顺治帝大为震惊。永历六年（1652）七月，顺治帝派敬谨亲王尼堪统率八旗精兵南下进攻湖南。

十一月十九日，尼堪率清军抵达湘潭，而明将马进忠见势则率部撤往宝庆。二十二日，清军前进至衡阳三十余里处，李定国派出一部诱敌。

面对明军的后退，尼堪骄横自大，以为明军不堪一击，于是下令清军兼程前进。次日凌晨，清军抵达衡阳，与李定国大军相遇。李定国事先已然埋伏重兵，故而命令诸将士稍作抵抗就全军后撤。于是尼堪率领清军"乘胜"而进，追杀二十余里，忽陷入明军重重埋伏中。此战，主帅尼堪与一等伯程尼在混战中被杀。此后，清军不敢再战，多罗贝勒屯齐率领残余清军退往长沙，不久被清廷革爵处理。

衡阳大捷后，明军尽复湖南，于是李定国使人绘孔有德、尼堪画像，"露布告捷"，一时天下震动，各地明军和义军也纷纷展开反攻，广东北部的安定伯马宝率部收复阳山、连州、连山，江西西部的刘京配合李定国麾下高永贵部收复永新、安福、永宁、龙泉。李定国率领明军取得一连串的大捷，连败清军数十万，使"清君臣闻警，上下震动，闻定国名，股栗战惧，有弃湘、粤、桂、赣、川、滇、黔七省与帝媾和之议"，其至连顺治帝也叹称："我朝用兵，从无此失。"更有满清官员称此败乃是"自国家开创以来，未有如今日之挫辱者也"。而对于此战，黄宗羲曾经赞道："逮夫李定国桂林、衡州之捷，两蹶名王，天下震动，此万历以来全盛之天下所不能有，功垂成而物败之，可望之肉其足食乎！屈原所以呵笔而问天也。"

第九章　灯灭

南明永历五年（顺治八年，1651），李定国统兵北方，冯双礼会兵入湖南，与战清军一败涂地，纷纷向湘北溃退。为解除侧翼威胁，李定国统兵奇袭广西，镇守广西的清定南王孔有德自焚而死，广西全境恢复。紧接着，李定国又奉孙可望之命挥师北上，迎战清廷南下援军尼堪亲王部，在衡州战役中再次大败清军，尼堪当场被击杀。一时间湖广捷报频传，"两蹶名王"的李定国之名震动天下。

就在李定国所率东路大军西出湖广北路出四川的时候，白文选率部直扑重庆，清平西王吴三桂和固山额真李国翰见明军声势浩大，于是与四川巡抚李国英商议后，决定北撤。而明军在收复重庆后，随即派兵追击清军，在距离重庆120里的停溪，将清军包围，并用火器四面围攻，大败之，毙梅勒章京白含真，并迫使清永宁总兵柏永馥率领残余清军狼狈逃至保宁，明军取得了停溪大捷。

就在天下局势出现有利于南明的逆转时，以国主自居的孙可望的狭隘猜忌心也愈盛了。孙可望、李定国、刘文秀、艾能奇四人均为张献忠义子，在张献忠麾下时，虽然四人平起平坐，但相较之下，事实上孙可望更受张献忠器重，为张献忠四个养子中之长子。此后，张献忠破成都，李定国被封为安西将军，地位是次于孙可望的。此番李定国名声大震，孙可望觉得自己此后将难以驾驭李定国，于是在妒火中烧之下，竟不顾大局，阴谋设计准备以会商军务为名诱捕李定国。

永历七年（顺治十年，1653），孙可望率军至沅州，并召李定国到沅州议事，准备借机杀害李定国。此消息为李定国所知，但他也深知，如果自己不去沅州，孙可望极有可能以违抗军令之名来兴师问罪，而若是去了，则后果会如何，实在难以想象。犹豫一番之后，李定国为顾全大局起见，还是决定前去。行至紫阳渡口，为刘文秀之子劝阻。史载，李定国长叹道："本欲共图恢复，今忌刻如此，安能成大功乎？"继而率军退入广西，避免与可望见面，同时继续筹划北伐。

孙可望的私心自用导致错过了东、北两路明军全歼湖南清军的大好机会，同时也使得明军的实力遭到很大的削弱。此后，清军得知孙、李内讧，即以定远大将军屯齐率大军由永州北上宝庆。三月十五日，清军驻于岔路口，距明军白文选、冯双礼、马进忠所驻之周家铺仅三十里。次日，清军进至周家铺，由于明军屯于山顶，且地势险要，又遇上雨天，故而双方仅列阵相峙。当天晚上，孙可望统亲军"驾前军"由宝庆府来援。十七日，明军自山而下，攻向清军大营，而清军则分路迎击，此战明军大败，孙可望单骑逃走峒江，此后衡州、武岗、靖州、辰州、沅州、黎平等州郡均陷于清军之手。不过由于此战中清军也损失惨重，正黄旗两名蒙古梅勒章京韦征、武京皆死，故而双方在湖南战场上彼此难以继续进攻，战事一时陷入僵局。

与此同时，清军另一路大军则继续尾随追击李定国部，先陷永州，迫使李定国移驻龙虎关。三月，广东义师罗锦鼐迎接明军入粤，于是李定国连破开建、德庆，直抵肇庆城下，又分兵攻克四会、广宁、三水，完成对肇庆城的包围。三月二十六日，大西军三面围攻肇庆，但由于清军拼死抵抗，围攻一月未破，清将耿继茂发铁骑兵来救，明军被迫撤围退军柳州。洪承畴闻其败，曾派人招降，李定国置之不理。但就在此时，平南王尚可喜所率清军却趁明军后方空虚之机，夺取梧州和桂林。于是七月十三日，李定国率兵2万进攻桂林，但围攻七昼夜未克，只得退回柳州。然而此时孙可望却于八月，派冯双礼率兵南下，试图偷袭柳州。结果李定国早伏兵于江口芦荻中，当冯双礼来攻，便以精锐抵挡。冯连忙退兵，伏兵四起，冯双礼只得自投水中。李定国传令勿杀，晓以大义，从此，冯双礼归顺李定国。

永历八年初，监国于金门的鲁王以定西侯张名振率舟舰攻入长江，直抵镇江。而郑成功也遣兵直扑崇明，清廷沿海告急。在此形势下，李定国决定再度率兵东征。三月，李定国率领数万大军和13匹战象，连破廉州、雷州，并占罗定、新兴、石成、电白、阳红、阳春等县。五月，明军进攻高州，守将张月举兵来归。六月，再攻梧州，虽因清兵有备，不克，但广东、广西各地义师群起响应，一时间广东遍地竖起反清之旗。

于是李定国准备约郑成功合攻广州，平定全广，于是他致书郑成功，邀之合攻新会，并称："会城两酋（尚可喜、耿继茂）恃海攖城，尚稽戎索。兹不谷已驻兴邑，刻日直捣五羊；然逆虏以新会为锁钥枢脑，储粮悠资，是用悉所精神，援饷不绝。不谷之意，欲就其地以芟除，庶省城可不劳而下。"

此后，李定国又联络粤东水陆义师王兴、陈奇策等部，合围新会。

自十月十四日以来，明军开始攻城，但连攻两个月，未能克城，李定国下令罢攻，围困新会，并且建造行宫，设置官仓，向诸县征收盐米，此错误之举使得清军有了喘息之机。十二月，尚可喜、耿继茂及靖南将军朱玛喇率十万大军来援，此时李定国大军因瘟疫传播而士气不振，此战清军以铁骑冲垮李定国左军，于是明军全线崩溃。清军追杀20里，尸横遍野。李定国只得渡横江焚浮桥解新会之围，同时率百姓数十万连夜退走南宁。从此，广东高、雷、廉三府，肇庆、罗定所属三州18县及广西横州、郁林一带全部沦入清军之手，广东义师也随之失败。

就在李定国在新会与清军交战时，孙可望不仅不发一兵一卒来助，坐视李定国兵败，反而在李定国败退回南宁时，下令凡李定国所部经过之地，粮草尽皆烧毁，以绝其归路，同时还派出刘镇国、关有才屯兵田州，阻拦李定国返滇，在这种内外交困中，李定国退抵南宁时，大军仅剩6000众。

而就在如此大败之时，南明再起内讧。永历六年正月二十日，永历帝被孙可望迎入安顺军民府管辖下的贵州安隆所，改名安龙府后，孙可望却于贵阳征发民工，大兴土木，营造宫殿，设立五府六部三衙门，分封文武百官，命令四川、贵州、云南三省文臣武将，克期到秦王府朝见。其对外发布诏令皆用"皇帝圣旨，秦王令旨"。并在僚属方于宣等人参与策划下，"定仪制，太庙，庙享三主：太祖高皇帝主于中，张献忠主于左，而右则可望祖父主也。拟改国号曰后明，日夜谋禅受"。

在此情况下，永历身边近臣文安侯马吉翔、庞天寿等人见风使舵，日趋亲附权倾势重的孙可望，以至于永历帝渐成孙可望掌中之玩物。由于随时都将被废黜以致丧命，故而并不甘心就此束手待毙的永历帝在以内阁首辅吴贞毓为首的一党谋划下，试图借助大西军中忠于永历帝之众来稳定局面。在商议之后，众人计定借助在广西北伐抗清的安西王李定国的势力，翦除孙可望及卧榻之侧的马吉翔、庞天寿等人的势力，遂拟定密诏，私铸"屏翰亲臣"金印，遣使赴广西诏李定国统兵入卫，前来救驾。李定国接密敕后，称："只要我李定国活一天，就不会让陛下受到屈辱，希望陛下暂时忍受，我这就去救驾，我宁可离开孙可望，也不会背叛陛下。"并告知俟恢复粤东，即来迎驾。结果此事为马吉翔具告孙可望。

　　　　　　　　　　　　　　　　　　　　　　八旗狂飙

永历八年三月，孙可望派心腹郑国举兵问罪，严令勒逼永历交出"首事之人"，后可望以"盗宝矫诏、欺群害良"拟罪赐吴贞毓自缢，内监张福禄、全为国和刑科给事中张镌三人凌迟处死，其余全部斩首。此即为"十八先生之狱"。经此一事后，孙可望愈益加快了谋权篡位的步伐，一再催促永历迁往贵阳。

永历九年，永历帝再次派使赴南宁告孙可望"僭逼"之事。李定国接血字诏书，伏地痛哭不能起，表示誓死为永历帝铲除奸逆，恢复江山。而此时，洪承畴正用"两粤合剿"之策，全力压缩南宁，李定国备受威胁，在无法经略两广的情况下，加上中书金公趾以《三国演义》中诸葛亮翦除奸雄的故事，劝他回师滇黔，于是李定国决计回黔。

永历十年正月，李定国率军急赴田州，刘镇国、关有才率军败走，见此情形，孙可望派白文选迁永历帝于贵阳。但白文选不满此举，便以"舆徒不集"为理由，拖延移跸时间。正月二十二日，李定国大军至安龙，与永历帝相见，君臣相抱持痛哭，此后李定国密誓效命，并与南明众臣定迁皇帝于滇。

与此同时，孙可望所部却刚刚遭受大败，周家铺大败之后，孙可望更为焦虑，他急需获得一场胜利来恢复自己的声望。这时正值江南的钱谦益、张煌言等人遣使而来，希望孙可望统帅明军出湖南，继而与福建郑成功所部合力并举，会攻长江。然而尽管孙可望也认为这是重树自身威望的大好机会，然而周家铺大败的阴影却使得他并不想亲自冒险出师，于是他重新启用先前在四川战败，被削去兵权的刘文秀出任大招讨。

当初刘文秀受封抚南王，由于艾能奇已死，故而刘文秀率明军步骑5万出川南，由叙州、重庆进围成都，杀清都统白含真、白广生等，迫使吴三桂败走保宁。此后，刘文秀率大将王复臣、张先璧等5万人马进围保宁，吴三桂处境窘迫，但刘文秀因屡胜轻敌，拒绝采纳王复臣的正确意见，轻率攻城，结果被吴三桂窥出破绽。不久，吴三桂和清朝征西将军李国翰联兵出战，一举击破张先璧军，溃兵冲乱了全军阵脚，王复臣也被包围，自杀身死，刘文秀大败，退还贵州。孙可望深为不满，下令解除他的兵权，发回昆明闲住，而张先璧被乱棍打死。这一举措表现了孙可望的私心自用，正确的做法本应抽调兵将补充刘文秀部，让他继

西方画家笔下的清军

续经营四川。刘文秀被撤职，不仅他本人心灰意冷，原大西军部分将领也愤慨不平。此番虽然孙可望决定重新起用刘文秀，可是，刘文秀自从保宁战败被剥夺兵权后，日趋消极。于是刘文秀出任大招讨后，竟无挥师东征之意，而是屯兵于湖南辰州待变。

就这样，直到永历十年（顺治十二年，1655年春），刘文秀才率领大将卢名臣、冯双礼等部，以马、步兵丁6万、象40余只，整装上道，东攻湖广。四月，刘文秀大军水陆并进，围攻常德，准备切断自洞庭湖西通过湖北、湖南的大道后，再收复长沙、衡阳、岳州，继而再北攻武昌。按照刘文秀的部署，其亲率大军自陆路而行，卢名臣率军从水路而出。时正值沅江涨水季节，于是明军舟舰百艘顺江而下。四月十七日即克桃源县，俘知县李瑢。然而就在水路进展顺利之时，陆路却因为连日大雨，溪水猛涨，道路泥泞，行进非常困难，"马步兵滞留数十日"，于是两路大军呼应不灵。而五省经略洪承畴和宁南靖寇大将军陈泰得到刘文秀大军入湘消息后，即从衡州等地抽调大军回防长沙，同时在五月初十，调遣荆州满洲八旗兵赶赴常德。五月二十三日夜，卢名臣部进至常德城下，遭清军伏击，由于得不到陆路支援，故而激战到次日，卢名臣大败，中箭落水而死，水路大军几乎全军覆没。此后，清军又加强了辰州的防务，从而使得刘文秀水、陆两路夹攻的计划遂告失败。权衡之下，刘文秀领败军退回贵州。

常德之役后，孙可望对刘文秀愈发不满，

因而又一次解除他的兵权，令其返回云南昆明闲住。因而刘文秀与李定国合计，迎永历帝入滇，此后永历帝改昆明为"滇都"，封李定国为晋王，刘文秀为蜀王，白文选为巩国公。此后，在李定国奏请下，永历帝还礼送可望妻、子及部众回贵阳以示抚慰。永历十一年五月，又派白文选入黔议和，孙可望竟扣押了白文选。此后，再派孙可望旧部张虎前去，临行之时，永历帝赐虎金簪给张虎，令张虎从中开导孙可望。但张虎见孙可望竟谎称道："永历帝赐给我金簪，让我杀你。"于是孙可望大怒，决定亲率大军往攻云南，并联络王自奇、王尚礼、关有才为内应。

但孙可望不知道其部下早已对其不满，部将马进忠、马宝、马惟兴密谋帮李定国，一致要求还白文选兵权。孙可望不知是计，便任命白文选为征逆招讨大将军，马宝为先锋，自己另率一军随其后，合兵14万，在贵阳誓师，以"清君侧"之名出征。

九月十五日，孙可望大军抵交水，李定国、刘文秀领军5万前来，双方距离十里分别下营。可望军十余万人列营36座；定国、文秀军约3万人分三营列阵与之对峙。可望见人多势众，以为可以稳操胜券。于是又派马宝、张胜前往偷袭昆明，以与王尚礼里应外合。十九日，李定国、刘文秀率军主动出击，双方交战于三岔口。两军交锋之初，刘文秀骁将李本高马蹶被杀，前锋失利稍退。立于高阜观战的孙可望见此大喜，以为已挫李定国锐气，当即命大军乘胜推进。白文选见形势危急，亲率5000铁骑直冲马惟兴营，并与阵前倒戈的马惟兴合兵抄出可望阵后，连破数营，定国、文秀趁势挥军进击。一时间，孙可望所部将士大乱，纷纷大呼："迎晋王！迎晋王！"于是孙可望大败。其仅在少数兵马保护下，仓皇东窜，逃往贵阳。此后，李定国还师昆明，马宝反正，张胜被擒，王尚礼自尽。孙可望兵败之后，竟不敢据守贵阳，而是向东而去，由于孙可望倒行逆施，众叛亲离，故而其从者仅数十骑，所过镇将皆闭门不纳。势穷之下，孙可望以"今为李定国辱孤至此，孤不惜此数茎头毛、行当投清师以报不世之仇耳"而转投清军。

孙可望降清之后，为清廷封为义王，其感激涕零之余，称："大兵征滇，臣报效之日。滇南形势，臣所熟悉。或偕诸将进讨，或随大臣招抚诸境，庶少效奉国初心。"此后，他为图立功自效，竟将南明各地形势、军事机密尽和盘托出，又亲自手书招降自己的旧部。史载："可望又遣人赍手书招诸将帅，言已受王封，视亲王，恩宠无比。诸将降者皆予以厚爵，非他降将比。惟定国一人不赦。"

孙可望来归之后，清廷立即着手筹划讨伐南明事务。永历十二年（1658）四月，清军从湖南、四川、广西三路进攻贵州，其中平西将军吴三桂同都统李国翰领北路军从四川进攻，征南将军卓布太领南路军从广西进击，靖寇将军罗托同大学士洪承畴领中路军，从湖南入黔。由于此时李定国正在永昌镇压王自奇、关有才叛乱，无暇反击，以致吴三桂率军陷遵义，罗托克贵阳，卓布太占独山。是年七月，永历帝任命李定国为招讨大元帅，于是李定国致书李来亨，让夔东十三家围攻重庆，牵制湘楚；然后派冯双礼、祁三升据贵阳附近鸡公背，拒敌中路；派李承爵壁垒普安黄草坝，拒敌南路；派白文选据遵义孙家坝，拒敌北路。此后李定国率师东进，又赶上雨季，日行止一二十里，以致士气低落。九月，清廷增派信郡王多尼为三路统帅，进趋云南。至十一月，中路多尼部先败冯双礼于鸡公背，后陷安庆、曲靖，而北路吴三桂败白文选于七星关，而南路卓布太所部在进逼凉水井后，陷安隆。李定国闻讯，亲率三万大军与卓布太决战，双方在炎遮河双河口鏖兵。虽然明军初战告捷，但次日却大败，清军攻破李定国的罗炎、凉水井大营。

永历十二年（顺治十五年，1658）十二月十五日，永历帝率领文武百官离开昆明，同日到达安宁。次年正月初三清兵会师昆明，二月吴三桂及赵布泰、尚善等率清军与李定国鏖兵磨盘山。此处"内箐深屈曲，仅容单马"，于是"定国筑栅数道，左右设伏，大营屯山后四十里橄榄坡，炊食饷伏，令毋见烟火"，并以窦民望为初伏，高文贵为二伏，王国玺为三伏。清军进入三伏，"首尾横击之，片甲不令其逃也"。果不出料，二月二十一日，吴三桂大军追来，然而当其先锋已进入二伏，却有南明光禄寺少卿卢桂潜出告密。于是吴三桂大惊，急令后撤，并炮击左右伏兵。不得已，李定国只得下令诸军出伏，于是"短兵相接，自卯至午，僵尸堵叠"。此战明军损失惨重，而清军也死伤大半，包括固山额真沙里布在内的18名将官战死，不得不后退30里。

与此同时，永历十三年正月初四，永历帝到达永昌，以巩昌王白文选守玉龙关，此后白文选战败，永历与李定国遁走腾越州，大学士扶纲、户部尚书龚彝、礼部侍郎郑逢元、兵科给事中胡显、御史陈起相等皆各自逃散。之后永历帝逃往缅甸，李定国则独自率军返回勐腊，遣人往车里借兵。这时李定国营中人马相继病死，李定国亦病。

由于流亡缅甸首都瓦城的永历帝被缅甸王莽达喇收留，于是在当年九月，洪承畴奉"皇帝特谕"致书缅甸军民宣慰使司和蛮莫宣抚司，要缅甸主动交出永历帝、沐天波和李定国。次年，清廷命吴三桂留镇云南，总管该省军民事务后，吴三桂上疏力主出兵缅甸。于是同年四月三十日，清廷经议政王、贝勒、大臣会议后，同意吴三桂相应进剿，由户部拨给兵饷330万两。为了慎重起见，顺治帝还派学士麻勒吉、侍郎石图前往云南，同吴三桂面商机宜。八月十八日，清廷任命内大臣公爱星阿为定西将军，率领八旗兵由北京前往云南，会同吴三桂进兵缅甸。

吴三桂

就在吴三桂命永昌、大理守边兵至境上"大张旗鼓，号作先锋"时，永历十五年（顺治十八年，1658）五月二十二日，莽达喇之弟莽白乘机发动政变，杀死其兄后继位，并派使者来向永历帝索取贺礼，永历帝"以其事不正，遂不遣贺"。于是两者关系恶化。

七月初六，缅甸使者来访，当面责备南明官员"我已劳苦三载，老皇帝及大臣辈亦宜重谢我。前年五月，我王欲杀你们，我力保不肯。毫不知恩报恩"，说完怀恨而去。

十六日，莽白决定铲除永历随行官员，遂派人通知永历廷臣过江议事。但鉴于双方关系紧张，文武官员心怀疑惧都不敢去。十八日，缅甸使者又来说："此行无他故，我王恐尔等立心不臧，欲尔去吃咒水盟誓。尔等亦便于贸易。

不然断绝往来，并日用亦艰矣。"

永历廷臣明知其中有诈，即由世镇云南的黔国公沐天波答复道："尔宣慰司原是我中国封的地方。今我君臣到来，是天朝上邦。你国王该在此应答，才是你下邦之理，如何反将我君臣困在这里……今又如何行此奸计？尔去告与尔国王，就说我天朝皇帝，不过是天命所使，今已行到无生之地，岂受尔土人之欺？今日我君臣虽在势穷，量尔国王不敢无礼。任尔国兵百万，象有千条，我君臣不过随天命一死而已。但我君臣死后，自有人来与尔国王算账。"在缅方坚持下，大学士文安侯马吉翔、太监李国泰等提出要由黔国公沐天波一同前往，方能放心。

十九日黎明，马吉翔等传集大小官员渡河前往者梗之睹波焰塔准备饮咒水盟誓，仅留内官13人和跛足总兵邓凯看守"行宫"。上午，文武官员到达塔下即被缅兵3000人团团围定。沐天波知道变生肘腋，夺刀杀缅兵9人而被击杀；靖来将军魏豹、总兵王启隆、王升也抓起柴棒还击，但皆死。此后缅兵杀尽永历帝侍从近卫包括松滋王朱俨镏、大学士文安侯马吉翔、马雄飞、王维恭、蒲缨、王祖望、杨生芳、裴廷谟、邓士廉、杨在、节愍侯邬昌期、编修涂宏猷、皇亲任国玺、邓居诏、典簿齐应巽、学录潘璜、总兵王自金、陈谦、龚勋、吴承爵、张宗位、通判安朝柱、锦衣卫掌卫事任子信、金书张拱极、丁调鼎、刘相来、宋宗宰、刘广银、宋国柱等，还有司礼监李国泰、秉笔李茂芳、李崇贵、杨宗华、杨强益、吉王府官张伯宗等。只有内官13人和跛足总兵邓凯留守于永历帝行宫才幸免于难。

此后，缅甸军直取永历帝行宫搜取财币，贵人宫女及各官妻孥自缢者甚众。永历帝闻讯，心生恐惧，仓促中决定同中宫皇后自缢，却为侍卫总兵邓凯以"太后年老，飘落异域。皇上丢失社稷已经是不忠，今丢下太后又不孝，何以见高皇帝于地下"而劝止。

缅兵把朱由榔、太后、皇后、太子等25人集中于一所小屋内，对其余人员及扈从官员家属滥加侮辱。永历帝的刘、杨二贵人，吉王朱慈煃与妃妾，及总兵黄华宇、兵文相、熊惟宝、锦衣卫赵明鉴、王大维、王国相、吴承胤、朱文魁、郑文远、李既白、凌云、尹骥、朱议添、内官陈德远等百余人大多自缢而死。缅兵搜刮已尽时，缅甸大臣才在通事导引下来到，喝令缅兵："王有令在此，不可伤皇帝及沐国公。"可是，沐

八旗狂飙

天波已经在"吃咒水"时被击杀。

此后李定国、白文选得知缅甸扣住了永历帝后，遂决定攻缅抢出永历帝。九月，两人分别入缅。至十一月，李定国大败缅军，提出送还永历帝即退兵的条件，但为缅方所拒。次年二月，白、李又合兵入缅，缅集众15万、巨象千余头来战。二人奋力苦战，大败缅军，渡锡箔江临金沙江窥缅城，缅甸仍不交出永历帝。李定国只得派兵造船渡江，五月又被缅兵捣毁船厂。李定国大怒，围困缅城，不料军中老幼累累，军饥疫作，死亡相继，不得已移军亦渺赖山下。八月，两人又分兵攻缅，但出师不利，16舟有5舟被击沉。此后，张国有、赵得胜劫持白文选欲降清，离开李定国。李定国子嗣兴准备堵截，李定国不忍双方自相残杀，命放还，率本部独进洞乌。而就在当时，李定国又准备再度攻缅，忽闻缅王已献永历帝于吴三桂。

其实，早在八月二十四日时，吴三桂就以满、汉兵由昆明分两路西进。十一月初九，吴三桂所遣总兵马宁、副都统石国柱以及降将祁三升、马宝、高启隆、马惟兴等由姚关推进到木邦。此后，吴三桂又致书缅甸国王，要求交出永历君臣。史料记载："伪晋王李定国先奔景线，伪巩昌王白文选遁据锡波，凭江为险。官兵自木邦昼夜行300余里，临江造筏将渡。白文选复奔茶山。吴三桂、爱星阿遣总兵官马宁等率偏师追之，自领大军直趋缅城。先遣人传谕缅酋，令执送伪永历朱由榔，否则兵临城下，后悔无及。"

十二月初一，清军追近缅甸阿瓦，缅甸国王大惊，于是将永历帝献给吴三桂。此后，永历帝被押回云南昆明，圈禁在世恩坊原崇信伯李本家中。永历十六年四月二十五日（康熙元年，1662年4月14日），永历帝在昆明篦子坡被清军用弓弦勒死，家属押送北京。

史载，得知永历帝被押解至云南后，李定国抵勐腊，遣官入车礼借兵。五月，礼部侍郎江国泰说服暹罗，帮助象马，恢复云南，且蜀人马九功也从古剌返回，云南已集4000人，愿为掎角之势时，军中瘟疫流行，人马病死甚多，于是大军不得行。是年六月十一日，李定国正逢42岁生日，突然发病，加之此时又传来永历帝被吴三桂绞杀的消息，于是"定国恸哭，全军皆白衣，并以为永历帝发丧"。其披发徒跣，号诵抢地，两目皆血泪，称"恢复事尚可为乎？负国负君，何以对天下万世"。六月二十七日夜，李定国死于勐腊，临终时遗命其子："任死荒徼，勿降也！"

永历帝死，南明灭，此时清军开始着手围剿"夔东十三家"。当初在崇祯十七年（1644）时，张献忠攻陷夔州，建立大西政权，又与李自成的部下郝永忠、刘体纯等40余万人结合。顺治三年（1646），张献忠战死，郝永忠、刘体纯、孙可望、李定国、刘文秀、白文选、袁宗弟、李来亨等联合王光兴、谭文、谭诣、谭宏等地方武装大举反清，但在次年，李赤心、高必正攻打荆州失利，于是转攻大昌、巫山。顺治五年（1648），南明湖广总督何腾蛟与李赤心、高必正等联合抗清，收复湖南大部失土。顺治六年（1649）正月，何腾蛟被俘杀，李赤心病死。此后在顺治八年（1651），高必正又被孙可望所杀。于是李来亨回到巴归，"颇以威信御众"，在湖北茅麓山与南明将领王光兴会合抗清，史称"夔东十三家"，有兵20余万。

自康熙元年（1662）九月起，清廷组织大规模的围剿行动。康熙二年正月初一，李国英从夔州出发，顺长江北岸"沿岸前进"，初三渡过大宁河，袁宗第部战败，退出大昌县，清军再度进攻茶园坪，岐侯贺珍之子贺道宁投降清军。次年二月十五日，郝摇旗与清军交战于房县赤土坡，被击败。由李国英、董学礼、王一正等三面夹击，战事异常惨烈。清军一度退至彝陵。康熙二年（1663），清军攻占巫山。同年八月二十四日，刘体纯、李来亨等军抵达巫山城下。双方激战数日，死伤甚众。十一月间，郝摇旗部下总兵罗茂同向清军投降，局势彻底颠覆。十二月二十三日，清兵逼近陈家坡，刘体纯的部下吴之奇、王加玉、李之翠、刘应昌、胡君贵等先后降清，刘体纯见大势已去，自缢死。十二月二十六日，清军至黄草坪，郝永忠退至羊耳山，战败，与袁宗弟、洪育鳌等为清军俘杀。郝摇旗所拥立的东安王朱盛蒗亦被斩杀，监军太监潘应龙自缢身死。

重庆之役后，"夔东十三家"处境日渐困难。康熙三年（664）八月五日，李来亨被围于茅麓山，粮尽无援，杀妻后自缢死。自此之后，南明势力仅剩东南一隅。

长期以来，东南沿海的抗击活动都是由郑成功所领导，其乃郑芝龙之子。郑芝龙早年乃海盗，强悍一时，所谓"海舶不得郑氏令旗者，不

西方画家笔下的清军

能来往。舶例入三千金，岁入千万计，芝龙以此富可敌国。自筑城于安平，海舶可直通卧内，可泊船径达海……八闽以郑氏为长城"。崇祯年间，郑芝龙为福建巡抚熊文灿招安，诏授海防游击，任"五虎游击将军"。"从此海氛颇息，通贩洋货，内客外商，皆用郑氏旗号，无徼无虞，商贾有二十倍之利。芝龙尽以海利交通朝贵，寖以大显。"

　　崇祯十七年（顺治元年，1644）三月十九日，李自成率农民军破北京，崇祯帝自缢煤山，李自成建立大顺政权。同年，山海关总兵吴三桂引清兵入中原，清军定京师。摄政王多尔衮入北京之后，大军南下，以狂风扫落叶之势，未及一年，竟席卷大明半壁山河。马士英、史可法等遗臣，拥福王即位南京，改元弘光，是为南明，以史可法晋师江北。八月，郑芝龙与其三弟郑鸿逵（原名郑芝彪）被封安南伯及靖虏伯。次年，清军灭弘光朝，郑鸿逵、郑彩自京口退至杭州，迎唐王朱聿键入闽。是年闰六月，郑芝龙、郑鸿逵与福建巡抚张肯堂、巡按御史吴春枝、礼部尚书黄道周等，拥立唐王称帝于福州，改元隆武。郑芝龙受封平虏侯，掌握军政大权，旋晋平国公，郑鸿逵为定西侯，后进定国公，四弟郑芝豹封澄济伯，侄儿郑彩亦封永胜伯，郑家官居极品。八月，隆武帝诏赐，晋平国公郑芝龙加太师兼兵、工、户部尚书。也就在这个时候，郑成功得隆武帝赏识，封忠孝伯、御营中军都督，赐"国姓"朱，改名"成功"，仪同驸马。郑鸿逵之子郑肇基，亦受赐国姓。这也是郑成功被称为"国姓爷"的由来。

隆武二年（清顺治三年，1646）起，郑成功开始领军多次奉命进出闽、赣，与清军作战，颇受隆武帝器重，但此时，却有清征南大将军多罗贝勒博洛听从洪承畴招降郑芝龙的建议，与招抚福建御史黄熙胤写信劝郑芝龙降清。当年六月，清军兵分两路由仙霞关、分水关进逼福建，郑芝龙既得贝勒书，决意降。八月，郑芝龙尽撤水军回晋江安平，有船五六百艘，而镇守仙霞关的郑鸿逵及仙霞关守将施福（又名施天福，施琅族叔）则弃关而走，于是清兵陷仙霞岭，此后隆武帝出奔汀州。

九月十九日，清征南大将军多罗贝勒博洛统兵占福州。不久，清兵乃疾取兴化、泉州、漳州诸郡县。同月，博洛遣泉州绅士郭必昌持书往安平招抚郑芝龙，许以闽粤总督。郑芝龙不顾郑成功苦谏，于十一月十五日北上福州降清。史载，当初洪承畴为泉州武荣人，与芝龙同乡，在其承诺给予三省王爵的利诱下，郑芝龙不顾郑成功的反对，决意北上剃发称臣，郑成功率20余人至孔庙祭拜先师云"昔为孺子，今为孤臣，向背去留，各行其是，仅谢儒衣，祈先师昭鉴"，而后出走金门。

郑芝龙本以为降清后得保家业，加官晋爵，不料清军征南大将军多罗贝勒博洛背约，将郑芝龙与诸子一同挟往燕京。十一月三十日，清兵进劫安平，郑成功之母翁夫人（田川氏）未及逃出，恐受辱，乃自缢而死。郑成功得知母亲死后，于是誓言坚决抗清。

避走金门的郑成功，于沿海各地招兵买马，收编郑芝龙的旧部，不久就在南澳募集了数千人马。此后，郑成功在小金门，以"忠孝伯招讨大将军罪臣国姓"之名誓师反清。顺治四年（1647）七月，郑成功会同郑彩所部攻打海澄，结果战败。八月，又与郑鸿逵部合围泉州府城，清漳州副将王进率援军至，郑军不敌败退。

清顺治五年（1648），原浙江巡抚卢若腾等人来归，郑成功遂再次出击，克同安县。五月，郑军围泉州。是年七月，清靖南将军陈泰、浙闽总督陈锦、福建提督赵国祚等转而攻击同安，郑军不敌，守将、军民死伤无数。不久，清援军抵达泉州，郑成功乃解泉州之围，退回海上。同年，清江西总兵金声桓、王得仁于江西起兵反清，清广东提督李成栋亦投明永历朝廷，于是郑成功改奉永历年号为正朔，永历帝即册封其为"延平王"。

其实，在当时闽南、闽东局势颇为混乱，除了明、清势力此长彼消之外，还有各路土豪、山贼拥据城寨，相互争并，并且就近向百姓课收税金，宛如军阀。于是在永历三年（顺治六年，1649）十月，郑成功挥兵南下，此举除了扫荡闽南清军外，还将收服各地的城寨作为粮源。经过一个多月的征战，郑成功大军南下以来，除了攻取漳浦、云霄等城之外，还平定了达濠、霞美等寨。至十一月，因攻诏安不克，郑成功乃决定转入粤东，经分水关至潮州一带征讨当地豪强，至隔年五月之间，郑成功又次第收服了潮阳及周边众多山寨。

就在郑成功于永历四年（1650）六月率大军进抵潮州后，其因潮州守将郝尚久与自己素有嫌隙，而以郝尚久"不清不明"为由，出兵击讨。其实，潮州守将郝尚久在当时的确立场不明，他虽然已随李成栋反清，却又曾出兵袭击施琅、郑鸿逵等部，也曾拒绝郑成功合并的要求，并在郑军攻打新墟寨时派兵与之为难。因此，郑成功才会以"不清不明"为由，进讨于他。

面对郑成功的进攻，郝尚久不敌，遂退守府城，于是揭阳、普宁、惠来等县尽入郑军之手。不久，清军再次南下，攻入广东，郝尚久在腹背受敌的情况下，负气降清，并引清军入潮州，以抗郑军。郑军围困潮州城三月不克，在士气低落的情况下，且又面临粮饷接济等诸多问题，只得于八月解潮州围退回闽南。

此时，东南沿海的鲁王朱以海的绍兴政权正处于内讧之中，朱以海是明太祖第十子鲁荒王朱檀的九世孙，鲁王朱寿镛第五子，鲁王朱以派之弟。崇祯十五年（1642）清兵破兖州，鲁王府被洗劫一空，鲁王朱以派自缢殉国，于是朱以海于崇祯十七年（1644）被明思宗封为鲁王；但是在朱以海正式受封四天后，李自成攻陷北京，朱以海南奔，寓居浙江台州。

福王朱由崧即位于南京之后，即命朱以海驻守台州。顺治二年（1645），清军攻破南京，此后杭州陷落，于是钱肃乐、张煌言等起兵于浙东，郑遵谦、张国维等迎朱以海于绍兴。七月十八日，朱以海正式宣布监国，起用旧辅臣方逢年入阁为首辅，张国维、朱大典和宋之普为东阁大学士，并以次年为监国鲁元年，不奉唐王朱聿键的隆武年号。

朱以海就任监国后不久，隆武帝就派使者来绍兴，要求朱以海退位归藩。因朝臣中有不少人主张承认朱聿键的地位，朱以海不得已之下宣布退位归藩，于九月十三日返回台州。然而不久，波折又起，在张国维和熊汝霖等人的坚持下，绍兴政权最终决定拒绝接受隆武帝的诏书，重新迎回朱以海。顺治三年（1646）正月，隆武帝命都御史陆清源携带白银十万两前往浙东犒师，却被朱以海部将杀害。由于绍兴政权中许多文官武将向隆武朝廷上疏效忠，隆武帝也加以笼络，给他们加官进爵。而朱以海则在这年四月间派左军都督裘兆锦、行人林必达来福京以公爵封郑芝龙兄弟。隆武帝闻讯大怒，将来使囚禁。不久，又杀朱以海所遣使者总兵陈谦，此举引起了郑芝龙的不满，从而导致了后来郑芝龙降清。

然而，由于朱以海没有兵马，所以不得不倚重方国安和王之仁。不过此二人至浙东之后，却立即接管了浙东原有的营兵和卫军，自称正兵，并排挤孙嘉绩、熊汝霖和钱肃乐等人领导的义兵。此外，方国安和王之仁不顾朱以海反对，擅自把浙东各府县每年60余万钱粮自行分配，结果浙东各地义师因断绝了粮饷来源，大多散去，到最后连督师大学士张国维直接掌管的亲兵营也只剩几百之众。于是在这种情况下，朱以海不惜以高官厚爵收买支持者，流风所及，官职紊滥。史载"时远近章奏，武臣则自称将军、都督，文臣自称都御史、侍郎，三品以下不计。而江湖游手之徒，假造符玺，贩鬻官爵，偃卧丘园而云联师齐楚，保守妻子而云聚兵千万"。

顺治三年（1646）五月，清军大举南下征讨浙东。这年夏天，浙江久旱不雨，钱塘江水枯流细。清军见水深不过马腹，遂分兵两路进击绍兴，方国安的所谓"钱塘江防线"顿时土崩瓦解。在这种情况下，五月二十九日夜，朱以海离开绍兴，经台州乘船逃往海上。出行前，朱以海派靖夷将军毛有伦保护他的家人退往台州，但毛有伦却自作主张，改道蛟关以便入海，不料途中遭遇叛将张国柱，朱以海的家眷被押往杭州。清廷以此为要挟，派使者前往通告朱以海，要他剃发归降，却遭朱以海痛斥，称清兵是"平夷我陵寝，焚毁我宗庙"。

浙江沦陷之后，福建也为清兵攻破，而流亡海上的朱以海则先走石浦，后依附张名振，并至舟山。九月间，据守金、厦一带的永胜伯郑彩试图将朱以海迎入福建。不料，郑芝龙降清，并派人劝说郑彩献出朱以海，以向清廷请赏。但郑彩不愿归降，遂奉朱以海为主。

顺治四年（1647）正月，朱以海在长垣誓师，随后大军开始频频出击闽东，一时间建宁府以及建阳、崇安、松溪、政和、寿宁、连江、长乐、永福、闽清、罗源、宁德等地均被收复。同年十月，福宁州也被明军攻克。至顺治五年（1648）时，闽东北三府一州27县全部被收复。就在此时，内讧再起。顺治五年，郑彩派人击杀大学士熊汝霖，义兴侯郑遵谦十分不满，郑彩又命人逼迫郑遵谦投海而死。不甘成为傀儡的朱以海任命兵部尚书钱肃乐接任大学士，负责朝政票拟。不料，却为郑彩欺压，以致钱肃乐呕血而亡。在这种情况下，清军再次南下，福建建宁、福安、罗源、宁德、政安和浙江景宁、庆元、云和、松阳等州县尽皆失去。

最初的时候，在泉州和漳州一带活动的郑成功也以尊奉死去的隆武帝为正朔，而不承认朱以海，但此时，郑成功在退回闽南之后，却采取施琅的献策，用计图取厦门。顺治七年（永历四年）中秋，郑成功刺杀郑联，虽然郑彩得知消息后，引"舟师百余艘，逃于广东南海之间"，但最后还是在上表向朱以海求救不成时，为郑成功所收编。

顺治六年（1649）九月，张名振派兵袭杀黄斌卿，并接管了黄斌卿军，迎朱以海到舟山。史载，朱以海至舟山礼葬黄斌卿，恩养他的家属，对黄斌卿旧部加以安抚，并且给予赏赐。于是舟山遂定。一时间舟山与宁波府四明山寨的王翊、王江、冯京第等义师遥相呼应，倒也有一番气象。此外，为复兴大明，朱以海还一度遣使前往日本寻求援助。

顺治八年八月，清朝总督陈锦等率兵攻舟山。九月初二城陷，于是朱以海又在张名振、张煌言陪同下，赴厦门依靠郑成功。郑成功虽然不满朱以海，但念朱以海是明朝宗室，还是以礼相待，安置其居住于金门。就在这个时候，因为清平南、靖南二王率数万铁骑攻入广州，郑成功奉敕南下勤王，并令叔父郑芝莞留守厦门。此后，郑成功抵广东潮州揭阳，与郑鸿逵会师；两人商讨后，决定由郑成功继续率军南下勤王，而郑鸿逵则移师往厦门协防。就在郑成功率领舟师抵达南澳时，却在盐州港附近遭遇风暴，险遭不测。此后，福建巡抚张学圣得知郑成功南下后，觉得厦门防务松散，似有可乘之机，乃命令马得功、王邦俊等乘虚攻击厦门。马得功挟持身在南安的郑芝豹，命其交出船舰，以渡载清军去攻厦门。

面对清军来袭，负责厦门防务的郑芝莞竟然未战先怯，只顾将财物搬运至私船之上，以便于逃亡，如此一来，也就使得清军轻松便攻破厦门。史载，清军破城之时，竟将郑家的积蓄掠夺一空，而由于事出突然，董夫人与郑成功长子郑经甚至只能携带祖宗牌位避于海上，方逃过一劫。

清军侥幸偷袭得逞之后，随即返回内陆，却与赶赴厦门的郑鸿逵相遇海面之上，虽然郑鸿逵困马得功于波涛之间，但因马得功威胁将害其母、兄（郑芝龙）性命，无奈之下，郑鸿逵只能放走马得功。此时奉诏勤王的郑成功虽然有心继续南下，但终因上下将士思归，哭声遍闻，乃不得已班师回厦门。

然而就在这个时候，却发生了"曾德事件"。史载，"有标兵得罪，逃于成功，琅擒治之。驰令勿杀，琅已斩之"。又有"琅有亲兵曾德，赴藩求拨亲随，藩与之。琅探知，即出令箭，将曾德拿回，立斩之。藩含之，尤未发。谕其弟显劝告之，曰：'藩无能作伤恩事也。'琅益无忌……（五月）施琅怨声颇露，益与弟显无忌"之说，此外还有史料记载，"左先锋施琅从将曾德犯法当死，脱逃赂匿成功左右，琅侦擒之，功驰令勿杀。琅曰：'法者非琅敢私，犯法安能逃？使藩主自徇其法，则国乱矣。'促令杀之"。

总之，施琅杀曾德之后，郑成功传令在船听令出军，各镇分所辖提调。以黄山提调援剿左镇施显，令廖达持令箭施显赴提调，商榷出军机宜。"显至船，黄山传令奉旨捆缚，幽之船舱。又令右先锋黄廷围厝拿施琅，令亲随黄昌围拿施琅父大宣并家属。施琅交忠定伯林习山羁船工中，山令副将吴芳看守之"。然而不久，施琅用计逃脱，匿藏于副将苏茂家中。郑成功下令搜查，但是没有查到。施琅出逃后，去安平求郑成功的叔父郑芝豹调解。郑成功不接受调解，在知道施琅逃入安平后，便派部下吴丰秘密去刺杀他。施琅事先已经获得消息，吴丰刺杀失败。郑成功在盛怒之下，将施琅的父亲施大宣、胞弟施显皆杀死。经此事件，施琅与郑成功结下大仇，乃再度降清。

施琅本是郑芝龙的部下，顺治三年，清军利用郑芝龙的声望招降其旧部，"奉郑之命降清的有武毅伯施福、海澄伯郑芝豹和部下总兵十员，兵将十一万三千名"。后来李成栋奉调由闽浙入粤时，施福率施琅、梁立等及5000兵马随征，在扑灭顺德县"海寇"和镇压东莞、增城等地的张家玉抗清义师中起到了不小的作用。《碑传记》载："既而承当要事，从海道出粤东，战胜攻克，人以岳家军目之。"然而由于李成栋对南方兵将存在歧视心理，在奏疏中说从福建带来的施琅等官兵"脆弱不堪，无资战守"，甚至伺机剪灭和解散。施福、施琅、黄廷等人过着寄人篱下的生活，忍气吞声，大有怀才不遇、有功不赏之感。顺治五年，闽系将领跟从李成栋反清复明。而施琅在被遣回福建途中遭李成栋部将郝尚久的袭杀，史载，"公侦知其事，急拔众走饶平，踞守阅月突围出，且战且行，从弟肇琏、肇序皆随殁军中"，脱身之后，施琅投郑成功部下。此番施琅降清，对于郑成功的威胁显然是巨大的。

永历五年（顺治八年，1651），郑成功频频率部出击，先后在闽南小盈岭、海澄等地大胜清军，克复平和、漳浦、诏安、南靖等地。至当年年底，包括定西侯张名振等人皆来投靠。翌年正月，又有清海澄守将赫文兴来降。二月，郑成功统兵攻长泰，清遣陈锦率大军前往救之，两军战于江东桥，结果陈锦大败而走，长泰也为郑成功所取。

攻克长泰之后，郑成功集结大军围漳州府府城。四月，清军为解漳州之围，募集百艘船舰进犯厦门，攻郑成功所必救。郑成功遂派陈辉、周瑞等率领百余艘舟舰迎击，于崇武海面大败清军，此后继围漳州城半年之久。史载，当时城内水粮已竭，一碗稀粥索价白银四两，军民尽皆以老鼠、麻雀、树根、树叶、浮萍、纸张和皮革等物为食，更有"城中人自相食，百姓十死其八，兵马尽皆枵腹"。此后由于清廷以固山额真金砺率军抵福建，入泉州府，郑成功才下令解除漳州之围，以待清军。双方激战于江东，郑军提督黄山、礼武镇陈俸、右先锋镇廖敬、亲丁镇郭廷、护卫右镇洪承宠尽皆阵亡。此战之后，郑成功不得不率军撤退，以保海澄、厦门，而清军乘胜收复南靖、漳浦、平和、诏安四县。

永历七年（顺治十年，1653）四月，金砺统兵进犯海澄。五月初七，清军以汉兵为前锋，旗兵后续，填河攀栅蜂拥而来，企图一举登城，结

郑成功

果不逞。天亮之后，郑成功侦知清军火药钱粮不继，于是诱敌决战，趁清军大举渡河之际，以火攻大破金砺。此战之后，金砺被清廷召回京师，顺治帝敕封郑成功为"海澄公"，然郑成功不接受。不过当年八月，双方却于泉安报恩寺内议和，郑军得以休兵筹措粮饷，稍事整顿。十一月，顺治帝再度敕封，并许以一府（泉州）之地安置兵将，郑成功仍不接受。

当初郑芝龙被挟持上京后，初授精骑呢哈番，这番只是为了能够劝降郑成功，清廷封郑芝龙为同安侯，并命郑芝龙派其家人李德与郑、贾二位使臣送海澄公敕印入闽，以招成功降。结果郑成功以"兵马繁多，非数省不足安插"为由拒之。此后，清廷特遣内院学士叶成格等，偕同郑芝龙四子郑渡，送漳、泉、潮、惠归郑成功安屯兵将，敕命入闽。郑成功于安平见使臣，请其谙诏。清使曰："尔等既无剃发者，不为清臣，不能出诏。"遂回泉州。郑成功冷笑曰："忽来忽去，吾料之已熟。"乃称"清朝没有诚意"，并谓"我一日未受诏，父一日在朝荣耀"，他还上书郑芝龙，言表拒未投降之因："吾父往见贝勒之时，已入谷中，其得全至今者，亦大幸也。万一吾父不幸，天也，命也，儿只有缟素复仇，以结忠孝两全之局耳。"于是清廷怒囚郑芝龙于高墙、郑芝豹于宁古塔。

与此同时，定西侯张名振见清军已将军力集中于福建，浙江等地防务势必空虚，于是乃向郑成功请师，率领百艘战舰北上，图取江南地区。张名振的北伐之师沿长江进攻，直达金山寺，威胁江宁府城，但因后援接济不及，只得回师。而当时南明西宁王李定国也在与郑成功联系，希望从东、西合力进攻广东，则明朝势力得以合流，若再沿长江北伐，攻赣、皖、苏各省，则复兴大业有望。于是同年十一月，郑成功派遣五镇营兵及战舰百余艘南下，会西宁王李定国并力勤王破敌，大军进逼漳州时，漳州协守刘国轩投降，引郑军进入漳州府城，漳州总镇张世耀见大势已去，与属下官员尽皆向郑军投降，于是所属十邑俱下。此后，转攻泉属，安、南安、惠安、安溪、永春、德化诸县望风迎降。此后，又转军福州、兴化等郡。一时间，闽东、闽南尽皆归降。

永历九年（顺治十二年，1655），永历帝特准郑成功设置六官及察言、承宣、审理等官方便施政，同时允许他委任官职，武官可达一品，文职可达六部主事。不过虽然备受恩宠，但郑成功每次拜封官员时，都请宁靖王朱术桂等宗室在旁观礼，同时还将厦门（当时称中左所）改名为思明州，并建造演武亭，以便亲自督察官兵操练。当年九月，清廷以定远大将军郑亲王世子济度率三万大军入闽，会同驻闽清军，准备进攻厦门。在大军压境之下，郑成功决定放弃已占领的漳州、泉州两府属邑，并拆毁城墙让清军无所屯扎，借此巩固金门、厦门的防御。与此同时，还派遣部将率领舟师两路进击，北上浙江、南下广东，以使清军腹背受敌，难以兼顾头尾。不过就在北路舟师连战皆捷，攻入舟山时，南路舟师却是颇为不顺，他们虽一度攻取揭阳，却被清军击溃，死伤惨重。隔年四月，济度调集各路水师进攻厦门，结果在围头海域大败。

当南征舟师返回厦门后，郑成功议处败战之罪，其本要处死苏茂、黄梧、杜辉，但是众将跪地求情，郑成功决定将苏茂一人斩首，黄、杜则戴罪图赎。此后，郑成功命黄梧镇守海澄，还特别嘱咐黄梧以戴罪之身应力图建功，但黄梧知道郑成功一向治军严苛，担心此后有所过失致性命难保，于是便与副将苏明商议，决定向清朝投降，献出海澄县城。

永历十二年（顺治十五年），郑成功统率水陆军17万与浙东张煌言会师，大举北伐。大军进入长江之前，于羊山海域遭遇飓风，这里是"海道必由之路"，"南至定海，北至吴淞，皆一潮可到，盖江、浙之交界也"。不料天有不测风云，陡然之间乌云滚天，狂风骤起，大雨如注，波涛汹涌，郑军舟船对面亦不相见，互相撞击和为大浪颠覆，翻沉损坏的很多。郑成功的六位妃嫔，第二、第三、第五个儿子都被淹死，兵将、船艘、器械损失巨大，只得暂且退回厦门。

翌年，郑成功再次率领大军北伐。五月十三日，郑成功再次率领大军从浙江沿海出发北上。此时，郑军共有大小舰船3000余艘，兵马10余万，铁人8000。他首先攻占定海，全歼了清军定海水师，焚毁船只100余艘，基本消灭了清军的海上力量，也解除了进军长江的后顾之忧。五月十九日，郑军抵达吴淞口，郑成功派人秘密联络守卫此地的清朝苏松提督马逢知。马逢知按兵不动，于是郑成功会同张煌言所部顺利进入长江。

六月初一，郑军进至江阴，清军凭城扼守。郑成功接受诸将建议，以县小不攻，率师西上。十六日进攻瓜州，阵斩清游击左云龙，破敌满汉兵马数千，截断清方用铁链、船只连结而成的锁江防线"滚江龙"，焚毁清军江上木城三座，夺得谭家洲大炮数十门。同一天，郑军攻克瓜州，操江巡抚朱衣助投降，郑成功命援剿后镇刘猷镇守该城。

六月二十二日，郑成功又在镇江银山大破江宁巡抚蒋国柱、提督管效忠派来的援兵，镇江守将高谦、知府戴可进献城投降。此后，郑成功命右武卫周全斌、后冲镇黄昭入城防守，降将高谦以熟悉地利留之协守，其部下兵马调随主力进攻南京。又派工官冯澄世为常镇道，戴可进仍署知府事。六月二十六日，张煌言所率舟舰已进抵南京城下。

七月初七，大军进逼江宁城北的观音门。初九，郑军船只进泊江宁城西北角的仪凤门外江边。初十，郑军大队人马上岸，在仪凤门外扎营。很快，郑军相继在江宁内外城郭的观音、金川、钟阜、仪凤、江东、神策、太平等门外扎营，共立83座营寨。在各处营寨都安设大炮，并准备了云梯、藤牌、竹筐、铁锹、凿子等攻城器械。七月初十，大军扎营于仪凤门外。与此同时，张煌言率军沿江而上，占据太平、宁国、池州、徽州等4府3州22县，江南一时震动，百姓纷纷剪辫脱旗袍并哭声言道："时久不见大明衣冠矣！"

而清廷知悉败报后，举朝皆惊。顺治帝惊怒异常，扬言御驾亲征。一旦南京再失，东南将不保。顺治十六年（1659）七月初八，顺治帝命内大臣达素为安南将军，固山额真索洪、护军统领赖塔等人率八旗军由北京南下，增援江南。又任命江西提督杨捷为随征江南左路总兵官、宁夏总兵刘芳名为随征江南右路总兵官，各率手下人马由江西、宁夏赶赴江宁。

最早的一批援军是苏州水师总兵梁化凤所部，其于六月二十八日率4000兵卒由崇明出发，在苏州与巡抚蒋国柱的抚标兵会合，七月十四日进至丹阳，傍晚时分连续接到总督郎廷佐四次调兵入援南京的羽书。其知道南京危急，连夜进兵，十五日上午到达句容县，当天深夜即到达南京城下，由正阳门入城。此后，又有抚臣蒋国柱调发苏松提督标下游击徐登第领马步兵300名、金山营参将张国俊领马步兵1000名、水师右营守备王大成领马步兵150名、驻防杭州协领牙他里等领官兵500名俱抵江宁，而浙闽总督赵国祚和驻防杭州昂邦章京柯魁派镶黄旗固山大雅大里、甲喇章京佟浩年带领驻防杭州的披甲满洲兵500名，浙江巡抚佟国器派抚标游击刘承荫领精兵500名，也"星驰赴援"。

二十二日夜，清军由梁化凤率领部下骑兵500余名出仪凤门，管效忠领兵出钟阜门，于次日黎明时分突然对郑军营垒发起冲击，大败郑成功余新所部。此后，郑成功在观音山至观音门之间集结大军，准备同清军决战。其派左先锋镇杨祖统率援剿右镇姚国泰、后劲镇杨正、前冲镇蓝衍屯扎大山上，作掎角应援，中提督甘辉、五军张英伏于山内，左武卫林胜、右虎卫陈魁列阵于山下迎敌，而自己则督右虎卫陈鹏、右冲镇万禄在观音门往来策应，后提督万礼、宣毅左镇万义等堵御大桥头大路，右提督马信、宣毅后镇吴豪、正兵镇韩英由水路抄蹑其后，此外还派左冲镇黄安专门负责水师。于是郑军连夜移营，备战。

二十四日，清军以昂邦章京喀喀木，梅勒章京噶褚哈、玛尔赛，总兵梁化凤等率领主力由陆路出战，提督管效忠等领军由水路配合，总督郎廷佐等在城留守。天亮之后，清军分路直攻观音山，山上四镇尽皆崩溃，前冲镇蓝衍阵亡，左先锋镇杨祖、后劲镇杨正、援剿右镇姚国泰领残兵退走，虽然郑成功派右虎卫陈鹏、右冲镇万禄登山援救，但为时已晚，清军自上而下猛扑下来，伏于山内的中提督甘辉、五军张英部被围，二将领兵死战不得脱，甘辉被俘，张英阵亡。而列营于山下的林胜、陈魁两镇也全军覆没。此外，后提督万礼等在大桥头遭到清兵首尾夹攻，兵败，万礼被俘，宣毅左镇万义泅水逃出。

郑成功见陆师已经全线崩溃，命令参军户官潘庚钟站在表示统帅驻处的黄盖下面，自己率领亲随卫士赶往江边调水师。此后潘庚钟挥众力战直至阵亡。至此，攻取南京的战役完全失败，郑成功只有收集残兵，另图他策。

　　败后的郑成功虽然试图攻取崇明县，以经营长江，但却久攻不克，只好全军退回厦门。可以说南京之战是郑成功生涯当中最辉煌及重要一役，却是先盛后衰，以大败收场，使其反清大业受到重大挫折。此后郑成功决定听从何斌之建议，夺取时由荷兰东印度公司支配的台湾岛，以解决军粮不足的问题。

　　永历十五年（清顺治十八年，1661），郑成功亲率将士2.5万、战船数百艘，自金门料罗湾出发，经澎湖向台湾进军。当时荷属东印度公司在台南修筑有热兰遮城、普罗民遮城。郑成功先礼后兵，两次写信给揆一（Frederik Coyett），令其投降，并称："此地非尔所有，乃前太师练兵之所。今藩主前来，是复其故土。"随后在四月初一，大军由鹿耳门水道进入台江内海并于禾寮港上陆，以图取防御薄弱的普罗民遮城。与此同时，水师则在台江海域与荷兰兵船展开海战。此战荷船"Hector"号被击沉。四天之后，在郑成功大军包围下，困守普罗民遮城的荷兰人出降。此后郑成功改赤崁为"东都明京"，设承天府及天兴、万年二县。

　　在取得普罗民遮城作为据点之后，郑成功随即统军由海、陆两面围困热兰遮城，但守将揆一拒绝投降，在强攻热兰遮城无果的情况下，加之大军粮食短缺，郑成功遂派兵士在南北各地屯田、征收钱粮，以解大军乏粮的燃眉之急，同时对热兰遮城改采长期包围之策。七月间，荷兰东印度公司从巴达维亚调遣的援军抵达，约有600之众及11艘兵船。但随着台江内海的失败，荷兰人彻底丧失了主动权，此后郑成功以火炮轰毁热兰遮城的乌特勒支碉堡，使热兰遮城之破终成定局。永历十五年十二月二十日，揆一率众投降，并退出台湾。

　　然而，就在收复台湾不久，郑成功便因疟疾而死。史载，永历十五年（清顺治十八年，1661）顺治帝崩，皇三子玄烨继位，是为康熙皇帝，郑氏降将黄梧向清廷建议"平贼五策"，以迁界令将自山东至广东沿海20里内居民，尽皆迁空，同时毁沿海船只，寸板不许下水，还斩成功之父郑芝龙于宁古塔流徙处（一说斩于北京菜市口），并挖郑氏祖坟，此外移驻投诚官兵，分垦荒地。郑成功接连听闻噩耗，遂于永历十六年（康熙元年）五月初八急病而亡，死前大喊"我无面目见先帝于地下"，抓破脸面而死，年仅39岁。

300

据《台湾县志》记载："当国姓公卧病的当初，五月初二早，忽天昏地暗，狂风大作，初三更风雨交加，台江及安平外海波浪冲天，继而雷震电闪，如山崩地裂……初五，天明雨晴了，初八，国姓爷归天。"

当初郑成功入主热兰遮城时，严令留守厦门的诸将搬迁家眷来台，但郑泰、洪旭、黄廷等重要将领都抗命不往，乃至于"不发一船至台湾"。在台将士又因为水土不服大量病死，军心浮动，最后"人心惶惶，诸将解体"，成功旋即病死，更使得一场危机骤然爆发。

当初郑成功令世子郑经驻防厦门，但郑经却与其五弟的乳母昭娘私通。世子夫人唐氏祖父唐显悦气愤地上奏郑成功世子乱伦之事。郑成功听闻后，十分愤怒，下令洪旭等驻厦将领处死董王妃、王世子郑经、陈昭娘与庶王孙郑克臧。然而，诸将并未从王命，唯一遵从王命的周全斌还遭洪旭下狱。诸将抗命之事随后传回东都，从而使得郑氏内部分裂。郑成功病逝之后，在台诸将遂推举郑成功之弟郑袭为"护理"，以定军心。郑袭部下蔡云、李应清、曹从龙、张骥四人拉拢黄昭及萧拱宸等驻台将领，立郑袭为"东都主"。

十一月，郑经先至澎湖，与黄昭、萧拱宸等人协商不成后，率军东征。史载，郑经亲率大军于鹿耳门登陆，而驻军东都的右虎卫黄安亦率军前来与世子会师。此后，世子派人于承天府谴责黄昭、萧拱宸二人，并以正统自居，黄昭随后率军至潦港与世子军对战，起先虽占优势，但随后因其中流箭身亡，于是全军败退。黄昭死后，诸将皆降。郑经入主安平王城后，蔡云自缢，萧拱宸、张骥、李应清以及曹从龙等人于承天府被斩首示众，族人流放，而郑袭则遭禁锢于厦门。次年郑袭畏惧被杀，半夜率领官吏224人，士卒120人渡海降清。

此后，郑经袭延平郡王位，并继续奉永历帝为正朔，对监军明宗室宁靖王朱术桂以王礼相待。永历十七年（康熙二年，1663）十月十九日，清军与荷兰人联兵进攻金门、厦门，郑军不敌而弃守，退往铜山，郑经遂退往台湾。康熙四年四月，清军再次与荷兰人合兵进攻澎湖，却遇到台风无功而返。自此，康熙帝一度放弃进攻台湾，而选择与郑氏谈判。

康熙十二年（永历二十七年，1673）吴三桂、耿精忠和尚之信等先后起兵反清，是为"三藩之乱"。郑经也乘势攻占了泉州、漳州、温州等地。三藩之乱历时八年才被平息，随后康熙皇帝开始着手经略台湾。康熙十六年（1677），康熙帝下诏恢复福建水师。康熙十八年，又任命湖南岳州水师总兵官万正色为福建水师提督。此后郑经放弃金、厦，退往台湾，福建总督姚启圣打算趁势进攻台湾，但遭福建水师提督万正色反对，而康熙帝也顾虑未解决西南吴世璠，遂决定暂缓。就在清廷准备平定台湾时，明郑内部却再次分裂。

郑克臧乃当初郑经与其弟乳母私通所生，由于唐王妃死前并没有为郑经产下后嗣，郑克臧因而成为元子。"三藩之乱"西征时，郑经以陈永华为东宁总制，留守东宁主持内政，后陈永华上奏表示："元子年登十六，聪明特达，宜循'君行则守'之典，请元子克臧监国。"于是郑经允许，遣礼官郑斌赍谕抵东宁，立郑克臧为世子、监国，并刻"监国世孙"的玺章。史载，郑克臧为人刚毅果决，颇有其祖父郑成功的风范。加上他是陈永华的女婿，所裁决的事务受到陈永华教导，故而大小事务尽皆井井有条，因此郑克臧一度被赞为"东宁贤主"。

康熙十九年（永历三十四年，1680），郑经撤返东宁，政事仍继续委由郑克臧处理，唯偶取其批阅公文。次年（1681）正月二十八，郑经病薨于承天府。其病危时授长子郑克臧监国剑印，并托孤于刘国轩及冯锡范等人："此子干才，颇有希望，君辅之。吾死，九泉亦瞑目也。"

然而，冯锡范与郑聪等宗亲与大臣不愿由世子郑克臧继承王位，而打算拥立其弟郑克塽（同时也是冯锡范的女婿）。于是他们以监国为李氏螟蛉子而非王室血脉（另一说为其生母陈昭娘的身份卑贱）为由，欲罢黜世子郑克臧。董太妃竟不查究竟，便下令收回郑克臧的监国印玺并罢黜其王位。冯锡范等人又派人将之绞死，是为"东宁之变"，而这场宫廷政变距郑经死亡仅两天。

关于郑克臧之死，根据《台湾通史》记载，郑克臧先被囚禁于北园别馆，后被郑聪等王叔命令乌鬼兵杀害。而根据《台湾外纪》记载，董太妃在听到诸公子与冯锡范的逸言后，信以为真，遂命令仪宾柯鼎传世子入北园别馆。郑克臧来到大门，护卫毛兴与沈诚被拒于门外，仅世子一人独自进入内庭。世子刚进入中堂，郑聪、郑明、郑智、郑柔等人与杀手蔡添便联合杀害了世子。世子死后，郑聪立即命令乌鬼兵将其尸拖至旁院。此外根据《裨海纪游》及《鹿樵纪闻》之记载，其是被迫自缢的。而《闽海纪要》与《海上见闻录》则记述世子是受绞刑（缢杀）而死的。郑克臧遇害时，其正室陈妃已怀有身孕，并于绝食数日后投缳殉死。

"东宁之变"后，郑克塽被拥立为新王。继位后，克塽先是晋封宗室与政变功臣，分别赐予公、侯、伯等爵，然而大权却落入身为外戚又兼任侍卫镇的冯锡范及武平侯刘国轩之手。清福建总督姚启圣再请攻台，但为万正色反对。姚启圣知道施琅仇视郑氏，遂向康熙帝推荐施琅。康熙帝亦不满万正色，于是便以施琅担任水师提督，万正色调任陆师提督。

康熙二十一年五月初五，清军抵达铜山岛，但此时姚启圣和施琅却在争执出兵时机，姚启圣主张利用冬天的北风，施琅主张利用夏天的南风，两人争议不休，最后康熙帝于十月初六裁定施琅负责平台事务。康熙二十二年五月二十三日，皇帝下诏，要求施琅速速进军。当时刘国轩于澎湖娘妈宫、风柜尾、四角屿、鸡笼屿筑城，同时在东莳、西莳、内堑、外堑、西屿头、牛心山设置炮台，并在海边建造矮墙并配置火铳，此外还从台湾调遣乡兵以备战。

康熙二十二年六月十四日，施琅从铜山岛出发。十五日，郑军哨船发现清军已到花屿、猫屿，遂回报刘国轩。十六日，清军进攻娘妈宫。刘国轩以林陞、江胜指挥水军，邱辉为先锋，自己在娘妈宫港口督战。此后，双方鏖兵多次，最终施琅大败刘国轩及董腾等人，郑军全面崩溃，江胜战死、邱辉自焚。清军夺取澎湖后，刘国轩随后逃回东宁。而施琅则在澎湖张榜安民，发布《安抚输诚示》，并派原刘国轩副将曾蜚赴台议和。

澎湖之战战败后，东宁朝廷开始商讨接下去的对策，主要分为"再战派"与"主和派"。其中"再战派"以中书舍人郑得潇、建威镇黄良骥、水师镇萧武、中提督中镇洪拱柱等人为主，而冯锡范则力主征伐吕宋、永保国祚，然而原本支持再战派的冯锡范却听信刘国轩的主和言论，选择投降。七月初五，冯锡范命郑德潇写降表，并呈降表予清。七月十五日，冯锡范将郑克塽送交施琅。八月十三日，施琅进入台湾受降。自此，东宁亡国。

郑克塽降清不久，大明宁靖王朱术桂自杀，其本是太祖朱元璋的八世孙、第十五皇子辽王朱植的后代，长阳王朱术雅之弟。隆武时期，受封宁靖王，南明时期先后在方国安、郑鸿逵、郑成功军中任监军。郑成功收复台湾后，朱术桂前往，郑经礼遇其为南明永历正统的象征。郑克塽决议降清时，其召集妾侍说："孤不德颠沛海外，冀保余年以见先帝先王于地下，今大势已去，孤死有日，汝辈幼艾，可自计也。"随侍在侧的五妃皆泣对曰："王既能全节，妾等宁甘失身，王生俱生，王死俱死，请先赐尺帛，死随王所。"而后相继自缢于中堂。此后，朱术桂将五妃之灵柩安葬于南门城外魁斗山，并提笔于壁曰："自壬午流贼陷荆州，携家南下。甲申避乱闽海，总为几茎头发，苟全微躯，远潜海外四十余年，今六十有六矣。时逢大难，得全发冠裳而死。不负高皇，不负父母，生事毕矣，无愧无怍。"而后加翼善冠，服四围龙袍，束玉带，佩印绶，将宁靖王赝钮印送交郑克塽。史载："郑克塽率文武至，嗟叹别之。王乃拜辞天地祖宗。耆士老幼俱入拜，王答拜。又在砚背题绝命词曰：艰辛避海外，总为几茎发。于今事毕矣，不复采薇蕨。书罢，结帛于梁，升神，且曰：'我去矣！'侍宦两人亦从死其旁。"

虽然在"平定三藩"、收复台湾之后，在康熙皇帝的统治下，大清帝国开始进入长达百余年的"康雍乾盛世"，但在当时，不少大明遗臣不愿臣服于满清，流亡海外。例如朱舜水流亡日本，杨彦迪、陈上川、郑玖流亡安南与高棉，并谋匡复旧朝。他们高举起的"反清复明"大旗一直延续到大清末年。而导致这一现象的原因其实是和当时大清对汉人采取的政策有关，清初有所谓"六大弊政"，即剃发（薙发）、易服、圈地、占房、投充（抢掠汉人为奴隶）、逋逃（逃人法）。而这其中，剃发易服带来的影响最大。

山海关之战后，清军入关，多尔衮曾下令沿途州县官员按满人风俗，剃头留辫，但当大清定鼎北京，却发现汉人强烈反对剃发，而且降清之汉族官员剃发者亦寥寥无几，在统治尚未稳固之时，多尔衮遂以"天下臣民照旧束发，悉从其便"而取消了剃发之令。

然而此时，却有降臣孙之獬全家主动剃发迎降，并上疏标榜"臣妻放足独先，阖家剃发效满制"，得授礼部左侍郎，兼翰林院侍读学士。可孙之獬入朝后，列于满班，满臣认为他是汉人而不受；归入汉班，汉臣又因为他从满俗而不容，于是孙之獬羞愤上疏，称"陛下平定中国，万里鼎新，而衣冠束发之制，独存汉旧，此乃陛下从中国，非中国从陛下也"，言辞激烈。就这样，在顺治二年五月，多尔衮重新下剃发令。七月，又下令"衣冠皆宜遵本朝之制"，称清军所到之处，成年男子无论官民，限十日内尽行剃头，削发垂辫，不从者斩。此令一出，天下哗然，不少汉人，尤其是江南士绅尽皆反对剃发，甚至由此而引发了历史上著名的"嘉定三屠"。

此外，虽然皇太极时就开始"满汉一体"，但其实满洲子弟在政治或生活领域尤其是在教育、科考、补缺、律法、生活待遇等方面享有一定特权，清廷特为宗室子弟设宗学，觉罗子弟有觉罗学，普通八旗子弟有咸安宫官学等八旗官学，另外内务府子弟还有景山官学等。而在文武科举之外，还有笔帖式、翻译士、皇帝侍卫等方式供满洲子弟入仕。此外，朝内官职也一向有满（旗）汉缺之分。甚至满汉亦不同刑，若正身旗人犯充军、流刑罪者有免发遣以枷号代替的特权。此外，驻防旗人触法不归当地督抚管制，而由该地区驻防将军、都统负责。京旗子弟则由步军都统衙门负责处理，宗室则由宗人府全权裁决。清廷还分拨旗地和营房给满洲子弟居住生活，不必承担任何赋税。甚至清廷在全国各处八旗驻防地均设置"满城"供兵丁居住，汉人不得随意出入满城。虽然康熙一朝，皇帝颇是重用汉人，此外康熙帝还大力推行儒学，但其实正如雍正帝所说："惟望尔等习为善人，如宗室内有一善人，满洲内亦有一善人，朕必先用宗室；满洲内有一善人，汉军内亦有一善人，朕必用满洲；推之汉军、汉人皆然，苟宗室不及满洲，则朕定用满洲矣。"

不过这种"首崇满洲"之国策，随着民族之间的交流、融合，却最终消失在历史中。至乾隆时，满人几乎全部以汉语为母语，满文渐渐成为仅官方历史记载用的纯书面文字，并在使用中逐步为汉文所取代。在这种情况下，特别是被视为立国根本的国语骑射遭到废弛后，大清帝国赖以为自豪的八旗制度也随即走向衰落。此后，至咸丰年间，八旗已然不堪重用，只能依赖绿营、汉人乡勇，直至后来，大清帝国唯一能够使用的，也就只有李鸿章、张之洞、袁世凯等汉人名臣所编练的新军。不过此时，大清也已病入膏肓。自道光年间起，陷入内忧外困的大清帝国举国上下一片破败，乃至于状况还不如万历、天启、崇祯年间的大明。